- 深圳大学研究生优秀教材建设项目
- 广东省研究生教育创新计划项目"金融数字化转型实践案例库建设"（项目编号：2023ANLX_066）
- 深圳大学 2024 年研究生"金课"建设项目
- 国家社会科学基金重点项目"金融数字化与金融风险治理研究"（项目编号：24AZD019）
- 国家自然科学基金面上项目"基于绿色发展的保险资产配置研究"（项目编号：72371256）
- 广东省自然科学基金卓越青年团队项目 "产业数字金融赋能实体经济的理论及其应用研究"（项目编号：2023B1515040001）
- 广东省专业学位教学案例库建设项目"科教融合视域下《金融理论与政策》课程教学案例库建设"
- 广东工业大学专业学位研究生课程案例库建设项目"金融专硕财富管理与风险控制方向课程群案例库建设的资助"

# 数字金融案例集

CASE STUDIES
ON DIGITAL FINANCE

## 2024

郑尊信　曾燕　岳鹄◎主编
朱福敏　徐晓光　杨佳慧◎副主编

中国社会科学出版社

**图书在版编目（CIP）数据**

数字金融案例集. 2024 / 郑尊信等主编. -- 北京：中国社会科学出版社，2024. 12. --（数字经济系列教材）. -- ISBN 978-7-5227-4517-6

Ⅰ. F832-39

中国国家版本馆 CIP 数据核字第 2024CE4285 号

---

| | |
|---|---|
| 出 版 人 | 赵剑英 |
| 责任编辑 | 刘晓红 |
| 责任校对 | 阎红蕾 |
| 责任印制 | 戴　宽 |

| | |
|---|---|
| 出　　版 | 中国社会科学出版社 |
| 社　　址 | 北京鼓楼西大街甲 158 号 |
| 邮　　编 | 100720 |
| 网　　址 | http://www.csspw.cn |
| 发 行 部 | 010-84083685 |
| 门 市 部 | 010-84029450 |
| 经　　销 | 新华书店及其他书店 |

| | |
|---|---|
| 印　　刷 | 北京君升印刷有限公司 |
| 装　　订 | 廊坊市广阳区广增装订厂 |
| 版　　次 | 2024 年 12 月第 1 版 |
| 印　　次 | 2024 年 12 月第 1 次印刷 |

| | |
|---|---|
| 开　　本 | 710×1000　1/16 |
| 印　　张 | 22.5 |
| 字　　数 | 359 千字 |
| 定　　价 | 89.00 元 |

---

凡购买中国社会科学出版社图书，如有质量问题请与本社营销中心联系调换
电话：010-84083683

版权所有　侵权必究

# 序 言

当前，数字金融在促进金融改革、加快金融治理现代化、推动金融高质量发展和金融强国建设中发挥着越来越重要的作用。为了适应新形势发展需要、满足金融教学要求，中山大学、深圳大学、广东工业大学、金融机构及科技企业等联合组建团队，编写《数字金融案例集（2024）》。在此过程中，案例编写团队经过案例筛选、交流研讨、反复修订、积极探索、努力创新，最终完成本案例集撰写。

围绕金融五篇大文章和六项关键核心金融要素，数字金融将有效助力金融改革。一方面，数字金融可促进金融要素和数据要素有机融合，畅通金融循环和宏观政策传导机制，实现金融结构优化。另一方面，数字化可更好地服务实体经济，全面提升金融风险治理水平，持续防范化解系统性风险。考虑到篇幅问题，本案例集在案例筛选方面更注重微观视角、更突出金融数字化场景、更强调金融与科技的关系，通过精选案例的深入洞察与剖析，试图系统诠释金融数字化的深刻内涵、转型路径与发展方向。

本案例集主要包含三个方面的内容。一是金融机构如何推进数字化转型，案例涉及中小商业银行的零售业务（案例一）、证券公司的财富管理（案例二）、保险公司的产品开发（案例三）、金融机构的投资顾问（案例四）、商业银行的合规监管（案例五）等领域。二是金融机构如何加快融入数字化场景、大力发展数字金融、更好服务实体经济，案例涉及小微企业融资（案例六）、供应链金融（案例七）、农村金融（案例八）等金融薄弱环节。三是金融发展与科技创新的关系，金融数字化转型如何促进金融发展，即"鲇鱼效应"（案例九），以及金融发展反过来如何助力数字科技创新,即科技金融(案例十)。

本案例集中多个案例已经入选全国金融专业学位研究生教育指导委员会中国金融专业学位教学案例中心案例库等,案例编写团队在前期入库案例的基础上进行相应改编,并增加部分案例。

案例一,信用生活助力中小商业银行零售信贷数字化转型。该案例由深圳大学经济学院郑尊信、时滢、朱福敏、邓飞宏,以及信用生活智能科技有限公司吉伯鹤联合开发撰写。

案例二,人工智能如何驱动财富管理发展变革——以美银美林为例。该案例由深圳大学经济学院朱福敏、陈鸿茂、郑尊信,以及交叉信息核心技术研究院林常乐联合开发撰写。

案例三,"事前预防"VS"事后理赔":美国恒康人寿以互动激励型保险产品 Vitality 引领健康新风潮。该案例由中山大学岭南学院曾燕、广州新华学院李佩娜、中山大学数学学院吴伟添联合开发撰写。

案例四,美通智投大资管投顾投研"乐高积木"智能化解决方案。该案例由深圳大学经济学院徐晓光、郑尊信、周彪,以及美通智投(北京)科技有限公司王蓁、张海龙联合开发撰写。

案例五,图挖掘技术赋能合规监管——反洗钱数据监测。该案例由深圳大学经济学院郑尊信、朱福敏、王林妹、陈俊鑫、麦一菲、李珊慧、陈鸿茂,以及中国建设银行深圳分行梁仲之、中国银行业协会姚征共同联合开发撰写。

案例六,"荒漠"变"绿洲"?滴灌通以数字生态系统滴灌小微企业融资。该案例由中山大学岭南学院曾燕、杨佳慧、马阳、王昊坤,中山大学国际金融学院符君懿,香港中文大学(深圳)经管学院罗愉童联合开发撰写。

案例七,百融云创:智慧供应链金融赋能小微企业融资。该案例由深圳大学经济学院徐晓光、张晓雯,以及百融云创科技股份有限公司孙野联合开发撰写。

案例八,新零售赋能农村普惠金融促进农业产业创新——基于"新零售+新金融"的案例研究。该案例由深圳大学经济学院朱福敏、郑尊信、黄敏君,以及百融云创科技股份有限公司共同开发撰写。

案例九,蚂蚁集团对金融行业的"鲇鱼效应"。该案例由广东工业大学经济学院岳鹄、邱海平、李玥炜联合开发撰写。

案例十，硅谷银行服务科创企业的经验。该案例由广东工业大学经济学院岳鹄、黄熙、郭子龙联合开发撰写。

尽管案例编写团队付出巨大努力，但因时间仓促且水平有限，本书仍存在诸多不当乃至错误之处，恳请读者批评指正。

案例编写团队<br>
2024 年 11 月 1 日

# 目 录

案例一　信用生活助力中小商业银行零售信贷数字化转型……… 1

案例二　人工智能如何驱动财富管理发展变革
　　　　——以美银美林为例 ………………………………… 38

案例三　"事前预防"VS"事后理赔"
　　　　——美国恒康人寿以互动激励型保险产品Vitality
　　　　　引领健康新风潮 …………………………………… 83

案例四　美通智投大资管投顾投研"乐高积木"
　　　　智能化解决方案 …………………………………… 114

案例五　图挖掘技术赋能合规监管
　　　　——反洗钱数据监测 ……………………………… 147

案例六　"荒漠"变"绿洲"？滴灌通以数字生态系统
　　　　滴灌小微企业融资 ………………………………… 179

案例七　百融云创：智慧供应链金融赋能小微企业融资……… 213

案例八　新零售赋能农村普惠金融促进农业产业创新
　　　　——基于"新零售+新金融"案例研究 …………… 247

案例九　蚂蚁集团对金融行业的"鲇鱼效应" ………………… 281

案例十　硅谷银行服务科创企业的经验 ………………………… 323

# 案例一　信用生活助力中小商业银行零售信贷数字化转型[①]

## ➤ 案例正文

**摘要**：当前银行业竞争加剧、净利差持续缩小，中小商业银行盈利能力下降，经营风险上升，亟须向数字化转型，但在数字化转型过程中面临数据资源、数字化人才、数字化能力等严重不足的困境。近年来，信用生活利用数字化建设能力助力各地区中小商业银行零售信贷业务全流程、全体系运营，推动其零售信贷数字化转型升级，不仅大幅提升了其获客能力，促进收入显著增长，而且有效控制了不良贷款率。本案例主要归纳信用生活数字化赋能河南中原银行、山西某农商行的实践过程，系统阐述信用生活如何助力中小商业银行开展数字金融业务，实现全流程运营服务，提高贷款质量和业绩收入。本案例适用于风险管理、数据分析、商业银行经营等课程，尤其可以在数据分析、风险管理和商业银行经营中使用。

**关键词**：中小商业银行；零售信贷；数字化转型；数据分析；风险管理

---

[①] 本案例由深圳大学经济学院和信用生活智能科技有限公司联合开发撰写，作者郑尊信、时滢、朱福敏、邓飞宏、吉伯鹤（企业方）撰写。作者拥有著作权中的署名权、修改权及改编权，并已入选全国金融专业学位研究生教育指导委员会中国金融专业学位教学案例中心案例库。

## 一 引言

近年来,银行业竞争加剧、净息差持续缩小,中小银行盈利能力不断恶化,经营风险逐步上升。如图 1 和图 2 所示,农村商业银行净利润增长率较低,城市商业银行和农村商业银行不良贷款率呈逐年上升的趋势,由此可见,中小银行发展面临着巨大的挑战。在此背景下,中小商业银行传统业务需进行优化升级,以显著提升竞争能力和盈利水平,降低不良贷款率和经营风险。

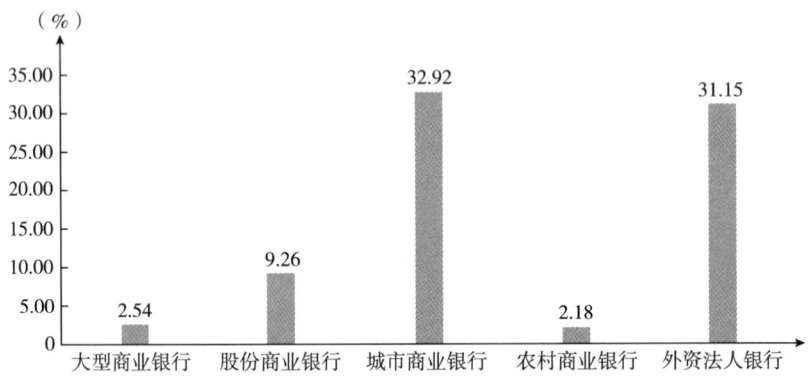

图 1　2017 年各类银行平均净利率增长率

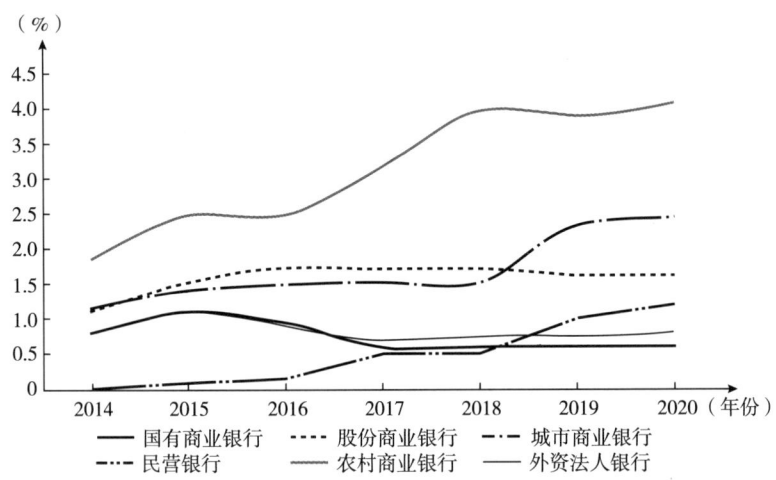

图 2　2014—2020 年主要类型银行不良贷款率

资料来源:笔者根据相关资料整理。

### （一）数字化转型是商业银行未来发展趋势

相较于受经济下行影响显著的对公业务，零售业务体量广、基础客户多、发展潜力大，成为缓解商业银行经营压力的重要途径。但如果仍然沿用传统的运营和管理模式，显然无法适应零售业务发展需求，难以创造更大的盈利增长点。当前，数字经济以互联网平台为载体，广泛且深入渗透到人们的日常生活生产中，形成EB[①]级大数据，商业银行若依靠数字化平台运营银行沉淀数据，与传统经营模式相比，则可以更精确触达客户、更深入挖掘客户综合价值、取得更好的服务效果。为此，商业银行迫切需要进行数字化转型，不断积累数据资产，提升数字化能力，挖掘数字经济时代金融发展潜力，推动新的变革（倪以理等，2017）。同时，以零售信贷为切入点，通过数字化赋能中小商业银行零售信贷发展，形成比较稳定的零售客群，在金融科技的技术助力下，显著提高服务效率和质量，进而过渡到其他类金融业务，降低综合成本，支撑银行数字化转型，不断增强自身实力。

### （二）中小商业银行竞争加剧导致零售信贷数字化转型需求更加紧迫

如表1所示，区域性市场是中小商业银行和互联网金融机构都在抢占的市场，农村商业银行原有地域优势已经基本丧失，开展互联网数字化信贷业务迫在眉睫。目前，中小商业银行零售信贷业务面临着一系列突出问题，主要是依赖传统线下获客方式和人工风控手段已难以满足数字经济时代零售信贷业务对大量获客的需求，同时还暴露出风险控制能力不足的短板。难以适应新消费环境下年轻客群零售信贷高频化、小额化的现状。在这种背景下，中小商业银行应尽快推进零售信贷数字化转型，深度融入数字化产业生态，构建数字化平台运营体系，充分利用数字科技力量赋能零售信贷发展，不断扩大客户群体，提高业务运营效率，降低服务成本，提升盈利能力，并强化风险防控（John Mylonakis，2018）。

---

① "EB"是艾字节（Exabyte）的缩写，它是一个数据存储容量单位，用于描述非常大的数据集，尤其是在数据科学、云计算和大规模存储解决方案的背景下。

表1　　　　　　　　　信贷机构竞争差异分析

| 项目 | 国有及股份制银行 | 区域性银行 | 持牌非银信贷机构 | 非牌信贷机构 |
|---|---|---|---|---|
| 市场优势 | 网点和品牌优势集中在一线和二线城市，以买方市场为主 | 网点和品牌优势集中在二线及以下城市，人口覆盖超过10亿人，以卖方市场为主 | 网络线上市场 ||
| 目标客群 | 目标客群的金融服务竞争激烈，以买方市场为主 | 目标客群金融服务落后和市场供应不足，以卖方市场为主 | 主要面向年轻人群 | 目标客群主要针对次级客户 |
| 风险定价 | 国有银行定价低，股份制银行定价高 | 没有风险定价，定价普遍偏低 | 由于资金成本高，商业财务模型要求定价面向高定价人群 ||
| 战略与战术 | 国有银行零售转型前期战术不重视，股份制银行战略和战术重视 | 战略重视，战术缺乏有效落地能力 | 战略和战术都比较缺乏 ||
| 信贷业务 | 股份制银行零售信贷业务利润较高 | 零售存款和理财市场份额占20%—50%，零售信贷市场份额低于5%，可实现市场份额大幅提升 | 零售信贷市场份额较低 ||
| 服务渠道和方式 | 客户线上和线下获取和服务兼有 | 以目标客户线下获取和服务为主，线上能力和预算不足 | 以客户线上服务为主，非信贷触网客户服务能力弱 | 以客户线上服务为主，非信贷触网客户服务能力弱 |

资料来源：笔者根据相关资料整理。

当前中小商业银行的最大问题在于缺乏数字化转型能力。中小商业银行包括城市商业银行、农村商业银行和村镇银行等。部分城市商业银行体量较大，有一定的数字科技和数字化能力，比如北京银行、南京银行等。而大部分中小商业银行数字科技基础薄弱和数字化能力不足，主要依赖外部科技公司提供的基础数字架构与工具；同时，缺乏数据价值挖潜能力，所存储的数据大多是一项沉没成本，难以服务数字化运营。农村商业银行因受省联社管理，自身更不具备数字科技基础和数字化能力。而且，数字化创新对技术风控产品和运营等方面的人才专业性要求非常高，目前数据、风控等专业人才大多集中在一线和二线城市，通常农村商业银行所处区域和分工领域对人才的吸引力有限，因而其人才储备难以支持配套的产品设计、风控体系建设及后续的运营自主开发（张建梁，2020）。

## 二 零售信贷数字化转型概念

数字化转型①是企业或组织利用数字技术优化和创新业务流程的过程（Nambisan et al.，2019）。数字化转型有助于企业及其管理者更好地了解企业运营状况、服务客户、应对市场变化，进而扩大业务规模，提高竞争力（吕文晶等，2019）。而零售信贷业务的数字化转型，是利用数字技术对零售信贷业务进行优化和创新，以数据为依据，在获客、营销、风控、业务流程优化等多个方面实现高效、可监测的集约化、智能化运营管控。零售信贷数字化转型主要有以下四个方面的转变②。

第一，获客方式突破地域限制，由传统线下获客方式向线上获客方式转型（金绰勋，2019）。比如App、小程序或其他社交商户合作方式获客，实现多样化、场景化获客。在个人日常消费品、大宗商品支付，旅游、医疗支付，社保公积金查询等场景利用数字化平台推荐支付、借贷、投资理财等金融产品（王扬，2020），实现多样化、场景化、智能化获客，从而突破地域限制、拓展客群范围。

第二，转变贷款风险识别模式，将传统静态信息与过程动态信息相结合。传统信贷风险识别主要依据客户静态信息，比如房产、车产、收入、工作单位、职级、其他资产、信用记录、负债等，而数字化信贷模式是深度融入数字化生态，风险识别除了包括上述静态信息，还包括过程动态信息，比如行为特征、消费习惯、联系人网络和设备使用情况等信息（王正位等，2020）。将传统静态信息与过程动态信息相结合，有助于客户进行全方位画像，多维度评估客户综合情况，并有效跟进贷款及回收工作。

第三，创新信贷审批流程，从线下人工审批向数字化智能审批转

---

① 来源于百度百科定义，https：//baike.baidu.com/item/%E6%95%B0%E5%AD%97%E5%8C%96%E8%BD%AC%E5%9E%8B/20797860? fr=ge_ala。

② 来源于知乎《零售信贷向数字化转型的四点思维转变》，https：//zhuanlan.zhihu.com/p/109209403。

变。传统审批以线下人工审批为主，从微观角度对客户的个人资料进行分析，从而作出是否可以批贷的决策。关注点在于客户是否有还款能力和还款意愿，进而判别和防控违约风险。而数字化审批更多地从宏观角度分析决策，注重客户群体的内在关联、违约概率及总体风险情况，适合集约化管理的零售客户，有助于提高贷款效率和资产规模（单光年，2020）。相比之下，人工审批风控更为非标准化，更多依赖经验的判断；数字化审批更为标准化，注重客户群体的整体画像和违约概率的评估。

第四，优化贷后风险防控，防控模式从人工经验决策向数智驾驶舱转变。商业银行传统信贷风险管理较为简单，评估体系不完善，风险控制所依靠的经验和模型水平差异较大、误判风险较高（郝墨缘，2018）；传统风控难以追溯过程和验证效果，导致审批通过率和签约率分析及风险归因等面临挑战。而数字化信贷风控是在数字化产业生态中通过数字化转型，以数据分析为依托，建立数智驾驶舱，构建更加精准的风控模型等，实现数字化迭代风险决策和应用优化，从而更加全面系统地管理信贷过程及控制相应的违约风险，降低不良贷款率（陆岷峰、王婷婷，2020）。

不管是外部竞争环境还是内部发展的需要，都要求中小商业银行加快数字化转型。但由于自身条件受限，中小商业银行难以越过数字鸿沟，迫切需要借助外部资源推进数字化转型，从零售信贷这一局部业务着手，通过数字化转型，对零售信贷业务进行全体系、全流程的优化和提升，以解决获客难、经营难和风险控制难等问题，从而实现新的盈利增长点。本案例从数字化服务商——信用生活着手，重点分析中小商业银行零售信贷数字化转型的路径和模式。

## 三　信用生活简介

### （一）互联网金融巨变

2017年12月，141号文[①]通知发布直接导致当时流行的现金贷平

---

[①] 141号文是指互联网金融风险专项整治、P2P网贷风险专项整治工作领导小组办公室联合发布《关于规范整顿"现金贷"业务的通知》。

台退出市场，也对商业银行作为出资方的助贷等模式进行严格限制，影响到整个消费金融行业。该通知的发布表明金融监管当局对广义消费金融业态的合规监管态度及未来方向，即防止商业银行资金与监管体系外的机构深度交错，避免引发系统性金融风险，实际上是监管层希望商业银行回归自主可控的零售资产配置，而不是把零售资产经营变成资金风险投资业务。该通知的发布意味着商业银行自主发展零售信贷业务将成为银行零售数字化转型的必经之路。

信用生活创始人在创立公司前先后在交通银行、广发银行、广州银行等银行的信用卡中心工作，2006年交通银行在汇丰银行的协助下尝试将财务、市场、运营、风险管理等工作全面通过数字化来驱动运营和决策。虽然交通银行的信用卡业务起步并不是最早的，但是在数字化的帮助下进展飞速，成为国内银行信用卡领域的第一梯队。2007年广发银行信用卡业务在风险和市场模块全盘尝试数字化，构建起完整的运营和风控体系，抓住了2006年以来的行业高速发展期，使信用卡业务成为广发银行的支柱业务。2012年初，他加入广州银行，主导和经历了广州银行信用卡中心从初创到发展壮大的全过程，得以将自己关于零售业务数字化运营的整套理念进行实践。此后6年，广州银行成长为中国区域银行信用卡综合能力第一名。其间，通过多年来与国内同行、全球同行的不断交流，以及对市场、监管、行业、征信、支付和银行等领域的长期研究，也让他看到，当时除像交通银行这样的全国性银行、广发银行这样的股份制银行之外，中国大多数区域银行对零售数字化发展的成功实践路径缺乏认知，对零售信贷的业务运营规律把握不够透彻，战略定力和耐心不足。用自己实践和研究而掌握的数字化技术和运营经验，让整个行业变得更好，成为他的梦想。2017年，他毅然决然从广州银行辞职，2018年正式在广州成立了信用生活（温泉，2021）。

**（二）信用生活的成立**

信用生活（广州）智能科技有限公司创立于2018年1月，专注利用人工智能计量技术优化金融服务流程，为金融行业提供资产智能计量的服务解决方案的技术厂商，旨在帮助实现业务数字化成功转型。其创始人和40%以上员工是来自招商、交通、北美汇丰、兴业、广发、平安、广州银行等银行及全球的人才，骨干成员均拥有 10 年以上零售信贷领域的成熟经验，包括风险管理、数据分析、产品运营、信贷资产、科技研发、财务和人力，公司的数字化解决方案，先后服务了包括中国邮政储蓄银行总行、北京银行、南京银行、中原银行、九江银行、广州农商行、东莞银行、海口农商在内的超过 30 家区域性商业银行，针对不同银行客户的实际需求，公司提供了量身定制的服务，逐步帮助其建立数字化平台、决策分析系统和运营体系。同时，公司还积极协助商业银行建立风险分析实验室，培养数据挖掘与策略分析人才，持续增强银行的数据化自主经营能力。在成立后两年，公司为客户创造了两个行业纪录：34 个月发卡 250 万张，累计不良率低于 1.2%；合作银行 7 个月不良率低于 0.3%，卡均收入提升 100%。

以下将介绍信用生活如何整体服务中小商业银行零售业务数字化转型，主要通过城商行河南中原银行和山西某农商行两个案例，探究中小商业银行在零售信贷方面如何利用外部金融科技力量推进内部数字化进行转型，如何在新模式下有效获客和风险管理。

## 四 信用生活助力中小商业银行零售信贷数字化转型的实践

### （一）信用生活总体发展战略与区域银行合作准则

#### 1. "三步走"市场战略

信用生活定位于服务区域性中小商业银行数字化转型，在成立公司后迅速拓展业务发展范围，总体上经历了"三步走"的市场战略。2018 年，即信用生活发展初期，公司以团队熟悉的信用卡数字化业务为主，鉴于信用卡经营对资质规模的高要求（需全牌照），公司主要与一线和二线大城市的城市商业银行合作，代表性银行包括中原银行、南京银行、北京银行、长沙银行等。从 2019 年开始，在信用卡业务的基础上，公司开始和各银行深化信贷业务合作，由于信贷业务主要聚焦消费人群，对消费场景和地域有所要求，因此省、市级层面更容易拓展业务。为此，公司将信贷业务合作银行的范围进一步拓展，从一线和二线城市拓展至三线、四线城市，如九江银行、华融湘江银行，并广泛覆盖从城市商业银行到农村商业银行等，主要合作对象有广州农商行、顺德农商行、浙江瓯海农商行等。2020年，公司着手开展普惠金融业务，鉴于普惠业务更贴近小城市、农村地区的需求，公司进一步将中小银行合作范围从一线、二线、三线城市拓展到小城市地区乃至农村地区，代表性的有山西农信、海南农信等。通过这"三步走"市场战略，信用生活在短短几年内不仅丰富了业务线，还显著扩大了区域合作规模，基本实现了对零售信贷业务的全面覆盖，并积累了中小银行零售信贷的数字化转型的宝贵经验，其模式值得业界学习和借鉴，如图3所示。

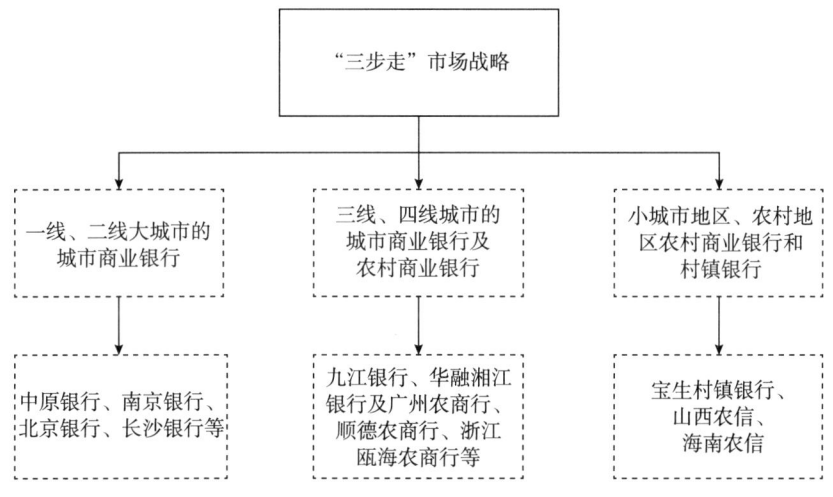

**图3 "三步走"市场战略**

资料来源：笔者根据相关资料整理。

2. "一个方案，两个业务点"区域银行合作原则

由于中小商业银行的区域化特征较为明显，所以在合作中信用生活遵循"一个方案，两个业务点"的原则。"一个方案"是指有标准化的零售信贷业务数字化服务方案，之所以标准化，主要是因为零售信贷业务复杂程度高、策略迭代快、流程长、涉及岗位多，信用生活通过建立操作流程和标准，通过P（Plan，计划）D（Do，执行实施）C（Check，检查）A（Act，处置）的持续循环，确保管理体系适应业务的发展变化，促进业务的可持续性发展。标准化主要是指业务全流程

体系，包括客群结构、风险管理、团队建设、营销获客、客户运营、产品设计、系统工具平台等，提供全流程一体化解决方案；但由于区域之间在文化、管理架构、规模、环境等方面差别较大，所以需要在标准化内做个性化的服务方式调整，比如在数据建设和风控方面，优化调整主要因地区环境不同而显示的变量和参数，以确保服务模式能够更快地复制和迭代。

"两个业务点"是指一方面帮助银行发展信用卡业务，另一方面支持银行拓展零售信贷业务，以此引领银行零售业务数字化转型，迈向可持续发展的道路。首先，发展信用卡业务能够显著提升银行的用户规模和用户认可度，通过与用户进行高频互动，银行能够积累用户数据、增进对用户的了解，从而构建精准的客户画像并积累决策数据。其次，在此基础上，银行为用户提供零售信贷等其他服务，使获客边际成本快速下降、坏账率降低、财务回报变好。反之，若银行在风险管理体系建设不健全的情况下，盲目地推进零售信贷或信用卡业务，虽然短期内可能实现业务量的快速增长，但由于缺乏完善的风险控制机制，极易使后期坏账率飙升，业务难以形成健康、可持续的循环。对于中小商业银行而言，如果忽视用户规模增长和资产配置一体化发展模式，仅片面追求短期内的资产规模扩张，而忽视了对用户的长期积累和深入了解，那么其零售信贷资产将很快遭遇增长"瓶颈"。更严重的是，由于缺乏黏性客户的支撑，银行将不得不面对每次信贷服务都需重新获客的现实，这无疑将大大增加获客成本和难度。

以上从宏观方面介绍信用生活助力中小银行零售信贷的数字化转型，下文将借助两个具体案例详细介绍信用生活数字化赋能中小商业银行信贷业务的实践，详细了解数字化如何促进中小商业银行零售信贷的业务和风控模式的转变。

### （二）信用生活数字化赋能中原银行信贷业务的实践

**1. 中原银行数字化转型举步维艰的现状**

中原银行是信用生活成立后的首家合作的银行，由13家城市商业银行合并而成，其目标是打造经济新常态下的现代商业银行，并坚持科技立行、变革创新的理念。在数字化转型的道路中，中原银行明显缺乏经验，尽管它曾与互联网公司和科技公司曾有过合作，但仅限于数字硬件和数据的简单提供,并未将实际的资源整合形成生产力,所以业绩提升并不显著。早在2015年,中原银行便计划通过资金投入构建自主的大数据风控体系和运营平台,但是这些提案都被行内决策者和管理者否定,其主要原因是预计的数字化支出成本高昂,从几千万元到上亿元,且面临成本与收益不匹配的高风险,使决策过程陷入困境。而且,当时商业银行内部的技术人员对数字化方面的了解尚浅,市场上也缺乏坚定的执行者和成功的实践者。

2. 信用生活为中原银行提供数字化解决方案

直到2017年,当信用生活为中原银行提供战略咨询时,才深入了解中原银行的具体情况,并针对中原银行的现状和担忧,向中原银行提出建议。首先,针对银行初期投入成本高的问题,把数字化能力相似的业务职能合并,由信用生活搭建系统平台,从获客、运营、数据、风控等各体系建立整套平台,将信用卡和信贷业务合并,一方面为银行方减少大量的前期体系建设投入,以最低的成本启动项目;另一方面是部门合并进行数字治理,将零售数据统一整合,统一化数据形成有效利用,并且按照销售情况和业务效果后置支付相应成本,使银行可以迅速扩大业务规模、缩短盈利周期,提高资产周转率,从而优化财务和运营。其次,针对行业缺乏相应金融科技人才的问题,由信用生活自建团队帮助银行组建平台,驻场服务解决实际问题并辅助培养人才,边际成本是股份制竞争对手的1/20以内。成立的数智金融创新实验室作为科技与业务协同推动部门,负责统筹推动全行数字化转型战略规划与实践,一方面赋能业技融合,另一方面推动创新。信用生活的方案为中原银行打了一剂强心针,基本从源头上帮助银行大大降低了数字化转型成本、提高了人才利用效率。经过若干回合的战略方案和细节讨论后,中原银行方终于决定采用数字化方式,大力发展以信用卡业务驱动的零售用户增长模式。由于建立适应信用卡市场化竞争的数字化能力和完整的专业化人才体系所需时间较长,战略落地的时间将受到较大影响,所以选择与信用生活合作推进数字化能力建设,进而缩短能力建设时间周期。

3. 中原银行零售信贷数字化转型的分析

中原银行在零售业务方面,尤其是信息卡业务上,面临客户基数小、客户互动不足、数字化基础薄弱等问题。2018年之前，中原银行信用卡业务已经发展多年，但是用户规模仍然很小，主要是因为没有完善的业务服务体系。获客方式以线下地推方式为主，而且该模式进行多年，区域市场人口基数小，业务发展受限，单纯靠压低价格又没有利润；加之对本地用户需求洞察不足，很多办卡用户为僵尸用户，信用卡使用不活跃，而且信用卡本身消费场景有限，活动单一，吸引力远不如其他股份制大行，导致市场覆盖率和渗透率不强；并且行内由于数据处理和分析技术跟不上，导致很多客户信息更新滞后，无法及时了解客户的多元化需求，更难以转化为新的产能。针对这类问题，信用生活协助中原银行搭建营销获客、风险管理和运营变现体系，同时帮助中原银行培养人才（见图4）。

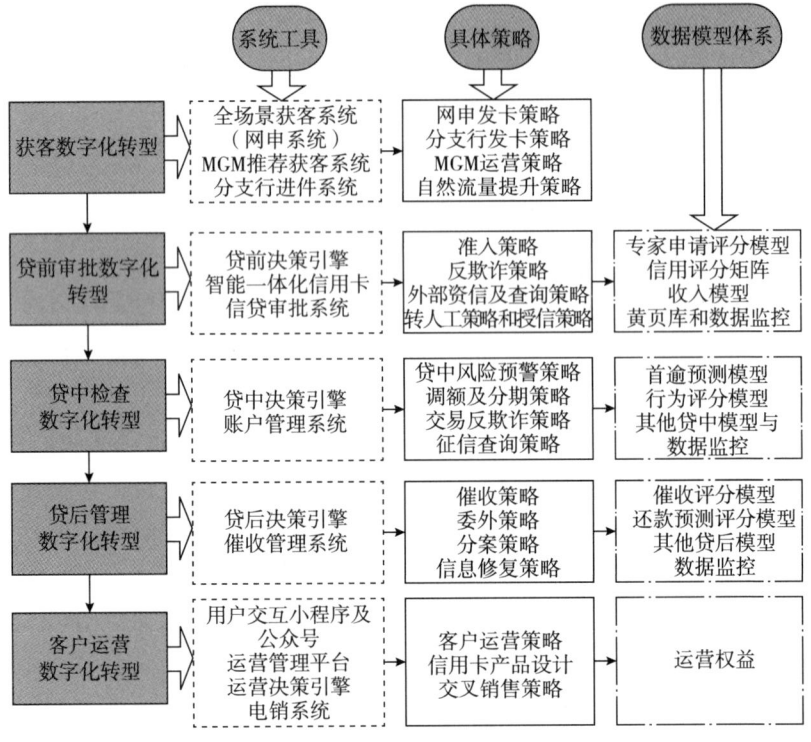

**图4　全流程体系一体化解决方案示意**

资料来源：笔者根据相关资料整理。

（1）获客数字化转型。信用生活帮助中原银行建立线上全场景获客系统，联系多家主要从事线上导流的机构，将各类 App 上的用户导流，通过自建或合作的线上平台集中向银行输出，包括 MGM[①] 推荐获客系统和包含"三亲"[②] 能力的分支行进件系统。客户从线下申请到统一化线上申请和受理模式，有效突破了地域限制，建立起了一个长期的、常态化的申请机制，从而大幅扩大了获客来源。

（2）贷前审批数字化转型。获客后，通过建立的数据平台，银行将自身客户存量数据与外部引入数据（包括人行的征信数据、政府数据、互联网数据）进行整合，利用大数据和人工智能分析工具进行重点客群挖掘，构建用户画像并进行标签管理。同时，通过评分模型、信用评分矩阵、收入模型、数据监控等多维度评估客户资信，过滤高风险用户。此外，建立用户关系图谱，打造企业与个人之间、个人与个人之间的关系网络，依据资金往来、共用信息、社交互动或其他评判指标来识别潜在优质用户。在信贷业务的审批、跟进和管理上，银行采用数字化和人工双重策略，这一过程与传统信贷审批方式及其依赖的信息来源不同。传统模式更依赖比较单一的客户信息和专家的经验审批，存在较大的信息不对称问题，容易引发道德风险和逆向选择。而数字化信息审批不仅可以提高审批效率，也可以量化显示贷款的收益和可能存在的风险点，为后续人工营销和数字化营销提供决策依据。

（3）贷中检查数字化转型。对传统信贷系统进行改造，使决策系统及贷款过程中的系统可以实时监测和预警，对贷款人的征信情况、负债情况及时更新，从而自动调整客户的贷款的额度、利率，或者提前收回贷款；客户也可以自行决定是否调整还款方式，或者增加贷款，从而减少人工放款、还款及调额、续贷环节，显著提高处理效率，也可以满足客户高效率和便捷性的要求。

（4）贷后管理数字化转型。与传统人工审批模式相比，数字化零售信贷在转型过程中运用系统工具和大数据模型进行风险把控，自动作出如提（降）额、提前收回贷款、催收等贷后决策，预估风险损

---

① MGM 是指刷卡金，通常是由银行信用卡中心向符合条件的信用卡持卡人赠与的一种奖励。

② "三亲"在信贷获取业务中指亲见本人、亲见申请资料原件、亲见本人签名。

失，降低零售信贷的违约概率和违约损失率，从而提高数字化风控能力。同时，建立风险分析实验室，向中小银行开放大部分策略和模型，助力其培养量化风控策略及数据分析人才。审批后，系统会持续对更新后的数据进行分析，包括审批通过率和签约率等，深入分析审批通过率高低的具体原因，并进行逾期客户特征分析、营销成本分析和流程成本评估等，为后续决策提供依据，有利于风控的数字化迭代决策和应用优化，不断提升服务效率和服务质量，最终实现盈利目标。

（5）客户运营数字化转型。对通过审批的客户数据进行持续的行为策略分析，分类客户，从而制定相应的营销活动和资源策略实行投放，涵盖主流电商网站购物折扣、五星级自助餐权益、视频 App、会员健身房、运动场馆等线下服务优惠券、商旅出行折扣等。通过活动不仅提升客户活跃度，而且提升卡均透支、收入和品牌影响力。中原银行的银行卡营销活动丰富多样，包括消费打折，与多个互联网支付平台合作消费优惠减免，消费积累的积分对接商城可以兑换实物礼品。平时经常登录银行卡平台的客户也能参与其他促活类活动，同时，银行还向介绍办卡的客户赠送实物礼品，以作为感谢。这些举措都加深了与客户之间的交互，提升了客户活跃度和留存度。在后期合作中，银行还在该平台引入其他零售业务，实现了综合销售。新模式下的用户体验更佳、效率更高、成本更低，有助于促进范围经济的发展（见图5）。

通过一系列的合作，信用生活帮助中原银行实现首年发卡100万张，创下国内银行信用卡首年公开发卡纪录。中原银行30个月发卡220万张，自动审批率超80%，人工日均审批400件；不良率0.72%，20个月FTP（资金转移定价）利润1.5亿元，标准卡余额100亿元，每月收入6000万元，并且每月收入以600万元的增速发展；使中原银行每年审批成本节省3000万元，数据成本节省1000万元，营销效率显著提升，数字化转型取得重要进展。

相较于城市商业银行，农村商业银行在数字化转型中面临的数据问题更为显著，其核心问题在于数据基础能力的不足、数据治理能力的薄弱。下文案例将重点从数据治理角度介绍信用生活助力农商行零售信贷数字化转型的实践。

案例一　信用生活助力中小商业银行零售信贷数字化转型　15

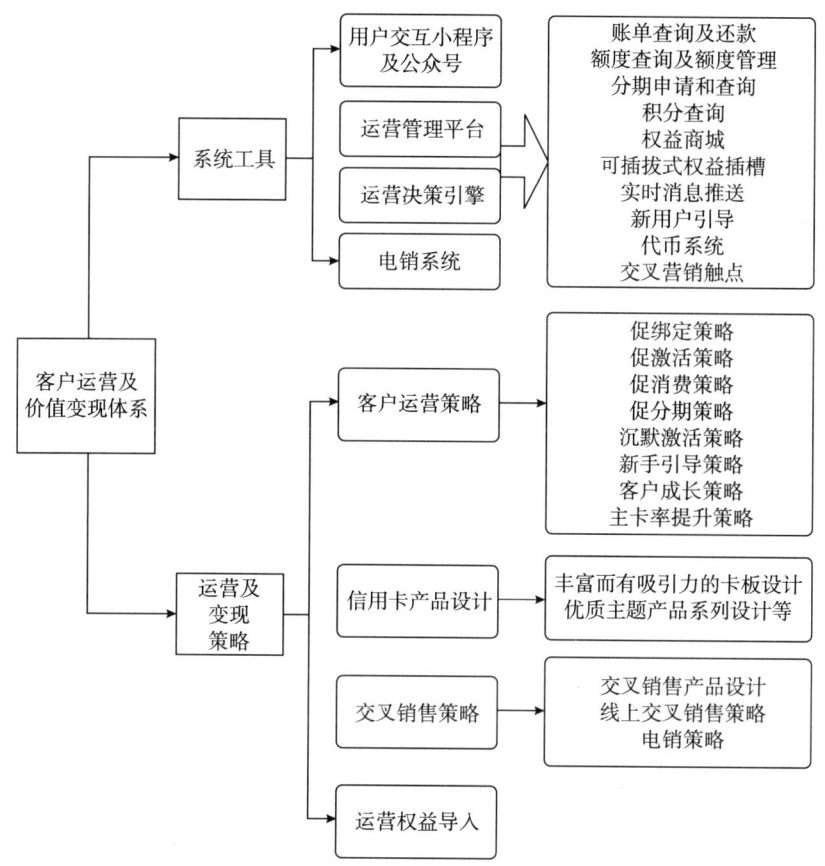

**图5　信用生活客户运营及价值变现体系**

资料来源：笔者根据信用生活公开资料整理。

## （三）信用生活助推农村商业银行零售信贷数字化转型的实践

1. 山西某农村商业银行零售信贷数字化转型存在的问题

相较于理念更新快、有一定数字化实践基础的城市商业银行，农村商业银行在数字化转型中的问题显得更为突出，除金融科技人才匮乏、资金实力有限、管理体制复杂等问题外（陈雨露，2021），最主要的是风险高、成本高、收入低，最基础的是数据治理能力薄弱。解决该问题最直接的方式就是和科技公司合作，逐步实现数字化转型。山西某农村商业银行是信用生活的重点合作农商行之一，从信用生活项目人员调研中发现，该农村商业银行的数据质量和完整性较差，其数据缺乏体系化标准化体系，难以确定可用数据；而且，其中有很多历史数据缺失，数据复原的难度大、耗时长。

2. 数据整顿、应用与分析

如图6所示，数字化的第一步是该农村商业银行的数据整理和清洗，通过特定的数据治理方式确定可用数据，尝试还原丢失的重要数据。第二步是引入行外大数据，通过集成数据，建立统一的生产计算与存储平台，在逐步修复并集成数据后，重点在于数据的深度开发利用，需要利用数据策略和模型对数据进行分析。山西某农村商业银行以往传统的数据分析，基本上局限于统计与报表分析，而且统计数据分散，难以持续更新迭代；数据模型数量有限且效果不尽如人意，缺乏数据应用的闭环管理机制，这对于深层次数据挖潜而言是巨大挑战。第三步是信用生活利用科技优势，搭建风险系统和运营系统，根据农商行的实际情况建立数据模型，让业务策略分析师采用大数据规则分析和人工智能分析，开展更深层次的数据挖掘，比如通过数据生产客户画像、客户分层客群、白名单或者交叉营销等，快速洞察机会和迭代，应用到各业务生产场景中。

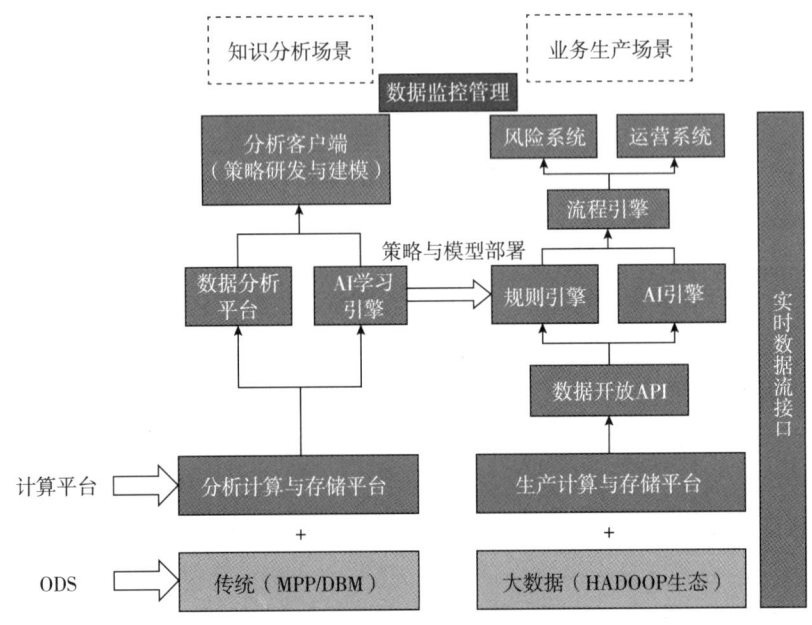

图6　数据标准化应用体系

3. 全流程风险管理策略与分析

除了数据集成、治理与分析利用等方面的问题，山西某农村商业银行还缺乏数字化风险管理能力和操作能力，无法真正做到扩大信贷规模。特别是贷前审批，以往贷款审批依赖的数据基本都是线下调查采集、手工记录及省联社下发的数据。而且评估主要依赖抵押物价值评估和客户经理的个人审批意见，时间长、手续烦琐、客户体验比较差。

信用生活指导农商行基于不同业务场景和不同阶段实行全流程管理，从贷前审批授信、贷中客户管理到贷后催收管理，每个环节都设有不同的风险管理策略。如图 7 所示，贷前数据化管理可以将线下收集的信息和线上整合的客户画像等结合，采用贷前反欺诈策略，评分模型

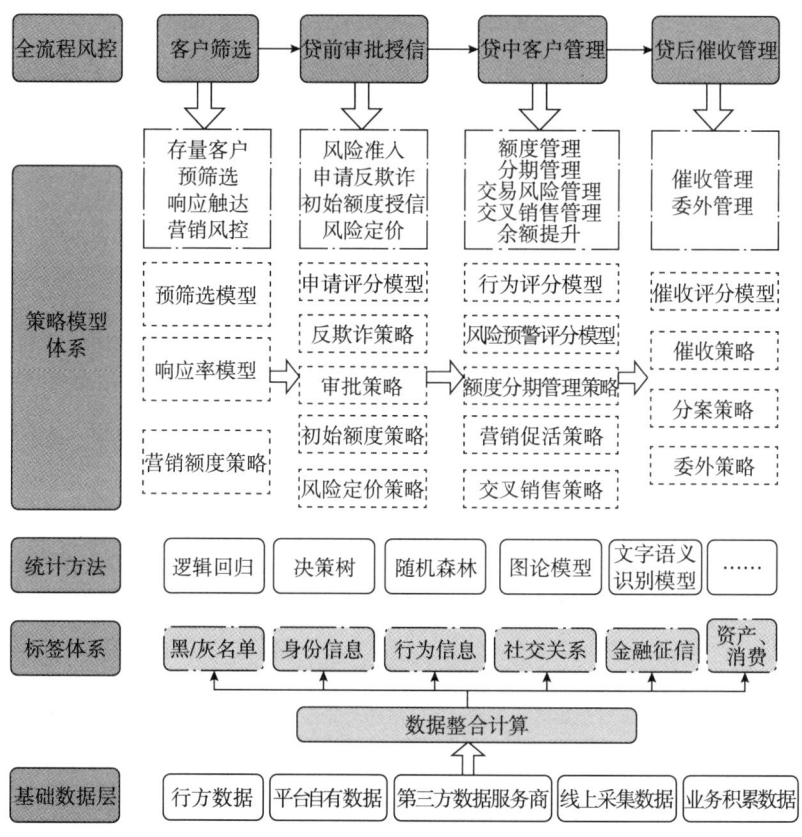

图 7　全流程风险策略模型体系

资料来源：笔者根据相关资料整理。

（授信评估模型、行为评分模型）等进行多维度信用风险分析，做好客户名单筛选，减少信息不对称，降低贷款风险，从而更好地做出信贷定价，有利于农村商业银行扩大信贷规模，提升盈利能力。与此同时，数字化审批可以记录详细的数据，为后续经营及贷后风险管理作进一步分析决策，有利于银行的决策迭代和平台优化。贷中数据化管理是整合基础数据、标签体系、统计方法、策略模型等，利用决策引擎进行额度管理、分期管理、交易风险管理、交叉销售管理，同时将实时数据分析应用到各大数据模型中，做出是否预警、调额和营销的决策。贷中数字化管理一方面增强了银行的风险控制，另一方面提升了银行的综合零售营销能力。贷后会利用催收评分模型、催收策略、分案策略和委外策略为贷后的催收管理和委外管理作决策。利用大数据分析和人工智能分析整合数据形成整个过程的风险管理，并结合数据的实时更新不断优化，这种全流程的风险控制有利于农商行集约化管理零售信贷业务。

4. 客户全生命周期风险管理与分析

具体到每个客户，则会进行全生命周期风险管理，如图 8 所示。从前端的 PD 违约概率[①]来扩大客户群，定位目标客户和潜在客户，审批之后会给予相应的初始额度，在客户使用贷款额度过程中会实行 EAD[②] 额度管理，对客户行为分析从而进行额度调整，也可以进行早期预警，作出是否为低效资产、风险重新定价、是否续约等决策。在贷款催收过程中会实行 LGD[③] 催收管理方式，从而形成一个完整周期的风险管理模式。这种全周期的风险管理模式相较于传统的风险管理，依赖已有的数据平台和管理平台，更容易形成清晰的路径，有一定的可追溯性，可以进行因果分析，为下一步的信贷和其他业务决策奠定基础，从而促进数据和模式的优化。

---

① PD 违约概率是指借款人在未来一定时期内不能按合同要求偿还银行贷款本息或履行相关义务的可能性。

② EAD（Exposure at Default）是信用风险的一个加权统计性指标。它代表了借款人在其完全违约的情况下可能给银行带来的损失。

③ LGD（Loss Given Default）即违约发生时风险暴露的损失程度。当借款人不能按时达成协议履行义务时，对银行造成的经济损失和该笔业务的风险暴露的比值，是针对交易项目（各笔贷款）而言的。

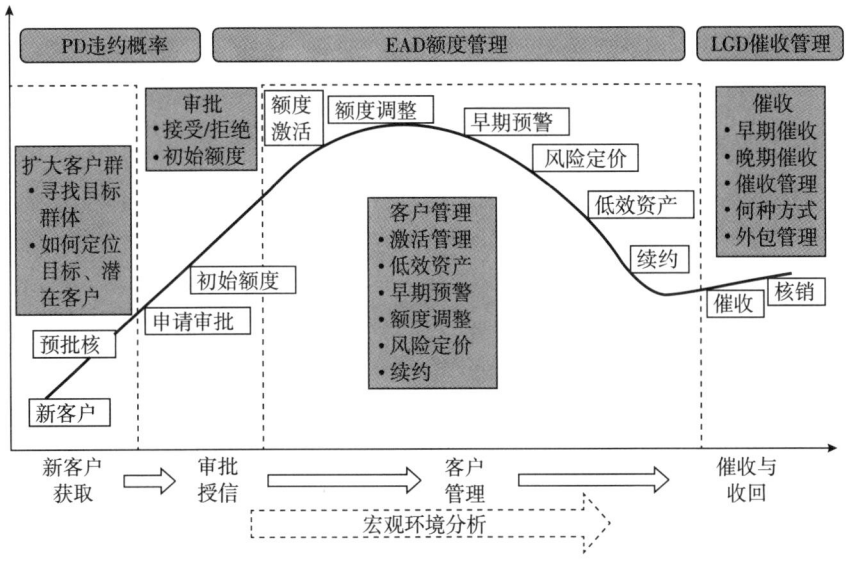

**图 8　全生命周期风险管理**

资料来源：笔者根据相关资料整理。

山西某农村商业银行2019年10月在信用生活帮助下完成改制，全行有效客户数28万，存款余额111亿元，贷款余额76亿元，当地人口140万人。合作一年后取得良好的业务成果，如表2所示，截至2020年7月，贷款客户数增长约6.7倍，新增个贷放款超过2019年贷款余额，逾期金额极低，只有9万元，贷款不良率从10.03%降低到6.00%，如表2所示。

表2　　　　　　　　合作1年前后个人贷款业务变化情况

| 项目 | 合作前 | 合作后 |
| --- | --- | --- |
| 贷款客户数 | 3569户 | 24000万户 |
| 贷款余额 | 4.48亿元，占全行总贷款余额的5.9% | 新增个人信用贷放款：5.2亿元<br>新增个人信用贷余额：3亿元 |
| 不良贷款金额 | 4495万元 | 逾期金额：9万元 |
| 贷款不良率 | 10.03% | 6.00% |

资料来源：笔者根据相关资料整理。

## 五　信用生活助力中小商业银行零售信贷数字化的总结与挑战

**（一）信用生活助力中小商业银行零售信贷数字化的总结**

信用生活经过多年的发展，已经成功地服务各类中小商业银行，助力推进其数字化转型的实践。在实践过程中，针对中小银行信贷业务数字化转型获客成本高、风控能力不足和组合运营能力不足的核心问题。首先，信用生活全方位地帮助其从全体系全流程进行数字化能力体系建设和人才培育，节约银行方面大量的前期体系建设投入，实现了银行低成本启动业务的能力，并允许银行按销售状况后置支付相应的营销成本，从而帮助其迅速扩大业务规模、缩短盈利周期，实现了高效率的成本收入比。其次，信用生活全流程、全生命周期的风险管理方式可以降低中小商业银行的信用风险，提高贷款效率，有利于银行方做大贷款规模，进行信贷的集约化和智能化管理。最后，信用生活采用深度赋能的模式，与银行员工联合工作，并通过联合实践和不定期培训的方式，着力提升银行员工的业务能力，助力银行培养自身经营能力，实现可持续发展。不仅让中小商业银行业务得以开展，还促进了数据的有效利用和人才的持续培养。

随着数字经济的发展，数字化基础设施将日益完善，数字信息将变得更加透明且详细，这无疑会提升数字化信贷的决策效率，推动更多增量市场的发展。同时，健全的数字化治理机制也能促进风险管理的优化与迭代，助力合理的资产定价，最终惠及广大金融服务受众，实现金融服务的普惠性。

**（二）信用生活助力中小商业银行零售信贷数字化的挑战**

受制于自身实力的不足，中小商业银行数字化建设要取得长远发展，不能仅依靠外部科技公司的帮助，还需持续培养复合型的科技人才，并不断提升数据化系统的建设和完善程度。这对于中小商业银行而言是一个持续的挑战。此外，面临大数据时代的新形势，传统征信业存在的信用信息不对称、数据采集渠道受限、数据隐私保护不力的问题愈加严峻（王强等，2017），中小商业银行面临的数据不可用或难以有效利用的困境也越发突出。未来，中小商业银行将借助区块链技术实现数据共享，通过搭建征信数据共享交易平台，帮助参与交易方降低风险和成本。

## ➢ 案例使用说明

### 1. 教学目的和用途

#### 1.1 适用课程

本案例适用于数字金融、信贷管理、银行业经营与管理、风险管理、金融数据分析等课程。

#### 1.2 适用对象

本案例适用对象包括高年级经济学专业本科生、金融专业硕士生。

#### 1.3 教学目的

本案例主要围绕目前中小商业银行数字化转型和零售信贷方面面临的困境和难题，引入信用生活在服务中小商业银行零售信贷数字化转型升级所采取的模式与数字化解决方案，通过点面结合和实践案例来介绍和分析如何利用数字金融帮助中小商业银行零售信贷进行数字化能力建设，有效解决中小商业银行数字化能力不足，零售信贷业务数据治理、获客成本高、风控能力不足等方面的难题，提高盈利能力和竞争优势。本案例教学主要带领学生探讨上述问题，具体目标如下。

（1）结合数字金融概念，深入理解中小商业银行数字化转型的痛点，尤其是通过对比国有银行和股份制银行，重点考察现阶段中小商业银行在数字化转型方面存在的薄弱和短板，以及理解为何中小银行从局部业务做数字化转型。

（2）理解和掌握信用生活在与不同区域商业银行开展数字化合作过程中存在哪些问题，应如何解决差异性以实现模式的可复制性。

（3）理解和掌握现有中小商业银行零售信贷传统模式存在的问题，信用生活如何进行中小商业银行的零售信贷数字化能力建设，如何赋能中小商业银行零售信贷改变传统获客和运营模式，从而进行有效的数据分析决策和风险管理建设，并提高效益。

（4）结合风险管理理论，理解和掌握数字化赋能农村商业银行零售信贷业务转型中如何进行数据治理，全流程、全生命周期风险管理。

**2. 启发思考题**

本案例的启发思考题立足中小商业银行零售信贷业务的实际问题，探讨传统零售信贷模式在新时期的不足，并深入分析信用生活利用数字化建设赋能中小商业银行零售信贷新模式。思考题整体呈现了先破再立、先面后点的特点。为了确保教学质量，建议教师让学生尽量在课前查阅中小商业银行发展现状和商业银行数字化转型等信息，并熟悉相关知识点。除此之外，教师在案例讨论前需要安排学生阅读教学案例中涉及的数字金融概念、商业银行经营管理、风险控制等相关知识。同时，教师可以引导学生通过互联网等渠道了解传统零售信贷模式下中小商业信贷流程，以及数字技术在零售信贷领域的最新应用等相关知识点。

（1）分析当前中小商业银行发展面临的主要问题，中国银行业的发展趋势，以及中小商业银行数字化转型方面的问题。阐述中小商业银行数字化转型为何从零售信贷业务着手。

（2）请描述信用生活的总体发展战略，以及与不同区域银行合作的准则，在与不同区域、不同层级商业银行合作中如何解决差异性问题以实现模式的可复制性。

（3）探究现有中小商业银行零售信贷业务中存在的问题，数字化转型如何助力其解决此类问题以提高经营效益。

（4）关于中小商业银行零售信贷数字化转型中，如何理解信用生活的全流程风险管理和生命周期风险管理，与传统商业银行风险管理模式有何不同。

**3. 分析思路**

教师可以根据上述的教学目标灵活地使用本案例，基于启发思考题，分析思路如图9所示。

（1）重点介绍中小商业银行发展现状，基于中小商业银行目前面临最主要的问题，选择数字化转型解决方案，通过以信贷业务为切入点，针对目前零售信贷业务的突出问题，结合数字经济和数字金融的发展，逐渐数字化转型，利用数字科技赋能零售信贷业务的发展，推动零售信贷业务的转型和高质量发展，从而形成竞争优势，提高盈利能力。

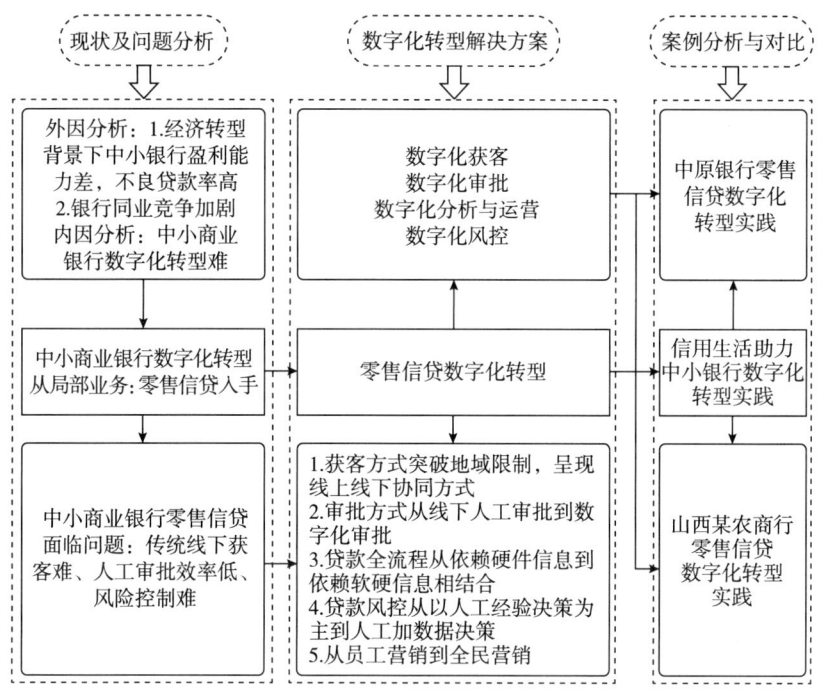

**图 9　分析思路**

（2）介绍零售信贷数字化转型的概念，了解零售信贷数字化转型的核心和零售信贷数字化转型四个方面的重要转变。并介绍信用生活及其零售信贷的数字化方案。

（3）通过全面宏观和具体微观两个方面，介绍信用生活在中小商业银行零售信贷数字化转型的区域合作准则和零售信贷数字化转型的实践案例，从中了解针对不同规模、不同区域中小银行信贷数字化转型的问题及因地制宜地制定数字化解决方案。一是与中原银行的信用卡数字化合作，形成良好的合作标杆，成功地吸引众多商业银行与信用生活展开合作。二是助力山西某农商行建设数据平台、发展零售信贷、提高风险管理能力。通过上述案例，总结解决不同数字化建设问题的思路和方法。

（4）引导学生分析信用生活如何运用数字化建设对中小商业零售信贷进行数据治理、营销获客和风险管理，从而突破传统线下审批信贷的模式，形成线上线下结合的综合化零售信贷的数字化转型。同时，分析解决零售信贷的数字化转型可以解决零售信贷业务面临的哪些问题。

### 4. 理论依据

（1）规模经济（Economy of Scale）和范围经济（Economy of Scope）。规模经济一般是指当生产规模扩大时，所带来的成本效益提升的现象。主要以物理产品为载体，强调专业化分工，从而获取竞争优势和规模化发展效益。而范围经济是相对于关联产品或服务而言的，通常是指企业通过扩大经营范围，增加产品（服务）种类，生产两种或两种以上的产品（服务）而引起的单位成本降低、经济效益提高的经济现象（张金鑫、王清剑，2009）。以数字经济为代表的范围经济，以数字内容服务为载体，追求创新创意、用户体验、高质量，通过数字技术等新一代信息技术赋能，激活数据要素创新创造潜能，大幅降低专业服务的门槛和跨界融合的难度，支持按照用户需求，动态地调整生产供给，从而在需求决定供给的价值网络中获取竞争合作优势和多样化发展效益。

因传统行业竞争加剧，市场将加速从增量阶段步入存量阶段，需要开拓新的价值空间才能实现持续发展。进入数字经济时代，数字生产力、价值共创共享生态关系成为变革新趋势，越来越多的企业通过运用数字技术，激活数据要素潜能，打造平台化生态，强化用户连接与交互，加快发展新产品、新技术、新模式，提高多样化发展效率，充分发挥用户及生态合作伙伴连接带来的"长尾效应"，不断创造增量价值，开辟新的价值空间。发展个性化定制、全生命周期管理等新模式新业态，都是追求范围经济的表现。

（2）数字金融概念与特质。数字金融是以数据要素和数字资产为基础，以客户需求和体验为核心，利用大数据、云计算和人工智能等技术对传统金融业务模式进行价值创新，包括但不限于数字化金融平台、数字化决策和风险控制。随着互联网和科技的发展，数字技术正向各行业、各领域加快渗透，衍生的物联网、大数据、云计算、社交网络和移动支付等新场景应用已深度融入人们的生活，由此全面开启数字化、智能化新时代。

第一个特质是提升客户体验。按照周鸿祎（2013）的观点，无论金融机构和金融模式如何演变，"客户至上"的经营理念都始终如一。

谁拥有的有效客户最多，谁就抢占了金融行业的制高点。数字经济时代，主要通过社交网络传播信息，每个家庭、企业的信息与其他主体之间都有可能产生联系，为商业银行链接客户创造新的场景与生态。因此，与客户的连接越广泛，掌握客户的信息就越多，网络效应就越突出，商业银行也会越理解所服务的客户。如果商业银行能够为客户创造更好的体验，甚至超出其服务预期，就有助于增强客户黏性，并鼓励客户通过社交网络媒体分享消费体验进而为商业银行创造口碑。

第二个特质是降低信息成本。有学者归纳互联网商业模式，认为通常有三种（吴国平、吴胜，2014）。一是在网上出售有形产品，如电商平台。二是出售广告服务，主要推荐第三方的产品和服务，如百度。三是增值服务，主要向有需求的人群销售个性化的产品和服务，典型企业如腾讯。实际上，网络平台采取免费服务或者增值付费服务模式，获得客户交易相关的数据与信息，沉淀了大量的商业数据，逐步形成客户与场景的数字化画像。网络平台客户分布越广泛、交易积累越深厚，网络效应就越强大，数字画像也就越充分。数字金融，通过将数据转化为关键生产要素，极大缓解了市场主体间的信息不对称状况，降低了信息与数据的交易成本，加快了数据要素与金融要素的有机融合，促进了数字金融发展。

第三个特质是数据驱动创新发展。消费互联网中，信息传播更广更及时、交易交付结算更便捷、系统平台支撑更强大、交易可追溯易审查，消费者与生产企业之间的时空距离不断被拉近；工业互联网中，"数字孪生"有助于形成更系统的信息和知识、前瞻智慧的市场预期和决策范式、稳定可靠的生产经营过程及便捷的交易和低廉的交易成本，推动企业加快融入数字化产业生态。产业数字化有助于加快数据要素与金融要素有机融合，促进金融行业创新发展。一是引发客户对金融需求的一系列变革，由简单的物理化、低效化、个体化和普适化逐渐转向综合的移动化、实时化、社交化和个性化（吴昊、杨济时，2015）。二是推动商业银行线下金融业务向线上创新迁移，在"电子化—网络化—数字化"的发展趋势下，构建符合场景数字化的商业惯例和用户体验的金融产品销售与服务体系（吴国平、吴胜，2014）。三是促使传统金融业务透明度更好、参与度更高、协作性更强、成本更低、受众面更大、操作更便捷，以数字化思维重构以客户为中心的金融产品和服务流程（王硕、李强，2015）。

（3）金融科技及其应用。金融稳定理事会（2017）定义金融科技基于大数据、云计算、人工智能、区块链等一系列技术创新，全面应用于支付清算、借贷融资、财富管理、零售银行、保险、交易结算六大金融领域，是金融业未来的主流趋势（林庆文，2023），对金融服务行业产生了重大影响。例如，数字技术在营销、风控、合规、投资等领域的运用，使新金融的产品与服务大量涌现，促进了金融行业业务模式的创新与发展。

金融科技的具体运用，一是大数据分析。随着IT技术和金融行业的发展，无论是在数据存储处理还是分析方法上，金融行业对数据的要求都越来越高，且对传统金融数据进行分析所要求的数据量越来越大、精确度越来越高。无论是计算机硬件还是算法都必须具备处理海量数据的能力，对非结构化数据，诸如社交媒体、传感器网络系统，需要运用特殊的数据存储及处理方式。例如，有些人工智能算法会根据社交媒体上出现的积极词汇频率来判断整体市场行情，而如何定义积极词汇及如何处理分析这些文本性的积极词汇都需要运用大数据分析（高艳梅，2018）。二是人工智能。人工智能是处理大数据的有效工具之一，相比传统的统计分析工具，人工智能尤其适用于分析处理变量间的非线性关系，诸如淘宝网、京东之类的电子商务平台会根据用户的历史消费数据推送用户可能感兴趣的商品，人工智能可以精准刻画不同用户的肖像，并根据最新数据不断学习更新。

商业银行借助大数据形成的数字化生态，深入业务场景，创新业务流程、优化风控体系、提升决策效能，为客户提供优质金融服务。大数据在银行业中的应用主要包括客户管理、营销管理和风险管理三个方面。

第一，客户管理。商业银行借助大数据平台，通过社交网络、电子商务、终端设备等媒介对接客户数字轨迹，形成结构化和非结构化数据，并对相关数据进行收集、存储、集成、治理、分析，从数据中实施用户关系网络挖掘及聚类判别分析，有效甄别优质客户和潜力客户，从而通过强化客户服务能力，增强客户黏性、避免客户流失（Slater，2021）。

第二，营销管理。结合客户风险与需求偏好差异，商业银行应努力打造和实施个性化、线上化、智能化的金融产品营销服务方案，突破传统被动、标准的产品服务营销方式，通过主动营销和个性化服务，提升客户经理的专业化服务能力及金融产品的精准营销水平，促进金融产品推介服务的有效性及金融产品与客户需求的匹配度，提高客户对营销服务的认可度（汪永奇，2023）。

第三，风险管理。通过大数据分析，建立更加完善的风险预警和防范体系。从客户基础身份信息、综合信用评分、征信报告、互联网行为特质、资产负债状况（浦发银行战略发展部智慧银行课题组李麟，2016）等信息维度，提炼出客户的自然属性和行为属性，服务风险管理。

而人工智能很多技术如智能语音、生物特征识别、自然语言处理、机器学习、知识图谱等被应用在金融各业务场景中（童强，2017）。在银行业中的应用集中体现在智能语音、智能营销、智能风控等，智能语音一般是比如机器人业务外呼和贷款催收；智能营销是利用人脸识别、计算机视觉、知识图谱技术用于银行客户画像和客户群体细分，从而制定精准营销方案和广告投放方案；智能风控是利用机器学习、知识图谱技术建立预测模型，在银行信贷业务中的申请欺诈、交易欺诈、全生命周期风险管理、客户价值分析等场景都有应用，可以进行智能风控和风险预测；智能运营利用深度学习、知识图谱等集中管理相似业务流程，推进业务流程标准化建设，尤其是在零售信贷业务中应用明显，可以对金融产品定价，加强资源集约化利用程度，从而降低业务运营成本，促进零售业务的数字化转型升级。

（4）商业银行经营和风险管理。弗雷德里克·S.米什金在《货币金融学》中提出银行经营管理的四大原则。一是流动性管理，当存款发生外流时，要确保银行有足够资金用于支付储户。二是资产管理，银行要通过购买低违约率的资产和进行资产多样化组合，将风险保持在适当的低水平。三是负债管理，以较低成本获取资金。四是资本充足性管理，必须确定银行应当保有的资产规模，并获取所需要的资本。其中最重要的是资产和负债管理，重点表现为资产管理和信用风险管理。

第一，资产管理方面。首先，银行要努力寻找那些既愿意支付高利率，又不大可能对贷款违约的借款人，努力降低违约率。其次，在管理资产过程中，银行必须通过多样化资产组合来降低风险、提高回报率。

第二，信用风险管理方面。有效甄别和信息收集，比如个人信贷会根据征信报告，工资、流水等，计算信用得分，评价信用风险。而公司贷款会根据公司盈亏和资产负债、未来发展前景、竞争状况等来评价信用风险。同时，银行会尽量让借款人在银行开有储蓄账户，加深银行对借款人的了解和潜在用款需求，减少信息成本。此外，银行还会通过信用配给的方法来管理信用风险。商业银行贷款流程包括贷前调查、评估、信用分析，贷中审查审批、合同签订、贷款发放，贷后日常管理、贷款回收与处置。

科技和需求催生的金融创新也对银行业的资产和风险管理产生了巨大的影响。首先，降低了金融交易的成本，科技的发展使客户可以通过网上银行、手机银行来进行银行业务，从而降低了银行的交易成本，也提升了交易的便利性，并间接促进了银行多资产业务的组合发展，创新金融产品和提供新服务能获取更大的利润空间。其次，依赖金融科技可以实现更高效、更准确的信贷全流程的风险控制。

**5. 具体分析**

5.1 当前，结合中小商业银行发展面临的主要问题、中国银行业的发展趋势及中小商业银行数字化转型面临的问题，阐述为何中小商业银行数字化转型从零售信贷业务着手。

（1）当前中小商业银行发展面临的主要问题。目前，中小商业银行面临最根本的问题主要是生存发展问题，在经济转型周期和银行业竞争加剧的背景下，银行净息差持续缩小，如何提高盈利能力、增强竞争优势，是当前中小商业银行发展主要的问题。

（2）中国银行业的发展趋势及中小商业银行数字化转型方面的问题。随着当前数字科技的发展，不仅人们的日常生活、娱乐方式和消费习惯发生了巨大变化，银行业也受到了深远影响，数字化转型是中小商业银行发展的必然趋势。驱动中小商业银行的数字化转型主要有两个重要因素，一是银行业竞争加剧，为谋求自身发展需要寻找新的增长点，相对于受经济下行影响显著的对公业务而言，商业银行的零售业务体量广、基础客户多、发展潜力较大。而零售业务最大的价值来源于客户，良好的客户服务体验至关重要，现实需求要求银行要差异化管理和服务客户。以往对所有客户粗放式的管理方式无法满足其个性化需求，也无法创造更大的盈利增长点，而现有的互联网和大数据的发展与运用使大规模、精细化地管理并服务零售客户成为可能。二是人工智能和机器学习在处理大数据时具有独特的优势，能将用户进行客群分层。并且可以对客户信息、浏览轨迹、交易记录及关系网络等数据集成、治理及深度分析，进行客户和场景数字化画像，判别客户的行为模式、兴趣爱好及风险偏好，挖掘金融需求，借助网络渠道推送差异化产品和个性化营销（吴昊、杨济时，2015）；而且可利用技术变革和环境变化及时对金融产品、服务或营销进行创新。在金融产品的研发创新上，不应执着于传统的经验和业务模式，而应更注重客户的体验和各类碎片化需求，克服以业务条线和部门职责为主进行产品设计和研发模式，优化产品研发流程，统筹商业银行内部资源，融合业务功能，加强商业银行金融产品业务之间的衔接，实现完整的用户体验（李小庆，2014）。

受政策市场变化和数字化转型影响，国有商业银行、股份制商业银行等信贷业务纷纷下沉，与中小商业银行客群重合度逐渐提升（张建梁，2020）。相较于国有大银行和股份制大银行，中小商业银行数字化转型起步晚、技术基础弱，人才积累少，组织不完善，业务与金融科技融合较慢，缺乏规模和成本优势，缺乏数字化转型能力。中小商业银行中大部分中小商业银行数字化科技能力较低，主要选择与外部科技公司合作。而农村商业银行受省联社管理原因，自身更不具备数字科技和数字化能力，也是多与科技公司合作。农村商业银行与金融科技合作可以缓解农商行信贷服务"获客难""风险高""效率低"等痛点，推动农村普惠金融高质量发展，并在一定程度上缓解农村信贷服务的"三角困境"（王修华、刘锦华，2023）。

（3）为何中小商业银行数字化转型从零售信贷业务着手？中小商业银行因其资产规模和定位有所不同，实现数字化转型难度和路径也不尽相同。中小商业银行因其自身资产和实力有限，不具备全面数字化转型条件，但可以从局部业务入手，逐渐向更多业务的数字化转型过渡。而选择零售信贷业务主要是由于零售信贷业务具有以下几个特点。

第一，零售信贷综合贡献高，以信贷为切入点，可以提供零售客户综合金融服务，如存款、投资理财、保险、支付等。

第二，零售信贷资本占用低，按照巴塞尔资本协议，零售信贷的风险权重大幅度低于法人信贷，在银行业利润增长放缓的阶段，发展零售信贷业务可有效节约经济资本，支撑银行扩大经营规模。

第三，零售信贷违约风险低，零售信贷业务具有客户基数大、单笔金额小、风险分散的特征，信用风险相对较低，能有效抵御经济变化导致的信用风险波动（《20242中国银行业排行榜200强研究报告》，2024）。

5.2 请描述信用生活的总体发展战略和与不同区域银行合作的准则是什么。在与不同区域、不同层级商业银行合作中如何解决差异性问题以实现模式的可复制性？

（1）信用生活的总体发展战略。信用生活提供全零售信贷业务（信用卡、消费信贷、农户和小微企业信贷）全流程服务的解决方案，定位服务中小商业银行数字化转型，尤其是中小型城商行、农商行和村镇银行。在成立公司后迅速拓展业务发展范围，采取"三步走"发展战略。发展初期，以信用卡数字化业务为主，代表性的有中原银行、南京银行、北京银行等，通过建立数字化平台发行虚拟信用卡，形成数字化生态圈并迅速迭代；发展中期，在信用卡业务基础上和各银行开展消费信贷业务合作，主要向省会和重要市级城市拓展；2020年后，着手在小城市地区、农村地区开展农村商业银行合作和村镇银行合作，代表性的有山西农信、宝生村镇银行等。信用生活经过这"三步走"战略，始终跟随国家数字化转型战略，普惠和数字金融的发展，在几年内一步步丰富业务线和扩大区域合作规模，从中型银行逐步合作到小型商业银行，真正推动中小银行数字化转型。

（2）与不同区域银行合作的准则。随着更大范围合作的深入和合作规模的扩大，区域性各银行地区差异很大，挑战也很大。在此基础上只能求同存异，在共同数字化转型的目标下，始终坚持"一个方案，两个业务点"的合作准则，将标准化的合作服务方案和差异化个性化的定制服务相结合，标准化的业务流程体系可以复制，包括客群结构、团队建设、营销获客与运营、产品设计、系统工具平台等；非标准化地调整流程中的变量和参数，使其模式可以更快地做复制和迭代，尤其是在数据治理建设和风控方面，确保管理体系适应业务的发展变化，从而实现可复制性。

5.3 现有中小商业银行零售信贷业务中存在哪些问题？信用生活如何助力中小银行信贷业务数字化转型？

（1）现有中小商业银行零售信贷业务中存在的问题。由于传统经营模式的局限性，中小商业银行零售信贷业务普遍面临数据治理、营销获客、客户运营、风险管理的问题。比如，数据治理方面数据标准不统一，数字加工和整合能力不足；获客方面获客难、成本高；客户运营方面存在互动少、黏性差，个性化需求难以满足等问题；风险控制方面存在贷前审核不足、贷中预警不及时，贷款难收回、不良率上升等问题。

（2）信用生活助力中小银行信贷业务数字化转型。中原银行和山西某农商行均存在着上述若干问题，信用生活近几年在不断投入核心人才资源与技术资源赋能这些中小商业银行。

第一，整顿数字治理。通过技术手段将行内数据进行治理，形成统一标准化、可应用的数据资源，同时引入第三方外部数据或者与其他平台合作，搭建全流程数字平台。

第二，设计信用卡或信贷产品通过线上各渠道来引流获客。重点围绕客户消费、出行、旅游、教育、医疗等场景，满足客户消费支付需求和其他需求。对注册或持卡客户进行客户画像，并通过对客户信息、浏览记录和交易数据进行深度挖掘，判断并分析客户的金融需求、行为模式和风险偏好，借助网络实现差异化的产品定向推送和个性化营销（吴昊、杨济时，2015）；利用持续数据迭代更新创新产品、服务或营销，提供更好的用户体验和增值服务，实现交叉销售，降低综合成本。

第三，进行全流程、全生命周期的风险控制。全流程风险控制包括客户筛选、贷前审批、贷中运营和贷后管理；全生命周期的风险控制是从客户角度完成从新客户获取、审批授信、客户管理、催收及收回的整个过程。具体表现在以下几个方面。

其一，客户筛选和客户管理。前端会根据预筛选模型、响应率模型和营销额度策略来定位筛选精准客户和潜在客户，从客户注册或者办卡后会对客户信息进行数字化更新和智能化分析，描绘客户画像并动态更新、及时响应客户需求并推荐合适金融产品及权益福利，增强客户黏性，满足客户个性化金融需求，从而提高营业收入与利润率。

其二，贷款全流程数据化管理。贷前审批会对已有客户数据运用数字化系统工具、策略和多数据模型进行多维度的分析，作出是否贷款和贷款额度利率的决策；贷中运营会加强风险预警机制建设和数据分析持续更新机制，作出是否提前收回贷款或者调整额度利率的决策，使业务经营和管理更加精细和有效；贷后管理除了运用系统工具和大数据模型对数据做分析，还需要对持续更新的数据作进一步分析，包括审批通过率和签约率，分析这些比例高低和变化的具体原因并为后续贷款作分析依据，比如逾期客户特征分析、营销成本分析和评估流程成本分析等，驱动数字化信贷决策和精准营销。

其三，贷款风险管理。贷前需要采用反欺诈策略、信用行为评分模型等多维度进行客户信用风险分析，做好白名单筛选，减少信用不对称，从而在前端降低贷款风险；贷中需要进行额度管理、交叉风险管理、风险预警模型等及时预警风险并重新风险定价、减少风险发生的可能性；贷后需要利用还款预测模型和催收模型等作贷款催收决策，当预测发生不良贷款时还需要预估风险损失、违约概率和违约损失率，评估成本收益，及时作出风险决策，降低不良贷款率。

**5.4 中小商业银行零售信贷数字化转型与传统银行风险管理方式有何不同？如何理解信用生活的全流程风险管理和生命周期风险管理？**

（1）中小商业银行零售信贷数字化转型与传统银行风险管理方式的不同。在中小商业银行传统零售信贷模式下，中小商业银行关于客户的个人信息来源单一，数据有限，更新滞后；该模式下的风险管理注重专家经验，信息不对称问题比较明显，导致中小商业银行经营风险高，不良贷款率高，无法通过规模效应来实现更高水平的盈利增长。但在数字化零售信贷业务模式下，可通过广泛的静态和动态信息进行大数据和人工智能分析，并结合进行数字化贷前决策、贷中运营和贷后管理，减少信息不对称的问题，筛选优质客户和比较精准的营销，提高管理和控制风险的能力。这不仅有助于降低风险和不良贷款率，还便于提供综合性金融服务，促进中小商业银行的进一步发展。

（2）信用生活全流程和全生命周期的风险管理。信用生活零售信贷全流程风险管理借鉴了传统的贷款风险管理模式，但数字化经营的方式创新了风险管理，以数字化平台为载体，从客户筛选到贷前审批、贷中客户管理到贷后催收在数字化平台和系统中进行，使风险管理策略有据可依，持续更新迭代。客户筛选时会有预筛选模型、响应率模型和营销额度策略，贷前会有系统的申请评分模型、反欺诈策略、审批策略、初始额度策略和风险定价策略，贷中有行为评分模型、风险预警评分模型、额度分期管理策略、营销促活策略、交叉销售策略。贷后有催收评分模型、催收策略、分案策略和委外策略。同时，利用统计方法、标签体系和实时监控的数据整合形成整个过程的风险管理，进行较为科学的决策。

全生命周期风险管理，是指从前端的 PD 违约概率来扩大客户群，定位目标客户和潜在客户，审批之后给予相应的初始额度，在客户使用贷款额度过程中会实行 EAD 额度管理，对客户行为分析从而进行额度调整，也可以进行早期预警，作出风险重新定价、是否为低效资产、是否续约等决策。在贷款催收过程中会实行 LGD 催收管理方式，从而形成整个周期的风险管理模式。

与传统模式最大的不同，是从单一的人工数据向统一标准化数据转变，形成数据资产和生产要素，结合人的经验，驱动后续的信贷全流程风险管理，并实时数据监测，作出更为智能化、科学化的决策，满足风险管理需要及时反映和精准预测的需求。

**6. 参考文献**

陈雨露、汪昌云主编：《金融学文献通论（宏观金融卷）》（第二版），中国人民大学出版社 2021 年版。

［美］弗雷德里克·S. 米什金：《货币金融学》（第十二版），中国人民大学出版社 2021 年版。

高艳梅：《关于大数据在银行业中的应用分析》，《环渤海经济瞭望》2018 年第 6 期。

郝墨缘：《商业银行信贷风险控制分析》，《经济研究导刊》2018 年第 20 期。

黄益平、黄卓：《中国的数字金融发展：现在与未来》，《经济学（季刊）》2018 年第 4 期。

金绰勋：《商业银行渠道提升与转型策略——基于客户评价的研

究》，硕士学位论文，华东师范大学，2019年。

李小庆：《面向金融互联网的银行业务模式创新》，《中国金融电脑》2014年第5期。

林庆文：《金融科技背景下A银行零售信贷数字化转型发展战略研究》，硕士学位论文，山东大学，2023年。

陆岷峰、王婷婷：《基于数字银行背景下数字信贷风险控制管理的战略研究》，《金融理论与实践》2020年第1期。

吕文晶等：《智能制造与全球价值链升级——海尔COSMOPlat案例研究》，《科研管理》2019年第4期。

《零售贷款数字化转型，创新永远在路上——访农行个贷部总经理查成伟》，载《2024中国银行业排行榜200强研究报告》，《清华金融评论（增刊）》2024年第9期。

倪以理等：《集约化、智能化、跨越式发展零售银行之路》，《新金融》2017年第10期。

浦发银行战略发展部智慧银行课题组李麟：《FinTech技术是构建智慧银行的驱动力》，《中国银行业》2016年第8期。

单光年：《大数据背景下商业银行信贷风险管理策略研究》，《商业经济》2020年第8期。

童强：《金融科技3.0时代 大数据和人工智能成新引擎》，2017年5月5日，中国网，http://tech.China.com.cn/roll/20170505/296694.shtml。

汪永奇：《从数字化转型看银行零售分层分群经营》，《中国金融》2023年第16期。

王强等：《区块链在征信业应用的探讨》，《电信网技术》2017年第6期。

王硕、李强：《互联网金融客户行为研究及对商业银行转型的思考》，《当代经济管理》2015年第5期。

王修华、刘锦华：《金融科技能否缓解农村信贷服务的"三角困境"？——基于农村金融机构与金融科技公司合作的视角》，《金融研究》2023年第12期。

王扬：《中国建设银行交易银行发展策略研究》，硕士学位论文，上海财经大学，2020年。

王正位等：《消费行为在个人信用风险识别中的信息含量研究》，《经济研究》2020年第1期。

温泉：《专访信用生活施明强：中小银行零售数字化转型自主发展是必然趋势》，2021年1月29日，零壹财经，www.01caijing.com/article/274448.htm。

吴国平、吴胜：《互联网金融背景下商业银行转型战略研究》，《上海金融学院学报》2014年第6期。

吴昊、杨济时：《互联网金融客户行为及其对商业银行创新的影响》，《河南大学学报》（社会科学版）2015年第5期。

武常岐等：《数字化转型、竞争战略选择与企业高质量发展——基于机器学习与文本分析的证据》，《经济管理》2022年第4期。

谢绚丽、王诗卉：《中国商业银行数字化转型：测度、进程及影响》，《经济学（季刊）》2022年第6期。

张建梁：《拥抱数字化转型浪潮——中小银行零售信贷业务转型新思路》，中国资本市场50人论坛携手中国知网联合出品，2020年6月。

张金鑫、王清剑：《战略并购中协同效应的来源》，《财会研究》2009年第21期。

周鸿祎：《怎样不被互联网打败》，2013年12月9日，中国经济网，http：//views.ce.cn/view/ent/201312/09/t20131209_1878004.shtml。

GBM Navaretti, GM Calzolari, Joss Manuel mname Mansilla–Fernandez, AFM Pozzolo, "Fintech and Banking. Friendsor Foes?", *SSRN Electronic Journal*, 2018.1.

John Mylonakis, "Digital Transformation of the Greek Retail Banking: An Evaluation of Systemic Banks Websites", *Business Management and Strategy*, Vol. 9, No. 2, 2018, pp. 117–128.

Nambisan S., et al., "Global Platforms and Ecosystems: Implications for International Business Theories", *Journal of International Business Studies*, Vol. 50, No. 9, 2019, pp. 1464–1486.

Slater S., "HSBC Exits US Retail Banking", *International Financing Review: IFR*, No. 7, 2021, pp. 10–11.

**7. 关键要点**

本案例的关键要点是中小商业银行零售信贷数字化转型中存在的问题和信用生活如何解决这些难题助力中小商业银行零售信贷数字化转型，探究信用生活如何帮助中小商业银行零售信贷数字化核心能力的建设及利用数字化建设提升中小商业银行的效益和竞争优势，助力中小商业银行寻找数字化转型发展之路。

**8. 课堂计划**

本案例可采取专题性启发式教学的方式，主要分为三个部分：课前准备、课中讨论和课后总结归纳。本案例在中小商业银行经营管理、中小商业银行零售信贷数字化转型、风险管理等方面有着较多的讨论空间。教师可侧重在上述方面进行引导。从教师角度来看，重点是引导学生对案例进行深入讨论和进一步延伸思考。

**8.1 课前准备**

学生自行完成案例的阅读和理解。

分组分时间段进行讨论思考，建议从传统金融、数字金融等方面分成两个小组，以中小商业银行零售信贷经营管理为基线进行深入分析。

第一，传统金融小组。以传统金融理论为支撑，讨论中小商业银行零售信贷在数字化转型过程中面临的各类问题和解决问题的关键点。

第二，数字金融小组。结合金融科技中大数据分析和人工智能的迅速发展，深刻诠释数字金融内涵及发展方向；数字金融模式如何赋能中小商业银行零售信贷数字化转型、存在哪些障碍；数字化能力建设能否真正塑造中小商业银行零售信贷数字化转型下的竞争力。

**8.2 课中讨论**

时间控制在90分钟。

（1）分组汇报（40分钟）：各组按事前角色合理分配，就讨论得出的主要结论进行交流汇报，每组时间不超过20分钟。

（2）讨论交流（30分钟）：各组按角色进行提问，在讨论过程中，教师要注意围绕教学思路，结合讨论主题适时推进讨论进程，引发学生更深入地思考。

（3）总结点评（20分钟）：讨论结束，教师要结合讨论主题，有侧重地对讨论的情况，特别是对学生的争论集中点进行总结和点评。

## 8.3 课后总结归纳

结合课前准备和课堂讨论,让学生就中小商业银行零售信贷数字化转型过程中面临的问题及信用生活在服务中小商业银行过程中针对问题提出的模式创新和业务实践等进行综合归纳,从获客、运营、风险管理等方面分析中小商业银行应该具备的数字化素质及需要提升和完善的能力。

# 案例二 人工智能如何驱动财富管理发展变革

## ——以美银美林为例[①]

### ➢ 案例正文

**摘要：** 财富管理在帮助客户降低风险、优化资产配置、实现财务目标等方面发挥着重要作用，但传统的服务模式面临业务增长乏力、服务效率低下、成本高昂、由外部冲击引起的资产配置难、客户画像的精确度不足等多重挑战。本案例将分析美银美林财富管理的数字化转型历程，探讨在理财需求激增的背景和买方投顾的趋势下，公司如何将人工智能融入财富管理服务流程，以满足客户的多元化、个性化需求，从而应对不同阶段下的多重难题。本案例进一步研究公司如何调整 Merrill One 平台，以应对数字化投顾新规和算法挑战，并介绍 Merrill One 线上化平台的功能。本案例结合美银美林财富管理的发展历程，探索中国金融机构如何利用 AI 在财富管理的应用中赋能。此案例旨在为金融机构在财富管理数字化转型方面提供参考。

**关键词：** 美银美林；人工智能；财富管理；智能投顾；Merrill One

---

[①] 本案例由朱福敏（深圳大学经济学院）、陈鸿茂（深圳大学经济学院）、郑尊信（深圳大学经济学院）和林常乐（交叉信息核心技术研究院）撰写，作者拥有著作权中的署名权、修改权、改编权。

# 一 引言

随着全球金融市场的蓬勃发展和客户需求的日益多元化，由专业投资顾问主导的传统服务模式正面临前所未有的挑战。据瑞银集团和瑞士信贷联合发布的《全球财富报告（2023）》，全球财富管理市场规模已高达454.4万亿美元。然而，传统的财富管理机构在为客户提供理财规划等服务时，虽然收取了较高的费用，但由于理财规划是定制化的服务，仍然需要投入大量的时间与精力。因此，即使在理财需求激增的情况下，这些机构也依然面临业务增长乏力、服务效率低下、成本高昂、服务流程烦琐等多重挑战。此外，在资产配置和理财建议方面，由于缺乏有效的数据分析工具，机构难以精准地向客户提供投资建议。不过，人工智能的崛起为财富管理领域带来了新的发展机遇。由 AI 主导的财富管理有利于解决人力成本高、投资研究能力不足及工作效率低下等问题，从而实现降本增效。因此，深入研究 AI 如何推动财富管理的创新与发展，显得越发重要。

作为全球领先的财富管理机构，美银美林敏锐地捕捉到了 AI 技术的潜力，并将其应用于财富管理服务的各个环节。1985 年，John Shine 作为公司的领导者，率先提出了利用 AI 技术优化财富管理服务的理念。他认识到，通过 AI 技术可以分析大量的市场数据和客户信息，可以为投资者提供更加精准的投资建议。因此，美银美林积极引进数据科学家团队，并开发了一套先进的投资引擎系统。1999 年，面对嘉信理财、E-trade 等竞争对手的廉价交易策略，美银美林进一步将服务互联网化，推出了 Merrill Direct 和 Unlimited Advantage 等平台，为客户提供便捷的交易和咨询服务。

2003 年，美银美林更是制定了全面财富管理服务的战略目标，并建立了 Merrill One 系统，利用 AI 和大数据分析技术为客户提供全方位的财富管理一体化服务。随着美国金融监管局对数字化投顾服务的监管加强，美银美林也积极调整 Merrill One 平台以符合新的监管要求，并针对金融市场模拟算法存在的问题，提出了一种以金融市场模拟与优化算法库为驱动的中心化投资引擎，以优化 Merrill One 系统。

美银美林在财富管理数字化转型方面的成功实践，为金融机构提供了宝贵的参考。那么，美银美林的财富管理业务是如何进行数字化转型的？在不同的环境背景下，相比传统投资顾问，数字化系统解决了哪些问题？Merrill One 投顾一体化平台具体是什么，以及内部各平台有何作用？美银美林财富管理的发展历程为中国财富管理数字化转型提供了怎样的宝贵经验？下文将一一作出介绍。

## 二 美银美林简介

美林证券是美国市场上最早进军财富管理领域的金融机构之一，同时也是首次提出财富管理概念的公司。公司经营策略紧密围绕客户的偏好进行定制，而非仅仅依赖标准化的产品线。2008 年，美国银行以约 440 亿美元的价格收购了美林证券，并将其合并为美银美林，将传统商业银行的业务范围扩展到大型投资银行领域。目前，美银美林为美国 100 多个市场和 500 多个办事处的客户提供服务，管理着 3.2 万亿美元的客户余额。公司的财富管理事业部下设 6 个地区业务部门及 1 个顾问服务支持部门，前者专注业务拓展，后者则提供专业支持。各业务部门采用团队制管理，组建数支集行政、投资顾问、客户服务于一体的、具有专业化分工的投顾团队，旨在全面满足客户需求（美国银行，2023）。这些团队依托 Merrill One 投顾一体化平台，结合"人机协作"的智慧模式，提升了投资顾问的专业水平，并增强了客户的忠诚度（李杨，2023）。

如图 1 所示，经过两次收购后，美银美林的客户基础和市场地位得到扩大，同时显著提升了人工智能的技术水平。此变化使财富管理收入实现了阶段性提升，原本仅面向高净值客户的财富管理服务也扩展至更广泛的投资者群体。随后，美银美林推出了 Merrill Edge 线上平台，该平台是在 Merrill One 的基础上进行线上化改造的，凭借产品营销的精准化和业务流程的自动化，形成了"专业化、智能化、人性化"的特点，以高效率和低成本的优势在市场上取得了良好反响。

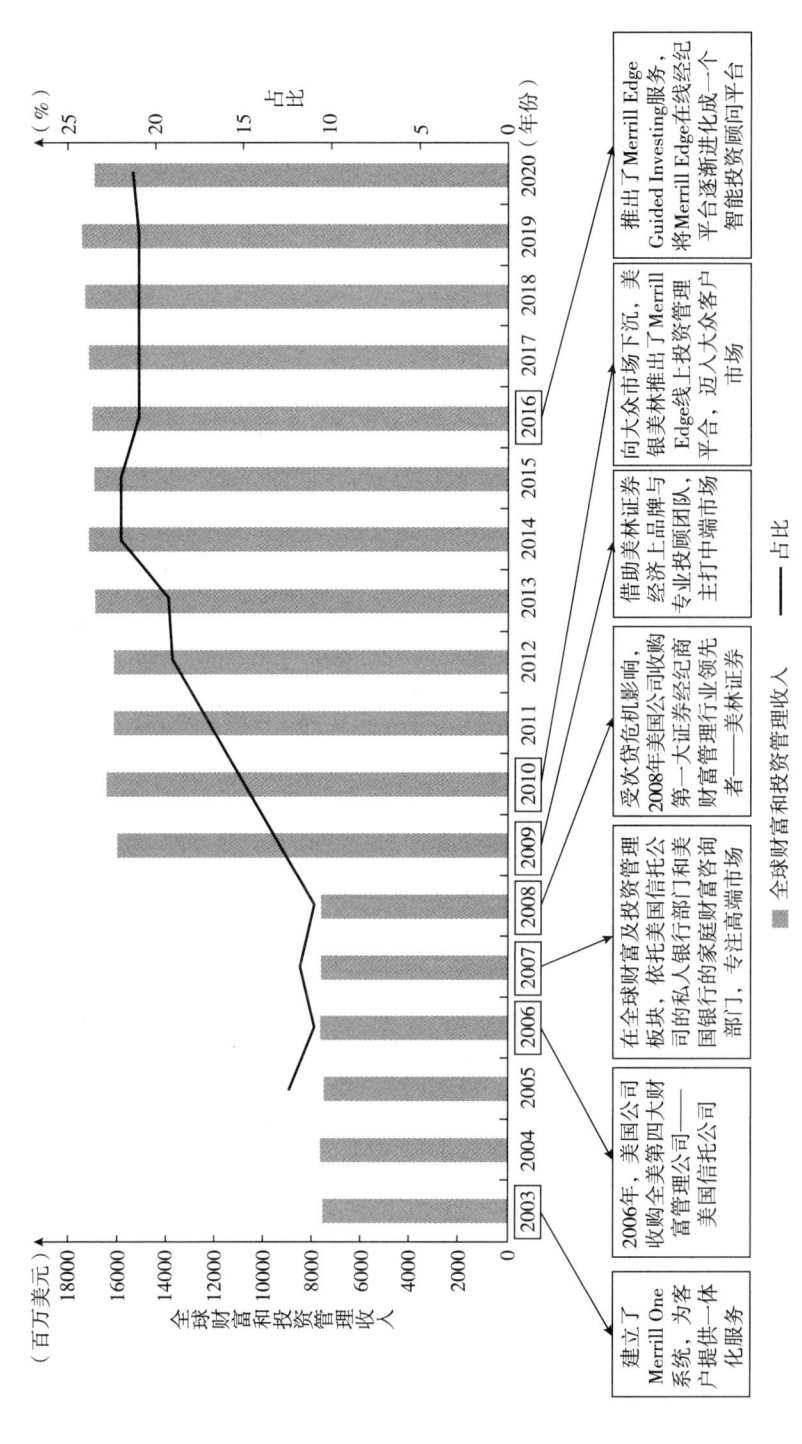

案例二 人工智能如何驱动财富管理发展变革

图 1 美国银行收购后的全球财富和投资管理板块收入情况

资料来源：笔者根据 2003—2020 年美国公司年报整理。

## 三 人工智能助力美银美林财富管理数字化转型历程

美银美林财富管理在数字化转型中,借助人工智能实现了从传统到智能的飞跃。1976年,美银美林以FA模式①服务高净值客户,通过个性化服务与投资顾问紧密合作,构建客户信赖的财富管理体系。随着市场变革与客户需求升级,1985年,美银美林顺应买方投顾趋势,补齐服务短板,开启数字化转型之路。其中,AI成为关键驱动力,通过科学服务、智能投研、投资辅助及量化尽职调查等系统,重塑财富管理流程。2006年,为应对新的监管要求,并解决金融市场模拟算法存在的问题,美银美林进一步优化投顾平台,如Merrill One。该平台集成了金融市场模拟与优化算法,旨在打造能够动态调整的投资引擎。

### (一)挑战重重:传统财富管理服务的困境与反思

在传统的财富管理服务流程中,美银美林面临着业务增长乏力、服务效率低下、成本高昂及服务流程烦琐等多重挑战。图2展示了美银美林过去传统财富管理的四大关键环节。在整个流程中,美银美林坚持"将客户利益置于首位"的经营理念,为客户提供专属的一对一服务,并展现了卓越的持续跟踪与服务能力。其流程细分为四个步骤:投资顾问服务、金融市场投研分析、投资组合账户管理、产品标的尽职调查。这些步骤共同构成了包括美银美林在内的众多金融机构所遵循的财富管理流程。

随着市场环境的改变,客户需求日益复杂化,以及机构之间的竞争加剧。然而,传统的卖方销售模式因其主要以产品为中心而非客户导向,且缺乏持续的服务和个性化关注,已难以满足当前市场的需求。在此背景下,以客户需求为中心的买方投顾模式逐渐兴起,成为财富管理

---

① 美银美林采取FA(Financial Advisor)的经营模式,即理财顾问,主要定位于高净值个人投资者和机构客户。在成功开发客户后,FA会将客户的委托资产交由独立的基金经理进行专业管理。此后,FA会定期与客户保持沟通,紧密围绕客户的需求,持续对客户的资产配置进行精细化调整。

```
                        传统财富管理流程
           ┌──────────────┬──────────────┬──────────────┐
      投资顾问服务    金融市场投研分析   投资组合账户管理   产品标的尽职调查
```

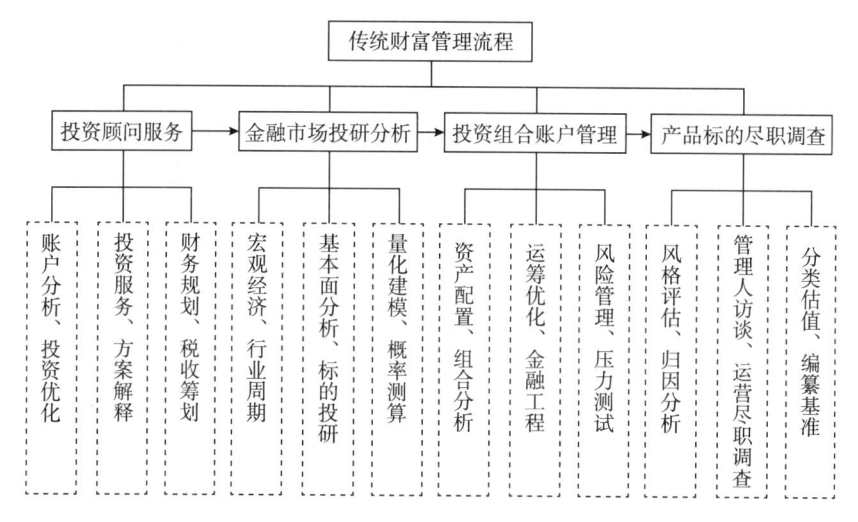

图2 传统财富管理业务流程

资料来源：笔者根据美银美林相关资料整理。

市场的主流。在此模式下，财富管理机构不再仅限于提供股票交易、单一基金买卖等基础交易服务，更依赖投顾的专业素养，从资产配置层面为客户筛选与其风险承受能力、收益期望和投资期限相契合的综合服务。这要求机构必须拥有出色的大类资产配置能力和高素质投顾团队，以应对客户日趋复杂且个性化的需求（田维韦等，2021）。然而，此背景下美银美林的传统服务模式也暴露出一些问题。

从宏观的角度来看，一是资产配置难和主观决策难以规避。次贷危机的爆发、战争、政权更迭、泡沫经济等现象屡次发生，使美国证券市场波动加剧，大类资产收益率下降，境内外资产配置的复杂程度日益提升，主观决策难以规避各种类型的投资风险。二是市场情绪与趋势把握不准确。市场情绪和趋势对投资决策至关重要，但由于其信息获取、分析方法、研究深度和投资者情绪管理等方面的局限性，传统方式往往难以准确捕捉。三是在动态的市场下，投资者难以把握投资机会。在金融市场投研分析中，传统服务模式往往过于依赖历史数据和静态分析，难以准确捕捉市场动态和把握投资机会（唐子佩，2019）。四是产品的实时性不足和评价维度单一。金融市场瞬息万变，传统服务模式在进行产品标的尽职调查时难以迅速更新产品信息及评级结果。此外，传统基金评级往往依赖单一的财务指标或专家意见，难以全面反映基金的真实表现和风险状况。五是金融人才的匮乏与理财需求的矛盾激增。经济滞胀时期，财富进一步向高收入人群集中，20 世纪 50—60 年代"婴儿潮"人口步入中青年，带来理财人口基数和理财需求的大幅上升（唐子佩，2019）。然而，理财服务团队的建设与扩展未能及时跟上这一需求增长的步伐，导致供需矛盾凸显。

从微观的角度来看，一是烦琐的服务流程使客户体验不佳。一个完整的服务模式通常包括投资顾问服务、金融市场投研分析、投资组合账户管理及产品标的尽职调查四个关键环节，但此过程大多依赖人工操作，导致耗时较长且效率低下，从而不利于提升客户的整体体验。二是客户画像的精准性与深度不足。在投资顾问环节，传统的服务模式依赖有限的信息和客户访谈来构建客户画像，此方式难以全面、深入地了解客户的真实需求和偏好。三是人才培养成本、C 端获客成本和数据的获取与处理成本高。其中人才培养成本高，主要是因为美银美林的人才培养周期长达 47 个月。C 端获客成本高，主要是因为无法精准地定位目标客户群体和制定有效的营销策略，导致在获客中需要投入大量的资源和时间进行试错和调整。数据获取与处理的成本高，主要是因为随着数据量与种类的不断增加，处理、存储和分析数据所需的花费也会增加。四是客户需求识别与预测能力有限。传统服务模式往往难以准确预测和识别客户的需求变化，导致服务和产品推荐不够精准。五是投资顾问存在理性偏差。市场环境因素（市场不确定性、信息不对称等）和行为金融学（羊群效应、过度自信等）因素使传统投资顾问有非理性偏差，这不利于提高客户的投资绩效。六是时空限制引起效率低下。服务模式的物理局限性及信息传递的低效性，导致机构与客户之间的互动往往不够频繁和深入，进而降低了服务效率。

**（二）美林蜕变：以变革应挑战，突破传统桎梏**

1956—1987 年，人工智能开启了一段井喷式发展时期，尽管 AI 曾进入衰退阶段，但在 1985 年，John Shine 萌发了一个新的想法，即将 AI 赋能财富管理，以"去人力，更智能"化的形式为客户提供服务。随后，美银美林收购了通用电气（GE）的数据科学家团队，开始在科技化方面发展。

公司将投研人员优秀的思维方式和决策逻辑进行降维处理，并经过系统化分析后应用于业务流程中,从中提取出与客户需求紧密相关的信息,接着设定行为金融模型和金融工程模型,分别提取非理性逻辑和理性逻辑,将其"打包",形成一个强大的知识图谱,并转化为能够为每位服务人员提供支出的智能工具。图3展示了智能化财富管理业务转型蓝图。在这个系统中,机器学习作为技术层,运用各种通用技术来支撑算法模型,并衔接算法层和应用层的技术架构及系统,从而推动传统的财富管理业务向数字化财富管理转变。

1. 打造数字化财富管理新模式

(1) 将投资顾问服务升级为科学投顾系统。在科学投资系统中,系统能够从海量数据中挖掘生成基于AI算法、行为金融学、金融工程等理论的超清颗粒画像,分析客户、理解客户,然后生产每个投顾名下客户的全景图,帮助投资团队进行更精准的分析、服务和了解客户的投资需求,以精准触达。系统会根据用户收入、偏好及家庭情况等因素的变化,动态追踪市场动态,并与用户保持频繁互动,深入分析客户行为,实时积累数据以构建动态的消费者偏好模型。通过应用机器学习技术、智能算法及金融相关理论,量化模型以识别和预测客户的理财需求,并向产品端传导客户需求,在大类资产配置和产品筛选层面更好地匹配客户需求,实现"专业化、智能化、人性化"的配置服务。

(2) 将金融市场投研分析升级为智能投研系统。在智能投研系统中,该系统运用AI和大数据算法的量化分析技术,快速收集信息以进行量化评估、投研分析、执行交易,从而更全面地分析市场,并辅助行研人员进行系统性分析和写作。该系统集成了上百种金融计量模型和随机动态模型,并运用Cascade小瀑布式结构从宏观到微观进行建模。在金融信息系统方面,该系统能够迅速抓取宏观经济指标等有价值的数据(林常乐,2023)。随后,通过自然语言处理技术深度分析社交媒体和新闻上的舆论,以了解市场的情绪和趋势,进而构建量化模型来分析市场行为与价格趋势,以便在不同市场环境中构建有效的投资组合。同时,投资顾问可以充分考虑市场驱动因素,结合金融工具提出组合的动态调整建议。

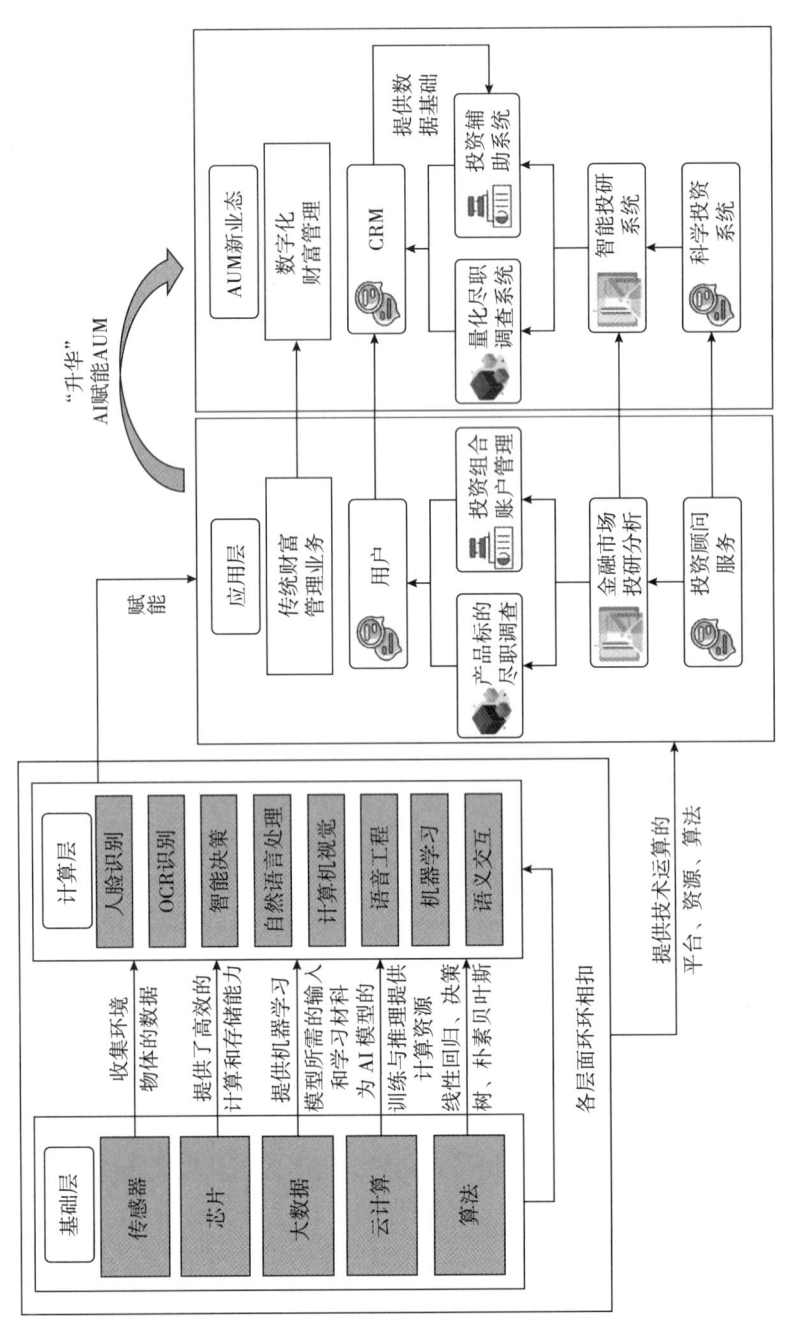

图 3 智能化财富管理业务转型蓝图

资料来源：笔者根据美银美林相关资料整理。

（3）将投资组合账户管理升级为投资辅助系统。在投资辅助系统中，公司利用 AI 技术不断迭代整合专家意见，对金融市场的收益和风险进行建模，以提供更精准的预测。一是基于大类资产配置和客户画像，公司能够确定客户的投资需求和风险偏好参数，以及符合不同偏好的资产组合，进而确定有效边界和无差异曲线。根据这些信息，公司能够将客户与合适的资产组合进行匹配，提供最优的配置方案。此外，系统结合各类市场情况，为用户提供再平衡策略，以规避风险。二是公司将投资组合的总体风险和收益分解为不同来源的风险成分和收益成分，深入了解每个成分对整体风险和收益的贡献程度。同时，结合财富管理的多种业务场景和个性化的投资目标，公司利用多时序智能计算的组合优化算法和穿透式资产框架，为客户提供智能科学的投资决策服务，从而拓展了应用场景的广度。三是公司基于风险平衡、主观规则、市场预测等各种算法和技术进行资产配置，有效避免非理性因素的干扰。

（4）将产品标的尽职调查升级为量化尽职调查系统。在量化尽职调查系统（TGA 系统）[①] 中，系统首先基于国内外基金评级框架，利用机器学习算法和前沿计量经济统计来建模，并通过机器学习算法进行降维，得到预测性评价维度。然后，该系统可以使用多标准层次分析法算法提供全面的基金评级。利用多因子分析、机器学习算法和金融量化分析，AI 能够对金融产品进行评价和优选，并评估基金经理的操盘能力，形成金融知识图谱，帮助用户实时掌控产品相关的信息。智能客户服务系统通过动态获取外部信息，并根据用户的查询需求，主动提供与用户感兴趣或高度相关的产品信息（见图 4）。可以说，TGA 系统涵盖了市场中几乎所有可投资产品的相关信息，FA 可以通过 TGA 系统迅速查找每个金融产品的投资评级，及时提供给客户，并用简单的字母和数字来表示，如图 5 所示。

2. 数字化转型前后变化对比分析

投资顾问服务升级后，系统能够实时追踪市场动态及用户收入、偏好、家庭情况等关键因素的变化，并与用户保持密切的互动。这种高度

---

[①] TGA 系统是一个集资源整合、客户管理、智能服务于一体的综合性金融产品与客户服务平台。

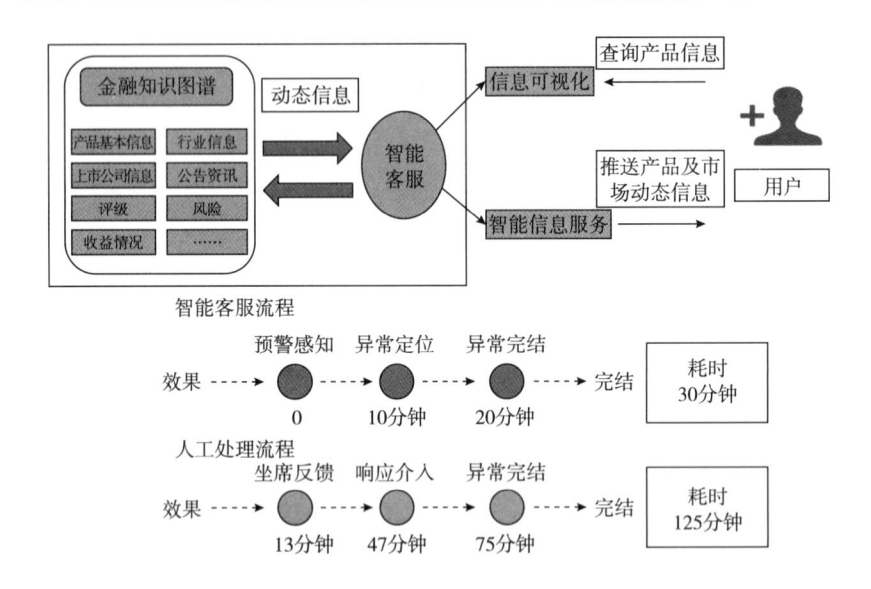

**图4　智能客服助力金融产品信息查询**

资料来源：笔者根据美银美林内部资料和智能理财白皮书整理。

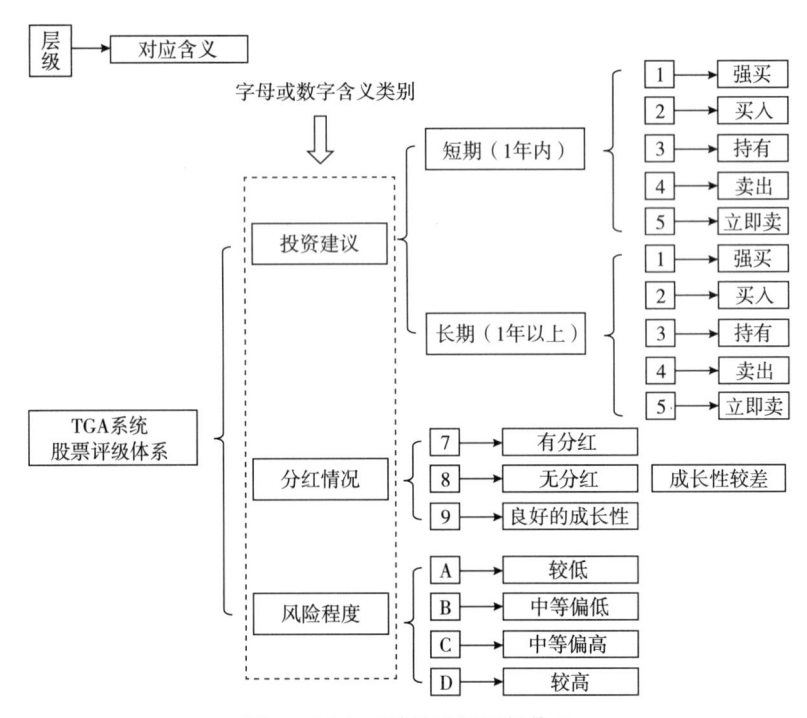

**图5　TGA系统的股票评级体系**

资料来源：笔者根据美银美林相关资料整理。

的实时性确保了客户画像的时效性和准确性，使投资团队能够迅速捕捉客户的最新情况，进而提供更加贴合客户需求的服务。此改进不仅提升了客户满意度，还显著增强了用户画像的准确性和深度，有效减少了资产配置过程中的偏差。此外，该系统通过各类技术与金融理论，构建量化模型以精准识别和预测客户的理财需求，随后将这些需求高效地传导至产品端，从而有效弥补传统投资服务在预测客户未来理财需求及精准匹配产品方面的不足。

金融市场投研分析升级后，AI凭借其海量的数据积累和强大的数据处理能力，不仅能够有效降低操作性风险，还显著降低了各环节的成本，并提升了工作效率。此技术的应用，有效解决了传统投研中人力成本和数据处理成本高、投资研究能力不足及效率低下等难题。此外，智能投研系统具备实时更新数据与模型参数的能力，该系统利用自然语言处理技术深度挖掘社交媒体与新闻中的舆论信息，确保系统能够即时反映市场最新动态。这一功能赋予系统实时捕捉市场情绪与趋势的能力，其自动化智能操作专为那些难以持续在线、交易规模小但频次高、投资知识有限的客户提供便利。系统能精准捕捉交易机会，助力客户达成预期收益，同时减轻客户持续关注市场动态的压力（阎维博，2024）。此改进不仅提升了决策支持度，还降低了信息缺失率与错误率，进而优化了信息比率，解决了信息不对称的问题。

投资组合管理升级后，AI技术依据现代投资组合理论有效构建资产有效边界和投资组合，并评估其在不同环境下的表现。系统深入分析投资组合的总体风险和收益来源，识别并减少与市场整体波动高度相关的资产比例，从而降低系统性风险。此外，系统实现了基于客户画像的个性化定制，以及对风险和收益的细致分解与穿透式分析。以上的策略是基于机器学习和资产特征深度结合的投资组合选择方法。研究表明，在低经济政策不确定性与低市场波动时期，基于机器学习和资产特征的投资组合能够展现出更高的夏普比率，同时具有稳健性特征，其性能不易受市场环境剧烈变化的影响，有效满足了客户对组合稳定性的需求（李斌、屠雪永，2024）。

产品尽职调查升级后，系统首先可以通过集成国内外基金评级框架，利用机器学习算法和前沿计量经济统计技术，实现自动化、高效且全面的基金评级和金融产品评价（见图4）。这解决了传统方法中评价维度单一、数据处理能力有限、评价结果滞后等问题。接着，智能客户服务能够动态获取外部信息，并根据客户查询需求主动提供相关信息，增强了服务的个性化和针对性。TGA系统通过整合市场中所有可投资产品的相关信息，并提供实时更新，有效减少了信息不对称，使客户能够更准确地了解产品特性、风险及预期收益。数字化转型的前后对比如表1所示。

表1　　　　　　　　数字化转型的前后对比

| 指标 | 传统财富管理模式 | 数字化财富管理模式 |
| --- | --- | --- |
| 资产配置偏离度[a] | 偏离度较高 | 偏离度较低 |
| 数据处理能力 | 处理速度慢 | 处理速度快 |
|  | 错误率较高 | 错误率较低 |
|  | 决策支持度较低 | 决策支持度较高 |
| 成本费用 | 人才培养成本高 | 人才培养成本低 |
|  | C端获客高 | C端获客低 |
|  | 数据处理成本高 | 数据处理成本低 |
| 客户满意度和客户费力度[b] | 客户满意度不佳 | 客户满意度良好 |
|  | 客户费力度高 | 客户费力度低 |
| 风险指标 | 标准差大 | 标准差小 |
|  | $\beta$系数高 | $\beta$系数低 |
| 风险调整后收益指标 | 夏普比率低 | 夏普比率高（低经济政策不确定性与低市场波动时期） |
|  | 信息比率低 | 信息比率高 |
| 信息不对称指标 | 信息缺失率较高 | 信息缺失率较低 |
|  | ASY[c] 高 | ASY 低 |
|  | 信息差异度较高 | 信息差异度较低 |
| 客户画像精确度 | 客户画像精确度偏低 | 客户画像精确度偏高 |

注：a. 资产配置偏离度指的是投资者的实际资产配置与其目标资产配置之间的差异程度；b. 客户费力度是衡量客户在与企业互动中所付出努力程度的指标；c. ASY是指信息不对称系数。

### (三) 优化系统：Merrill One 投顾一体化平台全新升级

美银美林应对数字投顾新指引。2016 年 3 月，美国金融监管局发布了《数字化投资顾问使用指导意见》。文件明确指出，数字化投顾应具备客户档案创建、资产配置、投资组合选择、交易执行、投资组合重设、投资损失避税和投资组合分析等核心功能。该指导意见主要聚焦三个关键点：关注数字化投资顾问所使用的算法，关注对客户风险承受能力的评估，关注数字化投资顾问所构成的投资组合。面对该指导意见，美银美林快速作出了反应。与此同时，研发团队发现了金融优化算法对参数的误差非常敏感，传统的优化模型无法涵盖路径依赖型投资目标，并且多周期优化问题会带来高维诅咒[①]等问题，因此难以制定出最优投资策略。具体来看，金融优化模型在求解时对收益率参数异常敏感，敏感度远超波动性和相关性参数，而收益率恰恰是最难准确估计的。此敏感性与预测难度的不匹配，导致模型输出与实际市场表现存在巨大偏差。此外，传统的优化模型往往侧重投资周期结束时的收益与风险评估，然而，在实际财富管理场景中，投资者的需求更为复杂，他们追求的不仅是最终的高收益，更注重收益的稳定性和对投资回撤的敏感度，这种现象被称为路径依赖。路径依赖意味着投资策略需考虑投资过程中的每一个时间点，而不仅仅是终点。另外，在多周期金融优化领域，核心追求是动态地映射金融市场的演变及投资路径的长期发展，而非局限于单一时间点的静态优化。这一过程依赖情景树模型，该模型通过模拟金融市场未来的多种可能情景及其概率分布，预测市场动态。然而，随着金融市场不确定性的逐步累积，情景树的复杂度急剧增加，展现出一种指数级增长的树状结构。此激增不仅加大了计算工作的压力，还使寻找最优策略变得既复杂又耗时，对优化算法的效率与精度提出了更高要求。

针对指导意见和上述问题，美银美林提出了一种优化的解决方案，即以金融市场模拟与优化算法库驱动中心化投资引擎，并优化 Merrill One 投顾一体化平台。此外，Merrill One 通过应用资产风险因子体系进

---

① "高维诅咒"的概念在 1960 年由 Richard Bellman 引入，其核心是随着空间维度不断攀升，所需处理的数据体积会呈指数级增长，这一现象极大地复杂化了数据处理与分析的过程。

行金融市场模拟，有效应对上述挑战。

1. 投顾一体化平台内部运作与优化路径

投资引擎是由金融市场模拟与优化算法库驱动的引擎，具有系统化、全资产、通用化模块。结合最新的研发成果，各模块经常性地进行迭代更新。该引擎还拥有丰富、强大和稳定的金融优化算法库，以多重风险驱动因子为基础，与市场动态结构实施一致的金融市场模拟优势。这些工具和数据可以帮助投资顾问更好地理解市场动态和风险因素，提高其专业能力和决策水平，具体如图6所示。

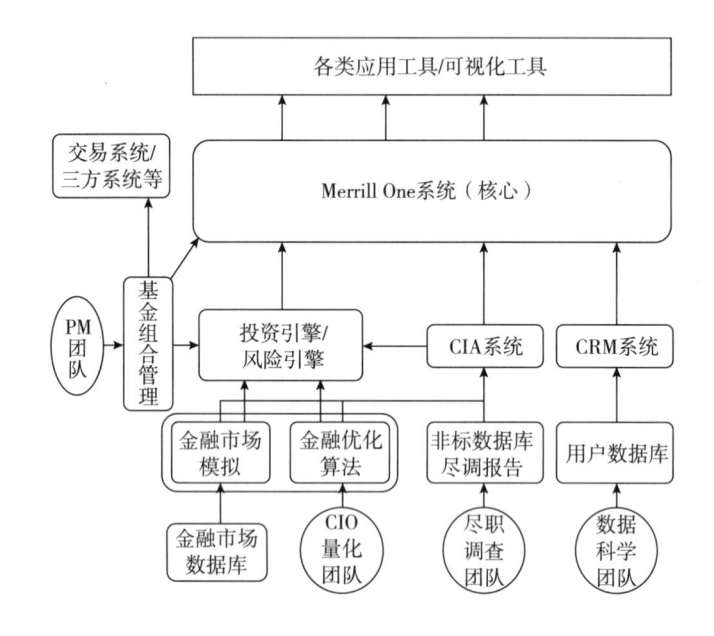

**图6 美银美林智能投顾平台**

资料来源：笔者根据美银美林相关资料整理。

金融市场数据库中储存着海量的市场数据，为金融市场模拟系统提供数据支持，其中数据主要与宏观指标、政策信息与舆论导向等信息有关。在此基础上，金融市场模拟系统利用自然语言处理技术，了解市场情绪与趋势，模拟真实市场环境以预测结果为投资决策提供依据。金融优化算法主要利用机器学习技术，如基函数回归和神经网络等算法，估计价值函数，并通过大规模的模拟与训练，不断优化投资策略和风险管理。CIO 量化团队则通过市场数据分析为优化算法提供科学依据，其工作结果与金融市场模拟共同影响 CIA 系统和投资引擎的决策。投资引擎中建立了有效的风险控制机制，充分利用市场数据和模拟结果，不断完善投资流程和决策规则，以更好地应对市场动态，并据此生成精准的投资策略和风险控制策略。尽职调查团队负责分析收集、非标数据库，并在尽职调查报告中提供信息，为 CIA 系统的决策提供更多维度、更深入的市场信息。CIA 系统是一个功能强大的分析、存储、汇报一体化引擎，专为另类资产与非标资产 FoF 开发，具备四大核心功能：存储与整合各类另类资产与非标资产的数据、聚合多种智能分析板块、大规模优化 FoF 资产组合、提供全面的报告生成与可视化分析。

在金融市场模拟板块中，投顾一体化平台主要通过应用资产风险因子体系进行模拟，形成从跨资产类别的宏观投研分析到中观行业及微观具体标的的联合深度分析，这有助于减少因参数误差可能导致的实际投资损失。首先，资产风险因子体系能够综合宏观到微观的各类影响因素，为任意单一资产构建全景因子图，以此全面刻画其收益与风险特征，模拟数只标的资产的动态结构，并实现对其标的资产的随机情景分析。其次，投资顾问需要在财富管理的全生命周期中具备即时解读市场的能力，形成持续稳定高频的市场分析输出，而投资顾问的相对优势能力并不在此。如图 7 所示，系统通过深入的因子分析，可有效地分析宏观环境、中观行业和微观产品的每个层级，并将分析结果相互关联起来，将宏观、中观和微观的风险驱动因素与市场变化及所售产品和组合之间的关系联系起来，以帮助投资顾问解读市场并提供相应的服务。再次，系统结合金融工程量化技术，以中心化引擎为核心支持投资与理财服务场景。此场景充分利用金融数据库的丰富数据资源，通过市场模拟、投资策略生成、风险控制及优化算法等多个环节，为投资者提供全方位的金融服务。最后，系统能够分阶段地分析短期产品组合与战术性配置，同时能够分析长期的战略性资产配置，并将短期与长期的配置融合起来进行集中化的决策分析。

2. 平台优化前后对比分析

优化后的投顾一体化平台，以 Merrill One 系统为核心枢纽，该系统集成了多个模块与数据源，解决了研发团队发现的难题。一是系统引入

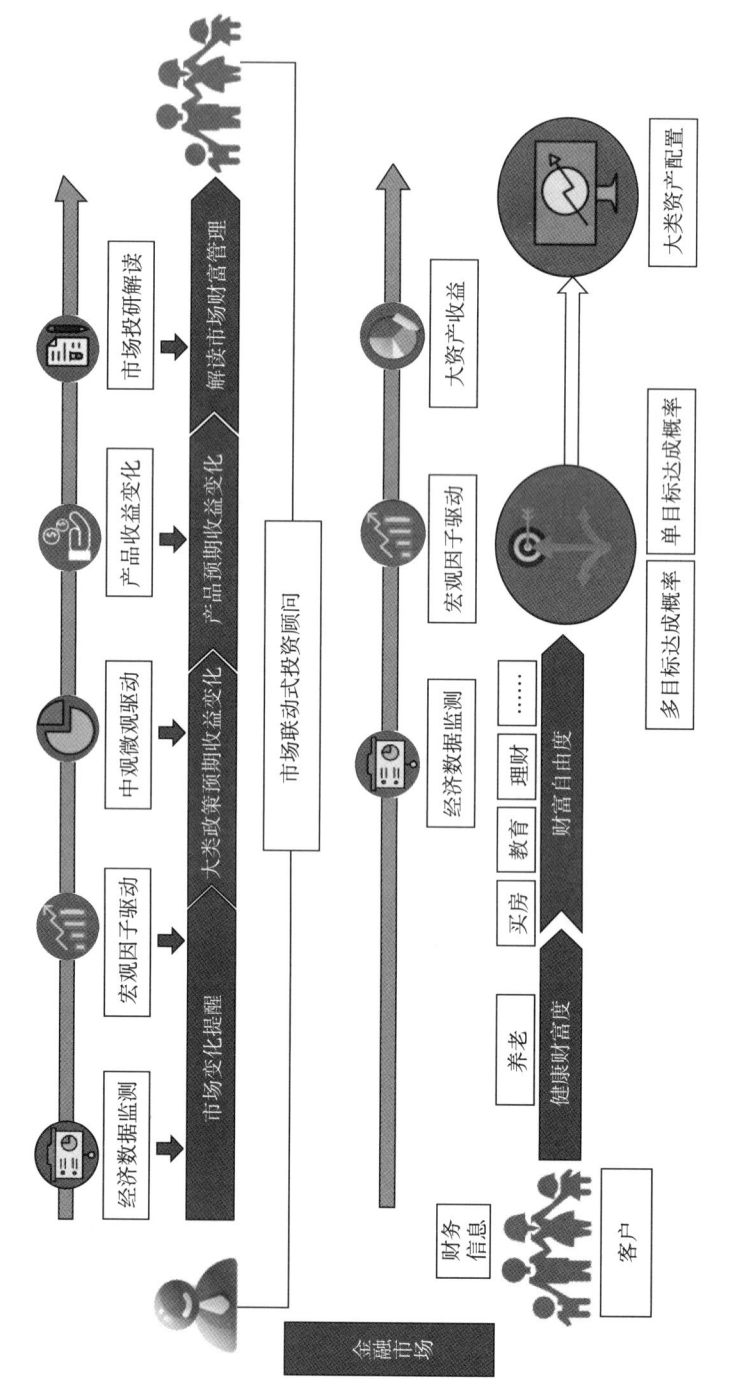

图 7 市场联动式投资顾问示意

资料来源：笔者根据交叉信息核心技术研究院的风险因子体系应用介绍整理。

动态调整模型与先进的投研工具，以综合市场投研观点。该系统具备自适应能力，能够实时监测市场动态，并根据这些变化自主调整收益率的参数和资产的权重，进而生成具有期限结构的市场观点，以实现更为科学化和场景化的投资决策。通过此方式，系统利用金融市场模拟库，模拟数只标的的动态结构，减少对固定参数的过度依赖，降低了因参数误差导致的算法敏感性。二是该平台支持多样化的收益和风险指标度量，满足监管指标计算的多种需求，显著提升了预测的准确度。三是系统从宏观到微观对组合进行穿透式的综合分析，对金融产品进行尽职调查与遴选，具有多变量、多阶段、路径相依的随机过程。模型面向未来预测，能够反映真实经济结构中相互关联的关系。四是通过采用基函数回归和神经网络等技术，系统能够更有效地估计价值函数，而非仅限于传统方法求解最优投资组合。此做法简化了策略函数及最优策略的求解过程。随后，系统可以进行大规模模拟与训练，预先求解出最优策略，有效缓解高维数据带来的计算挑战。Merrill One 优化前后对比如表 2 所示。

表 2    **Merrill One 优化前后对比**

| 指标 | 优化前 | 优化后 |
| --- | --- | --- |
| 自适应能力 | 策略求解效率低 | 策略求解效率高 |
|  | 数据处理效率中等 | 数据处理效率高 |
|  | 市场变化适应性中等 | 市场变化适应性好 |
| 参数误差的敏感性 | 敏感性强 | 敏感性弱 |
| 高维诅咒 | 维数灾难多 | 维数灾难减少 |
| 收益与风险指标度量 | 单一 | 多样化 |
| 预测能力 | 未来预测能力弱 | 未来预测能力强 |
|  | 预测准确度低 | 预测准确度较高 |

## 四　Merrill Edge：Merrill One 线上化升级

2016 年，美银美林进一步发挥其投资优势，推出了 Merrill Edge Guided Investing 服务。这项新服务将 Merrill Edge 在线经纪平台与美银美林人工顾问的财富管理技能相结合，将 Merrill Edge 在线经纪平台发展为一个线上智能投顾平台。该方式，以前只有中高端客户才能从中获得的财务规划建议，现在可以被推广到更广泛的大众客户，有助于吸引更多客户并管理资金。

图 8 展示了美银美林线上服务平台的功能。具体而言，投资者首先需要登录该平台，并通过 Merrill Edge 线上系统填写和提交个人的投资目标、风险承受能力和资产规模等信息。这些信息将由投资引擎和风险引擎进行评估和分析，以提供更符合投资者个人需求的投资建议。其次，同步反馈到 CRM 系统，以便跟踪客户需求、提供个性化的服务和建立良好的客户关系，然后与 Merrill Edge 线上系统进行数据交换。在此过程中，投资者可以清晰地了解自己的投资组合情况和风险水平，从而进行相应的调整和优化。最后，投资者可以利用美银美林提供的各类应用工具和可视化应用工具，根据自身需求和实际情况对投资组合进行更精细化的管理和调整。

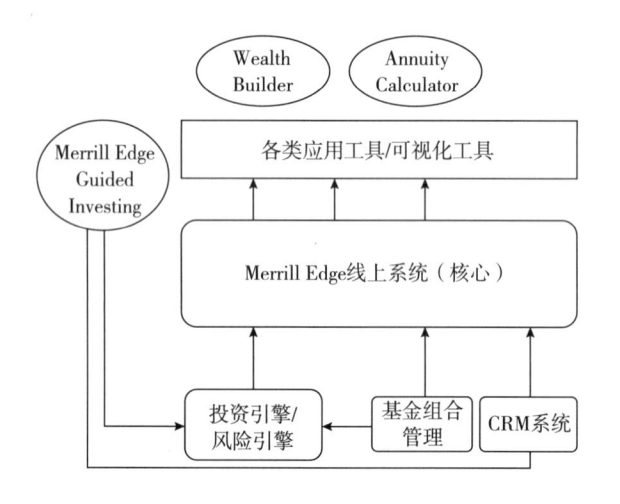

图 8　美银美林线上服务平台

资料来源：笔者根据美银美林相关资料整理。

平台可以利用智能技术实时了解用户，捕捉用户的需求和偏好，不断完善用户画像，实现动态的用户画像，为用户提供更适合的服务。具体来说，平台可以在传统特征分析方法的基础上，利用多元化的平台数据和外部数据进行综合分析。在用户授权的前提下,平台可以获取大量个性化的用户数据,从而提高风险评估的准确性,深入挖掘用户的金融需求和风险承受能力,做好客户分层的差异化服务,优化过往通过问卷来评估用户风险的缺陷。此外,系统能够与客户进行线上沟通,根据反馈不断调整策略。用户能通过可视化交互界面查看投资绩效、风险指数、资产分配等详情,同时可根据需求进行数据筛选与对比。图9展示了面向客户的全流程智能投顾服务平台,该平台提供财富管理的全流程电子化陪伴服务(东方财富网,2019)。

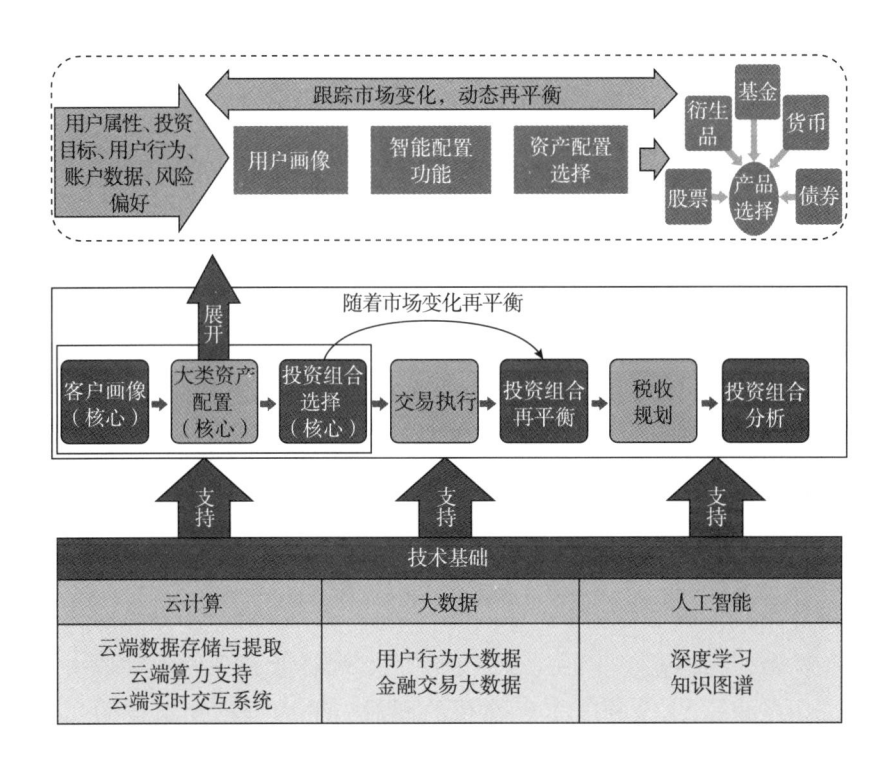

**图9 面向客户的全流程智能投顾服务平台**

资料来源:笔者根据亿欧智库整理。

另外,Merrill Edge 能够利用其后台数据库实现精准获客与留客,并提供决策优化服务。美银美林的后台数据库提供全面的支持,包括底层大数据整合和应用层面的支持。数据库还具备强大的智能获客和留客辅助功能，通过上千个推荐模型和预测模型的轮转，自动更新协同过滤算法，确保每次推荐都精准匹配用户需求，从而有效增强客户黏性。此外，数据库还拥有 Monte Carlo 模拟机器，可以为任何营销策略的优化决策提供服务。该数据库还能够整合用户画像和金融图谱，进行基础底层数据分析，并智能辅助投顾的模拟流程。这些功能的结合使美银美林能够精准把握市场动态，开发出各类特色化的产品，并为用户提供个性化的投资建议和服务。它能够通过归因分析从用户和资产里提取出因子纳入本土因子体系，并和市场变动因子做交叉验证。

## 五　美银美林绩效分析

图 10 显示，自 2010 年以来，美银美林通过 Merrill One 等数字平台显著改善了资产管理的服务质量，吸引了更多客户进行理财，使资产管理业务和资产状况持续向好。自 2016 年以来，客户总余额持续增长，2022 年客户满意度达到 92%，比 2021 年提高了 40%，是五年来的最高水平。这表明，推广数字平台将吸引更多客户参与，且有效提高客户对于财富管理服务的满意度。此外，美银美林在 2022 年投资 36 亿美元用于推进新技术计划，旨在建立一个功能强大、更加安全、可扩展和市场领先的技术平台，以提高投资顾问的专业知识，增强在数字领域的竞争力。财富管理团队成功收集了 870 亿美元的客户流量，仅在 2022 年就帮助客户开设了 119000 多个新银行账户。美银美林得益于一站式金融解决方案和行业领先的数字解决方案，在连续第 51 个季度实现增长的同时，平均贷款和租赁同比增长率突破了 10%，有效地满足了客户需求，并与客户建立了稳固的顾问关系。

在技术创新方面，美国银行的专利持有量达到了 4500 多项，其中许多聚焦数字创新、人工智能和网络安全的尖端技术。如今，超过 90% 的客户互动通过数字渠道完成，数字支付的高效体验不仅提供了环保的无纸化方案，还不断提升了安全性。

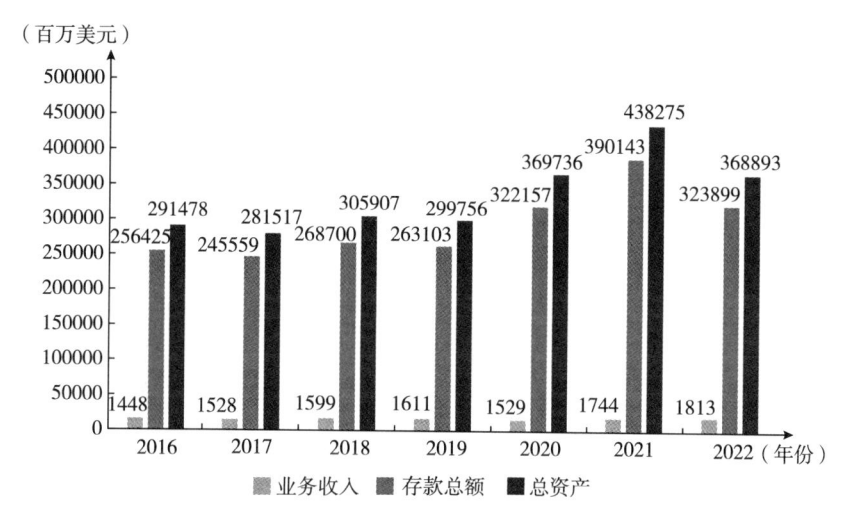

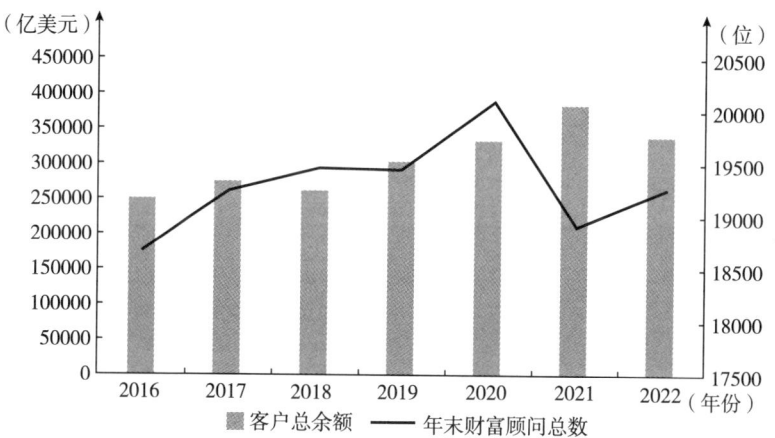

图 10 美银美林 AUM 的财务情况

资料来源：笔者根据 2016—2022 年美银美林年报整理。

## 六 中国财富管理何去何从

美银美林智能投顾的发展历程为中国智能投顾市场的发展提供了宝贵的经验与启示。对于中国而言，我们需要找准自己的定位，不盲目照搬西方的模式。美银美林之所以发展迅速，是因为其结合了美国市场的特殊性，分析了公司自身客户的特点，并对客户需求展开调研，同时也考虑了环境的变化，最终确定了适合自身的投顾模式。2015年，中国的传统金融机构受到美国智能投顾市场的影响，纷纷着手布局智能投顾领域。在国内主流的智能投顾机构的业务模式中，不少看到Betterment、Merrill Edge的影子，但是相比之下，国内智能投顾产品存在较大的差距，尚未出现较为成熟的对标企业。

到2022年，中国全面落地了"资管新规"，新规强调了对分析资产收益风险能力的重要场景，以及模型工具在高质量发展和监管资产中的作用和地位（艾宥辰，2018）。因此，我们在借鉴美国发展经验的同时，也应结合中国市场的复杂性和特殊性，分析自身的特点和客户需求，找准最适合自己的模式和制度，避免盲目跟风。

### （一）打造中国风险因子体系

党的二十大提出了"以中国式现代化全面推进中华民族伟大复兴"的目标，其中建设现代金融体系是中国式现代化的重要组成部分。"共同富裕是中国特色社会主义的本质要求，也是一个长期的历史过程"，高质量的金融服务是助力共同富裕的重要工具。然而，目前国内缺乏一套自主可控、符合国内市场现实规律、服务国内金融机构与投资者的资产风险因子体系[①]。这套体系是投资研究、投资决策、风险管理、财富管理等业务场景的重要基础设施。因此，结合中国市场的复杂性和特殊性，我们需要建立属于中国自主可控的收益风险评价基准：中国的资产风险因子体系。而资产风险因子体系是刻画收益风险的"基准"，是描述收益风险的标准化的语言，不过国内的金融市场从宏观层面到微观层面还有很多类型的资产收益和风险驱动因素没有被明确刻画与定义，如图11所示。

当前，A股的交易机制繁杂，存在停牌机制，市场波动性增强，且市场结构灵活多变，散户参与多，大型机构参与少。因此，在编制方式上，我们应该从第一性原理出发，不生搬硬套西方市场经验，如西方市场常直接使用市值加权。同时，采用更稳健安全的估测方法，不使用高敏感性的方法。风险因子体系需要穿透资产，结合宏观要素，事先预判敞口及对应的风险，并利用长期市场数据确认风险因子，以有效解释不

---

① 资产风险因子体系的背景信息来源于风险因子体系应用介绍资料。

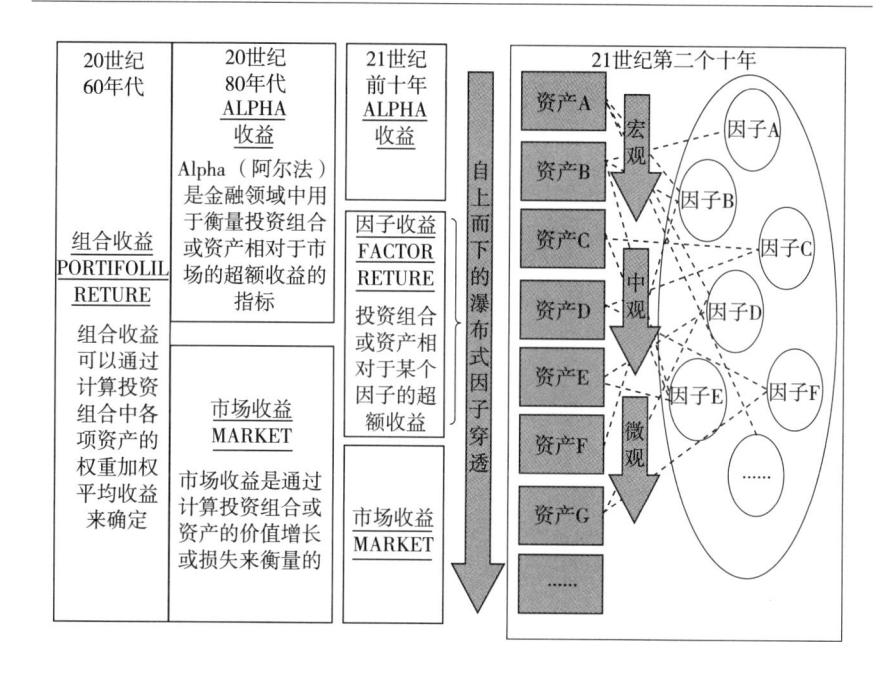

案例二 人工智能如何驱动财富管理发展变革　　61

**图 11　穿透式因子示意**

注：因子是一组可以解释资产回报变化的共同特征或因素；常见的因子包括市场因子、规模因子、价值因子、动量因子等。因子收益的计算方法与 Alpha 类似，都是通过比较投资组合或资产的实际收益与某个因子的预期收益来衡量；通常使用统计模型（如回归分析）来估计因子收益。

资料来源：笔者根据交叉信息核心技术研究院的风险因子体系应用介绍整理。

同资产之间的联动，从而有效服务监管与行业的不同用户。

（二）构建动态适应型的投资预测模型

当前，国内的投资预测模型的数据分布与市场的表现不符。市场是动态变化的，但国内的金融机构往往假定数据是平稳和静态的。未来能否挑战当前的量化投资，关键在于 AI 模型能否理解和适应市场的动态变化。因此，在模型层面，金融机构可以向 Merrill One 学习，建立可动态调整模型和引入科学的投研工具来综合市场投研观点。这些模型需要具备自适应能力，能够根据市场变化自主调整参数和权重，生成有期限结构的市场观点；在应用层面，建立有效的风险控制机制，优化交易执行策略，完善投资流程和决策规则以应对市场动态，带来真正的超额收益或更稳定的收益；在产品和客户层面，着重发展基于机器学习与神经网络技术的场景应用，全面立体洞察目标客户，实现精准营销服务的价值回报，然后对长尾客户输出专业金融能力。

### （三）精准归因分析与个性化金融产品推荐

在保障客户隐私的情况下，金融机构可以运用资产风险因子系统对客户的交易流水和股票交易记录进行深入的归因分析，以此精准地洞察客户的资金运作偏好，并依据分析结果为客户量身定制金融产品推荐。在这个过程中，系统不仅从客户行为和资产特征中提炼关键因子，还将其整合进本土的因子框架中，并与市场的动态变化因子进行交叉校验，以确保分析的准确性和推荐的适用性[①]。此外，机构可以通过机器学习与模型训练，加强用户与智能投顾的人机互动，并持续优化产品策略，提升金融产品匹配的精准度，具体如图12所示。

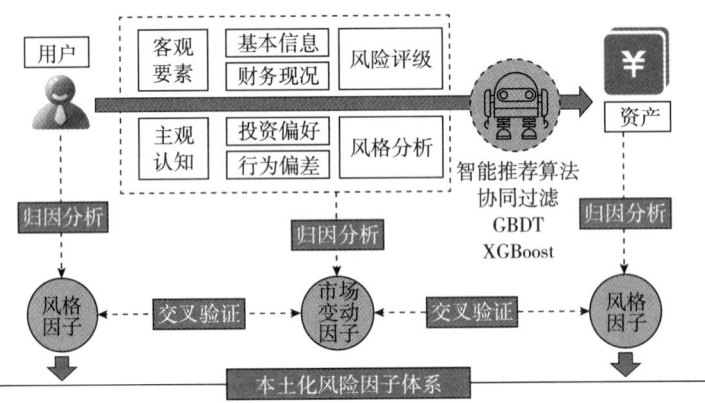

**图12 基于资产风险因子体系精准推荐示意**

资料来源：笔者根据交叉信息核心技术研究院的风险因子体系应用介绍整理。

---

① 交叉信息核心技术研究院的风险因子体系应用介绍资料。

### （四）构建特色数据池，优化人才队伍

在数字化变革中，各金融机构需要加强 IT 基础设施和组织管理架构的建设，以消除信息孤岛并扩展各类数据信息源，从而容纳传统结构化数据。同时，各金融机构还需要构建特色数据池，并发展人工智能的驯养能力。为了适应这一变革，应积极储备新型人才，优化员工结构，将重点转向专业开发人员、数据科学家等领域。此外，还应开展系统培训，帮助员工掌握新技术，以在未来的人才体系中找到新的定位。为了提升金融科技能力，可以采用 S（System，系统）C（Consulting，咨询）T（Training，培训）模式，实现全面发展。

## ▶ 案例使用说明

### 1. 教学目的和用途

#### 1.1 适用课程

本案例适用于金融科技、财富管理、资产定价与风险管理、人工智能原理及应用、数字金融学等课程。

#### 1.2 适用对象

本案例主要针对金融硕士和高年级本科生。

#### 1.3 教学目的

本案例重点介绍美银美林财富管理数字化转型的历程，旨在帮助学生深入了解"以客户为导向"的传统财富管理的四大服务流程，并认识其面临的挑战。教学目的是带领学生深入了解人工智能赋能财富管理业务的一个实例，并讨论人工智能在不同的背景和环节下如何赋能财富管理业务。具体教学目标如下。

（1）梳理美银美林在三个财富管理时期的发展情况，并依此理解美银美林不同阶段下数字化转型的原因。

（2）深入了解传统财富管理的四大服务流程和财富管理数字化转型的四大系统，并理解人工智能如何通过赋能财富管理业务，突破传统业务发展的"瓶颈"。

（3）结合现代投资组合理论，了解智能投顾使用的主要资产分配

框架和底层框架。

（4）深入了解 Merrill One 投顾一体化平台在市场环境中的战略布局及优化策略，通过剖析其核心优势、运作模式及技术路线，了解一个好的投研系统所需的关键要素。

（5）结合美银美林智能投顾的发展历程，以及中国市场的复杂性和特殊性，深入分析中国人工智能如何赋能财富管理。

**2. 启发思考题**

本案例主要关注"财富管理+人工智能"体系赋能美银美林的商业模式，重点思考如下问题。

（1）以传统投资顾问为主导的财富管理服务流程有哪四个步骤？根据美银美林数字化转型历程，从金融学理论的角度分析，Merrill One 相比传统投资顾问解决了哪些问题？并总结智能投顾的优势。

（2）Merrill Edge 是一种利用 AI 进行资产配置和投资建议的服务。在大类资产配置中，Merrill Edge 的人工智能模型算法使用了哪些金融理论知识？

（3）在 Merrill One 投顾一体化平台的持续开发与优化进程中，你认为研发团队可能遭遇了哪些挑战？请总结美银美林采取了哪些策略与方法来应对这些挑战，以便进一步提升平台的性能和服务质量。

（4）由于参与者的能力和认知差异、信息供应的局限性，以及信息传递和处理的效率问题，财富管理领域常常出现信息不对称的现象。那么，美银美林是如何打破信息不对称的呢？

（5）如何协调发展传统投资顾问和智能投顾是金融圈里一直备受关注的问题。从传统投资顾问和智能投顾各自的优劣势的角度，分析传统投资顾问和智能投顾之间是替代关系还是互补关系。

**3. 分析思路**

教师可以根据上述的教学目标灵活地使用本案例，基于启发思考题，分析思路如图 13 所示。

第一部分，全面展示了美银美林在财富管理领域的重大并购事件、财富管理组织架构、团队制管理与服务模式，以及技术创新与平台发展。

第二部分，教师带领学生动态分析传统财富管理阶段、财富管理数

案例二 人工智能如何驱动财富管理发展变革

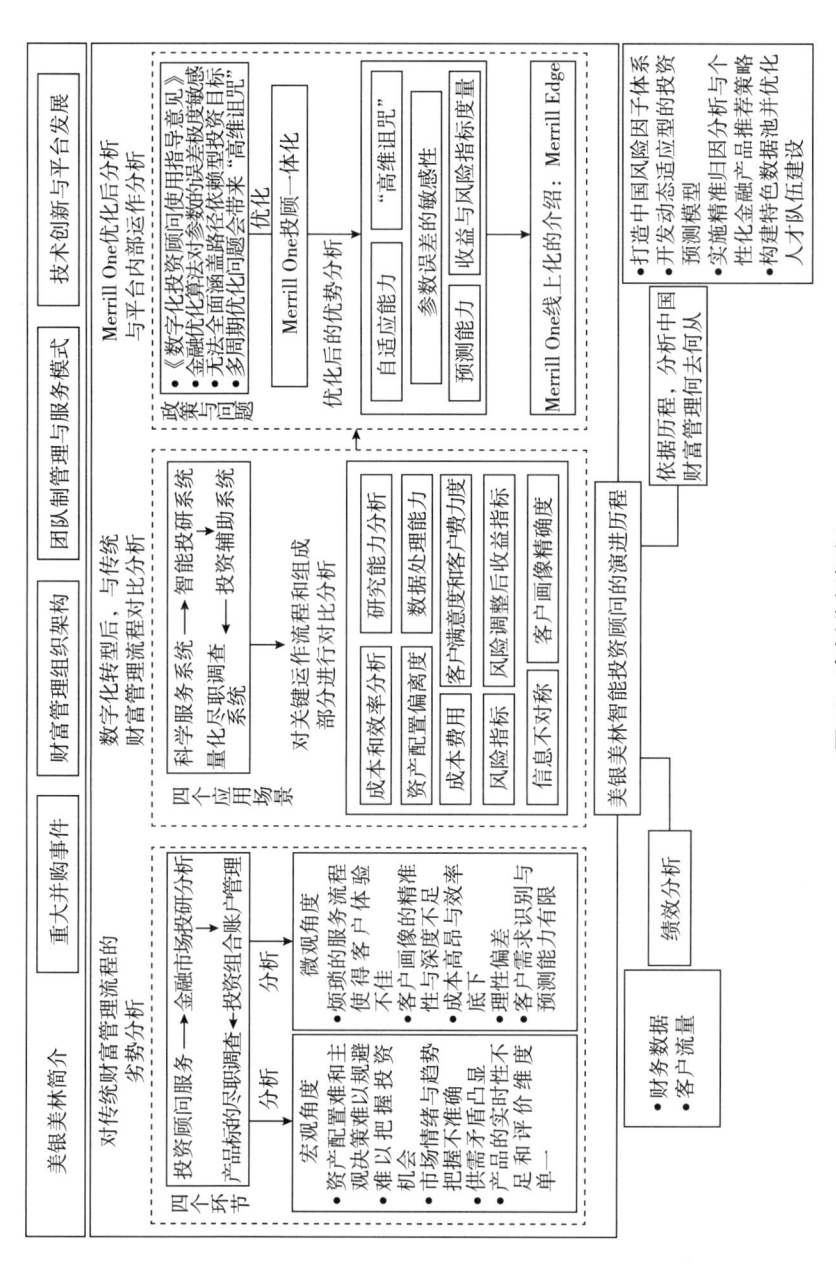

图 13 案例分析框架

字化转型阶段及智能投顾优化阶段这三大发展历程，深入剖析每个阶段的背景信息与服务流程。同时，分别对数字化转型前后和智能投顾优化前后进行对比，分析问题，以便更好地理解财富管理行业的演变与进步。首先，了解传统财富管理在美国的发展历程和运作机制。在经济恢复期及现代化进程中，理财需求增长，买方投顾模式推动财富管理行业向多元化、个性化发展。美银美林采取以客户为导向的服务模式，通过投资顾问服务环节、金融市场投研分析环节、投资组合账户管理环节和产品标的尽职调查环节四大环节，为客户提供个性化服务，并根据客户需求制定投资策略。结合该背景和运作机制，从宏观角度和微观角度分析传统服务模式的痛点。其次，了解财富管理行业的数字化转型背景及其运作流程。随着市场环境的不断变化和客户需求的日益复杂化，传统财富管理模式已难以满足市场需求，因此，数字化转型成为行业变革的重要方向。公司通过科学服务系统、智能投研系统、投资辅助系统、量化尽职调查系统等应用场景，实现了客户需求的精准触达、市场趋势的全面分析，以及投资组合的优化配置。本案例将传统服务模式与数字化转型后的服务模式进行对比，从资产配置偏离度、数据处理能力、成本费用、客户满意度和客户费力度、信息不对称指标及客户画像精确度等方面分析数字化转型的优势。最后，重点介绍美银美林如何通过优化其智能投顾一体化平台——Merrill One 系统，有效应对数字化投顾领域的新指引，并成功解决了一系列复杂问题。这些问题包括：金融优化算法对参数误差极度敏感，使传统优化模型难以应对；传统的优化模型无法全面涵盖路径依赖型投资目标；在处理多周期优化问题时，往往会遭遇"高维诅咒"的难题。随后，对 Merrill One 系统优化前后的表现进行对比分析，从自适应能力、"高维诅咒"、参数误差的敏感性、预测能力及收益与风险指标度量等方面，探讨并阐述系统优化后所带来的显著优点。

第三部分，Merrill One 投顾一体化平台是美银美林财富管理数字化转型的杰出成果。教师带领学生深入分析 Merrill One 投顾一体化平台的线上服务，并介绍其线上服务平台的运作流程、全流程电子化陪伴服务、后台数据库与智能获客留客功能，以及市场洞察与产品创新等方面的特点。

第四部分，学生从财务数据和客户流量角度分析 Merrill One 投顾一体化平台带来的效益。

第五部分，结合美银美林智能投顾的演进历程，并针对中国市场的独特性与复杂性，深入剖析了中国人工智能如何有效赋能财富管理领域。具体而言，学生主要聚焦以下几个方面进行分析：①构建符合中国国情的风险因子体系；②开发动态适应型的投资预测模型；③实施精准归因分析与个性化金融产品推荐策略；④构建特色数据池并优化人才队伍建设。

**4. 理论依据**

（1）现代投资组合理论（Modern Portfolio Theory）。现代投资组合理论是一种通过数学化方式对投资组合和投资标的进行定量和实证分析的理论框架，旨在帮助投资者进行资产配置和风险管理。该理论最早由马科维茨（Harry M. Markowitz）于 1952 年提出，并在他的学术论文中详细阐述。随后，乔希·托宾（James Tobin）和威廉·夏普（William Sharpe）在此基础上分别发展了均值方差模型（MVO）和资本资产定价模型（CAPM），构成了现代投资组合理论的核心内容，并成为当前 Merrill One 使用的主要资产分配框架。

第一，马科维茨均值—方差模型（Markowitz Mean–Variance Model）。马科维茨均值—方差模型的基本原理是投资者在选择投资组合时综合考虑收益和风险，并通过权衡二者之间的关系作出决策。大多数金融机构都采用基于均值—方差分析的资产配置算法，该方法具有可操作性，对风险收益权衡能够直观解释。该模型的核心思想是通过考虑不同资产之间的关联性、预期收益率和风险，找到最优的投资组合。该模型的假设：一是市场是有效的，即市场价格反映了所有可获得信息。二是在既定的风险下收益最大化，在既定的收益下风险最小化。三是不同资产之间具有相关性，以相关系数或协方差来表示。四是所有资产都具有无限可分性。五是所有投资者具有相同的单一投资期间。六是各资产的收益率假设服从正态分布。

资产组合的预期收益是资产组合中各资产预期收益的加权平均值，资产组合的风险是收益与预期收益偏离数的平方，用方差或标准差表示。假设市场上有 $n$ 种风险资产，其资产组合的收益率为 $r_p = (r_1,$

$r_2$, …, $r_n$），投资者在市场组合中持有的风险资产权重为 $w_p = (w_1,$ $w_2$, …, $w_n$），且 $\sum_{i=1}^{n} w_i = 1$。资产 $i$ 与资产 $j$ 的相关系数为 $\rho_{ij}$，且其范围为 [-1, 1]。最后得到投资组合的期望收益率和方差如下：

$$E(r_p) = \sum_{i=1}^{n} w_i E(r_i)$$
$$\sigma_p^2 = \sum_{i=1}^{n} \sum_{j=1}^{n} w_i w_j \text{Cov}(r_i, r_j) = \sum_{i=1}^{n} \sum_{j=1}^{n} w_i w_j \sigma_i \sigma_j \rho_{ij} \quad (1)$$

式（1）中，$r_i$、$r_j$ 分别为第 $i$ 种、第 $j$ 种资产的收益率；$w_i$、$w_j$ 分别为资产 $i$ 和资产 $j$ 在组合中的权重；$\sigma_p^2$ 为收益的方差（风险）；$\text{Cov}(r_i, r_j)$ 为资产之间的协方差。Merrill One 根据马科维茨投资组合理论帮助投资者确定适合的资产组合。具体来看，首先该系统能够通过 AI 智能技术运算，针对未来模拟生产上万条未来可能的运算结果；其次准确地预测未来资产的收益、风险和相关性分布，并构建有效的投资组合集合。最后，Merrill One 结合客户画像，确定最优的证券组合。

第二，资本资产定价模型（Capital Asset Pricing Model）。资本资产定价模型在 Merrill One 系统的底层框架中被广泛应用。该模型用于估计资产的预期回报，其是基于投资组合理论和风险与回报的关系，提供了一种衡量资产预期回报的方法。其核心思想是，资产的预期回报与其系统风险（与市场整体风险相关的风险）成正比。Merrill One 通过多个环节来预测未来资产收益分布，从而改进了资产预期回报的预测能力。CAPM 模型表示如下：

$$E(R_i) = R_f + \beta_i E(R_M - R_f)$$
$$\beta_i = \frac{\text{Cov}(R_i, R_M)}{\sigma_M^2} = \frac{\sigma_i \sigma_M \rho_{iM}}{\sigma_M^2} = \rho_{iM} \frac{\sigma_i}{\sigma_M} \quad (2)$$

式（2）中，$E(R_i)$ 为证券 $i$ 的预期收益率；$R_f$ 为无风险利率；$E(R_M - R_f)$ 为风险溢价（衡量超额收益）；$R_M$ 为市场组合的预期收益；$\beta_i$ 为证券 $i$ 与市场之间的风险系数。

第三，套利定价理论（Arbitrage Pricing Theory）。套利定价模型（APT），由斯蒂芬·罗斯（Stephen Ross）在 1976 年提出，其核心理念在于通过多元化因素来阐释风险资产的收益动态。该模型基于无套利原则，推导出风险资产的均衡收益与这些影响因素之间的线性关系。在

Merrill One 的实践中，多种因素如市场趋势、经济指标及投资者偏好等，均被纳入考量范畴以构建投资策略。APT 理论中的多因素模型为 Merrill One 提供了一个理论框架，使其能够识别并深入分析影响资产收益率的关键因素，进而制定出更为精确和有效的投资策略。

$$
\begin{aligned}
&r_i = a_i + \sum b_{ik} f_k + \varepsilon_i \\
&E(\varepsilon_i) = 0 \\
&\mathrm{Cov}(\varepsilon_i \varepsilon_j) = \mathrm{Cov}(\varepsilon_i f_k) = \mathrm{Cov}(f_m f_k) = 0
\end{aligned}
\quad (3)
$$

式（3）中，资本市场中第 $i$ 种资产的收益率记为 $r_i$，影响资产收益率的因素收益率记为 $f_k$（随机变量），$k=1, 2, \cdots, K$。影响因素中有不可识别，或者随机干扰的影响因素收益率为 $\varepsilon_i$。

（2）基本面分析（Fundamental Analysis）。本杰明·格雷厄姆（Benjamin Graham）指出，股票投资应基于对公司股票内在价值的评估，而股票的价值取决于其基本面因素。基本面是指对宏观经济、行业趋势和公司基本情况的分析，包括公司财务报表、主营业务、成长空间、行业结构等，主要涵盖了宏观经济运行态势、行业的发展前景及上市公司基本情况。Merrill One 利用多种工具，如宏观预测示意图、宏观因子风险示意图、宏观因子对行业资产的影响示意图、多因子择时效果示意图等，通过穿透式因子建模有效地分析宏观环境、中观行业和微观产品的各个层级。这样可以综合考量宏观经济状况、行业发展、公司价值等因素，衡量证券的内在价值。Merrill One 的目标是通过深入研究和分析基本面因素，为投资者提供更准确的投资建议和决策支持。

（3）信息不对称理论（Asymmetric Information Theory）。信息不对称理论由约瑟夫·斯蒂格利茨、乔治·阿克尔洛夫和迈克尔·斯彭斯共同提出，它深刻指出在交易或社会互动中，各方在信息的获取量、质量及解读能力上存在显著差异。这种差异不仅在经济交易中引发公平性挑战，还广泛渗透至国家治理、社会交往等多个层面，导致资源错配、信任危机等问题。它凸显了信息作为一种重要权力和资源的分配不均现象。因此，我们需借助制度优化、技术创新（大数据、人工智能、区块链等）来推动信息的透明共享，以期维护社会的公正与提升整体效率。Merrill One 的发展，正是利用这些前沿科技，有效打破了传统财富管理中投资顾问与投资者之间的信息壁垒，以及由信息供应限制和信息处理效率问题导致的信息不对称。

（4）市场动态性（Market Dynamism）。不同学派对市场动态性的理解各有侧重。新古典经济学强调市场动态性体现在价格、产量等经济变量的持续调整中；新凯恩斯主义则指出，由于价格和工资刚性的存在，市场难以迅速恢复均衡，而是会经历一个较长的动态调整过程；行为经济学认为市场动态性不仅体现在经济变量的变化上，还体现在市场参与者的心理和行为变化上。尽管不同学术流派对市场动态性的理解角度多样，但它们还是达成了共识：市场并非一成不变，而是处于不断的动态变化中。基于这一共识，构建投资组合时，我们需保持灵活性，适时调整各类资产的配置比例，以有效适应并响应市场的动态变化。

（5）生命周期理论（Life Cycle Theory）。生命周期理论是人类发展的一种理论，它描述了人类在整个生命周期中经历的不同阶段和任务。这个理论最早由心理学家埃里克·埃里克森（Erik Erikson）提出，并在之后的研究中得到了进一步的发展和扩展。Merrill One 可以通过问卷调查或风险评估工具来评估投资者的风险承受能力，并根据其所处的生命周期阶段为其提供相应的资产配置建议。与此同时，生命周期理论强调每个阶段的发展任务和目标。Merrill One 可以与投资者合作，帮助他们明确和设定个人目标，并制定相应的投资规划。Merrill One 能够基于业务规则、现有数据和外部数据分析客户生命周期，生成具有动态变化的客户画像。

**5. 具体分析**

5.1 以传统投资顾问为主导的财富管理服务流程有哪四个步骤？根据美银美林数字化转型历程，从金融学理论的角度分析 Merrill One 相比传统投资顾问解决了哪些问题。并总结 Merrill One 的优势。

（1）根据案例正文的图 4 可知，以传统投资顾问为主导的财富管理服务流程分为以下四个步骤。

第一，在投资顾问服务环节，FA 首先会对客户的财务状况进行全面分析，其次根据客户的风险承受能力和投资目标，制定个性化的投资策略，最后定期提供投资报告和更新，解释和沟通投资方案，帮助客户理解投资策略的逻辑和预期收益。此外，FA 还会协助客户制定长期的财务规划目标，并进行税收筹划。

第二，在金融市场投研分析环节，研究部门的分析师首先会研究宏观经济因素和行业周期性特征，预测未来市场走势和行业表现。其次会对上市公司的财务报表、经营状况等进行深入分析，挑选出具有投资潜力的标的。此外，还会运用数学和统计学方法构建量化模型，分析市场行为并预测价格走势。通过概率统计方法，分析师会对不同市场情景进行测算和模拟，为投资决策提供科学依据。

第三，在投资组合账户管理环节，投研人员会根据客户的投资目标和风险偏好，结合市场环境，制定合适的资产配置策略。他们定期对投资组合的表现和风险进行评估，运用数学和优化方法调整投资组合结构，以达到最佳收益和风险平衡。同时，他们也会运用金融工程技术增加组合的收益或降低风险。此外，风险管理还是该环节的重要任务，他们会采取措施保护客户的投资组合免受市场波动的影响。

第四，在产品标的尽职调查环节，尽职调查人员会对投资产品的风格进行评估和分类，并进行绩效归因分析。他们还会与产品管理团队进行面对面访谈，了解产品的运营情况和投资策略。通过对产品的运营情况进行尽职调查，确保产品运营符合监管要求并维护投资者利益。此外，他们还会对投资产品进行分类估值，确保估值的准确性和合理性。在此基础上，他们会综合考虑产品的投资策略、风险偏好和市场环境等因素，制定合适的基准指数来评估产品的绩效和风险。

（2）从金融学理论的角度出发，相比传统投资顾问，Merrill One 解决了以下问题。

第一，传统投资顾问在构建投资组合时，虽然也会考虑分散风险，但受人为因素、信息获取和处理能力的限制，可能无法做到最优的风险分散。相比之下，Merrill One 在既定的预期收益下，比传统投资顾问更能充分地分散风险，使风险最小化。

根据马科维茨均值—方差模型可知，Merrill One 通过调整不同资产的权重 $w_p$ 和选择相关性 $\rho_{ij}$ 较低的资产，可以在不牺牲太多预期收益的情况下降低整个投资组合的风险 $\sigma_p^2$。平台可以从海量的数据中快速地分析，评估不同资产的相关性和潜在收益，从而优化资产配置，实现风险的最小化。具体来看，Merrill One 首先进行数据分析。平台会广泛收集历史数据、宏观经济指标、行业趋势及其他可能影响资产表现的各种信息。其次，进行风险预测、回报预测和相关性评估。基于丰富的历史数据和当前市场情况，Merrill One 能够精确预测每种资产的预期收益率、波动率及资产间的相关系数，并据此生成未来资产相关性预估示意图和未来资产收益/风险估计示意图。最后，进行资产配置优化。Merrill One 会运行复杂的算法来确定最佳的资产权重配置，旨在在给定的风险承受水平下实现最高的预期回报，或者是在追求特定目标回报的同时，将风险 $\sigma_p^2$ 降至最低。

第二，传统投资顾问假定数据是平稳和静态的，难以准确捕捉市场动态和把握投资机会。相比之下，Merrill One 可以实时更新数据和模型参数，确保及时反映市场最新动态，准确捕捉市场动态和把握投资机会。

尽管各学派对市场动态性的观点各异，但它们一致认同市场并非静态的，而是持续波动的。因此，在构建投资组合时，我们需要随时动态调整资产权重，以应对市场动态。

目前，全球市场是动态变化的，Merrill One 能够迅速从多个渠道捕捉宏观经济指标等关键信息，并深入剖析市场舆论，以洞悉市场情绪和趋势。基于这些实时数据，Merrill One 持续构建和优化量化模型，深入剖析市场行为与价格趋势之间的内在联系，充分考虑市场驱动因素，从而更好地适应复杂多变的市场环境。随后，Merrill One 结合多样化的金融工具，提出投资组合的动态调整建议，即根据市场变化适时调整资产权重 $w_p = (w_1, w_2, \cdots, w_n)$，以灵活应对市场波动并把握投资机会。这样的动态调整策略有助于投资者在变幻莫测的市场中保持竞争力，实现长期稳健的投资回报。

第三，传统投资顾问受限于有限的信息与访谈，难以全面洞悉客户的真实需求与偏好。相较之下，Merrill Edge 可以紧密关联用户收入、偏好及家庭情况的变化，通过频繁互动与深入分析客户行为，实时积累数据，不断完善用户画像以调整风险厌恶系数，从而确定效用最大化下的风险组合的投资比例系数。

如图 14 所示，客户的效用水平受到多方面因素的深刻影响，这些因素涵盖了个人因素（收入水平、交易行为数据及其他）、市场因素（通货膨胀、外汇变动及其他）及外部因素（战争威胁、政策变化、公共卫生事件)。这些因素的变动会直接影响客户的风险偏好(风险厌恶系数)和资产组合的选择。在投资者决策过程中,一个理性的策略是从最大化期望效用的角度出发,以精确制定符合个人风险偏好和财务目标的投资策略。Merrill One 则依托先进的机器学习算法来深入分析和预测用户偏好的变化趋势,以评估风险厌恶系数。基于这些分析,Merrill One 能够动态地调整资产配置建议和投资策略,以满足用户不断变化的需求。此外,Merrill One 还采用协同过滤推荐算法,为用户推荐可能符合其兴趣的投资产品,进一步提升用户体验和投资效果。

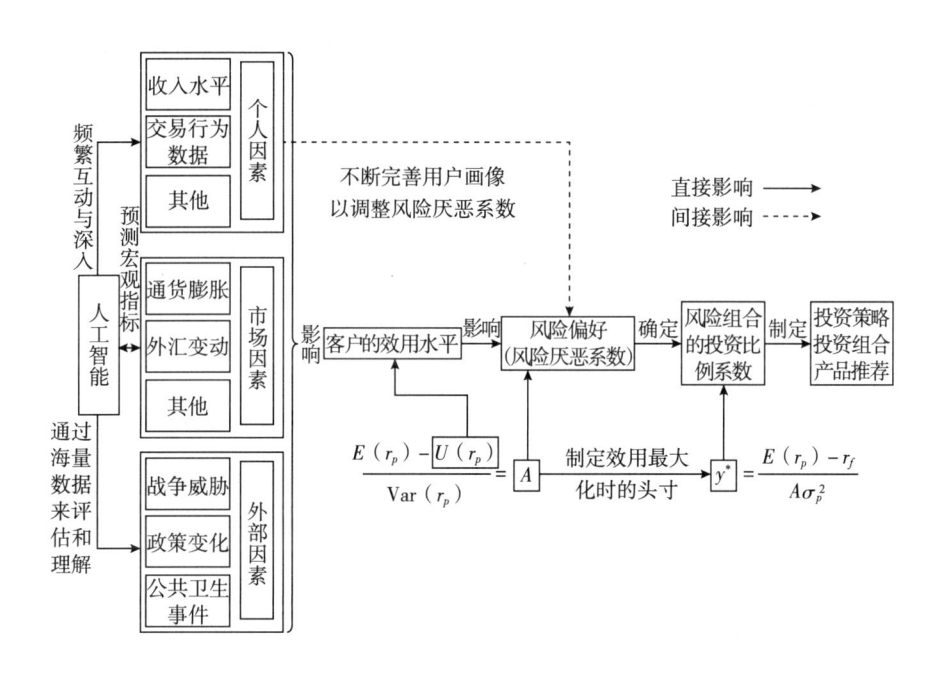

**图 14 效用水平传导**

$$U(r_p) = E(r_p) - A\text{Var}(r_p) = r_f + y[E(r_p) - r_f] - \frac{1}{2}Ay^2\sigma_p^2 \tag{4}$$

式(4)中,$U(r_p)$ 为效用函数;$E(r_p)$ 为预期收益;$\text{Var}(r_p)$ 为风险;$A$ 为风险厌恶系数,衡量投资者风险偏好程度。当 $A>0$ 时,表示投资者为风险规避者;当 $A=0$ 时,则为风险中立者;当 $A<0$ 时,则为风险偏好者。随着时间和市场条件的变化,Merrill One 通过与客户的频繁互动

和深入分析其行为，实时积累数据，生成超清颗粒画像，从而能够动态地调整风险厌恶系数 $A$，以不断优化效用水平，并据此灵活调整投资组合中各类资产的配置比，以提供个性化服务。在效用最大化和 $A>0$ 时，所确定的风险资产最优头寸 $y^*$，即风险组合的投资比例系数如下：

$$y^* = \frac{E(r_p) - r_f}{A\sigma_p^2}$$

第四，传统投资顾问面临的高昂经营成本，主要归因于人力成本的投入、复杂的数据处理费用及高昂的客户获取成本，所以导致边际成本高。相比之下，Merrill One 凭借其技术创新和服务模式的优化，能够显著实现边际成本递减的效应。此外，Merrill One 还具备扩大市场覆盖面的能力，通过更加高效和精准的客户定位，有效降低获客成本。

根据边际成本递减理论，随着服务规模的扩大，美银美林每增加一个客户的边际成本将逐渐降低。这是由于智能投顾的固定成本（技术研发、系统维护等）已在初期投入，而后主要增加的是可变成本（客户服务、数据传输等）。Merrill One 的可变成本较低，且随着服务规模的扩大而被摊薄。

另外，借助网络经济学的原理，美银美林通过其 Merrill Edge 在线平台成功打破了时空界限，在线构建金融场景，以提供更加"多样化、智能化、人性化"的资产配置服务，从而有效增加市场份额，并显著降低获客成本。同时，相较于传统服务模式，Merrill One 以"去人力、智能化"的特点，降低了人力成本，提升了公司的经营效率。此系统还扩展了服务范围，覆盖了以往未能覆盖的非高净值人群。随着客户基数的不断增长，Merrill One 能够更高效地处理和分析数据，为客户提供个性化的投资策略，最终实现规模效应下的成本节约与服务效率的双重提升。

5.2 Merrill Edge 是一种利用 AI 进行资产配置和投资建议的服务。在大类资产配置中，Merrill Edge 的人工智能模型算法使用了哪些金融理论知识？

Merrill Edge 的人工智能模型算法结合现代资产组合理论（MPT）、资本资产定价模型（CAPM）和套利定价模型（APT）中的因子模型等，实现了资产配置的优化和投资建议的提供。具体如下。

（1）Merrill Edge 会基于现代资产组合理论来构建投资组合。现代资产组合理论提出了有效边界、无差异曲线、资本市场线等关键概念。有效边界界定了在给定风险水平下，能够产生最高预期收益率的投资组合集合的边界；无差异曲线则反映了投资者在不同风险和收益组合之间无差异偏好的状态；资本市场线则进一步揭示了有效投资组合的期望收益率与其所承担的风险之间的线性关系。Merrill Edge 通过分析大类资产配置和客户画像，能够准确把握客户的投资需求，并评估其风险偏好参数。随后，针对不同的风险偏好，Merrill Edge 会生成一系列均值—方差最优化的资产组合，并据此绘制出有效前沿与无差异曲线。通过这些工具，Merrill Edge 能够精准确定最优投资组合的切点，旨在帮助投资者有效分散非系统性风险，优化资产配置，最终实现收益最大化或风险最小化的投资目标。

（2）在 Merrill Edge 的实践中，CIA 系统会运用资本资产定价模型来精确地评估资产的预期收益率和风险，并通过可视化技术将这些信息呈现为一系列图表。

CAPM 模型的核心在于利用资产的贝塔系数（$\beta$）来衡量其与市场整体波动的相关性，从而预测资产的预期收益率。Merrill Edge 的算法通过集成 CAPM 模型，能够高效地对资产的风险调整后的收益率进行评估，这对优化投资组合的配置至关重要。在优化投资组合的过程中，Merrill Edge 会进一步利用 CAPM 模型中的詹森系数（$\alpha$）去衡量投资组合相对于市场的超额收益能力。通过分析 $\alpha$，Merrill Edge 能够评估投资组合的绩效，及时发现并调整投资组合中的潜在风险点，确保投资组合的风险与收益之间的平衡。此外，平台生成行业资产的宏观因子风险结构、未来资产收益分布估计及未来资产相关性预估等图表。

（3）Merrill Edge 还会结合因子模型来量化分解资产的风险因子，并解释和预测资产回报。因子模型假定资产的回报由价值因子、规模因子、市场因子、期限结构因子等共同因子，以及特定因素驱动。利用因子模型，Merrill Edge 可以对资产组合的各资产进行风险分解，将整体风险分解为各个因子的风险贡献。这可以帮助投资者更好地了解资产组合的风险来源，并进行合理的风险控制和资产配置。此外，Merrill Edge 用到了穿透式因子建模。它是一种扩展的因子模型方法，通过引入更多的因子及非线性关系来提高对资产价格变动的解释能力和预测准确性。这个体系能够综合考量从宏观到微观的各种影响因素，针对任意单一资产构建全景因子图，从而全面揭示其收益与风险特征，并具备对资产标的进行随机情景分析的能力。在此基础上，平台能够通过深入的因子分析，有效地分析宏观环境、中观行业和微观产品的每个层级，并将分析结果相互关联起来，将宏观、中观和微观的风险驱动因素与市场变化，以及所售产品和组合之间的关系联系起来，以帮助投资顾问解读市场并提供相应的服务，有助于投资者更精确地把握市场机会，降低投资组合风险。

5.3 在 Merrill One 投顾一体化平台的持续开发与优化进程中，你认为研发团队可能遭遇了哪些挑战？请总结美银美林采取了哪些策略与方法来解决这些问题以进一步提升平台的性能和服务质量。

在 Merrill One 投顾一体化平台的持续开发与优化过程中，Merrill One 研发团队可能遭遇了以下挑战。首先，金融优化算法对收益率等参数的误差极为敏感，而这些参数在实际操作中往往难以被精确估计，导致模型预测结果与实际市场表现之间存在显著偏差。其次，传统的优化模型在应对路径依赖型投资目标时显得力不从心，因为它们无法全面考虑投资过程中的每一个时间点，仅关注终点状态。最后，在多周期金融优化领域，随着金融市场不确定性的逐渐累积，情景树的复杂度急剧上升，这不仅加重了计算工作的负担，还使寻找最优投资策略变得既复杂又耗时。此外，"高维诅咒"更是导致处理的数据量以指数级速度膨胀，极大地增加了数据处理与分析的复杂性和难度。

针对上述问题，美银美林提出了优化方案，即通过构建金融市场模拟与优化算法库来驱动中心化投资引擎，进而升级 Merrill One 投顾一体化平台。投资引擎具备系统化、全资产、通用化模块，并持续进行迭代升级，结合最新的研发成果，以应对金融市场的变化。具体如下。

（1）资产风险因子体系：通过应用资产风险因子体系进行金融市场模拟，形成从跨资产类别的宏观投研分析到中观行业，以及微观具体标的的联合深度分析，减少因参数误差导致的实际投资损失。该体系能够综合宏观到微观的各类影响因素，为任意单一资产构建全景因子图，全面刻画其收益与风险特征。

（2）动态调整模型与先进的投研工具：引入动态调整模型，实时监测市场动态，并根据这些变化自主调整收益率的参数和资产的权重，生成具有期限结构的市场观点，实现更为科学化和场景化的投资决策。系统支持多样化的收益和风险指标度量，满足监管指标计算的多种需求，从而提高预测的准确性。

（3）大规模模拟与训练：采用基函数回归和神经网络等机器学习技术，估计价值函数，并通过大规模的模拟与训练，不断优化投资策略和风险管理。预先求解出最优策略，有效缓解高维数据带来的计算挑战。

（4）全面综合分析：从宏观到微观对组合进行穿透式的综合分析，对金融产品进行尽职调查与遴选，具备多变量、多阶段、路径相依的随机过程。面向未来预测，反映真实经济结构中相互关联的关系，提升投资决策的科学性和准确性。

（5）强化风险控制机制：投资引擎中建立了有效的风险控制机制，充分利用市场数据和模拟结果，不断完善投资流程和决策规则，以更好地应对市场动态。

5.4 由于参与者的能力和认知差异、信息供应的局限性，以及信息传递和处理的效率问题，财富管理领域常常出现信息不对称的现象。那么，智能投顾是如何打破信息不对称的呢？

智能投顾能够缓解由财富管理机构和投资者之间的利益冲突、参与者能力差异及认知差异导致的信息不对称问题。

财富管理机构和投资者之间的信息不对称，主要源于客户对金融产品的有限认知。金融机构有时可能出于自身利益的考虑，利用客户难以全面理解产品特性和风险，以及可能存在的产品关键信息未充分披露的情况，向投资者推荐与其风险偏好不匹配的产品，进而可能使客户暴露于不必要的风险中。智能投顾的兴起，旨在弥补这一知识鸿沟，缩减认知差异，并强化投资过程的相关信息披露。美银美林为保护客户利益，采取了以下综合措施：首先，在量化尽职调查系统内，美银美林对金融产品进行严格评价与优选，同时评估基金经理的操盘实力、产品风险与费用，构建金融知识图谱，确保客户能实时获取并掌控产品相关信息，以提升信息透明度。其次，美银美林提供了多样化的应用工具和可视化界面，使投资者能根据个人需求与实际情况，自主管理和调整投资组合，有效减少对传统投资顾问的依赖，进而减少代理成本。最后，美银美林利用归因分析进一步缓解信息不对称问题，通过为投资者和投顾团队提供详尽的投资组合收益与风险来源分析，不仅增强了投资者对投资决策的理解与信心，还助力投顾团队更精准地把握市场动态，从而提供更加准确、科学的投资建议。

智能投顾能够通过创新技术来克服信息供应的局限性，以缩小投资参与者在信息获取的不平等差距。

智能投顾通过与用户的持续互动，以及金融行业内数据的整合、共享与开放机制，加之跨领域、跨行业的数据融合策略，有效突破信息供应的局限性。以美银美林为例，公司在数据获取方面展现出多渠道优势，进一步打破了信息供应的壁垒。一方面，它积极对接金融市场数据提供商、证券交易所及监管机构等权威公开数据源，确保信息的全面性与时效性。另一方面，美银美林与各类金融机构及资产管理公司建立了数据接口，实现了对另类及非标准资产数据的广泛采集，这不仅促进了金融行业内数据的深度整合与开放共享，也推动了跨领域、跨行业的数据融合与创新应用。此外，在用户明确授权的基础上，Merrill Edge能够采集丰富的个性化客户数据，进而提升风险评估的精准度，深入洞察用户的金融需求与风险承受能力，并通过持续线上沟通方式，缩小客户与机构之间的信息差距，根据用户反馈持续优化服务策略。

智能投顾能够通过创新技术来提升信息传递与处理的效率，从而缩小投资参与者在信息处理上的不平等差距。

智能投顾凭借自动化与智能化的先进技术，能够即时收集并深入分析市场数据，迅速生成个性化的投资建议，并通过多样化的渠道高效传达给投资者，从而显著提升了信息传递与处理的效率，有效减少了信息处理方面的不平等现象。以美银美林为例，其拥有自适应能力强大的Merrill One平台，该平台不仅能够实时监测市场动态，精准描绘并动态调整客户画像，还能基于这些实时变化自主优化参数与权重配置，实现资产配置的灵活调整与资产组合的动态再平衡，降低信息处理上的不平衡，并提升信息传递。

5.5 如何协调发展传统投顾和智能投顾是金融圈里一直备受关注

的问题。从传统投资顾问和智能投顾各自的优劣势的角度，分析传统投资顾问和智能投顾之间是替代关系还是互补关系。

替代理论和互补原理分别由贝尔纳·贝尔托尔和尼尔斯·玻尔提出。在金融学中，替代关系指的是两种或多种金融形式、金融工具或金融服务在功能上相似，可以相互替代，满足相似的需求；互补关系是相互补充，共同满足市场需求。传统投顾与智能投顾之间的关系既表现出替代性，又展现出互补性（路晓蒙等，2023）。

从替代效应的角度来看，本案例的主要原因可归纳为以下四点：一是成本效益优势。智能投顾的使用门槛低，且其服务费率也相对较低，这使低学历、缺乏投资建议或中低净值的投资者能够享受到个性化的投资顾问服务。二是行为偏差减少。无论是投资者还是传统的投资顾问，都可能受到非理性行为的影响，如处置效应、排名效应和趋势追逐。这些行为往往不利于投资者的绩效。相比之下，智能投顾则能通过算法和数据分析，有效减少这些非理性行为的发生（D'Acunto F. et al.，2021）。三是打破时空限制。智能投顾通过在线平台提供个性化服务，客户可以随时随地访问，不受地理位置限制。四是分散化的投资方案可供选择多。智能投顾不仅可以提供更多分散化的投资选择，并且其构建的投资组合通常具有比传统投资顾问更高的风险分散性（D'Acunto F. et al.，2019）。

从互补效应的角度来看，智能投顾通过提供个性化投资建议和有效减少非理性偏差，能够显著增强投资者的金融知识水平，并有望提高投资者的投资收益。相比之下，传统投资顾问在传统金融市场中深耕多年，积累了丰富的经验和广泛的人际网络，这使他们不仅具备独特的人情味和敏锐的主观判断力，还能更深入地理解客户的需求和情绪变化。因此，传统投资顾问能够给投资者带来意想不到的服务体验，更好地满足投资者在信任、沟通等心理层面的需求，从而提升投资者对其服务的主观评价（路晓蒙等，2023）。

如何协调传统投顾和智能投顾的发展，关键在于发挥二者的优势，实现互补共赢。因此，二者应该相互结合，形成一种合理的投资顾问体系。传统投资顾问可以通过智能投顾的数据分析和风险管理能力提高自身的投资决策水平，智能投顾则可以通过传统投资顾问的经验和人情味来为客户提供更好的服务体验（Coombs et al.，2018）。

## 6. 参考文献

艾宥辰：《落定！央行发布资管新规细则（全文），公募可投非标！》，2018年7月20日，智通财经网，https：//www.zhitongcaijing.com/content/detail/139587.html。

唐子佩：《美国商行财富管理，窥见非息收入演变》，2019年9月27日，新浪网，https：//stock.finanace.Sina.com.cn/stock/go.php/vReport_Show/kind/Search/rptid/622912349404/index.phtml。

田维韦等：《银行财富管理行业系列专题：美国大型银行财富管理借鉴》，2021年5月10日，东方财富网，https：//dada.eastmoney.com/report/zw_strategy.jshtml？encodellrl=kwc3dod977MsmQ7sYxsv4Wh3Pdus4mtL12c07hH0hYs%3D。

《提供财富管理全流程陪伴式服务的智能投顾丨财富管理系列研究》，2019年12月25日，东方财富网，https：//caifuhao.eastmoney.com/news/20191225195015626030870。

李斌、屠雪永：《基于机器学习和资产特征的投资组合选择研究》，《系统工程理论与实践》2024年第1期。

李扬：《财富管理专题研究：面向未来财富管理的to BCA业务模式探讨》，2023年4月12日，腾讯网，http//new.qq.com/rain/a/20230412A06W8N00。

林常乐：《打造核心引擎系统重塑银行财富管理金融科技体系》，《中国银行业》2019年第1期。

林常乐：《人工智能在财富管理领域的应用与展望》，《中国银行业》2023年第4期。

路晓蒙等：《传统投资顾问和智能投资顾问：替代还是互补》，《管理世界》2023年第10期。

[美] 罗斯等：《公司理财》（第9版），吴世农等译，机械工业出版社2012年版。

阎维博：《美国ETF监管制度演进：产品创新与制度因应》，《证券市场导报》2024年第3期。

Agostino C.，Sveinnó，Thaleia Z.，"Personalized Robo-Advising：

Enhancing Investment through Client Interaction", *Management Science*, Vol. 68, No. 1, 2021, pp. 2485-2512.

Coombs C., Redman A., *The Impact of Robo-advice on Financial Advisers: A Qualitative Case Study*, Oxford: 23rd UK Academy for Information Systems International Conference, 2018, pp. 1-23.

D'Acunto F. et al., "The Promises and Pitfalls of Robo-Advising", *The Review of Financial Studies*, Vol. 32, No. 5, 2019, pp. 1983-2020.

D'Acunto F. and Rossi A. G., *Robo-Advising*, Spring International Publishing, 2021.

Ghildiyal V., "A Comparative Analysis of Credit Risk in Investment Banks: A Case Study of JP Morgan, Merrill Lynch and Bank of America", *International Journal of Applied Business and Economic Research*, Vol. 14, No. 14, 2016, pp. 237-250.

Nigam R., "Structuring and Sustaining Excellence in Management Science at Merrill Lynch", *Interfaces*, Vol. 38, No. 3, 2008, pp. 202-209.

### 7. 本案例教学关键点

首先，本案例的核心在于指导学生深入理解传统财富管理业务的核心服务流程，并紧密结合当前经济环境，深入剖析各流程所面临的挑战。其次，学生进一步探索在数字化财富管理转型的浪潮中，人工智能如何助力美银美林实现业务效率与盈利能力的显著提升，同时深入挖掘人工智能在财富管理领域的多维度深层应用，本案例教学关键点包括：

（1）传统财富管理的四大服务流程与财富管理数字化后的四大服务系统。

（2）在财富管理数字化转型的路径中，相较于传统财富管理服务模式，分析数字化如何解决美银美林面临的多重挑战。

（3）分析美银美林如何应用数字技术赋能财富管理。

（4）Merrill One 投顾一体化平台的线上化应用。

（5）结合中国市场的复杂性和特殊性，分析中国的智能投顾发展该如何发展。

### 8. 课堂设计

本案例采用专题性启发式教学方式，分为三个部分：课前预习计划、课中讨论计划和课后实践计划。本案例在传统财富管理的痛点、财富管理数字化转型的历程、智能投顾的运作逻辑等方面都有较多可讨论空间。教师可侧重在上述方面进行引导。

(1) 课前预习计划。将所有同学进行分组，每组6—7人。请学员在课前完成资料阅读，并针对启发思考题进行初步思考。

(2) 课中讨论计划。

第一，案例简述。教师介绍美银美林财富管理业务数字化转型的过程。

第二，分组讨论。各小组讨论案例，并讨论所附的启发思考题。请告知发言要求，整理好各自的观点，并准备发言大纲。

第三，小组发言。每个小组推举1—2名组员进行发言，时间控制在6分钟以内，其他小组成员可以举手提问。

第四，引导全班二次讨论。小组之间可以相互讨论和提问，讨论未涉及的内容和存在的分歧，并进行总结。同时，要梳理案例中所涉及的理论知识，并结合该理论知识来梳理案例的逻辑。

第五，答疑。教师点评和答疑，并布置课后实践作业。

(3) 课后实践计划。学生上网搜集相关资料，根据案例和课堂内容写一篇12000字左右的案例分析报告。

# 案例三 "事前预防" VS "事后理赔"

## ——美国恒康人寿以互动激励型保险产品 Vitality 引领健康新风潮[①]

### ➢ 案例正文

**摘要**：传统的保险产品往往只聚焦"事后理赔"，导致该产品普遍存在道德风险、客户参与度低、风险评估不准确等问题。互动激励型保险产品作为数字经济时代的创新之举，其核心在于引导客户参与"事前风险减量"过程，降低理赔发生率。互动激励型保险产品可以减少保险公司的赔付金额，推动数字保险生态系统中各方合作共赢，助力保险行业高质量发展。本案例聚焦互动激励型保险产品的"事前风险减量"功能，首先梳理美国恒康人寿保险公司互动激励型保险产品 Vitality 的运营策略，其次分析互动激励型保险产品的模式和意义，最后说明互动激励型保险面临的机遇与挑战。

**关键词**：数字保险；互动激励型保险；恒康人寿；风险减量；健康管理

---

① 本案例由曾燕（中山大学岭南学院）、李佩娜（广州新华学院）、吴伟添（中山大学数学学院）撰写，作者拥有著作权中的署名权、修改权、改编权。

# 一　引言

传统保险产品往往只聚焦"事后理赔",普遍存在道德风险高、逆向选择严重、风险评估不准确、核保理赔烦琐等问题,致使保险业务运营效率低下,保险公司盈利能力受损。为解决传统保险的痛点问题和提升全民保险意识与健康意识,部分保险公司在传统保险产品的基础上,引入大数据、人工智能等数字技术,增强与客户的互动,设计了一种新的互动激励型保险产品。

与传统保险产品只注重"事后理赔"不同,互动激励型保险产品的核心理念是引导客户参与风险减量过程,注重"事前预防",在风险发生之前主动帮助客户降低或消除风险。互动激励型保险产品利用数字技术实时分析客户的行为数据,进行精准的客户风险评估与产品定价,并通过保费优惠等措施鼓励客户进行风险防范。互动激励型保险产品有效解决了传统保险产品中的道德风险、逆向选择等痛点问题,提升了保险业务的运营效率和保险公司的盈利能力,推动了保险业的创新和高质量发展。

Vitality 是恒康人寿保险公司在互动激励型保险领域的创新尝试。该产品充分利用数字技术挖掘客户信息,为客户定制个性化的健康管理方案,以保费优惠等举措引导客户主动管理自身健康风险,有效解决了传统保险产品的诸多痛点,为保险行业的转型升级注入了新动能。具体而言,Vitality 通过可穿戴设备,实时监测客户日常健康行为数据,并基于此进行精准的客户风险评估和保险产品定价。Vitality 还通过礼品卡、保费优惠等举措激励客户养成健康的生活习惯,从而降低客户的健康风险,减少恒康人寿保险公司的赔付成本。

本案例分为三部分,第一部分介绍恒康人寿保险公司的互动激励型保险产品 Vitality,第二部分分析互动激励型保险产品的模式,第三部分总结互动激励型保险产品面临的机遇与挑战。通过阅读本案例的介绍,学生能够深入了解互动激励型保险产品的设计理念、定价流程和市场策略,更好地把握保险产品创新的方向和保险行业未来数字化转型的发展趋势。本案例要回答的关键问题包括:恒康人寿的互动激励型保险产品 Vitality 的运营策略是什么？互动激励型保险产品的模式是怎样的？互动激励型保险产品对保险行业的意义是什么？互动激励型保险的发展又面临哪些机遇与挑战？下文将一一作出介绍。

## 二 恒康人寿互动激励型保险产品 Vitality

传统保险产品存在诸如道德风险高、逆向选择严重、客户风险评估不准确等问题。这些问题降低了恒康人寿保险业务的运营效率，影响了恒康人寿的盈利能力。为了解决传统保险产品的痛点问题，同时提升大众的保险意识和健康意识，恒康人寿保险公司将传统人寿保险与数字技术、健康管理服务等融合，设计了一种全新的互动激励型保险产品 Vitality。

### （一）Vitality 简介

Vitality 是恒康人寿与 Vitality Group[①] 联合设计的一种互动激励型保险产品。该产品通过奖励客户的健康行为，帮助客户养成良好的生活习惯，改善客户健康状况并减少保险产品的理赔发生率。Vitality 系列包括两种子产品：Vitality Go 和 Vitality Plus，可以满足客户多样化的保险需求（陈皎月，2019）。

1. Vitality Go

Vitality Go 是 Vitality 产品的基础版，主要通过奖励客户的健身、均衡饮食等行为，激励客户保持健康的生活方式。Vitality Go 自动附加到所有人寿保险保单中，无须额外激活费用。客户利用可穿戴设备向 Vitality App 发送自身健康数据，并在 Vitality App 上定制个性化的健康目标，参与专家级的健身和饮食计划。当客户完成既定的健康目标时，可获得诸如健身设备折扣、亚马逊商城购物卡和健美杂志的免费订阅权等。

2. Vitality Plus

Vitality Plus 是 Vitality Go 的升级版，不仅能激励客户保持健康的生

---

① Vitality Group 是源自南非的领先健康与健康管理计划提供商，致力于通过创新的健康激励计划帮助人们达成健康的生活方式。

活方式，还能为客户提供实际的保费优惠。购买 Vitality Plus 的客户每月仅需支付 2 美元，即可在享有 Vitality Go 所有福利的基础上，获得更多奖励。客户在购买 Vitality Plus 会员后，通过完成有氧运动、力量训练等获得活力积分，如每日健走 15000 步可获得 30 个活力积分。活力积分可提升客户的 Vitality Plus 会员等级。连续三年达到较高等级的会员可获得亚马逊 Prime 会员资格。活力积分还可用于兑换年度保费折扣、Fitbit Alta 健身手环和 Apple Watch 的低价购买权等奖励。活力积分越多，客户每月所需支付的保费就越低。Vitality Go 和 Vitality Plus 对比如表 1 所示。

表 1　　Vitality Go 和 Vitality Plus 对比

| 优惠条目 | Vitality Go | Vitality Plus |
| --- | --- | --- |
| 年度保费折扣 | × | √ |
| Apple Watch 低价购买权 | × | √ |
| 免费获得 Fitbit Alta 智能手环 | × | √ |
| 健身器材折扣 | √ | √ |
| Amazon 礼品卡 | × | √ |
| Amazon 折扣 | √ | × |
| Amazon Prime 会员资格 | × | √ |
| 娱乐礼品卡 | × | √ |
| Hotels.com 折扣 | × | √ |
| 免费健康检查 | × | √ |
| Healthy Food（杂货店每年节省高达 600 美元） | × | √ |
| Headspace 免费 12 个月订阅 | × | √ |
| 免费订阅 Live More 杂志 | √ | √ |

资料来源：笔者根据陈皎月（2019）的论文及公开资料整理。

## （二）Vitality 的数字健康平台

Vitality 的数字健康平台是恒康人寿与客户连接的重要枢纽，由健康管理工具、活力积分系统及多维健康服务系统构成（见图 1）。该平台拥有强大的功能，包括分析客户数据、制订健康计划、结算活力积分、提供个性化健康管理服务等。

案例三 "事前预防" VS "事后理赔"

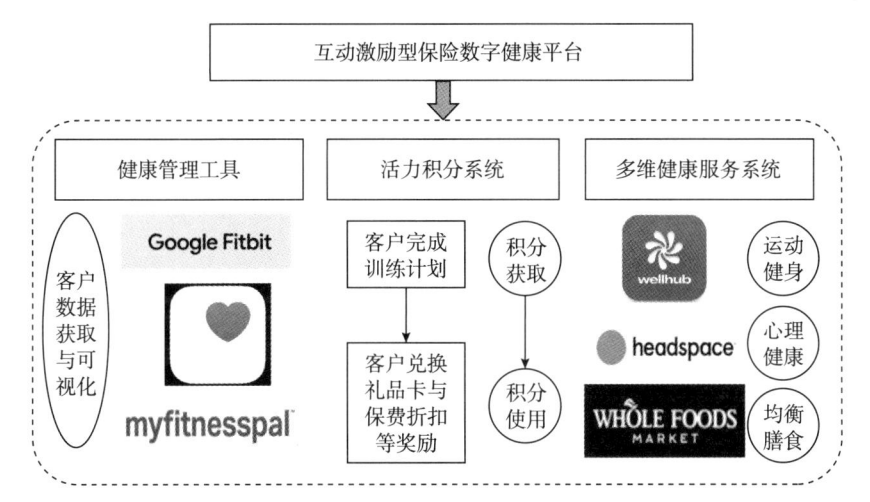

**图 1 Vitality 的数字健康平台**

资料来源：笔者根据相关资料整理。

1. 健康管理工具

Vitality 通过可穿戴设备远程追踪客户的运动和睡眠等数据，再利用 Apple Health、MyFitnessPal 等健康管理工具分析客户的身体健康状况，协助客户设定和实现健康目标，提高客户生活质量。其中，Apple Health 可实时追踪和分析客户的身高体重、血压血糖、心率血氧等数据；MyFitnessPal 可帮助客户进行饮食和营养追踪，如记录客户每日摄入的食物并计算卡路里和营养成分，制订合适的饮食计划等。

2. 活力积分系统

Vitality 设置了一个活力积分系统。该系统将定期为客户个性化地制定体重管理、血压控制、健身锻炼、营养摄入等多种健康目标。客户可以通过日常锻炼、健康饮食等达成健康目标并获得活力积分。活力积分可在积分商城兑换保费折扣、健身设备折扣、礼品卡等奖励。

3. 多维健康服务系统

Vitality 附带健身塑形、心理健康、膳食营养等健康服务板块，为客户提供全方位身心健康的咨询和指导，协助客户更好地完成平台发布的健康任务。该板块由恒康人寿与包括 Wellhub、Headspace 和 Whole Foods 在内的多家合作伙伴共同打造。其中，Wellhub 主要提供线下健身设施和健身网络课程，帮助客户制订科学的健身计划，以达到锻炼目标；Headspace主要提供睡眠冥想和心理健康课程，帮助客户管理压力、调整情绪和改善睡眠质量；Whole Foods主要提供健康食品和营养咨询服务，帮助客户搭配合适的膳食方案。

**（三）Vitality的服务流程和运营策略**

恒康人寿为Vitality制定了一套高效的服务流程与独特的营销策略，这在提升客户体验、扩大产品市场影响力等方面起到了至关重要的作用。

1. Vitality的服务流程

第一步是产品获取。客户在网页端或移动端购买Vitality，获得一个Vitality会员账号和相关的可穿戴设备。第二步是健康评估。客户在数字健康平台上完成在线健康评估，包括身高、体重、血压等指标的测量。平台根据评估结果自动生成客户的健康档案，给出个人健康得分。第三步是健康管理。平台通过可穿戴设备追踪客户的日常运动、睡眠状况等健康数据，为客户制订个性化的健康计划，如增加运动量、调整饮食结构等。第四步是行为激励。客户完成健康计划后，平台将为客户发放一定数额的活力积分。积分可用于兑换礼品卡、健身器材折扣等多种奖励。购买了升级版产品Vitality Plus的客户，还可额外获得年度保费减免。

2. Vitality的运营策略

如图2所示，在产品理念方面，恒康人寿秉承"长寿+健康+省钱"的理念，宣扬"健康管理可以提高生活质量和保险福利"的观点，聚焦客户对健康管理和经济实惠的双重需求。"长寿+健康+省钱"的理念显著提升了Vitality的市场吸引力，并为恒康人寿树立了积极向上的品牌形象（陈皎月，2019）。在销售渠道方面，Vitality采取线下+线上的方式，为客户提供便捷的投保体验。在线上，恒康人寿通过社交媒体短视频广告等渠道进行品牌推广，增加曝光度和品牌知名度。例如，客户在刷短视频的同时，可以点进恒康人寿官网的Vitality专属板块链接，填写个人基本信息轻松实现在线投保。在线下，恒康人寿通过与健身房、健康食品公司等合作，开展健康体验项目，并现场安排保险专员协助客户投保。在定价策略方面，Vitality实行动态分层定价策略，如图3所示。Vitality通过可穿戴设备等采集客户健康数据，上传至大数据平台，再通过人工智能建模的方式对客户风险进行评分，并依据客户的健康行为对保费进行动态调整。同时，Vitality 通过对客户行为数据的分析，描摹客户画像，根据客户不同的行为特征对其进行分类，提供含不同保费、不同健康任务强度的保险计划，客户可以根据自己的预算和身体素质选择合适的计划。在客户留存方面，恒康人寿不断优化 Vitality 的 App 界面和功能设计，并积极收集客户反馈，与客户保持高频互动，了解客户的交互体验和需求变化。恒康人寿还通过建立线上社区、组织线下运动训练营等方式，鼓励客户之间的互动交流，增强客户的社交黏性。

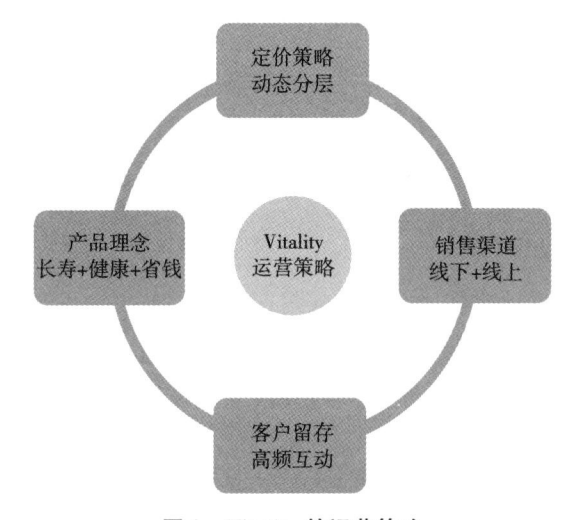

**图 2　Vitality 的运营策略**

资料来源：笔者根据相关资料整理。

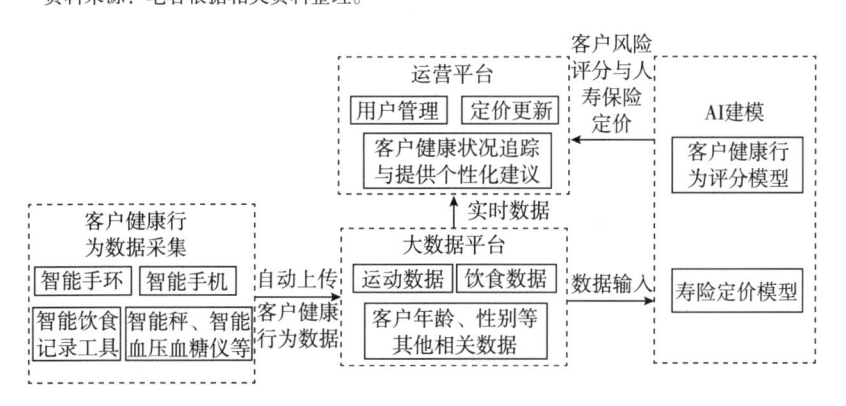

**图 3　Vitality 动态分层定价流程**

资料来源：笔者根据曾燕（2023）的论文及相关资料整理。

## 三 互动激励型保险产品的模式分析

近年来，互动激励型保险产品成为健康保险领域的佼佼者，其以事前风险管理为主，注重服务数字化和个性化的运营模式，既满足了当下消费者对健康和经济实惠的双重需求，也提升了保险业务运营效率。

### （一）互动激励保险产品的商业画布

互动激励型保险产品的商业画布主要包括客户、经营、财务三大模块。客户模块包含客户细分、客户关系两要素，经营模块包括关键资源、关键活动、关键伙伴三要素，财务模块包括收入来源、成本结构两要素（马雨轩等，2023），如图4所示。

#### 1. 客户模块

客户模块的第一要素为客户细分。客户细分是指保险公司根据客户的特征对客户进行分类。保险公司在进行客户细分时，会根据不同客户群体的需求、行为模式、风险偏好等因素来分类，以便提供更有针对性的产品和服务。常见的客户细分方法有人口统计学细分、心理学细分、行为学细分、经济状况细分等。人口统计学细分采用客户的年龄、性别和家庭结构等特征。例如，不同年龄段的人群有不同的保险需求，年轻人可能更关注健康保险，而年长者可能更需要寿险和长期护理保险。心理学细分采用客户价值观和风险态度等特征。风险偏好型客户可能更愿意购买高保额低保费的保险产品，而风险厌恶型客户更倾向安全、稳定的保险产品。行为学细分采用客户的生活方式和购买行为等特征。频繁购买保险产品的客户可能更容易接受附加的保险服务。经济状况细分采用客户的收入水平和资产规模等特征。更多资产的客户可能需要更全面的保险保障。

客户模块的第二要素为客户关系。客户关系是指保险公司与其客户之间建立的互动联系。在互动激励型保险产品中，保险公司与客户的互动关系主要体现在事前健康干预、事中健康管理方案制订和事后高频信息交互三个方面。一是事前健康干预。保险公司通过健康问卷、体检、基因检测等方式，对客户的健康状况进行评估。根据评估结果，保险公司可以为客户提供健康知识、预防措施和生活方式建议，帮助客户在潜

案例三 "事前预防" VS "事后理赔"

```
                                    ┌─ 客户细分 ──── 个性化标签定制
                    ┌─ 客户模块 ─────┤
                    │               │              ┌─ 事前健康干预
                    │               └─ 客户关系 ────┤─ 事中健康管理方案制订
                    │                              └─ 事后高频信息交互
                    │
                    │                              ┌─ 可穿戴设备相关产权
                    │               ┌─ 关键资源 ────┤─ 数据资产
                    │               │              └─ 复合型人才
  互动激励型         │               │
  保险产品的 ────────┤─ 经营模块 ─────┤              ┌─ 营销活动
  商业画布          │               ├─ 关键活动 ────┤─ 数据收集和可视化
                    │               │              └─ 保险品牌建设
                    │               │
                    │               │              ┌─ 软硬件供应商
                    │               └─ 关键伙伴 ────┤─ 健康管理服务商
                    │                              └─ 渠道合作商
                    │
                    │                              ┌─ 保费收入
                    │               ┌─ 收入来源 ────┤─ 合作收入
                    │               │              └─ 数据变现
                    └─ 财务模块 ─────┤
                                    │              ┌─ 技术成本
                                    │              ├─ 设备成本
                                    └─ 成本结构 ────┤─ 奖励成本
                                                   └─ 市场运营成本
```

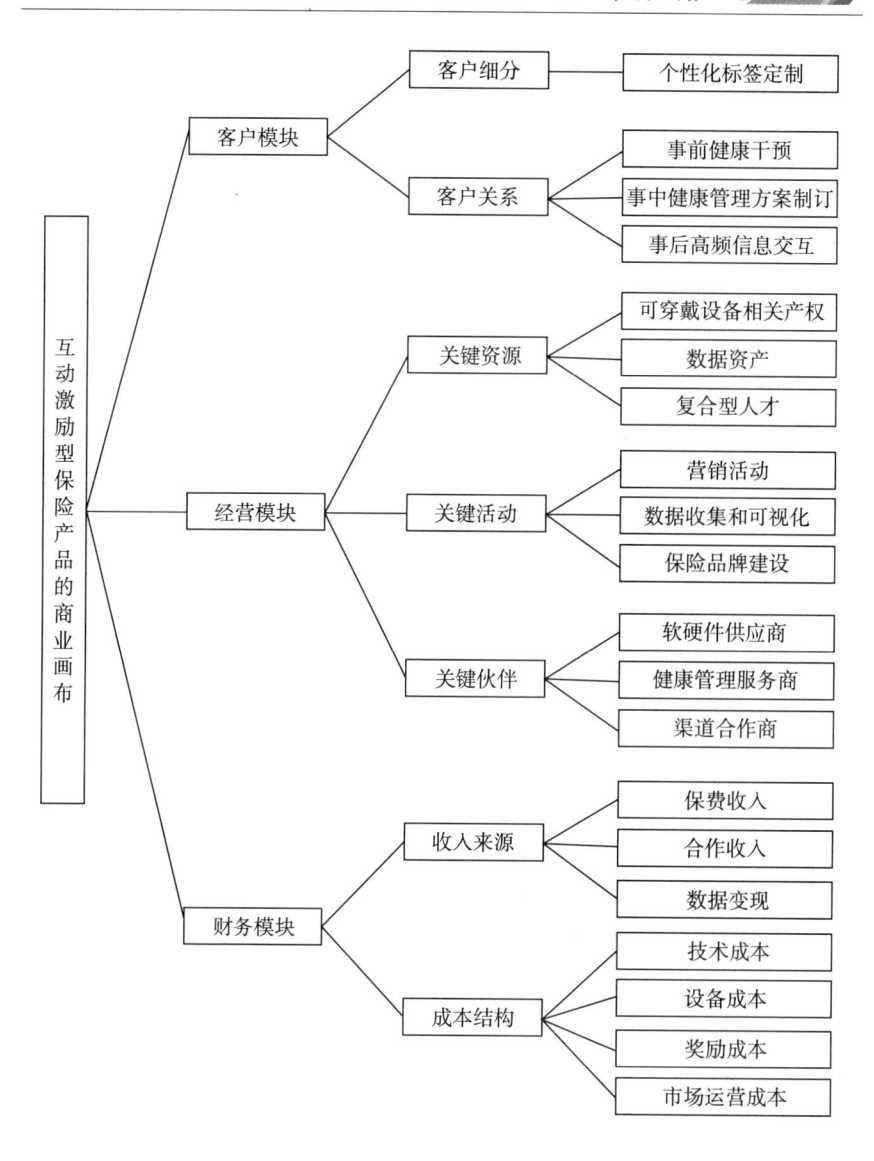

**图 4　互动激励型保险产品的商业画布**

资料来源：笔者根据马雨轩等（2023）及相关资料整理。

在健康问题发生之前进行预防性干预。同时，保险公司通过健康激励计划鼓励客户养成良好的生活习惯，以达到降低风险的目的。二是事中健康管理方案制订。保险公司根据客户的健康评估结果，制订个性化的健康管理方案，包括运动计划、饮食建议、定期体检等，并实时监控客户的健康数据（如心率、血压、体重等），基于此动态调整健康管理方案，确保其有效性和针对性。三是事后高频信息交互。保险公司定期向客户发送满意度调查或反馈问卷，收集他们对健康管理服务和互动体验的意见，以便持续改进服务。根据客户反馈和数据分析，保险公司不断优化交互的内容和形式，确保互动既有价值又不过于干扰客户的日常生活。

2. 经营模块

经营模块的第一要素是关键资源，包括可穿戴设备相关产权、数据资产、复合型人才等方面。保险公司通过自主研发或购买可穿戴设备相关专利技术，便捷地获取客户数据，确保互动激励型保险产品的稳定运行。数据资产主要包括客户数据和标签数据。客户数据是指由可穿戴设备收集的客户健康数据，如步数、卡路里消耗、心率和睡眠质量等；标签数据包括客户标签（健康状况、行为习惯等）和保险产品标签（产品特性）。复合型人才包括软硬件工程师、数据科学家和医学专家等。这些专业人才是开发、维护和优化可穿戴设备和数据平台的核心力量。

经营模块的第二要素是关键活动，包括营销活动、数据收集和可视化、保险品牌建设等方面。在营销活动方面，保险公司按照客户的运动、饮食状况，将客户分为不同健康等级，给予不同保费折扣，其中健康等级越高，保费就越低。在数据收集和可视化方面，保险公司通过智能手表、健身追踪器等设备能够实时监测客户的生理指标，并将数据上传到保险公司的平台。之后保险公司利用机器学习和人工智能技术，对客户健康数据进行分析，识别客户的风险因素，为客户提供个性化的健康仪表盘，展示客户的关键健康指标的变化趋势，帮助客户直观地了解自身的健康状况。保险公司还定期向客户推送健康计划进展报告，使用进度条和雷达图显示客户健康计划的完成情况，激励客户持续保持锻炼和健康饮食。在保险品牌建设方面，保险公司通过优质的客户服务建立品牌信誉，确保客户在购买、理赔和日常健康管理互动中的每一个接触点都能感受到品牌的关怀和专业性。保险公司还通过品牌活动、社交媒体互动、客户社区等方式，增强客户对品牌的参与感和归属感。

经营模块的第三要素是关键伙伴。关键伙伴是指保险公司在互动激励型保险产品中的主要合作方，包括软硬件供应商、健康管理服务商、渠道合作商等。软硬件供应商包括可穿戴设备供应商、健康管理软件开发商、数据分析与 AI 技术提供商等。可穿戴设备供应商负责提供能够监测健康数据的设备，如智能手表、健身追踪器等。这些设备能够实时采集客户的健康数据，并将其传输给保险公司的平台，用于健康监控和管理。健康管理软件开发商负责开发和维护用于健康数据分析和管理的应用程序和平台。这些软件帮助保险公司处理大量的健康数据，生成个性化的健康建议，并与客户进行互动。数据分析与 AI 技术提供商负责提供大数据分析、机器学习和人工智能技术，帮助保险公司更好地理解客户行为，预测健康风险，并优化产品设计。健康管理服务商包括医疗服务提供商、健康教练与营养师、心理咨询机构等。医疗服务提供商负责为客户提供体检、健康咨询和医疗服务。这些服务帮助客户管理和改善健康，同时为保险公司提供关键的健康数据。健康教练与营养师负责提供专业的健康管理服务，如健身计划、营养建议、生活方式调整等，帮助客户实现健康目标。心理咨询机构负责提供心理健康支持服务，帮助客户应对压力、焦虑等心理问题。渠道合作商包括保险代理机构、金融机构、社交媒体平台等。保险公司与保险代理机构合作可以丰富客户资源和销售渠道，与银行等金融机构合作实现保险产品的交叉销售。例如，增额终身寿险就是保险公司与银行合作推出的一款"保障够足、收益够稳、期限够长"的银保产品（郭琳，2023）；与社交媒体平台合作，可以利用其强大的流量优势，提高产品在目标群体中的知名度。

3. 财务模块

财务模块主要包括收入来源和成本结构两大要素。互动激励型保险产品的收入来源主要包括保费收入、合作收入和数据变现。保费收入指来自用户支付的保险费，是最主要的收入来源；合作收入是保险公司通过与健康相关服务提供商的合作，获得合作伙伴支付的佣金；数据变现指在用户同意的前提下，保险公司通过分析用户的行为和健康数据，向第三方提供数据服务。互动激励型保险产品的成本结构主要包括技术成本、设备成本、奖励成本、市场运营成本等。技术成本是指开发和维护数字健康平台及搜集和分析数据的成本；设备成本是提供给客户的可穿戴设备的运营维护成本；奖励成本指提供给客户的各种奖励，如礼品卡、折扣、现金返还等的成本；市场运营成本指宣传和推广互动激励型保险产品中的渠道成本、销售成本、广告成本及线上和线下客户服务成本等。

### (二) 互动激励型保险产品与传统保险产品的差异

互动激励型保险产品在设计理念、风险评估和客户体验等方面相较传统保险产品有一定优势，可以更好地满足当下消费者的需求。深入了解这两种保险产品的差异，有助于我们更好地把握保险行业未来的发展趋势，如表2所示。

表2　　互动激励型保险产品和传统保险产品的差异

| 比较维度 | 互动激励型保险产品 | 传统保险产品 |
| --- | --- | --- |
| 产品设计理念 | 注重"事前风险减量" | 注重"事后理赔" |
| 风险评估准确度 | 高 | 低 |
| 产品定价精度 | 高 | 低 |
| 核保理赔流程 | 简便、快捷、透明度高 | 烦琐、缓慢、透明度低 |
| 客户参与度 | 高 | 低 |
| 道德风险与逆向选择 | 较轻 | 较为严重 |

资料来源：笔者根据相关资料整理。

**1. 传统保险产品的缺陷**

传统保险产品只注重"事后理赔"，往往存在道德风险、逆向选择、客户参与度低、风险评估不准确、核保理赔烦琐等缺陷。

(1) 道德风险问题。道德风险分为事前道德风险和事后道德风险两种。事前道德风险是指客户在投保后，由于知道保险公司会承担损失，往往不再采取措施避免风险，甚至故意造成损害或加剧损失以索取赔偿。保险机构由于无法完全掌握客户的行为信息，难以控制该类行为及其增加的赔付风险。事后道德风险是指由于保险公司需要依据客户提供的报告来判定事故发生的原因和损失程度，使客户有机会伪造事故或夸大损失，即客户的保险欺诈问题。事前和事后道德风险都会导致保险公司赔付成本上升。

(2) 逆向选择问题。相比低风险客户，高风险客户更有可能购买保险，导致保险公司的风险池中高风险客户比例偏高，整体风险水平上升，进而增加保险公司的赔付成本，损害保险公司的利益。美国国家经济研究局（NBER）的一项癌症治疗研究表明，逆向选择导致的保险计划每月额外增加了17.2万美元的成本（Kreider et al.，2024）。

（3）客户参与度低。传统保险产品往往只提供"事后理赔"，客户在投保后与保险公司的互动主要集中在购买和理赔阶段，日常缺乏互动，难以通过预防措施降低风险，风险管理效果差。

（4）风险评估不准确。传统保险产品依赖静态的历史数据和统计模型进行风险评估，难以实时反映客户的状况，导致风险评估不准确，定价和赔付不合理，影响保险公司收益。

（5）核保与理赔流程烦琐。在核保与理赔过程中，保险公司需要对客户的风险进行全面评估，这往往要求客户提交大量的证明材料，评估步骤繁多且复杂，整个过程可能需要数天甚至数周，导致客户等待时间过长。客户在等待过程中也难以了解具体的评估标准和进度，容易对核保结果的公正性产生怀疑。

2. 互动激励型保险产品的优势

互动激励型保险产品注重"事前风险减量"，通过引入数字技术、个性化服务和实时互动机制，解决了传统保险产品的多个缺陷，提升了客户体验和保险业务的运营效率。

（1）互动激励型保险产品降低了道德风险。在事前道德风险方面，互动激励型保险产品通过实时监测客户的行为数据，提供个性化的建议和激励措施。客户为了获得奖励，在投保后仍将积极采取措施避免风险，减少事前道德风险的发生。在事后道德风险方面，互动激励型保险产品使用大数据和AI技术对理赔申请进行智能审核，提高事故原因和损失程度判定的准确性，确保核保理赔过程的透明度和可信度，减少客户的保险欺诈行为，控制赔付成本。

（2）互动激励型保险产品减少了逆向选择。互动激励型保险产品通过大数据和AI技术，实时采集和分析客户的行为数据，进行动态的风险评估和个性化定价。低风险客户因此享受更低的保费，吸引更多低风险客户投保，从而改善保险公司的风险池的质量，降低高风险客户比例，控制赔付成本，提高保险公司的盈利能力。

（3）互动激励型保险产品提高了客户参与度。互动激励型保险产品通过移动 App、智能设备等渠道收集客户行为数据，为客户提供个性化的健康管理建议等服务，同时对积极参与健康管理的客户给予积分奖励，提高了客户在保险过程中的参与度和体验感。

（4）互动激励型保险产品提高了风险评估精度。互动激励型保险产品利用实时数据采集和 AI 技术，动态评估客户的健康状况和风险行为。同时根据最新数据动态调整风险评估模型，确保了风险评估的准确性和及时性，使定价和赔付更合理。

（5）互动激励型保险产品简化了核保与理赔流程。互动激励型保险产品通过客户在数字健康平台留下的电子健康记录和 AI 技术自动评估客户健康状况，简化核保流程。客户可以通过移动应用提交理赔申请材料，减少在核保过程中所花费的时间和精力。智能理赔系统结合客户日常行为数据对材料进行自动审核和处理，将理赔进度和评估标准实时展示给客户，缩短理赔时间，提高信息透明度和客户满意度。

（三）互动激励型保险产品的意义

互动激励型保险产品通过融合传统人寿保险、数字技术、健康管理服务等，开创了一种全新的产品理念和保险模式，推动了数字保险生态各方的合作共赢与保险行业的高质量发展。

1. 互动激励型保险产品开创了全新的保险产品理念

互动激励型保险产品开创了全新的保险产品理念，一是引导客户参与风险减量。在传统保险产品的模式中，客户主要是在出险时才会找保险公司理赔，在保险全生命周期的参与度较低，缺乏主动管理自身风险的动机。而互动激励型保险产品颠覆了传统保险产品的模式，鼓励客户在日常生活中积极参与风险管理，将冰冷的交易行为转化为附带感情投入的持续关注，将保险公司从被动的赔付承担者转变为主动的客户健康管理者。二是注重客户体验，强调个性化和智能化。传统保险产品大多采取标准化设计，缺乏对客户风险状况的实时监测和反馈，无法针对不同客户的需求提供个性化的保障方案和及时为客户提供建议与服务。同时，传统保险产品的核保、理赔等流程较为复杂，业务处理和服务响应相对较慢，难以满足客户的及时需求。互动激励型保险产品则通过人工智能分析客户的健康行为数据，为客户定制个性化的健康管理方案，提高了产品的智能性和精准性。

## 2. 互动激励型保险产品有利于数字保险生态各方的合作共赢

对于客户而言，互动激励型保险产品有利于实现客户在经济与健康方面的双丰收。互动激励型保险产品通过提供保费优惠和涵盖衣食住行的全方位奖励等鼓励客户进行合理锻炼、均衡饮食，既增加了客户的经济收益，又引导客户养成了健康的生活习惯，提高了客户的健康水平。

对于保险公司而言，互动激励型保险产品有利于提升保险公司的盈利能力和品牌声誉。首先，互动激励型保险产品通过引导客户养成健康的生活习惯，降低客户发生健康问题的概率，从而降低保险公司的赔付频率和金额。其次，互动激励型保险产品通过人工智能分析，提供精准的风险评估和产品定价，能发掘更多的潜在客户，增加保单销售量，提高保险公司的利润。最后，互动激励型保险产品有助于保险公司树立负责任和以客户为中心的品牌形象，提升品牌声誉和市场信任度。

对于合作方而言，互动激励型保险产品有利于数字保险生态各方合作共赢。互动激励型保险产品通过与健康管理服务商合作，构建了一个"运动+营养+保险"的数字保险生态系统，促进了保险与健康产业的融合发展。数字保险生态系统带动了健康产业的创新与增长，拓展了更多商业机会。保险公司与健身房、营养食品商店等合作，能为健身房带来更高的客流量、为营养保健公司增加保健品销售额。同时互动激励型保险产品促进了数字保险生态系统中各方的数据共享，扩展了客户健康数据的维度，为保险公司和健康产业的持续创新提供必要支撑。互动激励型保险产品的生态系统如图5所示。

## 3. 互动激励型保险产品有助于推动保险业的高质量发展

一是互动激励型保险产品能提升保险产品本身的吸引力和价值。互动激励型保险产品通过个性化的保障方案、动态的保费调整及各种健康管理服务，可以更好地满足客户的个性化需求，提高保险产品的附加价值，推动保险业务的长期可持续发展。二是互动激励型保险产品促进了保险公司向"保险+服务"转型。互动激励型保险产品要求保险公司不仅提供保障，还要能提供全面的健康管理服务，如健康评估、疾病预防、康复指导等。这有助于保险公司拓展服务范围，进一步向"保险+

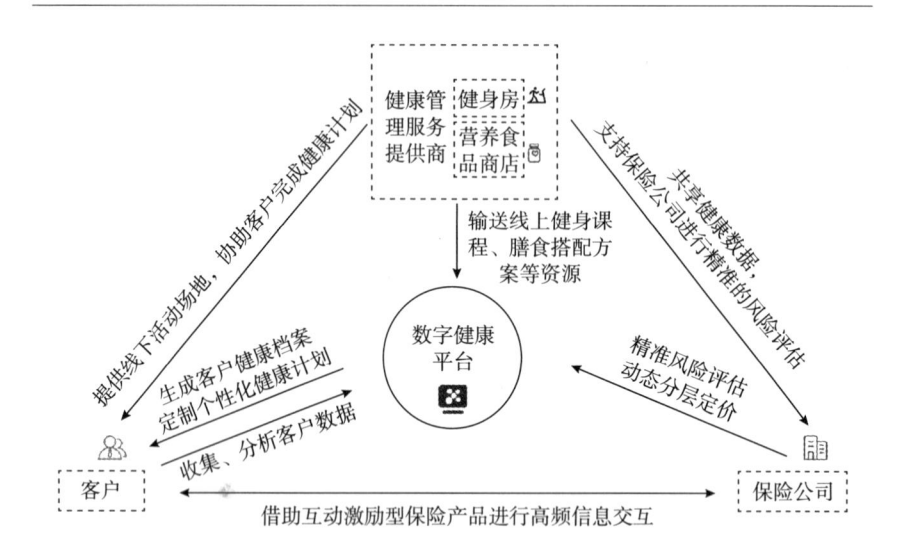

**图 5　互动激励型保险产品的生态系统**

资料来源：笔者根据相关资料整理。

服务"的运营模式转型，提升保险公司的市场竞争力。三是互动激励型保险产品推动保险行业的数字化转型。互动激励型保险产品对大数据、人工智能等数字技术的需求较高。为了实现对客户行为的动态监测和分析，保险公司需要积极拥抱新的数字技术。这有助于拓展数字技术在保险业务中的应用广度和深度，推动保险行业的数字化转型。

## 四　互动激励型保险发展面临的机遇与挑战

互动激励型保险对保险业来说是一项重大创新，在技术进步和个人风险意识不断上升的背景下蕴含着巨大的市场机会。然而，创新往往也伴随各种挑战，保险公司的数据分析能力不足、数据隐私保护力度不足和客户保险意识尚未成熟等问题成为互动激励型保险发展的"绊脚石"。

### （一）互动激励型保险发展的机遇

在可穿戴设备技术进步、保险业数字技术投入日益增加、个人风险意识不断提升的多重因素下，互动激励型保险迎来了快速发展的黄金时期。未来，这一模式有望在全球范围内得到推广，成为保险行业的重要发展方向。

1. 可穿戴设备技术进步

一方面，可穿戴设备进入大众消费市场，用户群体不断扩大，数据采集覆盖面持续增加。2024年北美智能手表市场规模预计为463.5亿美元，预计2029年将达到999.5亿美元，预测期内（2024—2029年）复合年增长率为16.61%（Mordor Intelligence，2023）。另一方面，可穿戴设备性能不断提升，传感器、电池、芯片等技术日新月异。这使可穿戴设备能更准确地采集和传输客户健康数据，为保险公司获取客户健康状况、建立精准客户画像提供了坚实的数据基础。

2. 数字技术投入不断加码

人工智能、大数据、区块链等数字技术提升了保险公司在风险评估、产品定价、核保、理赔等核心业务的效率和精准度，增强了保险公司的风险管理能力。多家保险公司已着手改变自身商业模式，淘汰复杂的旧有系统和平台，以支持数字技术的投资。2019—2022年，即便是总成本占总保费收入比率排名前1/4的寿险企业，它们的IT支出在总保费中占比也从2%增加到3%（增长50%）（新浪网，2023）。

3. 个人风险意识不断提升，消费者对健康和养老的需求日益迫切

随着社会进步，越来越多的消费者意识到要为自己未来的健康和养老费用负责，对个性化健康管理的需求日益迫切。从1970年到2020年，退出劳动力市场后的预期寿命年数，女性从16年增加到24年，男性从12年增加到20年；预计在2050年，65岁以上人口数量将翻倍，其中67%数量增长来自亚洲。同时，发达经济体的政府负债累累，政府健康和养老计划面临资金缺口。据统计，全球养老金缺口近41万亿美元，寿险市场规模持续扩大（新浪网，2023）。传统的保险模式难以满足现代消费者对健康生活的期望，而互动激励型保险产品通过结合健康管理与经济激励，有效地满足了消费者对实惠与健康的双重需求。

（二）互动激励型保险发展面临的挑战

1. 客户的保险意识和理念仍较为落后

目前客户的保险意识和理念尚处于初级阶段，多数客户对保险的理解仍然停留在"事后补偿"上。这意味着他们倾向将保险视为发生意外或损失后的经济赔偿手段，而未能充分认识到现代保险产品在健康管理和风险预防方面的潜力。许多人只关注保险的赔付功能，而忽视了保

险在健康监测、预防疾病和健康管理方面的作用。

2. 大多数保险公司的数据分析能力仍然相对薄弱

2022 年，麦肯锡对欧洲、中东及非洲地区 59 家保险公司所作的一项调查显示，仅有 19%的保险公司完成了概念验证，并对数据分析和系统自动化进行布局。接受调查的公司中没有一家公司自认为是完全的"数据驱动型组织"（Vivek Agrawal et al.，2023）。大多数保险公司对海量健康数据的挖掘不足，难以将数据转化为有价值的洞见和决策支持。数据利用能力的不足使得保险公司难以准确描摹客户画像，难以为客户制订针对性的健康管理计划，难以进行精准的风险评估和产品定价。

3. 信息安全性、数据隐私问题难以保证

互动激励型保险需要通过智能手机、智能手环等可穿戴设备获取客户的运动和睡眠等隐私数据，因此信息安全性和数据隐私保护尤为关键。但目前医疗健康行业的数据泄露问题十分严重。IBM 发布的《2022 年数据泄露成本报告》显示，医疗健康行业数据泄露成本在 2022 年增加了近 100 万美元，突破千万量级，达到 1010 万美元的历史高位。医疗健康行业已经连续 12 年成为数据泄露平均成本最高的行业（美通社，2022）。信息安全和数据隐私问题降低了人们对可穿戴设备的信任程度，使客户对共享自身健康数据持有谨慎和保守的态度。

## ➢ 案例使用说明

### 1. 教学目的和用途

1.1　适用课程

本案例主要适用于数字保险、数字经济、数字金融、保险产品设计与开发等课程。

1.2　适用对象

本案例适用对象为保险学、金融学、经济学等专业的本科生与硕士生。

1.3 教学目的

本案例的教学目的是带领学生深入了解互动激励型保险产品的设计理念和运营模式，理解互动激励型保险产品对数字保险生态各方合作共赢的促进作用，了解互动激励型保险发展面临的机遇与挑战。

具体教学目标包括：

(1) 梳理传统保险产品的痛点问题，理解保险公司推出互动激励型保险产品的动机。

(2) 深入了解互动激励型保险产品的设计理念和运营模式。理解互动激励型保险产品与传统保险产品的区别，从而认识到互动激励型保险产品的创新性和优势。

(3) 从客户、保险公司及各合作方的角度分析互动激励型保险产品对数字保险生态各方合作共赢的促进作用。

(4) 了解互动激励型保险发展面临的机遇与挑战。

**2. 启发性思考题**

本案例的启发性思考题立足全球保险业的发展状况，探讨传统保险产品的痛点问题，并深入分析美国恒康人寿互动激励型保险产品 Vitality 服务客户的新模式。为了确保教学质量，案例编写组建议教师让学生尽量在课前查阅保险行业发展现状、保险学相关知识和数字技术在保险领域的最新应用等信息。

(1) 传统保险产品存在哪些问题？为什么会出现这些问题？

(2) 互动激励型保险产品的运营策略是什么？与传统保险产品相比，互动激励型保险产品具有什么优势？

(3) 从客户、保险公司及各合作方的角度分析互动激励型保险产品如何有利于数字保险生态各方的合作共赢。互动激励型保险产品的社会效益又有哪些？

(4) 互动激励型保险的发展面临哪些机遇与挑战？互动激励型保险发展的趋势如何？

**3. 分析思路**

教师可以根据以上的教学目标灵活使用本案例，基于启发思考题，分析思路如图6所示。

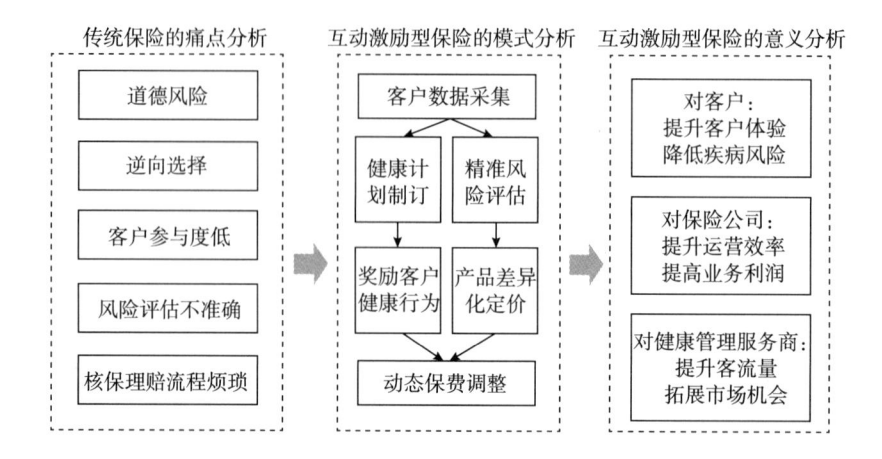

```
传统保险的痛点分析        互动激励型保险的模式分析        互动激励型保险的意义分析
┌──────────────┐      ┌──────────────────┐      ┌──────────────┐
│   道德风险    │      │    客户数据采集   │      │   对客户：    │
├──────────────┤      ├────────┬─────────┤      │  提升客户体验  │
│   逆向选择    │      │ 健康计 │ 精准风  │      │  降低疾病风险  │
├──────────────┤  →   │ 划制订 │ 险评估  │  →   ├──────────────┤
│  客户参与度低 │      ├────────┼─────────┤      │  对保险公司：  │
├──────────────┤      │奖励客户│产品差异 │      │  提升运营效率  │
│ 风险评估不准确│      │健康行为│ 化定价  │      │  提高业务利润  │
├──────────────┤      ├────────┴─────────┤      ├──────────────┤
│核保理赔流程烦琐│     │    动态保费调整   │      │对健康管理服务商│
└──────────────┘      └──────────────────┘      │  提升客流量   │
                                                │  拓展市场机会  │
                                                └──────────────┘
```

**图 6　分析思路**

资料来源：笔者根据相关资料整理。

（1）梳理传统保险产品的痛点。从道德风险、运营效率、风险评估、业务利润等角度分析保险公司在销售传统保险产品时面临的困境，从保单签订与核保理赔等角度分析客户在购买传统保险产品后的不便之处。

（2）介绍恒康人寿互动激励型保险产品 Vitality 的运作模式。让学生能够对互动激励型保险产品的服务路径、运营策略等有初步认识，并了解互动激励型保险产品独特的奖励机制和数据驱动的定价方式。进一步分析互动激励型保险产品是如何解决传统保险产品的痛点，归纳互动激励型保险产品的优势。

（3）分析互动激励型保险产品的意义。从客户、保险公司及各合作方的角度分析互动激励型保险产品如何有利于数字保险生态各方的合作共赢。理解互动激励型保险产品如何促进数字保险生态系统的形成和推动保险行业的数字化转型。

**4. 理论依据**

**4.1　信息不对称理论**

信息不对称理论指在市场经济活动中，各交易主体掌握的信息不同，部分主体拥有其他主体无法拥有的信息。由于市场垄断、各主体拥有的资源和技术存在差异等，市场主体之间存在信息不对称。信息不对称会导致交易双方处于不平等的地位，信息优势方可能利用信息差异来获取更多利益，从而使信息劣势方在交易中处于不利地位。这种信息不对称会破坏各主体间交易的效率和公平性，导致市场资源无法被最有效地分配。

道德风险和逆向选择是信息不对称理论中的两个重要概念。道德风险指当一个人或组织因自身行为的后果被部分或完全转移给他人承担时，可能会增加冒险行为或减少预防措施的倾向。在保险市场上，客户可能会隐瞒或虚报自身的风险状况，以获得更低的保费。这种欺骗行为会导致保险公司承担超出预计的风险，从而影响保险公司的收益。逆向选择指市场的某一方如果事前能够利用多于另一方的信息使自己受益而使另一方受损，则该方倾向进行交易。在保险市场上，健康状况较差的人更有可能主动购买医疗保险或人寿保险，而健康状况良好的人不愿意支付高额保费。因此，保险公司的赔偿概率将会超过公司统计的总体损失发生费率，使保险公司承担的风险超出预期。

### 4.2 网络效应理论

网络效应（Network Effect）指的是某种产品或服务的价值随着用户数量的增加而增加的现象。网络效应通常分为以下两种类型。一是直接网络效应，指的是用户增加直接提升其他用户的使用价值。典型案例为社交媒体平台（Facebook、微信等）。在更多用户使用该平台后，用户的社交圈更广，分享和互动的机会更多，平台对用户的吸引力就更大。二是间接网络效应，指的是一个用户群体的增加提升了另一个用户群体的价值。典型案例为电商平台（亚马逊、淘宝等）。当更多的卖家入驻电商平台后，商品种类增多，由此吸引更多买家；反之，更多的买家也会吸引更多的卖家入驻。

在互动激励型保险产品中，保险公司利用客户社区、兴趣圈等方式，将大量客户聚集在一起，形成网络效应。首先，客户社区能促进健康知识和经验的分享，让客户间的信息传播和评价产生影响力，吸引更多潜在客户加入。其次，客户社区为保险公司搭建了与客户直接互动的平台，良好互动体验会提升客户对保险公司的信任和满意度，增强客户黏性。最后，客户社区还为保险公司提供了一个观察和收集客户需求、行为偏好的窗口。保险公司通过分析客户在社区内的活动情况，可以获得宝贵的市场洞见，并依此完善产品和服务的设计。

## 4.3 搜寻理论

搜寻理论（Search Theory）是一种经济学理论，研究个体或组织如何在信息不完全或不对称的情况下进行最优决策，特别是关于如何寻找和选择最佳机会或匹配对象。这种理论广泛应用于劳动市场、消费者行为、婚姻市场、金融投资等多个领域。在搜寻理论中，个体在进行搜寻时会面临以下两种主要因素：一是搜寻成本，指的是搜寻行为所需的成本，可能包括时间、金钱、精力等。例如，求职者在寻找工作时，可能需要花费时间和金钱去参加面试、准备简历等。二是潜在收益，指的是通过搜寻获得的潜在好处。例如，找到一份更高薪的工作、发现价格更低的商品或找到更理想的配偶。

在保险市场上，数字保险改变了产品设计和营销渠道，导致了行业竞争格局的改变。与传统保险相比，数字保险机构可以根据上网保险人群的特点，利用大数据和人工智能推断出潜在客户的风险偏好，从而设计出符合其需求的险种。此外，客户可以越过保险代理公司或代理人，直接线上面对数字保险机构推出的保险产品。无论是对保险公司还是对客户，数字保险均降低了其搜寻成本。

## 4.4 长尾理论

长尾理论（the Long Tail Theory）指的是在某些市场中，虽然畅销产品的需求量很大，但数量众多的小众产品（长尾部分）的总需求量可以与畅销产品相当甚至超过它们。随着存储、分销和生产成本的降低，小众产品变得更具商业价值。长尾理论由克里斯·安德森（Chris Anderson）在2004年提出，主要探讨数字经济时代下市场需求和销售模式的变化。该理论的核心观点是，由于互联网和数字技术的发展，企业不仅可以从畅销产品中获利，还可以通过销售大量小众或冷门产品获得可观的收益。

在互动激励型保险产品中，保险公司根据客户的健康数据、行为习惯和偏好等描摹客户画像，开发适合不同类型客户的小众保险产品。根据长尾理论，保险公司通过提供多样化和个性化的保险产品来满足不同客户群体的需求，从而创造出新的利润增长点。

## 4.5 数字保险

数字保险指保险行业各参与主体以数字技术为核心驱动力，以数据资源为关键要素，一方面对现有的产品与服务进行改造，优化保险全价值链；另一方面挖掘保险需求未被满足的新兴场景，打通行业上下游产业链，共同构建数字保险生态圈的行为（曾燕，2023）。数字保险的内涵主要包括以下三个方面：数据资源是数字保险的关键要素，数字技术是数字保险的核心推动力，优化保险价值和构建数字保险生态圈是数字保险的发展方向。数字保险有以下几方面的作用。从保险产品来看，数字保险能够扩大保险产品的承保范围。从保险机构来看，数字保险能够提升保险机构的市场竞争力。从保险消费者来看，数字保险带来的业务模式创新能够更好地满足消费者个性化与多样化的保险需求。

**5. 具体分析**

5.1 传统保险产品存在哪些痛点问题？为什么会出现这些问题？

（1）道德风险和逆向选择。道德风险指在投保人获得保险保障后，可能会改变其行为方式，从而增加发生保险事故的可能性。这是因为投保人知道即使发生了损失，保险公司也会承担损失，所以他们可能会变得更不谨慎。道德风险增加了保险公司的理赔成本，最终可能导致保费上涨，影响整个保险市场的效率。逆向选择指在投保过程中，风险较高的个体更有可能选择购买保险，而风险较低的个体可能选择不购买保险。这通常是因为保险公司无法完全掌握每个投保人的风险水平，从而导致高风险者支付的保费低于应有水平，而低风险者的保费相对较高。逆向选择会导致保险公司的风险池中风险高的个体比例过高，增加保险公司的赔付压力，最终可能导致低风险个体完全退出市场，使保险市场失去平衡。

（2）客户参与度低。传统保险产品设计较为固定，往往只提供"事后理赔"。客户在投保后，与保险公司的交互主要集中在购买和理赔两个阶段，日常缺乏互动交流。由于客户缺少采取预防措施来降低疾病风险的动机，保险产品的风险管理效果较差，客户在风险管理中的参与度低、体验感差。

（3）风险评估准确性不足。传统保险产品主要依赖历史数据和统计模型进行风险评估，难以准确反映个体的实际风险。由于数据更新不及时，保险公司无法动态评估客户风险，导致保费定价较为粗糙，难以精准覆盖个体差异。

（4）核保与理赔流程烦琐，业务运营效率低下。在核保与理赔过程中，保险公司需要对客户的风险进行全面评估，往往要求客户提交大量的证明材料。此外，核保与理赔流程步骤繁多复杂且过度依赖人工，数据处理和文件审核效率低下，导致客户等待时间过长。同时，客户在等待过程中也难以了解具体的评估标准和进度，容易对核保结果的公正性产生怀疑。

5.2 互动激励型保险产品的运营策略是什么？与传统保险产品相比，互动激励型保险产品有什么优势？

（1）互动激励型保险产品的运营策略。

第一，在设计理念方面，互动激励型保险产品注重"引导客户参与事前风险减量"。互动激励型保险产品通过鼓励客户采取健康的生活方式，从根本上降低客户健康风险。这种预防性的健康管理策略不仅有助于客户自身的健康改善，也减少了保险公司的理赔金额。

第二，在销售渠道方面，互动激励型保险产品结合线上线下多个渠道，为客户提供便捷的投保体验。在线上，保险公司通过社交媒体短视频广告等渠道进行品牌推广，增加产品曝光度和品牌知名度。在线下，保险公司通过与健康管理服务商等合作，开展健身达人分享沙龙等活动，使客户能够切实体验到与保险公司互动所带来的乐趣，提升保险产品的亲和力。

第三，在定价策略方面，互动激励型保险产品实行动态分层定价策略。可穿戴设备将采集的客户体征数据，上传至数字健康平台。平台根据数据描摹客户画像，对客户进行分层，提供含不同强度的健康计划，并根据客户完成健康计划的进度对保费进行动态调整。

第四，在客户保留方面，保险公司积极与客户保持高频互动。保险公司不断优化数字健康平台的界面和功能，并积极收集客户反馈，了解客户的交互体验和需求变化。除此以外，保险公司还通过建立线上社区、组织线下运动训练营等方式，鼓励客户之间的互动交流，增强客户的社交黏性。

（2）互动激励型保险产品的优势。

第一，互动激励型保险产品可以精准地进行客户风险评估和保险产品定价。互动激励型保险产品利用可穿戴设备，实时收集客户的实际健康状况和行为数据，并通过人工智能进行动态风险评估，使保险产品定价更加精准。

第二，互动激励型保险产品可以降低保险公司的赔付成本。互动激励型保险产品通过提供个性化健康管理和激励，帮助客户养成健康的生活习惯，从而降低客户的患病风险，减少理赔需求和赔付金额，提高保险公司的利润率。

第三，互动激励型保险产品可以提高客户参与度与满意度。在互动激励型保险产品中，保险公司为客户定制个性化的健康计划，并提供各种奖励机制，鼓励客户采取更健康的生活方式，还定期开展健康教育、运动营和健康沙龙等活动，持续与客户保持互动。这体现了保险公司对客户健康的关注，增加了客户对保险公司的好感度，提升了客户在保险过程中风险管理的参与度和对保险服务的满意度。

第四，互动激励型保险产品可以优化保险业务运营模式，提高保险业务的运作效率。互动激励型保险产品利用大数据和人工智能技术，自动化数据处理和文件审核，简化了核保与理赔流程，提高了保险业务的运作效率。

**5.3** 从客户、保险公司及各合作方的角度分析互动激励型保险产品如何有利于数字保险生态各方的合作共赢。互动激励型保险产品的社会效益又有哪些？

（1）客户角度。

第一，互动激励型保险产品有利于改善客户健康，降低客户疾病风险，提升客户的生活质量。客户通过互动激励型保险产品提供的健康行为激励，逐渐养成健康的生活习惯。另外，基于健康管理平台等提供的客户实时健康数据，客户可以获取量身定制的健康建议，更有效地管理自身健康。

第二，互动激励型保险产品有利于提升客户体验感。互动激励型保险产品拥有便捷的数字健康平台。通过此平台，客户可以轻松查看自身健康数据、咨询健康专家、参与健康计划、兑换实物奖励等。数字健康平台提升了客户在风险管理中的参与感，其带来的便利性极大地提升了客户的使用体验，使保险服务过程变得更加直观和友好。

（2）保险公司角度。

第一，互动激励型保险产品可以提高保险公司的风险管理能力，降低理赔成本。通过实时健康数据和人工智能分析，保险公司能够更精准地评估风险，优化保费定价。健康行为激励和风险预防措施减少了客户的疾病发生率和理赔需求，从而降低了保险公司的赔付成本。

第二，互动激励型保险产品可以提高保险业务的运营效率，增强保险公司的市场竞争力。互动激励型保险产品通常依赖先进的数字技术，如人工智能、大数据分析和自动化平台。这些技术可以自动处理大量的客户数据，减少保险业务对人工操作的需求，从而提高保险业务的运营效率。保险公司通过提供持续的健康管理服务和激励，提高了客户在风险管理中的参与感和体验感，增强了客户黏性，还树立了"以客户为中心"的品牌形象，最终提升了公司的市场好感度与竞争力。

（3）合作方角度。

第一，互动激励型保险产品可以帮助健康管理服务商等合作方增加客户来源，创造新的商业机会。在互动激励型保险产品中，健康管理服务商可为客户提供专属健身计划、饮食计划等，保险公司会将大量投保客户引流到健康管理服务商，使健康管理服务商能够接触到更多潜在客户群体。同时，保险公司和健康管理服务商的合作，有利于构建"保险+健康管理"的一体化服务模式，为健康管理服务商创造了新的商业机会。

第二，互动激励型保险产品可以促进保险公司与健康管理服务商的数据共享，优化健康管理服务商的服务内容与质量。利用保险公司提供的客户数据，健康管理服务商可以获得更全面的客户画像，设计出更贴合客户实际需求的健康管理服务，提升服务质效。

（4）互动激励型保险产品的社会效益。

第一，互动激励型保险产品可以促进健康意识的传播。互动激励型保险产品通过奖励健康行为及多种形式的健康教育活动，广泛传播健康知识，提升公众的健康意识。这种教育效果不仅能辐射到投保人，还能辐射到他们的家庭和社区，形成一个更广泛的健康文化氛围，有助于提升社会整体的健康意识。

第二，互动激励型保险产品可以减少社会医疗资源的消耗。通过鼓励客户进行早期健康管理和疾病预防，互动激励型保险产品有助于减少客户的患病概率，进而降低人们对医疗资源的需求，减轻公共医疗负担，降低国家的医疗支出。

第三，互动激励型保险产品可以推动经济发展。互动激励型保险产品有助于提升社会劳动力的健康水平，健康的劳动力意味着更少的病假、更高的工作效率及更强的创新能力，进而促进经济发展。此外，互动激励型保险产品还带动了健康相关产业的发展，如健身房、健康食品提供商和可穿戴设备提供商等。这些产业的发展不仅丰富了消费者的选择，也为相关从业人员创造了更多就业机会，最终带动整个经济的繁荣发展。

### 5.4 互动激励型保险发展面临哪些机遇与挑战？互动激励型保险发展的趋势如何？

（1）互动激励型保险发展的机遇。

第一，可穿戴设备技术进步。可穿戴设备技术进步对互动激励型保险的发展有双重推动作用。一方面，随着可穿戴设备进入大众消费市场，用户群体日益广泛，数据采集覆盖面持续增加。这为保险公司获取更广泛客户群体的健康数据提供了有利条件。另一方面，可穿戴设备的传感器、电池、芯片等核心技术日新月异。设备能更准确地采集和传输客户的健康数据，这为保险公司建立精准的客户健康画像奠定了坚实基础。丰富准确的客户健康数据使保险公司能够更好地洞悉客户的健康状况，评估客户风险水平，并据此提供个性化的保险产品和健康服务。

第二，数字技术投入不断加码。保险公司正在大幅增加在大数据分析和人工智能技术方面的投入。这些技术能够帮助保险公司深入挖掘客户数据，准确分析客户风险特征，从而提供更精准的保险定价和个性化服务。人工智能、大数据、区块链等数字技术提升了保险公司在风险评估、产品定价、核保、理赔等核心业务的效率和精准度，增强了保险公司的风险管理能力。

第三，个人风险意识不断提升，消费者对健康和养老的需求日益迫切。随着社会的进步，越来越多的消费者意识到要为自己未来的健康和养老费用负责，对个性化健康管理的需求日益迫切。同时，发达经济体的政府负债累累，政府健康和养老计划面临资金缺口，寿险市场规模将持续扩大。传统的保险模式难以满足现代消费者对健康生活的期望，而互动激励型保险产品通过结合健康管理与经济激励，有效地满足了消费者对实惠与健康的双重需求。

（2）互动激励型保险发展面临的挑战。

第一，客户的保险意识和理念落后。目前客户的保险意识和理念尚处于初级阶段，多数客户对保险的理解仍然停留在"事后补偿"上。这意味着他们倾向将保险视为发生意外或损失后的经济赔偿手段，而未能充分认识到现代保险在健康管理和风险预防方面的潜力。许多人只关注保险的赔付功能，而忽视了保险在健康监测、预防疾病和健康管理方面的作用。

第二，大多数保险公司的数据分析能力仍然相对薄弱。大多数保险公司对海量健康数据的挖掘不足，难以将数据转化为有价值的洞见和决策支持。数据利用能力的不足使保险公司难以准确描摹客户画像，为客户制订针对性的健康管理计划，进行精准的风险评估和产品定价。

第三，信息安全性、数据隐私问题难以保证。由于互动激励型保险需要通过智能手机、智能手环等可穿戴设备获取客户的运动和睡眠等隐私数据，因此信息安全性和数据隐私保护尤为关键。但目前医疗健康行业的数据泄露问题十分严重。信息安全和数据隐私问题降低了人们对可穿戴设备的信任程度，使客户对共享自身健康数据持有谨慎和保守的态度。

（3）互动激励型保险的发展趋势。

第一，以技术驱动创新。随着人工智能和大数据技术的进一步发展，互动激励型保险的风险评估和产品定价将更加精准和高效。例如，区块链技术可以提高数据的透明度和安全性，确保用户的健康数据在不同平台和机构之间的安全传输和共享，有助于建立一个更加可信和高效的健康数据生态系统。

第二，推进数字保险生态系统的建设。互动激励型保险将深化跨行业合作。保险公司与健身服务公司、健康食品品牌、医疗机构等各方深化合作，形成更加完整和协同的数字保险生态系统。

第三，完善合规性。数据隐私和安全问题的重要性日益凸显，互动激励型保险需在数据和隐私保护方面不断完善，确保产品设计和运营符合相关法律法规。

**6. 参考文献**

陈皎月：《美国交互式人寿保险的模式、经验与借鉴——以美国恒康人寿为例》，《上海保险》2019年第1期。

郭琳：《从银保联动到深度融合——银行保险未来发展方向的思考》，《中国保险》2023年第9期。

《IBM发布〈2022年数据泄露成本报告〉：网络攻击成企业梦魇，消费者也要为此买单》，2007年7月28日，美通化，https：//www.prnasia.com/story/369917-1.shtml。

马雨轩等：《基于商业模式画布搭建互动式保险商业模式》，《中国保险》2023年第1期。

Vivek Agrawal et al.，《麦肯锡全球保险业报告（2023）：重塑人寿保险》，麦肯锡，https：/www.mckinsey.com.cn/wp-content/uploads/2023/02/2023年全球保险报告：重构思考人寿保险_VF-压缩版.pdf。

吴晓薇、徐炜等：《弥合个人财产险保障缺口丨麦肯锡全球保险业年度报告（2023）》，麦肯锡，https：//www.mckinsey.com.cn/弥合个人财产险保障缺口-麦肯锡全球保险业年度报/。

曾燕主编：《数字保险导论》，高等教育出版社2023年版。

张钰康、彭波丽：《数字保险的发展现状、挑战及未来展望》，《上海保险》2023年第10期。

Kreider A. R. et al.，"Adverse Selection and Network Design under Regulated Plan Prices: Evidence from Medicaid"，*Journal of Health Economics*，Vol. 97，2024，p. 102901.

Mordor Intelligence，"North A Smartwatch M（2024-2029），2023，https：//www.mordorintelligence.com/zh-CN/industry-reports/north-america-smart-watch。

**7. 本案例教学的关键点**

本案例关键在于指导学生梳理传统保险产品面临的问题及其成因，理解恒康人寿互动激励型保险产品Vitality的运作模式，了解互动激励型保险产品对客户、保险公司、健康管理服务商等的意义，以及互动激励型保险产品对形成数字保险生态的促进作用。本案例教学关键点包括：

（1）传统保险产品的痛点。保险公司在销售传统保险产品和客户在购买传统保险产品时所面临的困扰。

（2）恒康人寿互动激励型保险产品 Vitality 的运营策略。与传统保险产品相比，互动激励型保险产品的优势。

（3）互动激励型保险产品对数字保险生态各方合作共赢的促进作用和互动激励型保险产品的社会效益。

## 8. 课堂设计

### 8.1 课前准备

在上课前，教师应向学生布置思考题，并提醒他们在阅读案例全文时需特别注意这些问题。除此之外，教师应激励学生积极从案例中提炼知识要点，以深化对案例的理解和掌握。同时，教师可以给出一些提示，比如指出关键段落或词汇，帮助学生快速找到并分析案例的核心内容。

### 8.2 课程介绍（15分钟）

当课程开始之际，教师首先应对课程进行简单介绍，这样能向学生阐明课程的组织结构和流程，以便让他们了解整个授课过程的安排和目标。此外，教师需简要介绍案例的背景，包括目前全球保险行业的发展现状和特点、传统保险公司面临的困境等。

### 8.3 分组展示与讨论（45分钟）

在这个部分，教师应组织学生按照提供的指引和问题，分成小组展开讨论。在课程开始之前，学生应当做好充分准备，包括阅读案例并思考相关问题的答案。在课堂上，他们需要主动与组员分享自己的分析过程和思考答案。教师应在这个过程中给予指导，带领学生深入讨论，激发他们提出富有洞见的问题，并促进组内成员的互动与合作。此外，教师可以定期查看各小组的讨论情况，解答他们的疑问并提供反馈。

### 8.4 学生代表回答问题（50分钟）

在分组讨论结束后，每个小组派出代表回答问题中的关键要点，并阐明他们的理解和分析。这是一个学生展示和表达自己观点的机会，也是其他学生提问和评论的机会。教师可以引导学生进行更深入的分析和思考，并鼓励他们就不同观点展开辩论和讨论。教师在这个过程中起到引导和指导的作用，应确保学生积极讨论，并促进学生之间互相学习和启发。

### 8.5 提供标准答案（10分钟）

在学生代表回答完问题后，教师应提供思考题的标准答案，并阐释各个答案的理由。为了帮助学生更加清晰地理解和记忆相关的概念与流程，教师可以借助多媒体素材。此外，教师还可以引入一些实际案例或实证研究的成果，以加深学生对课题的了解和对实际应用方面的认识。

### 8.6 总结与结束（10分钟）

在课程的尾声，教师应对课堂内容做出总结，回顾讨论的关键点和学生提出的观点。教师应特别强调课程中的重要概念，并与学生一同梳理案例所蕴含的经验教训和其在现实中的应用价值。同时，教师还应鼓励学生思考案例的未来的发展趋势。若有必要，教师则可以提供额外的资源和参考材料，以供学生进一步研究。

此外，教师可以利用板书来辅助讲解，帮助学生直观地理解相关概念和步骤。此外，教师还可以结合多媒体技术、案例分析、小组讨论等多样化的教学方法，使课堂更加生动、有趣且具有实践性。

需要注意的是，具体的课程时间分配应根据课堂时长和学习目标的要求进行调整。本案例虽然提供了一个时间分配的参考方案，但教师应当根据实际情况和学生的反馈对时间进行适当的调整和重新分配。

# 案例四 美通智投大资管投顾投研"乐高积木"智能化解决方案[①]

## ➢ 案例正文

**摘要**：传统投顾投研业务发展主要取决于金融机构人才体系建设，具有专业性强、成本高、客群窄、发展慢等特点。美通智投科技有限公司（以下简称"美通智投"或"公司"）借助数字技术，将现实投资流程中标准化金融模型进行有机组合，构成投资流程不同环节的定制化解决方案，有效赋能投顾投研业务建设，具有多元、全面、高效的创新优势。基于此，本案例围绕美通智投推出的大资管投顾投研"乐高积木"智能化解决方案进行分析，探讨大资管业务从卖方投顾向买方投顾转型过程中，如何利用数字技术武器，有效降低投顾业务门槛、优化客群下沉、提升服务效率，以及增强投研业务全面性、及时性、高效性、合规性，推动投顾投研业务发展。

**关键词**：美通智投；数字技术；投顾投研；业务模式

---

[①] 本案例由深圳大学经济学院的徐晓光、郑尊信、周彪，美通智投（北京）科技有限公司王蓁、张海龙撰写，作者拥有著作权中的署名权、修改权、改编权。该案例已入选全国金融专业学位研究生教育指导委员会中国金融专业学位教学案例中心案例库。

# 一　引言

截至2023年第三季度，中国资产管理整体规模达到了135万亿元（搜狐网，2024）。随着居民财富的不断增长，全社会对资产保值增值的需求越发强烈，进一步推动资产管理业务从"聚焦产品销售"的卖方模式向"提升投资体验"的买方模式转型。同时，《国务院关于加强监管防范风险推动资本市场高质量发展的若干意见》（新"国九条"）提出"推动行业机构加强投行能力和财富管理能力建设；大力发展权益类公募基金，大幅提升权益类基金占比；全面加强基金公司投研能力建设"，权益类产品迎来了新的发展机遇。

在内部转型与外部监管的双重驱动下，资产管理业务正加速回归"受人之托，代人理财，卖者尽责，买者自负"的行业本源。在全面净值化时代，投顾投研能力作为资管机构的核心竞争力，是其立足行业的根本！

传统投顾业务由于业务门槛高、人力成本贵、客群面窄等因素，导致大部分投顾服务长期停留在理财产品销售上，中小投资者几乎无法"享受"专业的权益类产品配置服务（Hoechle et al.，2017）。此外，传统投研业务受信息数据纷繁芜杂、人力模式效率低下等影响，容易出现信息不对称、研究结果不及时等问题（Foerster et al.，2017）。所以，传统投顾投研业务无法满足市场需求。

数字技术的蓬勃发展为金融业带来了深刻变革，尤其是以人工智能（Artificial Intelligence）为代表的数字技术，通过业务模式创新大幅增强信息数据处理能力，有效提升服务效率，增强金融普惠性，是投顾投研业务提升核心竞争力、加强客群下沉、提升业务质量的重要抓手，可以更好地实现行业高质量发展。

美通智投认为，"数字技术既是实现金融供给侧结构性改革的关键路径，也是服务大资管投顾投研业务变革的重要手段"。那么处在新的变革时期，传统投顾投研业务与数字技术将擦出怎样的火花？美通智投又是如何通过"乐高积木"解决方案来赋能投顾投研业务场景？下文将逐一分析。

## 二 美通智投简介

美通智投成立于2019年，是国美金融的重要子公司。自成立以来，美通智投便专注金融业人工智能 AI[①] 与自然语音处理 NLP[②] 模型研发工作，公司模型负责人曾就职于彭博总部，担任机构财富管理建模和投资（权益类、基金类）团队负责人，长期从事统计建模与组合投资工作，是国内智能投顾（Robo-Advisor）、智能投研（Intelligent Investment Research）和智能风控领域最早的一批学者型企业家。公司技术研究负责人主要由前英特尔（中国）研究中心人工智能系统部、中国地区 AI 系统开发负责人、久其软件联合技术创始人、久其软件人工智能研究院前院长等成员组成。

目前，美通智投主要聚焦大资管科技、B 端普惠科技及监管科技三大垂直领域。在大资管科技方面，公司专注智能化投资、投研能力+场景化的产品输出能力建设，打造了智能投顾系统、智能投研平台及知识图谱（Knowledge Graph）关联引擎等产品，致力于为投顾投研场景提供专业智能解决方案。

智能投顾又称"机器人投顾"，是指利用人工智能技术，根据用户风险偏好、投资目标等信息，结合算法模型，自动提供资产配置服务（路晓蒙等，2023）。与传统投资顾问不同，智能投顾能够根据市场变化，结合客户投资需求，智能地调整投资组合以获得最佳投资收益（D'Acunto et al., 2021）。

在美国等发达国家，智能投顾服务在居民财富管理中已占据了重要的地位。摩根士丹利、高盛等机构使用 E*TRADE & Access Direct、Marcus Invest 等智能投顾工具，为客户提供科学、高效、专业、便捷的投资理财服务。近年来，中国银行、证券、基金等金融机构及大型互联

---

① AI 是 Artificial Intelligence 的缩写，人工智能是指利用计算机算法模拟人的思维逻辑和智能行为的一系列相关技术，通过这些技术能够使产品、设备执行人类智能任务，如语言理解、决策制定等。

② NLP 是 Natural Language Processing 的缩写，自然语言处理是计算机通过算法模拟人类的自然交流，从而能够理解并运用人类的自然语言，简化人类将自然语言转化为计算机语言的过程。

网企业也相继推出智能投顾产品，如招商银行摩羯智投、广发证券贝塔牛、南方基金司南投顾和蚂蚁集团蚂蚁聚宝等（见图1）。随着公募基金投顾试点进入快速扩容期及金融业加速"买方投顾转型"，或将进一步促进智能投顾业务发展。

| | | | | |
|---|---|---|---|---|
| 国内 | 银行 | 拥有大量客群，客户画像精准；但资产配置和投资分析能力相对较弱 | 招商银行 摩羯智投 | 中国工商银行 AI投 |
| | 券商 | 具有卖方投研支持，投资分析和交易是优势，但是客户黏性不高 | 广发证券 贝塔牛 | 光大证券 智投魔方 |
| | 基金 | 优势是大类资产配置和资产再平衡，客户画像弱于银行，交易弱于券商 | 南方基金 司南投顾 | 华夏基金 查理智投 |
| | 互联网 | 天量客户行为数据，产品体验不断创新，客户黏性强；牌照、研究弱于金融机构 | 蚂蚁集团 蚂蚁聚宝 | 京东金融 京东智投 |
| 美国 | | | Morgan Stanley E*TRADE & Access Direct | Goldman Sachs Marcus Invest |

**图1　部分国内外智能投顾产品**

资料来源：笔者根据相关资料整理。

智能投研是指利用人工智能、知识图谱等数字技术，快速对研究标的、行业、公司、政策等信息进行智能抓取（赵阳，2018）。同时，自动对所抓取的数据信息进行清洗、提炼、总结、关联等精细化处理，以及生成投研观点或者研究报告，实现金融市场投资决策分析和预测的智能化产品工具。

知识图谱关联引擎是指利用可视化技术，提升计算机对于多样化格式、形态及标准的非结构化数据进行搜索与理解，然后以结构化的形式描述概念、实体及其之间的关系（林昊、来心可，2023），使互联网信息可以通过图谱形象地展示。知识图谱关联引擎还可以有效提升计算机识别用户真实需求的准确性，显著增强计算机处理、解析海量文本数据的能力。

## 三 美通智投"乐高积木"智能化解决方案

美通智投针对第三方机构如何有效赋能大资管投顾投研业务场景，提供了一套全方位、定制化的"乐高积木"智能化解决方案。公司将大资管投顾投研业务流程中能够单独部署、使用、评估效果的标准化金融模型类比为"乐高积木块"，根据资管业务在投顾投研场景中的个性化需求，将不同的"乐高积木块"灵活组合，迅速构建差异化、场景化解决方案。

目前，美通智投已支持32种标准化金融"乐高积木块"模型，涵盖了以人工智能技术为主的基金自动评分、市场自动择时、基金配比优化、时间最优组合再平衡、基金相似性等22个标准化金融AI模型，以及以自然语言处理技术为核心的金融实体识别、新闻热点聚类、金融关联推荐等10个标准化金融NLP模型；构建了基金打分及画像系统、销售辅助工具、增强型指数生成、基金研究底层穿透、智能研报平台、金融舆情监控等多个投顾投研单场景、多场景业务解决方案（见图2）。

其中，投顾业务场景包括基金分类、基金自动评分、基金多维度画像、基金持仓行业穿透、基金因子有效性检测等模块，可以有效组成基金打分及画像工具；基金分类、公募基金实时估值、基金持仓行业穿透、基金因子有效性检测等模块组合，可以实现基金实时估值功能；基金分类、基金大类配置、基金自动评分、基金组合评分、基金智能选基、基金配比优化、市场自动择时、时间最优组合再平衡等模块组合，可以构建智能投顾解决方案。在投研业务场景中，基金分类、基金持仓行业穿透、基金因子有效性检测、基金经理人持仓穿透等模块组合，可以实现基金研究底层穿透；金融实体识别、金融要素关联图谱、金融关联推荐、金融语义检索引擎等模块的结合，可以提供金融图谱解决方案；金融要素关联图谱、新闻热点聚类、多空情绪分级、研报分析和生成等模块相互组合，可以搭建智能投研平台（见图3）。

美通智投认为，"定制化的需求在投研领域和普惠领域是共通的，于是金融机构真正要做的只是场景的定制化"，即"产品"+"平

案例四　美通智投大资管投顾投研"乐高积木"智能化解决方案

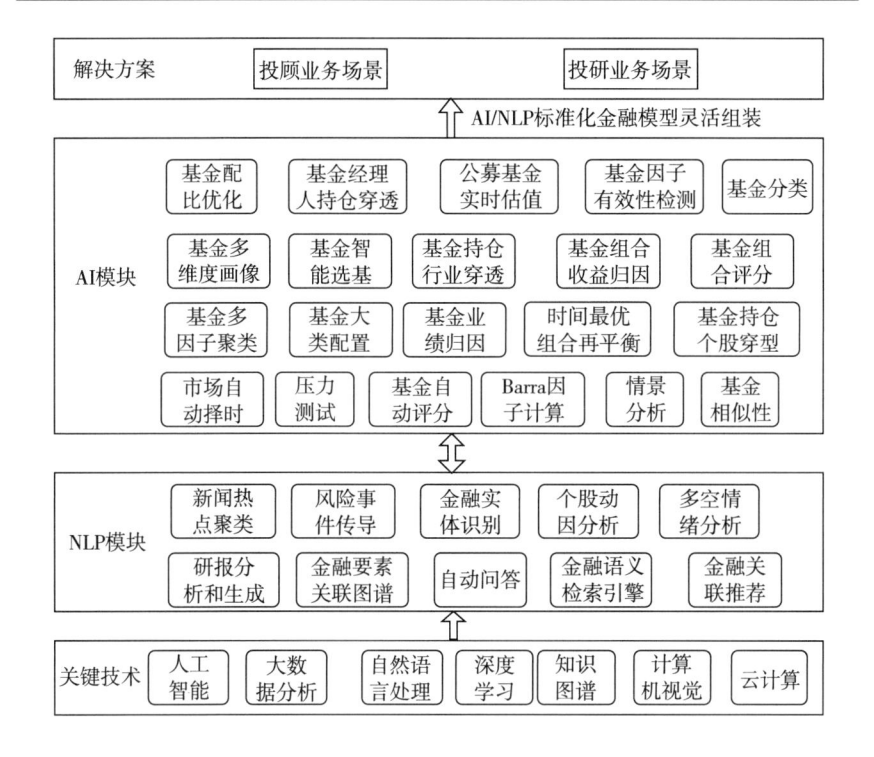

图2　美通智投"乐高积木"智能化解决方案

资料来源：美通智投。

台"+"服务"。美通智投创造性地提出用"模型""算法"把标准化的产品以非标准化的形式进行打包组合，表面看产品与产品之间存在差异性，但是穿透到最底层都是同样的标准化资产，只是采用了不同的组合方式而已。既满足了个性化、差异化需求，又实现了标准化、规模化效率。因此，美通智投"乐高积木"智能化解决方案能够根据银行、资管、券商、保险、理财子公司等机构的具体业务需求，快速实现投研投顾场景个性化定制、稳定输出的解决方案。

专业的投研能力有助于强化组合投资水平，因此美通智投"乐高积木"智能化解决方案一定程度上可以提升投顾投研业务协同性。借助智能投研应用场景解决方案，能够实时动态收集、分析、处理、输出全市场数据信息，大幅提升投资研究决策的前瞻性、专业性与时效性，有助于构建更为广泛、全面的资产配置方案，提升投顾服务质量。另

[图：美通智投投顾投研业务场景解决方案]

环形图内容：
- 中心：美通智投投顾投研业务场景解决方案
- 内环：基金打分及画像、智能投顾、智能投研、金融图谱、基金底层穿透、基金实时估值
- 外环对应模块：
  - 基金分类、公募基金实时估值、基金持仓行业穿透、基金因子有效性检测等模块
  - 基金自动评分、基金大类配置、基金智能选基、基金配比优化、市场自动组合再平衡、最优组合再平衡等模块
  - 基金分类、基金自动评分、基金多维度画像、基金持仓行业穿透、基金因子有效性检测等模块
  - 金融实体识别、金融要素关联图谱、金融关联推荐、金融语义检索引擎等模块

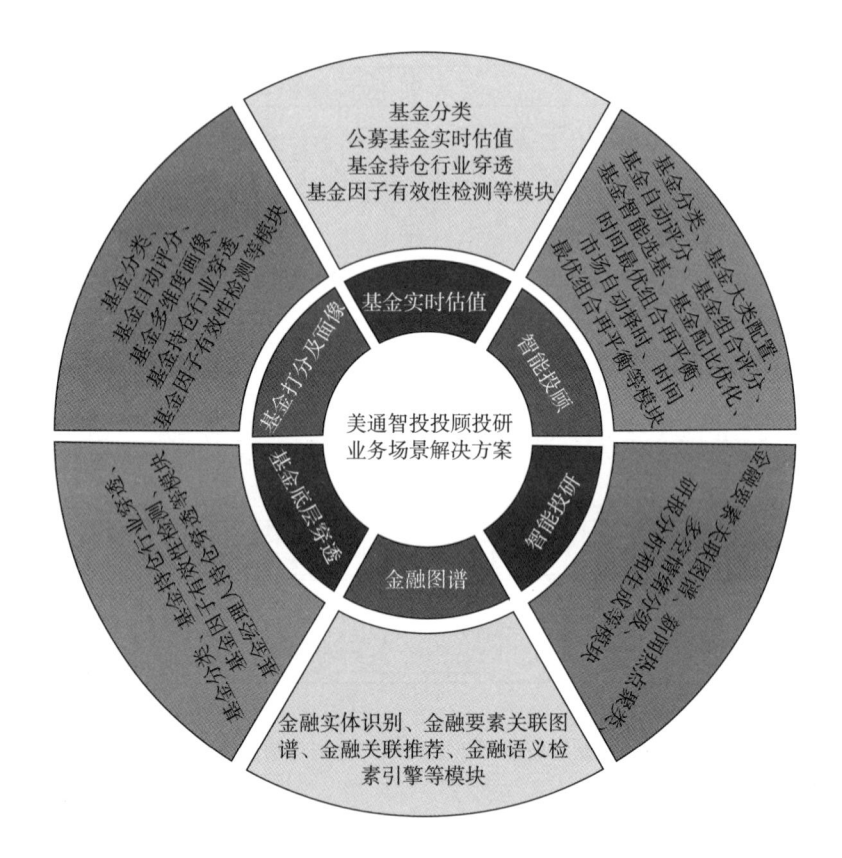

**图3 美通智投投顾投研业务场景解决方案**

资料来源：美通智投。

外，投顾服务作为资管业务的前端，优质的投顾服务水平可以有效提升客户满意度，基于智能投顾应用场景解决方案可以更好地满足多层次、多维度的客户需求，加速客群下沉，提升投研业务需求广度。

## 四 美通智投大资管投顾投研解决方案

本节主要介绍美通智投如何通过"乐高积木"智能化解决方案（见图4），利用智能投顾、智能投研产品赋能大资管投顾投研业务。

案例四　美通智投大资管投顾投研"乐高积木"智能化解决方案　　121

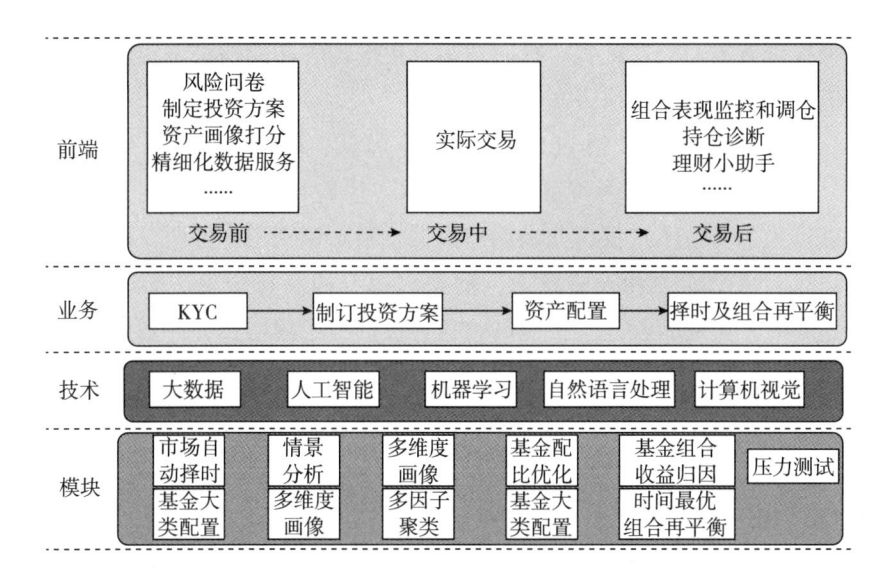

图4　美通智投智能投顾解决方案

资料来源：美通智投。

### （一）投顾应用场景解决方案

长期以来，受制于严格的业务牌照、人员资质等管理规定，中国投资顾问业务、人员发展主要集中在证券公司，银行、基金等金融机构缺乏完善的投顾业务体系。同时，传统投顾业务严重依赖服务人员个人经验及专业知识（路晓蒙等，2023），投顾人员需要具备扎实的金融知识、敏锐的市场洞察力、优秀的沟通能力、高度负责的职业道德及不断自我学习能力，能够灵活应对市场变化并及时作出判断，为客户提供专业的投资建议。因此，成熟的投顾服务人员培养周期往往较长。专业投顾人员的不足，导致传统投顾业务门槛较高（Hoechle et al., 2017），机构和中高净值人群是投顾业务的主要服务对象，并且受限于投顾人员个人研究偏好、从业流动性、职业操守等影响因素，实务中投顾业务容易出现不稳定、不审慎（Foerster et al., 2017）、不合规等问题。

针对传统投顾业务弊端，美通智投利用人工智能等数字技术，将市场自动择时、时间最优组合再平衡、基金组合收益归因、基金配比优化、基金大类配置、情景分析、多维度画像、多因子聚类、压力测试等金融AI模块进行灵活组合，构建了包括KYC（Know Your Customer）、制订投资方案、资产配置、择时及组合再平衡等功能模块，实现智能投顾应用场景一站式解决方案。

第一，美通智投通过风险问卷等形式，收集用户（个人或机构）的社会属性、行为特征、投资需求、风险承受点等信息，借助大数据行为分析技术挖掘、归纳用户数据，精确识别用户特征，综合判断用户风险承受能力和投资意愿，抽象出用户的商业全貌，形成客户画像。同时，美通智投还会按照高收益再投资、稳健增长、计划消费、养老计划，以及进取型、轻度进取型、中立型、轻度保守型、保守型等多维度标签对客户需求、风险偏好进行精准划分。

第二，美通智投利用"制订投资方案""制订战略资产配置方案""确定战术资产配置方案"三个环节，基于市场状况，融合多种收益策略模型将客户画像与产品画像进行匹配，智能生成不同风险等级下的最优大类资产组合。目前，美通智投支持主动型配置策略、平衡型配置策略、保守型配置策略，并且系统会根据不同投资组合策略自动生成涵盖股票类、固收类、现金货币类及另类资产等多种配置方案。

第三，为有效提升组合风险识别，加强用户适当性管理，美通智投利用基金组件、基金筛选等工具，基于风险等级、投资周期、投资标的、产品风格、产品策略等多种分类体系，精确识别公募基金的投资风格和类型，运用多维信息对金融资产进行精准画像、综合打分，将不同的产品标的标签归类，形成完善的KYP（Know Your Product），可以快速筛选优质资产进入投资组合，优化投资组合风险，提高预期收益率。

第四，针对投顾业务场景的陪伴服务美通智投智能投顾解决方案支持7×24持仓分析、诊断报告、理财小助手等个性化服务，大幅提升客户满意度与体验感，有效提高投顾业务客户体验与服务效率。

在半强式有效市场环境下，投资目标的信息、盈利状况、规模，投资品种特征及时间变动等因素都会对投资收益产生影响。因此，美通智投智能投顾解决方案还可以基于市场行情，运用人工智能、知识图谱、大数据等技术，对行情波动、投资渠道、管理人、历史业绩、行业热点、市场情绪等多维度数据进行实时分析，计算各类产品风险因素，持续跟踪全过程风险点，智能选择择时点，对目标组合动态再平衡，有效降低风险、提高收益。

美通智投智能投顾模型广泛吸收马科维茨"均值—方差"模型（MVO）、资本资产定价模型（CAPM）、套利定价理论（APT）、Black-Litterman模型等资产组合理论，并在此基础上结合多因子模型生成给定标的增强型指数。目前，美通智投智能投顾应用场景解决方案的部分金融AI模块组合产品已经成功在平安资管、和讯网、聚源小梵等多家机构合作落地，在实际应用中展现出了卓越的性能和优异的稳定性。

综合来看，美通智投通过数字技术将大类资产投资逻辑固化为系统规则，借助金融模块的有效组合，打通了投资建议、投资维护、投资服务、投资教育等多个环节，实现了智能投顾应用场景全闭环、数字化管理。借助算法模型优势有效解决传统投顾业务模式痛点，并且严格执行合规风控要求。大幅降低投顾业务门槛，提升投顾服务覆盖率与服务有效性，进一步深化金融普惠服务。

（二）投研应用场景解决方案

资本市场价格波动因素繁芜丛杂，不仅受到投资标的经营状况、行业地位、收益变动、资产价值、分红变化、增减资、技术开发、供求关系、股东变化、投资者动向等内部因素干扰，还容易受到国际局势、政治环境、社会形势、突发性事件、国内外政策、预期变化，甚至虚假消息等外部因素影响。同时，这些影响因素往往具有极强的针对性和时效性。任何相关事件的动态变化都可能引起金融舆情的显著波动，进而对资本市场价格波动、金融行业动态乃至宏观经济运行产生作用。因此，金融业是非常典型的信息密集、知识密集行业，这也意味着依靠人力研究体系的传统投研业务是一项复杂且繁重的工作。

数据获取是投研工作的基础，传统业务模式下研究人员首先需要通过各种金融终端、公司网站、公告讯息、书籍文献等渠道全面搜集政策、行业、公司及标的有关信息。其次，在汇总的信息中筛选、分析、提取研究相关资料。再次，结合自身专业知识，利用逻辑推演、估值定价等方式对提取的信息进行深入分析，以形成自己的决策观点。最后，通过报告、PPT等形式将整体研究结果进行呈现。整个流程需要耗费大量的人力、物力与时间，对研究人员专业素质提出较高要求。同时，上述业务的每个环节或多或少都存在一定的局限性。

一方面，传统计算机搜索引擎难以精准识别非结构化数据，使研究数据以结构化数据为主（凌爱凡等，2024），大量非结构化数据信息缺失。同时，由于当前社会正处于"信息爆炸的时代"，研究人员不得不疲于应对信息过载、信息噪声带来的困扰。然而任何一项涉及投资交易的决策研究，都需要建立在客观、准确、全面、及时的分析基础上，以最大限度地减少信息不对称影响，传统模式显然难以满足这一要求。另一方面，研究人员在提炼、分析信息的过程中，需要时刻保持客观性和准确性以及整个研究过程的合规性，一旦任何一个环节出现偏差，都可能会对最终的研究成果产生影响。

针对传统计算机搜索引擎无法精确识别非结构化数据，以及人力模式不能快速搜集、处理海量文本内容等传统投研业务痛点，美通智投利用自然语言处理、知识图谱、计算机视觉[①]等技术，将金融实体识别、金融要素关联图谱、金融关联推荐、新闻热点聚类、多空情绪分级、研报分析与生成、金融语义检索引擎及风险事件传导等 AI、NLP 模块相互组合，提出基于 NLP 的金融知识图谱关联引擎解决方案（见图 5），有效解决了快速、全面获取、处理数据信息的业务需求，进一步提升投研业务的及时性、全面性、逻辑性。

首先，美通智投 NLP 平台利用爬虫及资讯库 API（Application Programming Interface）[②] 接入等方式，可以快速获取大量结构化、非结构化数据。对于非实时数据美通智投通过知识图谱、NLP 等技术，快速抽取数据隐含的实体、关系、属性等信息并构建图谱，对于实时数据美通智投采用 NLP 技术进行数据清洗、分析，完成图谱构建。其次，美通智投结合模型库、知识库等，利用语言理解（Natural Language Understanding）、语言生成（Natural Language Generation）、推理算法等技术，对构建的图谱进行知识推理、风险预测、舆情监控及研报输出，高效解决投研环节中对于金融相关性推理、金融搜索、风险传导分析等研究需求。

---

① 计算机视觉是指让计算机具备类似人的视觉，可以自动提取图像、视频等视觉数据中蕴含的层次化语义概念及多语义概念间的时空关联等，原理是用各种成像系统代替视觉器官作为输入敏感手段，由计算机来代替大脑完成处理和解释。

② API 是 Application Programming Interface 的缩写，应用程序编程接口是一些预先定义的函数，目的是提供应用程序与开发人员基于某软件或硬件得以访问一组例程的能力，而又无须访问源码，或理解内部工作机制的细节。

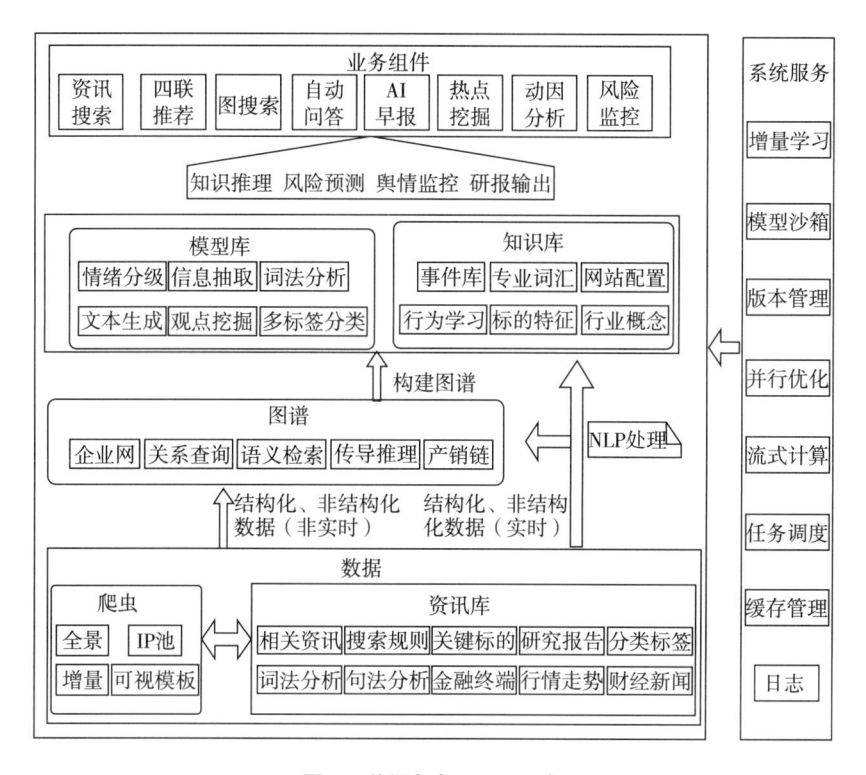

案例四　美通智投大资管投顾投研"乐高积木"智能化解决方案　125

**图 5　美通智投 NLP 平台**

资料来源：美通智投。

具体来说，知识推理可以进一步挖掘金融相关节点（公司、股票、人、原材料、新闻讯息等）之间的隐含关系，并使关联"可解释"，实现了投研"知其然，也知其所以然"的需求；风险预测有助于为投资决策提供更加全面和精准的判断；舆情监控可以对热点资讯智能化发现及推荐，并通过金融情感分析①、多空情绪计算等模型算法，将提取到的各种基础信息进行结合分析，迅速实现市场未来变化趋势预测，有效进行风险预警；研报输出则可以自动生成投资建议或者研究报告，大幅提升投研效率、节省人力成本。相关功能模块能够在复杂市场环境下，提升投研硬实力。

---

① 情感分析是自然语言处理的一个重要研究方向，是指对带有情感色彩的主观性文本进行分析、处理、归纳和推理的过程。常用实算法包括隐含马尔科夫模型、条件随机场、神经网络算法等。主要应用在大数据分析、日志挖掘、信息检索、文字校对、问答系统等领域。

同时，美通智投 NLP 平台还可以根据投资者偏好，提供定制化的内容选取。用户可以自行添加感兴趣的特定标的、资讯类型、风险信息、提醒阈值等标签，满足用户个性化、定制化研究需求。

此外，针对传统投研业务模式痛点，美通智投还推出了针对金融机构易扩展、可定制、快速部署的 SkyX 天工系统建设方案，进一步赋能资管投研人员有效应对复杂多变的市场环境。

天工系统框架底层数据包括外部数据和机构自有数据两部分，其中外部数据一般是美通智投向 WinD、Choice、恒生聚源等数据厂商采购的标准化金融数据，而对于一些需要抓取的新闻、资讯等信息，美通智投也是严格遵守网页、Robot 协议内容等规则进行获取，确保不展示未经授权的内容；机构自有数据包括用户采购的数据，以及用户自有的一些定制化指数等数据资源。对于用户自有数据，美通智投可以根据金融机构个性化需求，与其自有数据库或者第三方数据库进行无缝对接，实现不同用户多样化数据需求，为投资研究工作提供全面且精准的底仓数据支持。

在算法模型库方面，天工系统支持部署美通投研模型库、美通投研解决方案库、机构采购的第三方模型及机构定制模型方案等多种模式，快速接入不同类型数据源与算法库，根据用户需求实现灵活拼装（见图 6）。

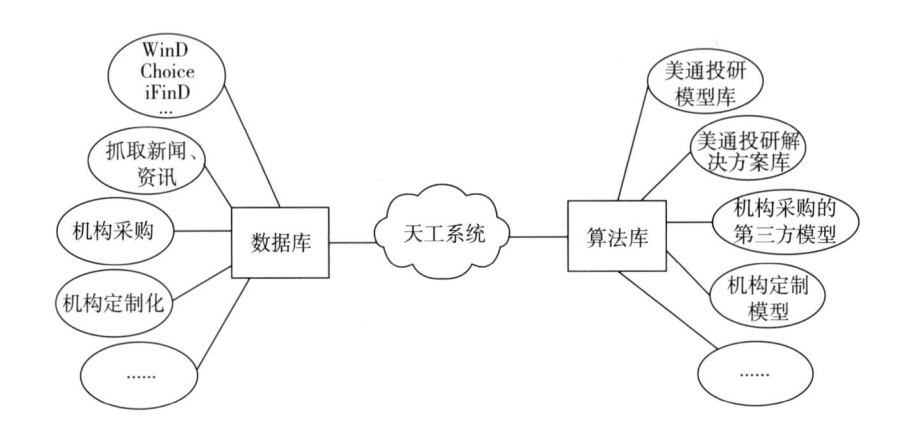

图 6　天工系统

资料来源：美通智投。

通过与不同数据源、算法库对接，美通智投天工投研平台支持多数据源合并及自动验证数据来源，数据处理能力得到大幅提升。对于搜集到的数据，天工系统可以通过数据变化规则自动进行数据加工、异常数据处理、数据报告生成等工作，还能将经过验证、清洗、转换、汇集的数据统一归属在数据湖，统一为上层数据业务提供服务。同时，天工系统利用构建的大规模因子库，实现因子按窗口更新计算，自动验证因子有效性、多层级多维护管理及大规模因子画像系统，为系统上层投研分析提供丰富可靠的因子。基于资源调度模型优势，天工系统可以自动对底层计算资源和数据资源进行申请和释放，实现数据可视化、安全可扩展、多任务自适应等多重优势，进一步优化投研决策流程提升工作效率。

综合来看，美通智投智能投研应用场景解决方案能够自动、快速地从海量结构化、非结构化数据中迅速提炼出有价值的信息，并进行全面的内容抽取与解析，实现从数据获取—数据分析—算法模型—分析报告的全投研业务环节赋能，有效解决传统人工投研体系中获取信息不及时、不全面等问题，显著降低信息不对称；整个投研流程均是基于算法模型进行的，完全依据客观数据和信息提炼分析得出结论，不仅可以有效避免人为主观因素干扰，还可以严格执行合规风控要求，提高投研工作中的合规质控管理质量。

## 五　美通智投面临的机遇与挑战

本部分从宏观、微观两个方面介绍美通智投面临的机遇，包括政策支持、市场广阔，美通智投解决方案安全透明、高效可定制等优势。在此基础上，本部分进一步分析了美通智投面临的市场竞争激烈、技术模型风险和监管不确定等挑战。

### （一）美通智投面临的机遇

政策利好接踵而至，美通智投迎来发展机遇。为进一步推动数字技术与传统金融服务相结合，为金融业数字化转型指明方向，近年来不断有相关政策深化落地（见表1），持续推进金融机构信息数据处理能力建设，创新金融服务模式，提升金融服务效率、增强金融普惠性。例如，证监会科技监管局在2021年10月发布了《证券期货业科技发展"十四五"规划》。国务院在2022年1月发布了《"十四五"数字经济发展规划》。中共中央、国务院在2023年2月印发了《数字中国建设整体布局规划》。随着金融业不断加大信息技术投入，尤其是加强人工智能、大数据等数字技术在金融领域的应用，为美通智投提供了巨大的发展机遇。

表 1　部分数字金融相关政策

| 时间 | 发布机构 | 政策名称 | 主要内容 |
| --- | --- | --- | --- |
| 2021年10月 | 证监会科技监管局 | 《证券期货业科技发展"十四五"规划》 | 提出"推进行业数字化转型发展""数据让监管更加智慧"两项重点工作 |
| 2022年1月 | 中国人民银行 | 《金融科技发展规划（2022—2025年）》 | 金融科技从"立柱架梁"全面迈入"积厚成势"新阶段 |
| 2022年1月 | 国务院 | 《"十四五"数字经济发展规划》 | 全面加快商贸、物流、金融等服务业数字化转型 |
| 2023年2月 | 中共中央、国务院 | 《数字中国建设整体布局规划》 | 推动数字技术与经济、政治、文化、社会、生态文明"五位一体"深度融合 |
| 2024年3月 | — | 政府工作报告 | 大力发展"五篇大文章"——科技金融、绿色金融、普惠金融、养老金融、数字金融 |

资料来源：笔者根据相关公开资料整理。

中国资产管理市场需求巨大，美通智投解决方案市场广阔。波士顿咨询预计到2030年中国资管市场的规模仍能保持9%左右的年化增速，达到275万亿元（百家号·百度，2024）。然而，传统大资管投顾投研业务受制于模式弊端，无法有效满足资管业务高质量发展需求。随着"卖者尽责、买者自负"这一理念逐渐被市场认可，智能投顾这类借助数字技术，将风险收益进行匹配的标准化大类资产配置模式正加快获得市场认可。东吴证券研究所援引Statista数据显示，中国智能投顾资产管理规模在2023年达到19.99亿美元，2024年有望达到26.72亿美元，2025年有望实现31.43亿美元（见图7）。同时，资管市场的巨大规模，也将进一步加大市场对于智能投研工具的建设需求，美通智投迎来了广阔增量市场及发展空间。

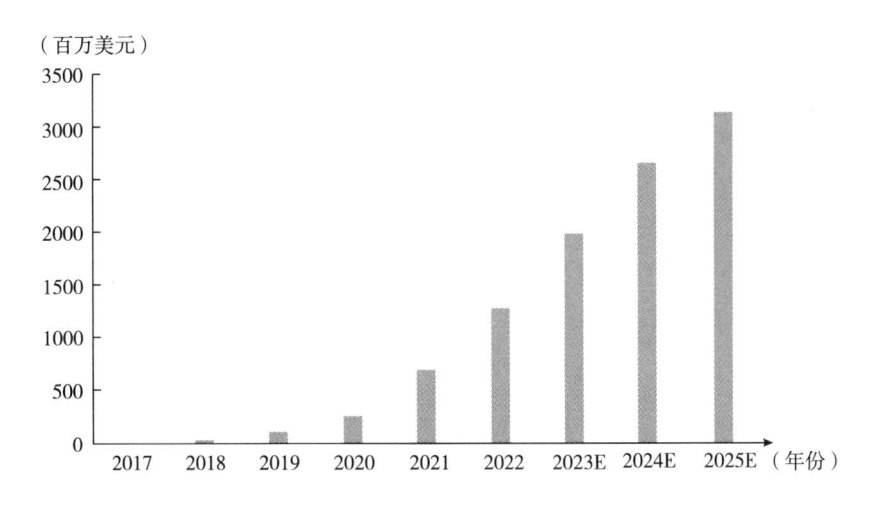

图 7　中国智能投顾资产管理规模

资料来源：东吴证券研究报告。

美通智投解决方案具有安全透明、场景丰富等优势。在安全性上，美通智投支持全套算法的白盒测试①方案，确保金融机构的系统安全性及未来升级可扩展性，相较于很多依靠人工参与的竞品，有着直接的优势。在全流程场景上，美通智投投顾业务场景解决方案支持从 KYC 到最终公募基金一键交易的全流程方案、智能投研业务场景解决方案提供智能投研平台与知识图谱关联引擎系统方案，实现从数据获取—数据分析—算法模型—分析报告的全投研业务环节赋能，相较于大部分只提供部分场景的竞品，有着明显的全流程、能落地的优势。

美通智投解决方案在满足个性化、定制化的同时，兼具便捷、高效、快捷。传统的定制化方式需要将项目一个一个单独拆分进行开发，无法实现规模效应，并且容易形成资源浪费，一定程度上背离了绿色发展理念。美通智投将 B 端机构业务需求、流程节点尽可能细地拆解为若干个积木块，每个积木块规定它的"输入""输出"和定量评价标

---

① 白盒测试又称结构测试、透明盒测试、逻辑驱动测试或基于代码的测试，其中盒子指的是被测试的软件。白盒意思是指盒子是可视的，即清楚被测试的软件内部东西及内部是如何运作的。"白盒"法全面了解程序内部逻辑结构，对所有逻辑路径进行测试，属于穷举路径测试。

准；当所有子项目建设完成后，再通过统一的模式拼装组合，变成完整的解决方案。其创造性提出用"模型""算法"把标准化的产品以非标准化的形式进行组合和打包，表面看产品与产品之间完全不同，实际上穿透到最底层都是同样的标准化资产，只是采用了不同的组合方式而已。"乐高积木"式建设方案在满足机构个性化、定制化的同时，还有高效、便捷及规模优势。

### （二）美通智投面临的挑战

美通智投"乐高积木"智能化解决方案面临着市场竞争、技术、法律监管等挑战。一是面临市场竞争挑战。持牌经营的大型金融机构或者互联网巨头，其拥有牌照、资金、人才、技术、应用场景等优势，一般会选择自研 To C（To Consumer）产品，解决投顾投研业务痛点。对于依赖外部采购来实现数字化系统建设的中小机构或大型金融机构外采系统建设业务，美通智投将直面同花顺、恒生电子、顶点软件等传统互联网金融信息服务商，以及熵简科技、庖丁科技等金融科技创业公司的挑战。相比美通智投，一些成熟的金融信息服务商在资本、技术、人才、渠道等方面具有更成熟、更丰富的优势，甚至部分竞争对手可能采取价格战、战略合作等策略，这导致美通智投面临的市场竞争更加激烈。二是面临算法模型技术挑战。美通智投智能化解决方案的核心是领先的算法模型，因此底层数据质量至关重要，一旦数据的准确性和完整性出现问题，将严重影响解决方案的准确性。同时，算法模型的可解释性（陈增敬等，2021）和趋同性，以及用户需求目标的复杂性，也会影响解决方案整体的可靠性、安全性。三是面临法律风险及监管挑战。对于传统投顾投研业务，监管部门拥有明确的业务准入、反洗钱、适当性等管理规定。但是，基于数字技术的智能投顾、智能投研业务，监管部门在数据征集及使用边界、数据信息有效性、数据信息保护、职责承担与业务资质等方面仍未建立完善的监管机制，甚至部分领域处于监管空白、监管盲区。随着监管部门对数字金融及相关解决方案领域的不断完善，美通智投发展或将面临不确定性因素影响。

## ➢ 案例使用说明

**1. 教学目的与用途**

1.1  适用课程

金融工程、金融科技、投资学、金融学、财务管理等。

1.2  适用对象

本案例专为金融、会计、应用专业型研究生设计，同时也适用于应用经济学、工商管理学、统计学等硕士研究生及经管类相关专业的本科学习。

1.3  本案例的教学目的

当前中国正处在以数字技术为驱动力的经济变革时期，数字化已成为各行各业转型趋势。如何利用人工智能、自然语言处理等数字技术更好地赋能大资管投顾投研业务，提升大类资产配置效率，投资研究全面性、准确性，为金融消费者提供创新型、智能化金融服务，不仅是推进金融供给侧结构性改革的关键，也是坚持新发展理念、全面增强金融普惠性的重点。

本案例以人工智能、自然语言处理等数字技术赋能大资管投顾投研业务为背景，介绍了美通智投如何通过人工智能、大数据、知识图谱、计算机视觉、自然语言处理等技术赋能投顾投研业务，有效解决传统投顾投研业务模式痛点，更好地助力资管业务转型发展。因此，本案例的教学目的主要有：

（1）旨在让学生在分析案例的过程中，了解当前中国大资管投顾投研业务痛点，思考如何借助数字技术赋能相关业务场景，进而促进大资管业务发展。

（2）在赋能金融业务，提升资源配置效率、加强普惠金融服务这一过程中，科技始终是促进金融业务发展的手段，算法模型背后大量严谨的金融学知识才是核心关键。因此，本案例将对现代资产组合理论、信息不对称等知识进行讲解，增进读者对于美通智投大资管智能解决方案底层金融逻辑的理解。

（3）在本案例学习过程中，学生可以初步接触人工智能、自然语言处理、机器学习、知识图谱、计算机视觉、白盒测试、SaaS、深度学习等计算机（数字）技术概念，有利于激发学生对于数字金融的兴趣，培养综合金融能力。

**2. 启发思考题**

本案例所设计的启发思考题旨在引导学生以问题为导向进行案例阅读，因此可以提前将启发思考题展示出来，使学生在预习案例时能够有针对性地思考问题。

2.1 请阐述中国资产管理业务发展趋势，传统投顾投研业务模式特点及传统模式可能面临哪些问题。

2.2 美通智投"乐高积木"智能化解决方案是通过怎样的方式来实现大资管投顾投研业务赋能的？与传统模式相比，美通智投解决方案具有哪些优势？

2.3 美通智投"乐高积木"智能化解决方案可能运用了哪些金融知识？

2.4 美通智投"乐高积木"智能化解决方案涉及哪些计算机（数字）技术？请选择一两种你熟悉的计算机（数字）技术，进行简要介绍。

2.5 技术创新可以助力金融机构解决很多传统业务模式弊端，但技术并不是万能的。你认为技术创新在赋能金融业务时可能会存在哪些潜在风险？

**3. 分析思路**

案例分析的基本思路是将案例材料与课前布置给学生的启发思考题和课堂教学设计相结合，采用项目式教学由浅入深地展开分析。教师带着学生共同探讨美通智投如何通过"乐高积木"解决方案，赋能大资管投顾投研业务。在实现教学目标的基础上，激发学生对于数字金融的认知与兴趣，这里提供参考的案例分析思路（见图8）。

**3.1 美通智投及"乐高积木"简介**

目的是让学生可以快速了解美通智投及"乐高积木"智能化解决方案是什么，减少学生对于案例的陌生感。

这里可以采用加分制形式，鼓励学生思考传统投顾投研业务场景面临的问题，然后教师结合学生回答的内容，对传统投顾投研业务痛点进

案例四 美通智投大资管投顾投研"乐高积木"智能化解决方案　133

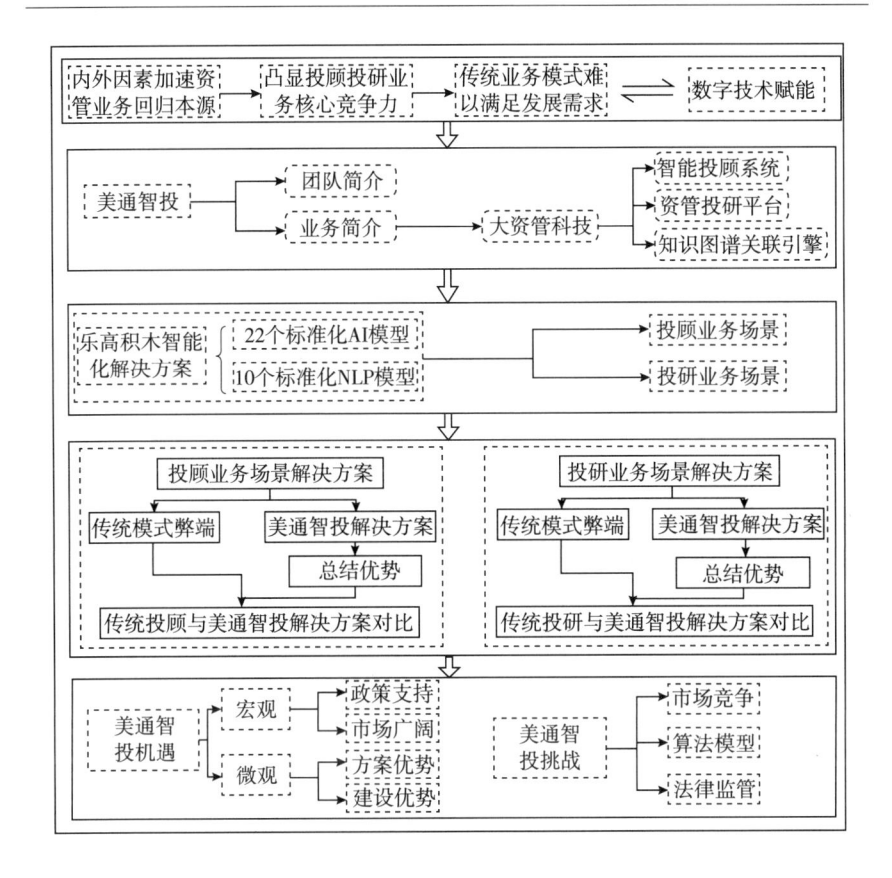

**图 8　案例分析框架**

行归纳总结，引出关于投顾投研解决方案的具体介绍。

3.2　对美通智投投顾投研业务解决方案进行全面阐述

这里建议拆分为"智能投顾"和"智能投研"两个模块分别进行讲授。首先，对传统业务模式进行简要介绍总结；其次，对美通智投解决方案进行全面讲解；最后，可以鼓励学生简要比较传统模式与美通智投解决方案。

3.3　理论知识讲授环节

首先，教师需要对美通智投顾业务场景解决方案重点涉及的投资组合理论、资本资产定价模型及投研业务场景解决方案有效市场理论、信息不对称等内容进行重点讲解。然后，对案例相关的随机游走理论、套利定价理论、Black-Litterman 模型、多因子模型等知识进行串联讲解。

由于这部分专业知识概念较多，教师可以安排学生课前对相关理论进行初步自学；也可以安排新的课时，专门对该部分理论知识进行教学讲授，包括理论介绍、数学解析、相关推导等。

### 3.4 案例回顾

在整体讲解结束后，教师带着学生再次回顾本案例，梳理并总结案例中涉及的相关知识点。在课堂结束后，教师还可以布置开放式作业，以激发学生学习兴趣和学习主动性，鼓励他们自主探索数字金融相关知识。

## 4. 理论依据

### 4.1 现代资产组合理论

狭义的现代资产组合理论，主要指的是由马科维茨（Markowitz）于1952年提出的"均值—方差"模型及其所构建的有效投资边界组合理论。而广义的现代资产组合理论涵盖了在"均值—方差"模型基础上进行优化的资本资产定价模型、套利定价理论、证券市场效率理论等资本市场理论，同时融合了行为金融、Black–Litterman 模型等理论（见图9）。随着现代资产组合理论的持续进步和完善，资本市场投资管理、金融资产定价、资源配置等也逐步走向科学化、系统化。

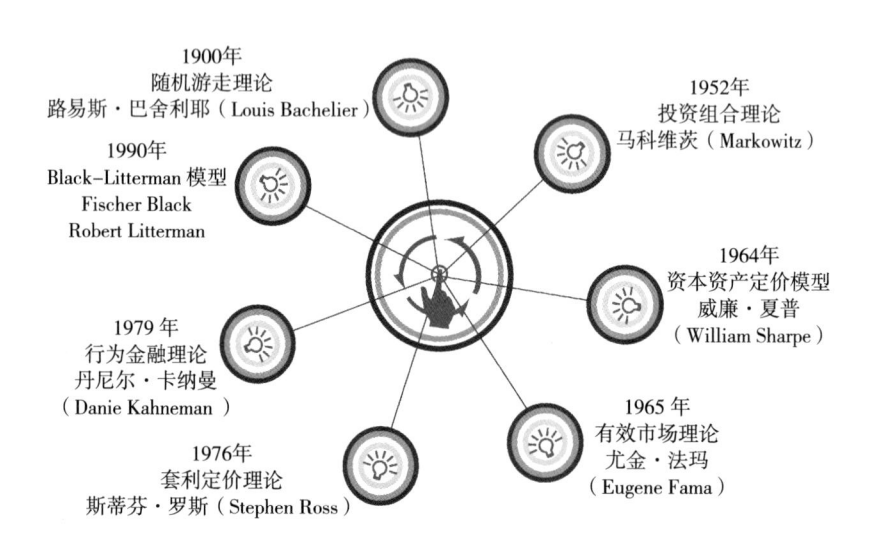

图 9　现代资产组合主要理论

资料来源：笔者根据相关资料整理。

（1）随机游走理论（RWH）：1900年，路易斯·巴舍利耶（Louis Bachelier）首次提出了金融资产价格服从对数正态分布的假设，认为股票价格服从布朗运动（一种不可预测的无规则物理运动），即证券价格变动过程中没有序列相关性，或者说价格变动之间没有线性依存性，其变动路径没有任何规律可循，价格波动是不可预测的。

1953年，肯德尔（Kendall）在其《经济时间序列分析第一篇：价格》中，通过对股票价格指数和商品价格序列的分析，提出了这些价格序列具有随机游走（Random Walk）的特征，即价格的变动是不可预测的，并且价格的过去表现不能用来预测未来的价格走势。肯德尔的研究为后来的金融理论提供了重要的实证基础，特别是在资本资产定价模型和期权定价理论的发展中起到了关键作用。这些理论的建立，进一步推动了量化金融的发展。

（2）投资组合理论（MPT）：马科维茨（Markowitz）在其1952芝加哥大学的博士论文《投资组合选择》中提出均值—方差模型，首次引入数学表达式对投资组合的风险与收益进行探讨。投资组合理论中组合的期望收益率以均值来表示，而收益率的波动性由方差来衡量。投资组合理论认为，由若干证券分散组成的投资组合能够有效减轻系统性风险对于组合收益的影响。理论不仅深入剖析了组合资产风险的决定因素，更指出资产的期望收益与其自身风险的大小密切相关。换言之，资产价格（无论是个别资产还是组合资产）是基于其风险程度来确定的，其中个别资产的价格由其方差或标准差决定，组合资产的价格则取决于其协方差。

具体来看，"均值—方差"模型以期望收益及其方差确定有效投资组合，资产组合的总收益用各个资产预期收益的加权平均值表示，组合资产的风险用收益的方差或标准差表示，其数学表达式如下：

$$
\begin{aligned}
E(r_p) &= \sum_{i=1}^{n} \omega_i E(r_i) \\
\min \sigma_p^2 &= \sum_{i=1}^{n} \sum_{j=1}^{n} \omega_i \omega_j \mathrm{Cov}(r_i, r_j)
\end{aligned}
\quad (1)
$$

式（1）中，$E(r_p)$为投资组合的预期收益率；$E(r_i)$为组合中第$i$种证券的预期收益率；$\omega_i$为组合中第$i$种证券的当前价值在其中所占的比例

且 $\omega_1+\omega_2+\cdots+\omega_n=1$；$\mathrm{Cov}(r_i, r_j)$ 为两种资产之间的协方差。投资组合理论在数学上精确地定义了投资者的偏好，并以数学方式解释了投资分散化的原理，系统地阐述了资产组合和选择的相关问题，标志着现代资产组合理论的诞生。

（3）资本资产定价模型（CAPM）：1970年由威廉·夏普（William Sharpe）在其著作《投资组合理论与资本市场》中提出，用于研究风险资产与预期收益率间的关系。资本资产定价模型认为理性的投资者总是追求投资效用最大化，即在同等风险水平下实现收益的最大化，或者是在同等收益水平下追求风险的最小化。模型假设投资者都采用马科维茨的理论模型进行投资管理，当市场处于均衡状态时，资产 $i$ 的预期收益率等于无风险收益加上投资风险资产获得的风险溢酬，其数学表达式如下：

$$E(R_i)=R_f+[E(R_m)-R_f]\times\beta_i \qquad (2)$$

式（2）中，$R_f$ 为无风险收益率，指投资者可以预期从无风险投资中获得的回报率，通常以国债利率为参考；$[E(R_m)-R_f]$ 为市场组合相对于无风险利率得到的风险补偿；$\beta_i=\dfrac{\mathrm{Cov}(R_i, R_m)}{\sigma_m^2}$ 为单个证券的风险调整系数，Beta 系数等于1意味着资产或组合的系统性风险与市场相同。资本资产定价模型最先提出了 Beta 和 Alpha 的概念，为资产的期望收益提供了合理的解释与分解。

CAPM 模型用简单的线性表达式阐明了均衡状态下某单一资产的预期收益与预期风险之间的关系，从数理上刻画了要谋求更高的投资收益，只能通过承担更大的风险来实现，为指数化投资提供了理论依据。

（4）有效市场理论（EMH）：是对随机游走理论的进一步扩展，主要研究信息量大小、信息传播速度等对证券价格的影响。有效市场理论认为，在法律健全、功能良好、透明度高、竞争充分的有效证券市场上，市场价格完全反映了所有可获得的信息。

根据信息对证券价格影响的不同程度，有效市场理论又分为弱式有效市场假说、半强式有效市场假说和强式有效市场假说三种（见表2）。有效市场理论认为"提高证券市场有效性的关键"是提升证券价格形成过程中的信息披露、信息传输、信息解读及信息反馈各环节及时性、透明度，其中最关键的是要建立上市公司强制性信息披露机制。

表2　　　　　　　　　三种市场类型

| 市场类型 | 市场价格反映的信息 | 理论意义 |
| --- | --- | --- |
| 弱式有效市场 | 反映所有过去历史信息 | 技术分析没有意义 |
| 半强式有效市场 | 反映所有过去历史信息和现在的公开信息 | 技术分析和基本面分析都没有意义 |
| 强式有效市场 | 反映所有过去历史信息、现在的公开信息和内幕消息 | 无论如何努力，都无法跑赢市场 |

（5）套利定价理论（APT）：1976年由斯蒂芬·罗斯（Stephen Ross）在 *Journal of Economic Theory* 上发表题为"资本资产定价的套利理论"的文章，首次提出"套利定价理论"，该理论是对"均值—方差"模型、资本资产定价模型的发展。套利定价理论认为套利行为是有效市场（市场均衡价格）形成的一个决定因素，如果市场上存在两种风险程度一样的资产，那么这两种资产的收益率应当是一致的。如果收益率不一致，市场就会产生无风险套利机会，结果必然是风险相同的资产收益率一致，从而达到均衡状态，套利机会消失。

与资本资产定价模型用单一因素解释风险资产收益不同，套利定价理论认为证券的收益率受到宏观经济、行业因素、市场情绪等多重因素影响，同时证券的收益率与这些因素直接存在线性关系，通过分析这些因子对证券收益率的影响，可以预测证券预期收益；在有限市场中，不存在无风险套利机会，所有资产的价格都反映了其真实价值，为投资者理解市场风险与收益率间的均衡关系提供了一种替代性方法。

（6）Black-Litterman模型：1990年任职高盛银行的Fischer Black和Robert Litterman提出，主要用于解决传统均值—方差优化模型中预期收益估计的不确定性问题。模型结合了市场均衡假设和投资者的主观判断，通过贝叶斯统计方法来估计资产的预期收益率，并据此确定最优的投资组合配置。

### 4.2　多因子模型

多因子模型是关于资产定价的一种模型，也被称为结构化风险因子模型。该理论主要吸收了套利定价理论（APT）与跨期资本资产定价模型（ICAPM），因子是指影响资产定价的各种因素。

多因子模型假设市场是无效或者弱有效的，与资本资产定价模型或者单因子模型不同，多因子模型认为证券价格并不仅取决于证券的风险，还取决于其他的一些因素，例如，投资者未来预期收入、未来消费品的相对价格及未来的投资机会等。多因子模型利用一组共同因子和一个仅与该股票有关的特质因子来解释股票的收益率，并利用共同因子和特质因子的波动来解释股票收益率的波动，进而通过主动投资组合管理来实现超额收益。因此，多因子模型的关键在于对单因子的回测和有效性检验。其结论完全基于客观数据与模型回测，能够最大限度地避免个人主观因素的干扰。

### 4.3 信息不对称理论

1970年，美国经济学家约瑟夫·斯蒂格利茨（Joseph E. Stiglitz）等提出了信息不对称（Information Asymmetric）理论。信息不对称理论认为在社会经济活动中，每一个参与者所掌握的信息是不同的，一些成员获得了其他成员没有的信息。拥有丰富信息的人员通常处于优势地位，而那些信息不足的人往往面临不利的境地。信息不对称是一种相对概念，交易双方中必然存在信息了解的差异。

信息不对称可能出现逆向选择、代理人问题及道德风险等弊端。逆向选择——交易一方隐藏信息导致对交易对手方利益损害；代理人问题——代理人并不总是为了委托人的利益最大化；道德风险——当一方在交易中无法观察到另一方的行为，或者监督成本过高时，一方的行为发生改变，可能会对另一方的利益造成损害。造成信息不对称的原因是多种多样的，包括市场信息不透明、信息获取成本高昂、信息获取能力差异等。

金融市场存在大量信息不对称，导致投资者无法精确评估投资对象的价值和风险，进而作出错误的投资决策。同理，投资者也可以利用掌握更多的信息来寻找被低估或者高估的资产，发现潜在投资（套利）机会，获取超额收益。

### 5. 具体分析

5.1 请简述中国资产管理业务发展趋势，传统投顾投研业务模式特点及传统模式面临哪些问题。

资管新规、公募基金费率改革、长期资金入市等政策，有望进一步推动中国资产管理业务回归本源，加速行业重构。在一系列因素驱动下，资产管理业务呈现客户需求多元化、个性化，资产配置定制化、差异化，业务模式数字化、智能化的发展趋势。

传统投顾业务主要依赖服务人员个人经验及专业知识，以线下一对一形式为主，客户群体集中在中高净值人群，业务门槛较高，费用较贵，资产配置主要是股票和基金；受限于投顾人员个人研究偏好、从业流动性、职业操守等因素，容易出现服务不稳定、投资建议不审慎等问题。

传统投研业务需要研究人员利用金融终端、公司网站、公告讯息、书籍文献等渠道搜集行业、政策、公司及标的的有效信息；再从各种信息流中筛选、提取相关数据资料，结合个人专业知识，采用逻辑推演、价值挖掘等手段，进行深入分析、研究；然后以报告、路演等形式将最终的研究结果呈现出来。受限于人力模式局限性，容易出现获取信息不及时、研究不全面、人为主观因素干扰等问题。

5.2 美通智投"乐高积木"智能化解决方案是通过怎样的方式来实现大资管投顾投研业务赋能的？与传统模式相比，美通智投解决方案具有哪些优势？

美通智投将大资管业务流程中能够单独部署、使用、评估效果的标准化金融 AI、NLP 模型类比为"乐高积木块"，根据银行、资管、券商、保险、理财子公司等金融机构不同业务场景需求，将各个金融模型有机结合成"乐高积木成品"，构成差异化场景解决方案，稳定输出金融 AI 及 NLP 解决能力，实现了"产品"+"平台"+"服务"各环节、全流程的数字化方案。

与传统业务模式相比，美通智投智能化解决方案可以有效解决人工情绪化投资、利益冲突、信息不全面、不及时等问题。具体来说，在投顾业务场景中，借助智能工具，美通智投可以根据每一位用户的投资需求和风险偏好，提供个性化的投资建议；大幅度降低服务门槛，用户可以低成本地享受灵活、专业、便捷的资产配置服务。同时，基于更加丰富的金融数据、更加专业的分析研究，有效避免人工非理性因素，能够为投资者提供更科学的投资建议组合。

投研业务场景中，美通智投解决方案具有更加准确、更高效、更前瞻性、更低成本等优势。美通智投利用计算机技术和人工智能算法，可以实现自动搜集、分析、预测、输出研究内容，大大提升了投研业务效率。基于大数据分析和机器学习等技术支持，美通智投可以采集整个市场的信息或者对接机构个性化数字资讯、投资品种、风险特征等数据，研究信息更加全面、多样，据此得出的预测结果也将更加准确。同时，智能投研借助知识图谱、情感分析等技术，对市场趋势进行前瞻性分析预测，为投资决策提供更加科学的依据。

此外，美通智投解决方案将大量基础性、重复性工作交由 IT 平台实现，有效减少了人工操作和跟踪工作，借助移动互联网技术边际成本趋于零的优势，快速服务大量用户，显著降低业务成本。

5.3 美通智投"乐高积木"智能解决方案可能运用了哪些金融知识？

随机游走理论和有效市场理论是现代金融、证券领域主要理论之一，为量化金融发展奠定了理论基础。同时，以大类资产配置为主的智能投研、投资工具都是以"马科维茨投资组合理论"和"资本资产定价理论"为依据，追求最佳风险收益比。在此基础上，结合"套利定价理论""Black-Litterman 模型"，加入投资者对未来资产收益率的主观判断，同时基于全面数据信息，有效降低市场"信息不对称"，形成完整的研究投资逻辑，结合机器学习等算法模型，输出智能化解决方案。

5.4 美通智投"乐高积木"智能化解决方案涉及哪些计算机（数字）技术？请选择一两种你熟悉的计算机（数字）技术，进行简要介绍。

美通智投投顾投研业务场景解决方案中，用到的数字技术主要有人工智能、机器学习、计算机视觉等。

（1）人工智能：指利用计算机算法模拟人的思维逻辑和智能行为的一系列相关技术，通过这些技术能够使产品、设备执行人类智能任务，如语言理解、决策制定等（于孝建、彭永喻，2017）。自20世纪50年代，人工智能技术逐步发展成熟，并在过去几十年中取得了显著进步。其中，算力、算法、数据及场景等因素，被认为是驱动人工智能由基础理论走向应用落地的关键。

（2）机器学习：指计算机通过对数据或过往经验分析学习，以实现算法的自动改进，提升机械的学习能力，从而使机械获得新的知识、掌握新的技能（余凯等，2013）。按照训练样本提供的信息及反馈方式，机器学习又分为监督学习、非监督学习、半监督学习、强化学习等。机器学习常见算法有决策树、朴素贝叶斯、随机森林、人工神经网络、深度学习等。其中，深度学习是指建立模拟人类大脑的神经网络，进而实现自主学习、解释数据。该技术有利于解决复杂模式识别等难题，较多地推动了人工智能相关技术的发展。在金融领域，借助机器学习，特别是深度学习，可以辅助人们进行衍生品定价、异常检测、数据预测、因子投资、交易执行等多个场景。

（3）计算机视觉：指让计算机具备类似人的视觉，可以自动提取图像、视频等视觉数据中蕴含的层次化语义概念及多语义概念间的时空关联等，通过使用不同的成像系统来模拟视觉感知，并将计算机作为大脑进行数据处理和解析。这项技术模仿并扩展了人类的视力，显著提高了在多个领域中数据搜集与分析的精确性和可靠性，在人工智能中具有广泛的应用前景。在金融领域，计算机视觉技术广泛应用于人脸识别、图像检索、活体检测等场景（李晓理等，2020）。

5.5 技术创新可以助力金融机构解决很多传统业务模式痛点，但技术并不是万能的。你认为技术创新在赋能金融业务时可能存在哪些潜在风险？

技术创新在赋能传统金融业务时，可能会在模型算法、数据隐私、操作、网络安全等方面存在潜在风险。

（1）模型算法风险：基于人工智能、大数据分析等技术工具，如果底仓算法模型存在缺陷，容易导致机器学习等出现偏差，进而大量研究预测出现错误。同时，基于大量算法、模型同质化，使研究结论趋同，加剧了资本市场羊群效应，甚至可能产生重大损失。

（2）数据隐私风险：供给方在使用数字技术产品时，可能存在过度采集用户信息的行为，在使用产品工具时容易留存大量的交易数据或者身份信息，相关信息的保存措施是否安全、是否会发生用户数据信息泄露，或者违规向第三方共享用户信息等行为，甚至利用用户数据进行"算法歧视""大数据杀熟"，损害用户合法权益。

（3）操作风险：一方面，系统、模型设计缺陷容易导致潜在的操作风险；另一方面，由于数字技术业务模式尚不成熟、内控体系不完善、运维人员管理或者培训机制不健全等因素均容易出现操作风险。

（4）网络安全风险：产品系统自身框架、组件可能存在漏洞，引发网络安全风险。同时，大量的 IT 系统、计算机技术的应用也可能加剧计算机病毒入侵、网络攻击等风险。

**6. 参考文献**

BCG 波士顿咨询：《中国资产管理市场报告（2022—2023）｜周期演进聚焦质量双向赋能攻守兼备》，2024 年 9 月 2 日，百家号·百度，https://baijiahao.baidu.com/s?id=1809055658395863914&wfr=spider&for=pc。

曹龙骐主编：《金融学》（第五版），高等教育出版社 2016 年版。

陈增敬等：《金融科技中人工智能技术典型事实与核心规律》，《中国科学基金》2021 年第 3 期。

姜圆：《现代资产定价理论的研究和发展——基于有效市场假说和资产定价模型的视角》，《现代管理科学》2021 年第 3 期。

路晓蒙等：《传统投资顾问和智能投资顾问：替代还是互补？》，《管理世界》2023 年第 10 期。

卢宏涛、张秦川：《深度卷积神经网络在计算机视觉中的应用研究综述》，《数据采集与处理》2016 年第 1 期。

林昊、来心可：《知识图谱提速投研领域数字化转型》，《中国金融》2023 年第 23 期。

凌爱凡等：《金融研究中自然语言处理技术的应用进展》，《系统工程理论与实践》2024 年第 1 期。

李晓理等：《人工智能的发展及应用》，《北京工业大学学报》2020 年第 6 期。

普华永道：《拥抱变革，适者生存——全球资产和财富管理调研报告（2023）》，2024 年 2 月 24 日，搜狐网，https://www.show.com/a/759822322_1221694397。

石川等：《因子投资方法与实践》，中国工信出版集团、电子工业出版社 2020 年版。

余凯等：《深度学习的昨天、今天和明天》，《计算机研究与发展》2013年第9期。

宋怡晨：《面向知识图谱构建的若干关键技术研究》，博士学位论文，国防科技大学，2021年。

于孝建、彭永喻：《人工智能在金融风险管理领域的应用及挑战》，《南方金融》2017年第9期。

赵阳：《证券经营机构互联网证券业务发展模式评价研究》，《金融监管研究》2018年第9期。

Black F. and Litterman R., "Asset Allocation: Combining Investor Views with Market Equilibrium", *The Journal of Fixed Income*, Vol. 1, No. 2, 1991, pp. 7–18.

D'Acunto F. and Rossi A. G., *Robo-advising*, Berlin: Spring International Publishing, 2021.

Foerster S. et al., "Retail Financial Advice: Does One Size Fit All?", *Journal of Finance*, Vol. 72, No. 4, 2017, pp. 1441–1482.

Harry Markowitz, "Portfolio Selection", *The Joumal of Finance*, Vol. 7, No. 1, 1952, pp. 77–91.

Hoechle D. et al., "The Impact of Financial Advice on Trade Performance and Behavioral Biases", *Review of Finance*, Vol. 21, No. 2, 2017, pp. 871–910.

Kendall M., "The Analysis of Economic Time-Series. Part I: Prices", *Journal of the Royal Statistical Society*, Vol. 96, 1953, pp. 11–25.

Lukas B., Tobias M., "Robo-advisors: A Substitute for Human Financial Advice", *Journal of Behavioral and Experimental Finance*, Vol. 25, March, 2020, 100275.

Markowitz, H. M., "Portfolio Selection", *The Journal of Finance*, Vol. 7, No. 1, 1952, pp. 77–91.

Sharp W. E., "A Simplified Model for Portfolio Analysis", *Management Science*, No. 9, 1963, pp. 277–293.

Ross S. A., "The Arbitrage Theory of Capital Asset Pricing," *Journal of Economic Theory*, Vol. 13, No. 3, 1976, pp. 341–360.

### 7. 本案例教学关键点

本案例分析的关键在于了解、认识传统投顾投研业务痛点及如何借助人工智能、自然语言处理等数字技术，提升投顾投研业务效率，赋能大资管业务发展，增强金融普惠性。在教学中的关键要点主要包括：

（1）了解传统投顾投研业务痛点，思考如何利用数字技术破局。

（2）熟悉现代资产组合理论，以及不同理论的概念、作用。

（3）了解人工智能、自然语言处理、知识图谱等计算机（数字）技术的基本概念与应用场景。

（4）了解智能投顾—智能投研等数字金融产品工具，底层计算机（数字）技术、金融学理论逻辑及前端业务应用场景。

（5）具备独立思考能力，辩证看待数字技术与金融业务相结合所衍生的一系列数字金融新产品、新工具可能面临的机遇挑战。

### 8. 课堂建议

本案例适合作为数字金融领域的专题讨论课程，也能融入现代资产组合理论的课程体系中。考虑到学生在案例研读、预习准备及实务操作方面的掌握程度可能因专业、实践等不同而有所差异。为了更好地实现教学培养效果，我们制订了课堂计划。希望通过更加精准的教学设计，确保案例教学效用最大化（见图10）。

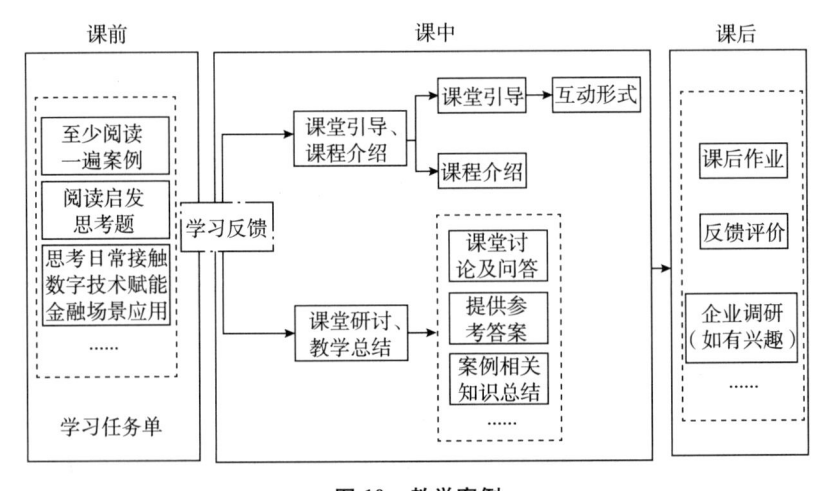

图 10　教学案例

讲授本案例之前，建议学生必须保证至少完整地阅读一遍案例。同时，提醒学生在首次阅读案例时带着启发思考题进行学习，有相关实践经验的学生也可以结合实践经历思考数字技术赋能金融业务的场景，进一步加深对案例的理解与掌握。综上所述，本案例课堂讲授及知识点讲解安排计划如下。

## 8.1 课堂引导

在案例讲解之前通过课堂互动的形式，让学生列举一些日常接触到的科技创新与金融业相结合的产品服务（如在支付宝购买基金、使用花呗服务、财经资讯 App、手机银行等）；在列举所使用的产品服务时，思考可能利用了哪些数字技术，这些技术带来了哪些便利？以及在使用过程中的感受，可以是积极的便利，也可以是对隐私、数据保护、安全性等方面的担忧。

## 8.2 课程介绍

学生经过上面的发言讨论，整体对于数字金融产品有了一定的了解，可以有效促进学生对于数字技术与金融服务相互结合的认知。下一步，教师利用教学案例对美通智投"乐高积木"智能化解决方案进行讲解。这里教师可以根据教学计划或者课堂时间安排，灵活把握是否让学生发散性思考传统业务模式痛点及美通智投解决方案的优势。

## 8.3 课堂讨论及问答

在课程介绍结束之后，教师应当组织学生针对思考题进行小组讨论，并且形成统一的小组答案进行讲解演示。待学生完成讨论后，可以进一步鼓励学生展望未来如何提升数字技术赋能其他金融业务场景应用？或者在数字技术赋能传统金融业务的过程中可能存在哪些潜在风险？可以是监管层面、技术层面的，也可以是投资者层面的等。

## 8.4 提供参考答案

在学生回答完思考题的问题之后，教师在总结学生回答基础上，结合本说明第五部分具体分析的内容，补充完善学生答案，形成完整的参考答案供学生学习、理解，加深学生对于案例的理解和对数字金融赋能传统投顾投研业务的认识。

## 8.5 总结与结束

相关理论回顾、案例讨论总结。理论回顾包括随机游走理论、投资组合理论、资本资产定价模型、有效市场理论、套利定价理论、Black-Litterman模型、多因子模型、信息不对称等，以及人工智能、知识图谱、自然语言处理等计算机技术。

此外，组织学生讨论未来数字金融的发展、落地方向，激发学生对数字金融的兴趣。对美通智投"乐高积木"解决方案有兴趣，也可以联系案例作者或企业负责人，进行深入调研沟通。

### 9. 案例后续进展

随着金融行业供给侧结构性改革的不断深入，行业对于数字化转型的紧迫感和数字技术的重视度都将不断提升，"加大科技投入""科技兴行"将成为行业的普遍共识。

作为一家成立于2019年的公司，美通智投在国美金融集团的鼎力支持下持续发力B端金融科技。在为金融机构赋能的同时，美通智投自身也实现了快速发展，已经服务了包括平安集团、和讯网、恒生聚源等在内的超过30家机构，公司的专业性获得了行业内外的一致认可。2020年12月16日举行的金融科技高峰论坛上，美通智投凭借数字金融实力及金融创新实践获评了财联社颁发的"2020中国金融科技领域杰出案例"。

展望未来，数字金融无疑是下一轮金融业竞争的核心点。美通智投致力利用自身优势为更多的金融机构提供一体化的咨询服务和金融解决方案，成为金融机构数字化转型赋能者，为中国资管行业发展添砖加瓦！

# 案例五　图挖掘技术赋能合规监管

## ——反洗钱数据监测[①]

## ➢ 案例正文

**摘要**：近年来，金融科技迅猛发展，数字技术被广泛应用，不仅重塑了商业银行服务模式，也给反洗钱数据监测、合规监管带来了新挑战。在传统的监测手段下，银行确认洗钱可疑名单的工作面临关联分析受限、甄别困难、排查范围窄及合规成本高等问题，这些问题促使银行需要采取措施来增强合规能力和减少监管处罚的风险。就此，中国建设银行（建行）创新运用图挖掘技术，绘制客户资金交易可视化链路图，实现了反洗钱可疑名单的快速识别与精准追踪，有效减轻数据监测负担。本案例深入分析建行如何利用图挖掘技术革新反洗钱监测系统，对比传统方法，揭示其劣势与革新优势。同时，探讨该技术在反洗钱监测领域所面临的机遇与挑战，旨在为金融机构在加强合规监管的背景下，对反洗钱监测系统的升级与优化提供有价值的参考。

**关键词**：反洗钱数据监测；图挖掘技术；合规监管；建设银行；金融科技

---

[①] 本案例由深圳大学经济学院郑尊信、朱福敏、王林妹、陈俊鑫、麦一菲、李珊慧、陈鸿茂，以及中国建设银行深圳分行梁仲之、中国银行业协会姚征共同联合开发撰写。该案例已入选全国金融专业学位研究生教育指导委员会中国金融专业学位教学案例中心案例库。

## 一　引言

反洗钱在保障金融市场稳定与安全、维护国家利益及社会秩序方面发挥着不可或缺的作用，同时也是合规监管体系中的基础任务和关键构成要素之一。然而，据 2024 年 8 月 19 日最高人民法院与最高人民检察院联合发布的新闻报道，洗钱手段正发生快速演变，虚拟货币、跑分平台及直播打赏等新兴网络活动被不法分子用作洗钱的新途径，洗钱活动日益复杂化、隐蔽化，展现出网络化、链条化的新特征，这无疑增加了追踪与打击的难度。传统的反洗钱数据监测系统，由于其基于传统关系型数据库，在构建复杂的资金流动网络时显得力不从心，存在误报率高、甄别与关联分析能力不足、排查范围有限、工作效率低下及人力资源浪费等问题，这些问题使系统难以有效应对当前洗钱犯罪的新形势，从而对加强和完善现代金融监管体系构成了显著的阻碍。因此，合规监管的升级已迫在眉睫，刻不容缓。

新兴技术的蓬勃发展为反洗钱数据监测工作的升级带来了新的机遇。图挖掘技术作为一种创新的数据分析方法，利用图模型从海量数据中深入挖掘并提取有价值的信息，专注图数据领域的数据挖掘，旨在揭示图数据中隐藏的模式、结构和关联，为合规监管工作提供强有力的技术支持。

建设银行作为五大国有银行之一，敏锐地洞察到图挖掘技术的巨大潜力，随着合规科技的快速发展，建行积极探索图挖掘技术在反洗钱数据监测领域中的应用，以期通过技术创新，提升反洗钱工作的效率和准确性。于是，建行组织团队进行专门调研，对合规科技可行性进行立项论证。团队对商业银行、互联网银行及市场上的技术方案进行调研后，逐渐明确合规科技不仅仅是简单部署一堆合规模型，而需要建设涵盖银行全部领域的业务，贯穿事前、事中、事后的合规科技体系。

为此，建设银行开始筹备合规科技项目，升级反洗钱监测系统，利用图挖掘技术优化业务操作流程，降低反洗钱数据补录率，进一步提升数据的完整性、准确性，以满足监管机构要求的合规要求。那么，建设银行如何利用图挖掘技术创新反洗钱数据监测系统来加强合规监管呢？传统反洗钱数据监测与图挖掘技术赋能反洗钱数据监测有什么差别？相比传统反洗钱数据监测，图挖掘技术解决了哪些问题？图挖掘技术赋能反洗钱数据监测面临哪些机遇与挑战？下文将详细介绍。

## 二 建设银行反洗钱简介

2016年中国人民银行3号令的出台，标志着反洗钱准则从"规则为本"向"风险为本"转变，要求金融机构以"风险为本、合理怀疑、审慎均衡"为工作的基本原则。这一变革意味着监管机构对金融机构在反洗钱可疑交易监测方面提出了更为严格的要求，金融机构不再仅仅依赖中国人民银行设定的明确标准和规则进行上报，而是需要基于自身风险评估，自主判断并上报可疑交易。此举不仅促使合规标准得到进一步提升，也强化了合规监管的力度，有效增强了金融机构的合规意识和责任感。2023年，中国人民银行及其分支机构累计对369家机构进行了反洗钱处罚，同比增长2.79%，机构罚单金额累计5.44亿元，且基本是机构和责任人"双罚"。2018—2023年反洗钱处罚总体情况如图1所示。

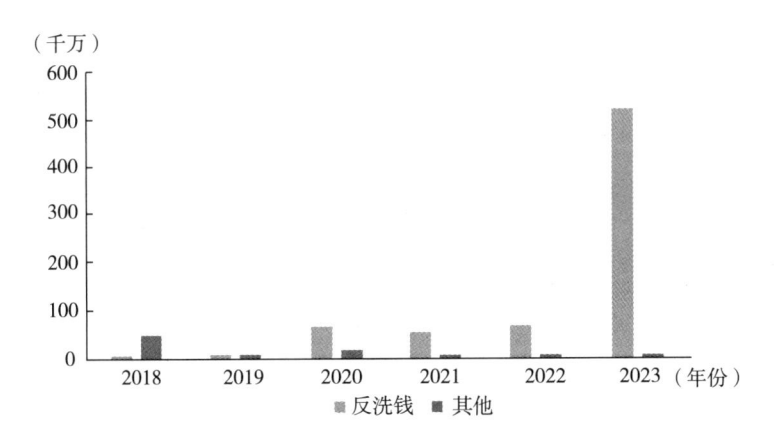

**图1 2018—2023年反洗钱处罚总体情况**

数据来源：笔者根据中国人民银行反洗钱局资料整理。

在监管原则和形势变化的情况下，建行原有的反洗钱系统存在一定的局限性。原有的系统是基于"规则为本"建立的以专家模型为主的监测系统，专家模型主要从历史数据出发，依赖专家经验、学识和决策形成的专家规则，存在很强的主观判断，缺乏准确的量化评价。

此外，现在洗钱活动专业或团伙化趋势，专家模型对于负责网络、多层交易结构识别的效率很低。在新的监管原则和形势下，建设银行需要对其反洗钱系统进行迭代升级。因此，其合规团队在综合分析其需求后，基于图挖掘技术构建了客户资金交易可视化网络图，并运用算法从网络图中挖掘可疑洗钱账户。

## 三 建设银行利用图挖掘技术创新反洗钱监测系统

目前的洗钱活动逐渐趋于集团化、规模化，反洗钱的监测工作的重点不应该在众多交易数据中查找个别的可疑的账户，而是应该关注在繁冗的交易数据中多个账户组成的交易集团间的异常交易行为。传统的数据统计方法已无法满足反洗钱监测工作的新需求，而近几年的图挖掘技术恰恰是研究群体之间的隐藏模式，适用于反洗钱监测工作的需要。因此，建设银行项目团队基于图挖掘技术，根据客户交易信息、关联模式，通过社交网络、路径分析等算法，构建了客户资金交易的可视化链路图，大幅提升了反洗钱排查效能。

反洗钱监测工作主要分为两个方面，一方面是根据已知案件进行反查，另一方面是主动发现异常交易团伙。基于图挖掘技术及复杂的网络算法可以完成案件的反查与异常发现。整体技术框架如图2所示。

从图2可以清晰地看出，构建客户资金交易的可视化链路图涉及以下几个关键步骤。首先，需要进行全面的数据收集工作，这包括但不限于客户信息、账户信息等，以及外部数据等。其次，基于收集到的数据，构建一个基础的数据图谱，作为后续分析的基石。再次，对交易行为、交易特征及账户特征等多个维度进行深入的关联分析，以此为基础，在基础数据图谱上构建出更为复杂和精细的特征图谱。最后，利用创新的图计算算法和可视化交互工具，制定了针对已知案件进行反查及主动发现异常交易团伙的两大方案。

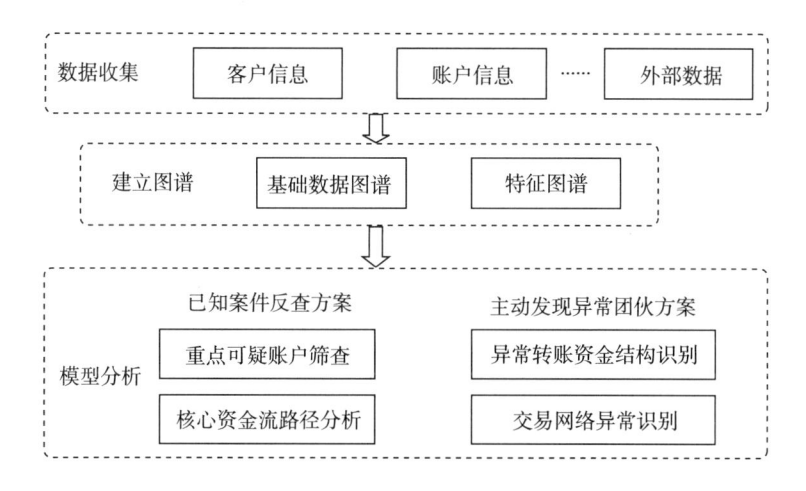

**图 2 整体技术框架**

资料来源：笔者根据公开资料整理。

### （一）针对已知案件反查的方案

在银行反洗钱监测工作中，银行会接收到来自外部监管机构，比如人民银行，提供的涉案账户信息，并对这些涉案账户的相关交易进行详尽排查。鉴于银行每日交易量高达几千万笔，传统的数据库查询方式因需遍历整个数据库而显得尤为耗时，且此方法仅能提供涉案账户的直接交易记录，难以深入挖掘账户的更多潜在关联信息。为此，建设银行利用先进的图挖掘技术，构建了一个针对涉案账户的深度挖掘工具。该工具不仅能够高效筛查出重点可疑账户，还能精准发现核心资金流动路径，为全面打击洗钱犯罪团伙提供强有力的技术支持。

#### 1. 重点可疑账户筛查

虽然洗钱犯罪分子会通过多账号、变换交易路径等方式掩盖洗钱的行为，但是洗钱犯罪分子想要将赃款合理化就必须与其他账户进行交易，那么与涉案账号越接近、在涉案账号交易中越活跃的账号及账户在转账路径中均承担媒介的账户，就越有可能犯罪。基于此，可用于分析网络图中各节点信息度量的社会网络分析（SNA）算法可以帮助筛选出与涉案账户相关的重点可疑账户。SNA 算法的节点、边在反洗钱领域中可以理解为账户、账户与账户之间的关系；而这些节点与边所形成的图形成了资金的链路图。反洗钱领域中常用的SNA指标有度中心性、紧密中心性、介数中心性及特征向量中心性。

其中，度中心性表示的是与该节点有联系的节点数量，度中心性越高表示与该节点有联系的节点越多，则在涉案账号网络图中，度中心性高的节点很可能是洗钱中转账最活跃的节点，如图3中的a；紧密中心性表示的是一个节点出发到其他所有节点的最短路径长度，具有最大紧密中心性的节点在洗钱活动中很可能是负责交易中转的节点，如图3中的b；介数中心性表示节点在对其他节点的最短路径上，如果介数越大，则该节点的桥梁作用越大，因而在交易网络中介数最大的节点很可能是两个子交易网络之间的桥梁，如图3中的c；特征向量中心性代表节点在网络中的影响力，如果一个节点被很多节点所指向，那么该节点具有较高的特征向量中心性，通常与其他最活跃的账号节点有最直接的联系，则很有可能是负责洗钱活动的幕后关键账号。就此，建行通过SNA算法的指标在海量交易中筛选与涉案账户相关的关键账户。

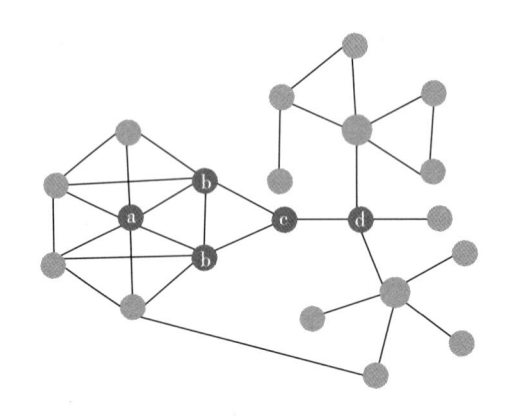

图3　SNA指标分析示意

资料来源：笔者根据公开资料整理。

2. 核心资金流路径分析

最小生成树算法可以在发现网络中保持连通的最少代表性的边，因此，在通过SNA算法发现洗钱网络的关键节点后，建行使用最小生成树算法来寻找洗钱网络中核心的交易路径。另外，正常的公司或个人在进行正常业务时，资金转移一般都会遵循成本最低和时间最短的原则。基于此，可以采用异常路径识别算法来识别一些不合理的绕路转账行为。

通过以上方法，可以更有效地识别出整个案件中关键的涉案账户及涉案账户在洗钱网络中所扮演的角色，从而能更全面地掌握案件的动向，甚至可以进行穿透案件的分析。

（二）主动发现异常团伙的方案

相较于已知涉案账号反查的情况，在不依靠已知涉案账号的情况下，想要在海量的交易量中有效筛选出风险较高的交易团伙是一件更为复杂的事情，目前建行主动发现异常交易主要是从异常的资金结构及交易网络入手进行识别。

1. 异常资金结构识别

基于海量的交易数据及历史的反洗钱经验，洗钱账号通常存在一些模式化的异常资金结构，包括但不限于频繁汇入或频繁汇出、集中转入且分散转出、分散转入且集中转出等。根据《金融机构大额交易和可疑交易报告管理办法》的规定，当一个交易行为在单个营业日内发生3次以上或者在连续的营业日内每天都发生持续三天以上时，可被视为频繁交易。因此，监测系统只需要对账户的交易频次进行统计，即可快速定位相关的频繁汇入或汇出异常结构。

对于集中转入后分散汇出，分散转入或集中转出的这类异常交易，建设银行首先过滤掉网络图中仅在两个账户之间转账而与其他账户无任何交易关系的账户。然后，根据前期反洗钱经验，设定交易的金额阈值，低于该阈值的账户因洗钱风险极低而被过滤掉。在剩余账户中，可根据转入转出阈值的设置筛选出可疑的节点，并根据这些节点在网络图中寻找异常洗钱网络。

此外，通常犯罪分子会想尽快处置好资金，因此同一交易路径上的连续交易时间间隔不会太长。若同一交易路径上的交易时间相差较大，则该交易的洗钱风险就会较低，从而也可以过滤掉一部分账户，缩小识别的范围。

## 2. 交易网络异常识别

模式化的异常资金结构识别完成后，基本能够从海量的交易中筛选出一批异常的交易账户。然而，对于一些更加复杂的异常交易，由于无法得知具体的交易模式，因此也无法用具体的规则进行筛选。犯罪团伙往往会尝试构建一个复杂的交易网络，以便将核心洗钱结构隐藏在某些正常交易中。因此，仅筛选出异常交易账户还不足以挖掘出实际的洗钱团伙。由于洗钱存在团伙性，与洗钱关键节点密切联系的账户往往也是洗钱网络的一部分，而在反洗钱场景下即表现为账户聚集一个网络。为此，建设银行引入了如图4所示的社区发现算法。该算法运用机器学习技术自动识别并划分出交易网络图中群聚形成的社区，即将异常交易账户节点归类到不同的社区中。随后，系统会根据洗钱风险程度对这些社区进行排序，最终，工作人员只需要对洗钱风险较高的社区进行深入调查即可。

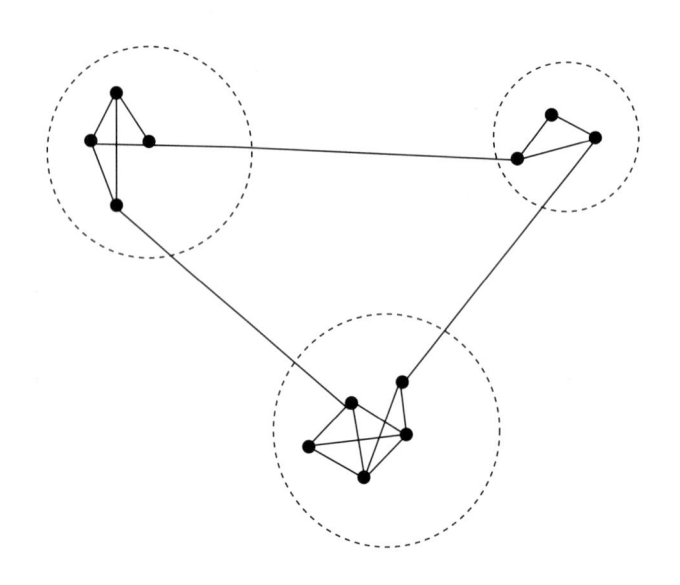

图4 社区发现示意

资料来源：笔者根据公开资料整理。

## 四 图挖掘技术革新下的反洗钱数据监测与传统方法的对比差异

目前，洗钱行为的显著特征包括手段多样、流程烦琐、目标特定及全球化，其核心目的是逃避监管部门的监测与追查，这进而对反洗钱数据监测的甄别能力、关联分析能力及数据处理能力提出了更高的要求。基于图挖掘技术的反洗钱数据监测系统，相较于传统系统，在提升工作效率、强化可疑交易甄别能力及深化关联分析能力等方面均展现出了明显的优势，因此更能适应洗钱手法不断演变和日益复杂化的趋势和合规监管的要求。深入剖析这两种系统之间的差异，将有助于我们更精准地把握反洗钱行业未来的发展方向，更有效地推动合规监管，以更好地守护金融安全（见表1）。

**表1 图挖掘技术革新下的反洗钱数据监测和传统监测系统的差异**

| 比较维度 | 图挖掘技术革新下的反洗钱数据监测 | 传统反洗钱数据监测 |
| --- | --- | --- |
| 系统的误报率 | 不到5% | 超过95% |
| 工作效率 | 高 | 低 |
| 穿透分析能力 | 具有深层次穿透识别分析能力 | 穿透识别能力弱 |
| 技术迭代开发优势 | 形成上中下游完整洗钱链路 | 较难追踪完整的资金路径 |
| 甄别能力 | 高，且达到资深反洗钱专家95%水平 | 低 |
| 人工成本 | 低 | 高 |
| 排查范围 | 客户的全局交易行为 | 单一客户的交易信息 |
| 反洗钱检测流程 | 简便、快捷 | 烦琐、缓慢 |
| 关联分析能力 | 隐性关联关系发现易 | 隐性关联关系发现难 |
| 数据库 | 基于Hadoop的数据仓库工具Hive | 关系型数据库 |
| 单个客户的排查周期 | 几个小时 | 几天甚至上月 |

### （一）传统反洗钱数据监测的缺陷

传统反洗钱数据监测主要依赖预设的规则和阈值来识别和报告可疑交易（Jullum M. et al., 2020），该模式也存在一系列问题。

第一，难以迅速适应不断演变的洗钱手段。近年来，互联网的迅猛发展极大推动了犯罪分子频繁采用多样化的途径与渠道来处理非法所得，同时，洗钱技术也在持续演进中，使洗钱手段日益复杂化并展现出高度的创新性。审视近期案件，共同的显著特征是犯罪团伙利用多人协作模式、构建多账户闭环网络，通过交易的网络化布局，结合多重身份与海量账号，精心编织复杂的交易链条。这种策略极大地削弱了传统反洗钱数据监测系统的能力，使其难以深刻洞察资金链与犯罪网络的深层关联，从而增强了洗钱的隐蔽性，加速了资金的流转，并极大地提升了反洗钱追踪的复杂性和难度，进而加剧了监管压力。

第二，传统的监测方法可能导致误报率上升，进而加剧合规风险。中国人民银行在 2023 年反洗钱会议中表示，在传统监测模式下，超过 90% 的警报最终被证实与洗钱活动无直接关联。当前，金融交易数据展现出多样化的特征，具体表现为数据体量庞大、数据类型繁多、增长速度快且价值密度相对较低（张宇等，2024）。然而，在处理这些复杂数据时，传统上依赖规则模型的交易监测方法显得力不从心，难以满足现代金融交易数据处理的高效性和准确性要求，进而产生了较高的误报率。此外，随着交易量的逐年增长和建设银行客户数量、数据量的急剧增加，系统更加难以有效捕捉非法资金流动的微妙迹象，使误报率不断提高。在此环境下，合规人员可能面临大量的警报而难以全面关注每一个潜在的洗钱风险点，从而增加漏报的风险。漏报可能会使金融机构面临监管处罚和法律风险。

第三，资源浪费和效率低下。传统风险监测策略频繁触发预警规则，迫使金融机构不得不投入大量人力资源进行烦琐且耗时的海量交易人工筛查工作，此过程极大消耗了金融机构的资源，并持续增加了运营成本，从而增加了合规成本。建设银行等金融机构在有限的资源约束下，可能会忽视隐藏在庞大交易数据中的洗钱活动线索，导致潜在的犯罪分子得以逃脱监测。这种处理方式不仅效率低下，还造成了人力资源的严重浪费，进而阻碍了可疑交易报告流程的顺畅进行，并影响了案件审查过程的标准化操作（Kute D. V. et al., 2021）。此外，传统的数据库查询方法，尤其是在处理大规模数据集时，确实可能会遇到性能瓶颈，尤其是当查询需要遍历大量数据以找到符合特定条件的记录时。

第四，由于排查范围有限，系统难以全面分析客户的全局交易行为。反洗钱监测系统尽管基于第一手交易数据生成可疑名单，但其排查范围相对有限，且缺乏先进的洗钱风险识别工具和信息提示功能，导致难以深度挖掘客户间复杂的关联关系，并对客户的全面交易行为进行透彻分析。因此，洗钱活动的隐蔽性较强，容易在第二层乃至更深层次的交易中隐匿不露。

第五，关联分析能力有限使得识别难度增加。传统反洗钱数据监测系统面临的一个关键局限是，其缺乏跨层级账户间的有效关联能力，这导致系统难以在烦冗的交易数据中捕捉到由多个账户组成的交易集团间的异常交易行为。这一问题的根源在于，建设银行反洗钱合规系统主要依赖关系型数据库，此类数据库设计初衷并非直接处理复杂的关联查询，而更擅长处理单个账户的交易分析。因此，在面对隐藏在金融交易网络中的洗钱团伙时，该系统显得力不从心，难以全面揭示多方、多笔交易之间错综复杂的内在联系。此局限性严重制约了洞察性分析的深度与广度，阻碍了洗钱风险评估的准确性和资金流动轨迹的精确追踪，使风险识别和度量变得困难，进而削弱了传统合规监管措施的有效性。

**（二）图挖掘技术革新下的反洗钱数据监测的优势**

经过图挖掘技术的革新升级，反洗钱数据监测体系采用了新的数据结构存储与分析方式，借助实时计算引擎的支撑，在深度链路追踪和网络转账识别方面展现出卓越性能。该系统能够针对任何关系、网络和模式进行深入洞察与探索，有效克服了传统反洗钱数据监测中存在的诸多不足，显著提升了甄别能力、关联分析能力及数据处理效率，进而增强了监管机构的监控力度和应急响应能力，为金融市场的稳定与安全提供了坚实的技术保障。

第一，图挖掘技术的引入显著增强了关联分析能力，从而极大地拓展了洗钱行为的排查范围。图挖掘技术能够借助跨案件间的数据融合与模式识别机制，从单一的可疑客户出发，深入拓展至交易网络中所有相关联的多手交易客户。这种全面而深入的排查策略，使系统能够捕捉到传统方法可能忽略的、更为隐蔽的洗钱行为。传统分析方法往往局限于直接交易关联的审查，图挖掘技术则能够构建出详尽的客户网络拓扑结构和资金流动图谱，进而实现对多层级账户关联关系的精准挖掘与逐层递进的计算分析，从而识别可疑分子，有效提高监测的准确性和有效性。

第二，图挖掘技术通过四大方法能够精准定位可疑客户，有效降低误报率。在技术革新的推动下，反洗钱监测系统依托可疑团伙识别、洗钱客户资金链追溯、分拆跨境汇款监测及特殊交易模式探查等先进方法，有效挖掘并补充了传统监测手段所未能触及的潜在洗钱线索，实现了对可疑客户的精准识别与靶向定位（闫明路等，2023）。该系统不仅深入剖析了洗钱犯罪的网络架构与运作机制，还精准地辨识出洗钱团伙，去除了主观判断的影响，保留了数据的原始信息，从而显著提高了判断的准确率，并大幅提升了筛选算法的效能。通过这一提升，系统能够精准识别案件中起关键作用的涉案账户，并明确这些账户在洗钱网络中的具体职能。此改进成功地将误报率从原先的高达95%显著降低至不足5%，大大增强了反洗钱工作的准确性和效率（中科金审，2021）。在2022年的中国反洗钱报告中指出，可疑交易报告的数据质量和情报价值持续得到提升，同时，反洗钱监测的精准性与整体工作效率也呈现出不断增强的趋势。

第三，图挖掘技术提高了系统的甄别能力，并降低了人工投入量。在面对数据的复杂化与多样化时，人类的甄别能力远低于机器的能力。研究显示，采用图挖掘技术的系统，其甄别能力可达到资深专家95%的水平。此外，图挖掘技术能够实时处理和分析大规模数据，有效减轻了甄别人员处理海量、复杂交易数据的压力，从而能在原有基础上节省约90%的人工甄别成本，此举措不仅大幅度降低了直接的合规成本，还减少了因人为错误可能导致的潜在损失，显著减少了资源浪费（渊亭科技，2020）。最值得一提的是，单个客户的排查周期从原先的几天甚至几个月缩短到了现在的几小时，极大地提高了工作效率。同时，该技术还具备对海量数据进行实时监测的能力，为金融机构提供了及时、高效的反洗钱支持。

## 五　建设银行反洗钱的成效分析

建设银行在获得客户明确授权的前提下，对内部数据（如客户历史交易记录）及外部数据（工商信息、司法涉诉记录、客户及地区风险名单等）进行了系统性的清洗与量化指标处理。在这一过程中，建设银行运用了前沿的图挖掘技术，构建了资金交易的可视化链路图，极大地拓展了洗钱风险识别的数据范围与深度，显著提升了反洗钱排查的效率和精准性。通过图挖掘技术，建设银行成功揭露了多起涉及拆分购汇、虚开增值税发票、电信诈骗等违法行为的可疑洗钱交易案例，累计涉及可疑资金高达 700 亿元，并据此开发了一系列针对地下钱庄、非法集资等特定风险的定制化监控模型。这些成就不仅凸显了建设银行在反洗钱领域的创新能力，也为整个行业树立了风险管理的标杆。

目前，建设银行总行已圆满完成反洗钱系统组件的功能整合，并借助灵活的规则定制机制，实现了"一版通全球，研发一次，全行共享"的高效部署模式，该模式已全面覆盖国内 37 家分行。在此基础上，各分行进一步开发了近 30 个基于图挖掘技术的反洗钱特色应用场景。此项目不仅于 2018 年荣获第五届中央金融团工委、全国金融青联联合颁发的"金点子方案"三等奖，更在 2019 年被评为反洗钱工作 A 类机构，充分展示了其卓越的成果与对社会的积极贡献。

## 六 图挖掘技术运用于反洗钱监测的发展面临的机遇与挑战

反洗钱工作在保护金融系统、打击犯罪和促进经济发展等方面具有重要意义。面对全球洗钱现状的严峻挑战，各国必须不断完善法律法规，加强国际合作，并积极采用新技术，以提高反洗钱工作的有效性。在这一过程中，图挖掘技术的应用日益受到重视，为反洗钱监测带来了新的机遇。然而，图挖掘技术的应用在推动反洗钱监测发展的同时，也伴随着各种挑战，需要警惕可能带来的新风险。

（一）图挖掘技术运用于反洗钱监测的发展面临的机遇

随着全球化和数字化的推进，跨国资金流动日益频繁，犯罪分子的新型洗钱手段层出不穷。面对日益复杂的金融犯罪活动，传统的反洗钱监测方法已难以应对新的挑战。图挖掘技术在反洗钱监测中的应用迎来了快速发展的黄金时期，并在维护金融系统稳定、推动金融市场高质量发展过程中发挥了重要作用。

第一，高准确性和强适应性的检测机制。提高检测准确性是图挖掘技术的一大优势。传统的反洗钱方法主要依赖规则基础和统计分析，这在处理复杂的洗钱网络时存在局限性。图挖掘技术能够通过网络分析识别交易中的潜在异常模式，从而提高监测准确性。通过对已知洗钱模式的对比分析，图挖掘能够为现有的客户风险评级和交易监测模型提供更准确的输入数据，改善模型的整体效果（Richardson et al.，2019）。此外，图挖掘技术的另一大优势在于其适应性。随着洗钱手法的不断演变，传统监测系统通常难以迅速调整，以应对新的威胁。而基于图的技术能够通过学习新出现的模式和特征，不断优化检测机制，从而保持高效的监测能力。

第二，复杂关系的可视化与分析。图挖掘技术能够有效处理复杂的关系数据。洗钱活动通常涉及多个账户、交易和参与者，这些元素之间存在复杂的关系。通过构建知识图谱，可以将这些关系可视化，从而更好地理解资金流动的路径和模式。例如，知识图谱可以通过节点表示账户，通过边表示交易，揭示潜在的资金洗钱网络（Richardson et al.，2019）。

第三，实时监测与动态分析。传统的反洗钱监测往往依赖事后分析，而未来的发展方向应朝向实时监测。在反洗钱监测中，静态模型往往无法应对快速变化的交易环境。图挖掘技术允许动态更新监测模型，实时反映新交易和新模式，通过实时数据流的图分析，可以及时发现异常交易活动，并快速响应。这种动态分析将大大降低金融犯罪的风险，增强金融系统的安全性，从而提高响应速度和准确性。通过这种动态调整，金融机构能够更有效地应对洗钱活动的变化，保证持续的监测能力（Richardson et al.，2019）。

第四，数据整合、跨行业协作与信息共享。图挖掘技术能够综合多种信息来源，包括金融交易记录、社交网络数据等，从而构建更全面的洗钱监测系统。这种综合性不仅能够提高检测能力，还有助于不同机构间的数据共享，从而提高监测的效率和有效性，协同打击洗钱行为。随着金融交易数据源的多样化，数据整合和跨行业信息共享在反洗钱检测中越发重要。在此背景下，图挖掘技术的运用迎来了快速发展的机遇。

第五，人工智能与机器学习的发展，助力应对新兴金融技术的挑战。随着新兴金融技术的兴起，洗钱活动的手法不断演变，给反洗钱监测带来了新的挑战。图挖掘技术与人工智能和机器学习的结合，能够进一步增强反洗钱监测的能力。通过半监督图学习等先进方法，将这些先进的算法应用于图挖掘技术中，可以在实际交易图上识别潜在的洗钱节点，提升模型对复杂洗钱模式的识别能力（Karim et al., 2024）。通过训练模型识别历史数据中的可疑交易模式，未来可以实现更加精准的风险预测和识别。这种技术不仅能够处理真实交易数据，还能够有效应对合成数据中的洗钱行为，帮助监测和分析新兴金融工具的交易模式，提高了监测的全面性和有效性（Cheng et al., 2023）。

（二）图挖掘技术运用于反洗钱监测的发展面临的挑战

图挖掘技术在反洗钱监测中展现出巨大的发展潜力。它不仅能够提高洗钱检测的准确性和效率，还能够促进数据整合与合作，适应不断变化的金融环境。然而，要充分发挥图挖掘技术的潜力，金融机构还需克服数据隐私、技术成本及行业标准化等挑战。

第一，数据复杂性与多样性。反洗钱监测涉及大量复杂的金融交易数据，这些数据不仅来源于不同的金融机构，还包括多种数据格式和结构。图挖掘技术虽然能够有效处理复杂关系，但在数据清洗和整合方面仍然面临困难。图挖掘的准确性和效率会受到多种因素的影响，其中包括不同数据源间存在的标准化差异，以及数据缺失或数据不一致的问题。这些问题若不妥善处理，会显著阻碍图挖掘过程的有效进行及其结果的可靠性。

第二，数据隐私保护问题。图挖掘技术的有效应用依赖大量高质量的数据。然而，收集这些数据本身就是一个复杂的过程。金融机构在收集客户数据时，需确保遵循相关的数据隐私政策，获得客户的明确同意。这不仅增加了数据收集的难度，也可能导致数据样本的不足，从而影响反洗钱监测的有效性。在图挖掘过程中，数据分析的过程可能涉及对个人数据的深度挖掘和交叉比对，这增加了隐私泄露的风险（Sun L., 2021）。例如，分析人员可能会通过图数据库中的数据，推断出客户的行为模式和财务状况，甚至揭示其个人隐私信息。如果这些分析结果被滥用，则可能会对客户造成严重影响。

第三，算法复杂性与系统兼容性问题。在反洗钱监测中，数据往往是多维的。每个交易可以涉及多个账户和交易方，这使数据的维度急剧增加。高维数据处理增加了算法的复杂性。例如，当图中节点和边的数量呈指数级增长时，传统的图算法可能难以处理，从而导致计算效率低下；反洗钱监测需要实时监控交易数据，这就要求算法具备动态更新的能力。动态图算法的设计比静态图算法更为复杂，因为需要在保持高效性的同时，快速更新图的结构和相关属性。这种动态性增加了算法的复杂性，要求开发者具备更高水平的算法设计能力；反洗钱活动通常涉及复杂的图结构，识别和分析这些复杂结构需要更高效的算法。与此同时，将图挖掘技术与现有的反洗钱监测系统集成存在技术兼容性的问题。许多金融机构仍然依赖传统的关系型数据库，而图挖掘技术通常需要图数据库的支持。如何有效整合不同类型的数据库与技术，确保系统的无缝对接，将是推动图挖掘应用的一个重要挑战。

第四，不确定性与误判风险。图挖掘技术的有效性高度依赖输入数据的质量。然而，金融数据往往存在缺失、错误或不一致的情况，这会导致最终分析结果的偏差。并且反洗钱监测的环境是动态的，洗钱手法和金融法规都在不断变化。洗钱者可能会利用技术手段快速调整其交易模式以规避监测，这使基于历史数据的图挖掘分析难以保证持续的准确性与有效性，增加误判风险。图挖掘技术的应用通常会生成大量的报警信息，然而，这些报警信息的准确性和相关性并不总是可靠。由于误判的发生，金融机构可能会错将合法客户视为可疑客户。某些客户可能因其交易的复杂性而被标记为高风险，实际上可能只是其正常的商业运作。例如，某些跨国公司的交易可能涉及多国汇款，导致其交易模式看似复杂，但实际并无洗钱意图。过多的误报警可能导致反洗钱机构的资源被浪费在无关的调查上，降低了对真正可疑活动的关注度。此外，频繁的误报警还可能导致机构对系统的信任度下降，从而影响后续的监测效率。

第五，行业标准缺乏与人才短缺。目前，关于图挖掘在反洗钱监测中的应用还没有统一的行业标准。这使各金融机构在实施图挖掘技术时，可能会采取不同的方法和策略，导致实施效果的差异。因此，缺乏参考框架可能会造成资源的浪费和效率的降低。而且图挖掘技术的应用需要高素质的人才，但目前相关领域的人才仍然短缺。金融机构和技术公司需要加强合作，在行业标准制定、人才培养等方面进行全面的布局与规划，以推动图挖掘技术的有效应用，提升反洗钱监测的效率和效果。

## ➢ 案例使用说明

### 1. 教学目的与用途

#### 1.1 适用课程

本案例适用于金融科技合规实务、金融风险管理、金融数据分析、数字金融、金融科技等课程。

#### 1.2 适用对象

本案例主要针对金融硕士和高年级本科生。

#### 1.3 教学目标

本案例聚焦中国建设银行针对反洗钱数据监测系统的全面升级实践，建设银行旨在通过深度剖析其系统架构的重构与监测策略的创新应用，强化合规监管能力。本案例以学术视角为引领，着重探讨图挖掘技术如何成为关键驱动力，推动反洗钱工作向智能化转型并显著提升效能，其教学目的旨在引导学生深入理解金融科技手段如何有效助力反洗钱工作，研究讨论金融科技手段在推动反洗钱监测体系升级中的具体方法与实践。本案例旨在为金融机构加强风险管理、优化合规监管提供宝贵的启示与借鉴，助力金融行业突破当前面临的挑战与困境。具体教学目标如下：

（1）通过查阅相关资料，深入了解当前洗钱的主要手段及其活动特征，并据此分析传统的洗钱监测机制是否能够有效应对洗钱犯罪日益复杂和多变的新形势。

（2）分析传统监管模式下反洗钱监测业务的难度，引导学生深入理解金融科技，了解大数据和图挖掘技术在反洗钱工作中的重要性和应用方式。

（3）深入了解建设银行的反洗钱监测系统的作用和路径，理解利用图挖掘技术升级后的反洗钱数据监测与传统方法的区别，从而认识升级后的反洗钱数据监测系统优势。

（4）了解图挖掘技术运用于反洗钱监测发展面临的机遇和挑战。

（5）借助案例所述建设银行的数据监测升级模式，启发学生思考如何优化反洗钱监测并设想未来合规监管的发展方向。

**2. 启发思考题**

本案例的启发思考题立足当下大数据时代，探讨传统反洗钱数据监测在日常工作中展现出来的局限性，并深入分析图挖掘技术升级反洗钱监测数据的新方式。为了确保教学质量，案例编写组建议教师让学生尽量在课前查阅银行业反洗钱监测发展现状、图挖掘技术等信息，并熟悉相关知识点。除此之外，教师在案例讨论前需要安排学生阅读教学案例中涉及的合规监管、反洗钱识别、风险监测等相关知识。同时，教师可以引导学生通过互联网等渠道了解传统反洗钱监测的手段，以及金融科技在金融领域的最新应用等相关知识点。

（1）洗钱犯罪手段的日益翻新与高度隐蔽性，给合规监管带来了前所未有的严峻挑战。目前市场中的新型洗钱活动存在哪些特征？在新型洗钱行为下，传统的反洗钱数据监测系统存在哪些问题？

（2）请阐述在合规科技的发展趋势下，建设银行应如何利用图挖掘技术助力提升反洗钱监测工作。

（3）与传统的反洗钱数据监测系统相比，图挖掘技术革新下的反洗钱数据监测系统有什么优势？

（4）采用图挖掘技术来优化反洗钱识别和监测方法将面临哪些具体的机遇与挑战？

**3. 分析思路**

教师可以根据上述的教学目标灵活地使用本案例，基于启发思考题，分析思路如图5所示。

第一，通过智能化反洗钱整体技术架构，深入了解反洗钱监测如何依据已知案件进行回溯调查，并探讨其如何主动识别异常交易团伙。随后，在针对已知案件的回溯调查中，分析建设银行如何利用社会网络分析算法，结合网络图中各节点的信息度量，实现重点可疑账户的精准筛查，并通过最小生成树算法清晰追踪核心资金流动路径，从而全面打击洗钱犯罪团伙。接着，在主动发现异常交易团伙方面，探讨建设银行如

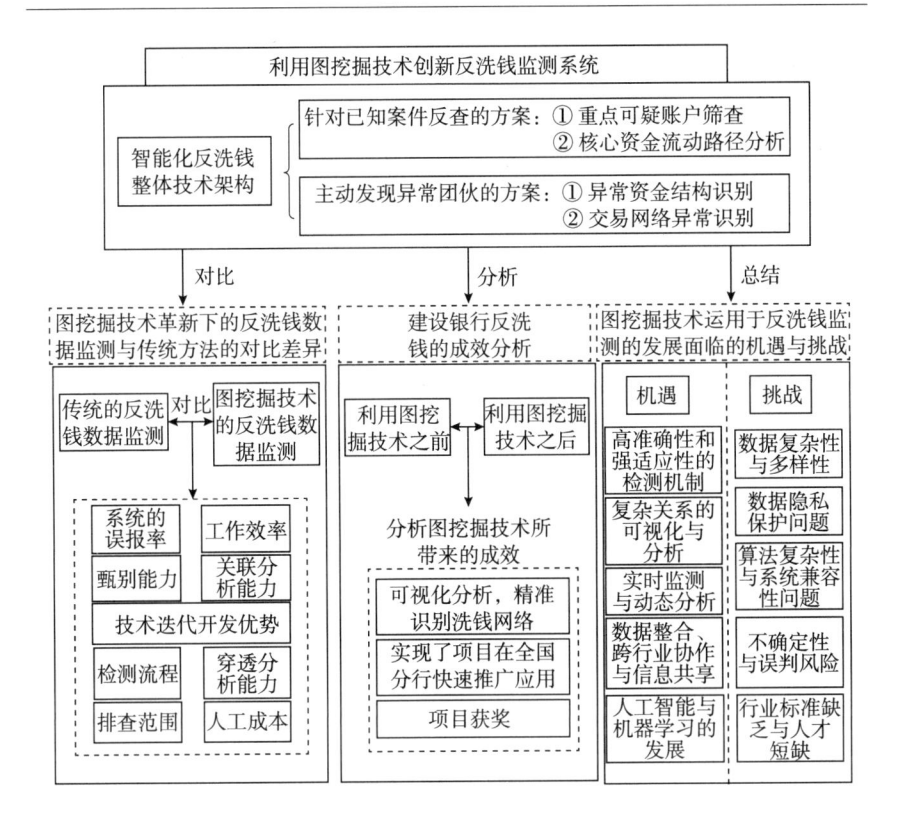

图 5　分析思路框架

何通过监测异常的资金结构特征及交易网络的异常模式，主动识别并应对潜在的洗钱风险。

第二，对比图挖掘技术革新下的反洗钱数据监测与传统方法的差异。从系统的误报率、工作效率、甄别能力、关联分析能力、技术迭代开发优势、检测流程、穿透分析能力、排查范围、人工成本等方面，分析传统反洗钱数据监测的缺陷和图挖掘技术革新下的反洗钱数据监测的优势。

第三，通过深入查询相关资料，分析建设银行在反洗钱领域的显著成效。从反洗钱排查工作所展现出的高效率与精准性、图挖掘技术在全国各分行的广泛推广应用，以及建设银行在反洗钱项目中荣获的奖项等多个维度，深入探讨了图挖掘技术为该行带来的显著社会效益与潜在经济效益。

第四，总结图挖掘技术运用于反洗钱监测的发展面临的机遇与挑战。从检测机制的高准确性和强适应性、复杂关系的可视化与分析、实时监测与动态分析、数据整合和跨行业协作与信息共享、人工智能与机器学习的发展的角度分析机遇。从数据的复杂性与多样性、数据隐私保护问题、算法复杂性与系统兼容性问题、不确定性与误判风险、行业标准缺乏与人才短缺的角度分析挑战。

**4. 理论依据与分析**

（1）金融风险管理（Financial Risk Management）。金融风险管理这一概念最早在1955年由施耐德教授提出，是指金融机构为应对各种风险（包括洗钱风险这一重大合规风险）而构建的一系列全面控制措施与制度体系。目前，洗钱风险管理主要由洗钱风险识别、洗钱风险评估、洗钱风险控制和洗钱风险监测四个环节构成。建设银行已将图挖掘技术应用于洗钱风险管理的各个环节，显著优化了管理流程，提高了识别洗钱活动的精确度，并有效降低了由洗钱风险引发的金融风险。具体来说，首先，在反洗钱数据监测方面，建设银行能够利用图挖掘技术识别出进行洗钱行为的犯罪团伙，相较于传统的客户尽职调查、风险评估模型、异常交易监测等方法，图挖掘技术凭借其强大的数据处理、模式识别和网络分析能力，有效提升了甄别能力和关联分析能力，从而减少误导率，提高洗钱风险评估的准确性和资金流动轨迹追踪的精确性；其次，建设银行通过图挖掘技术赋能反洗钱数据监测，综合分析和评估风险因素和风险指标，更加精确地确定可疑交易的洗钱风险等级，进而采取针对性的控制措施，有效降低了洗钱风险；再次，建设银行在图挖掘技术的支持下，能够更加明确地构建和完善洗钱风险管理的控制措施与制度体系，以全面预防和打击洗钱活动；最后，建设银行建立了先进的监测系统，该系统能够实时处理和分析大规模数据，并通过图挖掘技术不断优化监测和更新机制，确保洗钱风险管理的有效性和及时性。综上所述，在图挖掘技术的赋能下，建设银行在洗钱风险管理方面取得了显著成效，有效减少了洗钱风险带来的金融风险。

（2）信息不对称理论（Information Asymmetry）。信息不对称理论作为现代经济学的核心理论之一，深刻揭示了市场经济活动中信息分布不均的普遍规律。该理论由斯蒂格利茨、阿克尔洛夫及斯彭斯等学者共同奠定，明确指出市场参与者在信息掌握方面存在显著差异，这种差异直接导致了交易双方的优势与劣势地位。

在反洗钱领域，信息不对称问题尤为突出。一般而言，犯罪团伙作为信息充裕方往往能占据优势地位，银行则因信息匮乏而处于不利局面。这一现象的主要根源在于，传统的反洗钱数据监测系统依赖关系型数据库构建资金交易图谱，其排查范围通常局限于单一客户的交易信息，难以实现对客户全局交易行为的监测，从而加剧了信息不对称。为了缓解这一问题，图挖掘技术应运而生，该技术能够实现对可疑客户的精准识别，有效缓解信息不对称现象。具体而言，图挖掘技术能够将历史交易信息全面呈现在图中，借助强大的可视化平台，工作人员能够轻松发现隐藏在复杂交易网络中的隐秘关联链路，深入理解和分析交易模式，进而准确评估洗钱风险。

（3）社会网络分析理论（Social Network Theory）。社会网络分析理论（SNA）最早由拉德克利夫·布朗（Radcliffe-Brown）提出。SNA算法一般可用于分析网络图中各个节点的信息度量，在反洗钱需求中用于挖掘账号之间关联信息，常用的SNA指标具有程度中心性、中介中心性、接近中心性等特点。

第一，程度中心性。在复杂网络分析中，程度中心性作为一项关键指标，旨在量化节点之间连接关系的广度与密集度。对于图挖掘技术而言，反洗钱系统能够自动识别和分析账号之间的复杂关联，包括直接交易关系、间接资金流动路径及潜在的洗钱网络结构。这种增强的关联分析能力，使建设银行能够更准确地识别出高风险账户和可疑交易模式。

第二，中介中心性。它衡量了一个节点在多大程度上位于其他节点对之间最短路径的必经之路上，即充当了"中介"或"桥梁"的功能。中介中心性的分析在图挖掘技术的赋能下变得更加高效和准确。系统能够自动识别出位于信息流通关键路径上的节点，这些节点往往是洗钱网络中信息传递的瓶颈或调控点。通过对这些节点的重点监控，监管机构可以更有效地阻断洗钱资金的流动，降低洗钱活动的成功率。

第三，接近中心性。接近中心性是衡量节点在网络中位置优越性的一种综合性指标。它基于节点到其他所有节点的平均最短路径长度来计算，路径越短，该节点能够越迅速、有效地与其他节点建立联系，获取或传递信息。接近中心性的计算在图挖掘技术的支持下，能够更全面地反映节点在网络中的可达性和信息获取效率。这有助于建设银行识别出那些能够快速响应市场变化、灵活调整洗钱策略的账户，从而采取更加及时和有效的监管措施。

（4）图挖掘技术（Graph Mining Technology）。图挖掘作为数据挖掘领域的一个高级分支，专注利用图论模型及算法，从大规模、复杂的数据集中发现并提取出潜在的有价值知识与信息结构。这一过程不仅是对数据深层特性的探索，也是知识发现技术的重要体现。相较于传统的数据挖掘手段，该技术不仅继承了其固有的分析优势，还独具特色地应对了数据对象之间错综复杂的关联性和多样化的数据表现形式，成为探索和处理高度复杂数据结构的一把强大工具（张宇等，2024）。通过精细的图结构分析，图挖掘技术为这些领域提供了强有力的数据支撑与决策辅助，推动了相关领域研究的深入与实践的革新。

图数据库技术是对真实世界的完整描摹，以图的方式进行建模，能更好地表达万事万物之间的关系。最早应用图技术并发挥出商业价值的是公司是Google，他们将图技术用在搜索引擎展示的网页排名（Pagerank系统）中，通过搜索结果之间的关联分析，实现给用户更好的结果推荐；也是基于此，Google在第一代搜索引擎中脱颖而出，成为当时行业内第一个具有垄断地位的公司。随后，图分析、图思维又被广泛应用在AI中，成为Twitter、Facebook等互联网公司的核心技术。目前，图技术的用途日益广泛和成熟。图技术更为熟悉的应用场所应用，特别是金融领域，包括反欺诈、反洗钱审计，产业链营销和风控，信贷风险传导，信用卡授信评估，催收客户失联修复，市场风险指标归因等。主要是知识图谱的存储、计算和推理，在知识图谱中，用"点"和"边"构成的图来表示显示世界的实体和关系。与关系型数据库相比，图数据库更擅长构建复杂的客户关系网络图，并且在执行关联查询时，其效率相较于关系型数据库有显著提高。

**5. 具体分析**

（1）洗钱犯罪手段的日益翻新与高度隐蔽性，给合规监管带来了前所未有的严峻挑战。目前市场中的新型洗钱活动存在哪些特征？在新型洗钱行为下，传统的反洗钱数据监测系统存在哪些问题？

当前市场中的新型洗钱活动展现出多样化、隐蔽性、网络化、链条复杂化及全球化等显著特征。具体而言：

第一，洗钱手段多样且隐蔽性增强。随着互联网技术的飞速发展，洗钱方式越发多样化，传统的空壳公司、化名存款及进出口贸易等手段正逐渐被新兴渠道如虚拟货币、跑分平台及直播打赏等所取代。这些新兴途径凭借其高科技含量和网络匿名性，极大地提升了洗钱活动的隐蔽性，给追踪和打击此类犯罪带来了前所未有的挑战。

第二，洗钱链条错综复杂。洗钱犯罪组织内部合作紧密，构建起一个包含多个账户的闭环系统。该系统充分利用交易的网络化特性，结合大量虚构与真实身份及海量账号，精心编织出复杂多变的交易链条，使洗钱过程更加难以追踪和解析。

第三，洗钱活动全球化趋势明显。在全球化的背景下，人员、资金、信息等要素的跨国流动日益频繁，为洗钱活动提供了便利条件。犯罪组织利用跨国洗钱手段转移非法所得，已成为国际社会共同面临的严峻挑战，需要各国加强合作，共同应对。

传统的反洗钱数据监测方法主要依赖专家预定义的规则和阈值来判断交易的可疑性，这种方法通常基于关系型数据库架构。然而，在面对复杂多变的资金流动网络时，这种传统方式在构建交易图谱的过程中表现出了显著的局限性。从技术迭代、工作效率、排查范围、关联分析能力及甄别能力等多个维度来看，可以深入探讨这些局限性。

第一，甄别与分析能力不足。尽管现有的反洗钱数据监测系统已构建了风险识别、评估、控制及持续监测的框架，但其核心甄别与深度分析工作仍严重依赖人工操作，难以应对庞大且错综复杂的金融交易数据。面对快速变化的环境，传统系统灵活性不足，难以迅速捕捉并剖析潜藏的非法资金流动迹象。随着洗钱策略的不断进化，系统的技术局限性越发凸显，难以实时、精准地甄别与分析新型、多变的风险类型，从而限制了为金融机构提供高效、即时反洗钱援助的能力。此外，反洗钱活动涉及的复杂图结构，代表了金融交易网络中各实体间的复杂关系，而传统系统难以甄别和分析这些结构，追踪完整的资金路径也面临困难。

第二，海量数据处理效率低下。确保全面覆盖潜在风险，建设银行遵循中国人民银行的可疑交易标准，筛选出海量数据，每月生成高达20万份详尽报告。这些数据需由专业人员人工甄别与处理，部分还需额外补录信息。然而，尽管投入大量资源，成功揭露的洗钱案件比例却极低（0.04%—0.16%），凸显了提升数据处理效率与准确性的紧迫性（江静，2016）。反洗钱监测人工依赖程度高，数据处理时效性差。

第三，排查范围局限。现有反洗钱监测系统基于直接交易数据筛选可疑交易，但排查范围有限，难以广泛覆盖并深入挖掘客户间的复杂联系及全面交易行为，可能在隐蔽洗钱活动中存在监测盲区。

第四，误报率高。在处理复杂金融交易数据时，传统基于规则模型的监测手段由于难以适应现代金融环境对数据处理速度和精度的严苛要求，往往导致误报率居高不下。随着交易频次的激增、客户群体的扩大及数据规模的迅速扩张，系统在辨识非法资金流动细微特征方面的能力受到严重制约，误报现象越发普遍，这不仅加剧了监测工作的难度，还显著提高了运营成本。相比之下，图挖掘技术凭借其解析图结构数据的独特能力，能够更有效地提取出有价值的知识与信息，从而显著降低误报率，为金融交易监测带来新的解决方案（张宇等，2023）。

第五，反洗钱监管以规则为本。传统的反洗钱监测系统多依赖专家模型，这些模型虽基于历史数据与专家知识构建，但受限于主观判断较强、量化评估不足等。面对新的监管要求和复杂多变的洗钱手法，建设银行亟须对其反洗钱系统进行全面升级与优化。

（2）请阐述在合规科技的发展趋势下，建设银行应如何利用图挖掘技术助力提升反洗钱监测工作。

在合规科技持续演进的背景下，建设银行需紧跟技术潮流，巧妙融合图挖掘技术，以显著提升反洗钱监测工作的效能与精确度。具体来说：

第一，构建智能化、动态适应的反洗钱监测框架。建设银行构建基于图挖掘技术的智能化反洗钱监测框架，该框架应能够动态适应洗钱手法的快速变化。通过集成先进的数据收集、预处理、图谱构建及关联分析模块，实现对海量交易数据的深度挖掘与实时分析。同时，框架能够支持模型的持续优化与迭代，以确保监测策略始终与洗钱风险态势保持同步。

第二，深化已知案件反查能力，实现精准打击。针对已知案件，建设银行能够充分利用图挖掘技术的优势，通过社会网络分析（SNA）等算法，精准识别涉案账户及其关联网络中的重点可疑账户。结合最小生成树等图计算算法，追溯核心资金流路径，揭示洗钱犯罪团伙的完整网络结构。这一过程不仅有助于实现对洗钱犯罪的精准打击，还能为案件侦破提供有力证据支持。

第三，强化异常交易团伙识别，提升主动防御能力。对于未知洗钱风险，建设银行能够依托图挖掘技术，开发高效的异常交易识别模型。通过识别异常资金结构（如频繁交易、集中转入分散转出等）及交易网络中的异常模式，筛选出潜在的洗钱团伙。利用社区发现等算法，自动划分交易网络中的异常社区，并对高风险社区进行深度调查。此举将显著提升建设银行的主动防御能力，有效遏制洗钱活动的发生。

第四，优化资源配置，提升监测效率。图挖掘技术的应用有助于建设银行优化资源配置，减少对传统人工筛查的依赖。通过智能分析技术，建设银行能够快速锁定高风险交易，减少无效预警的生成，从而降低人力资源消耗。同时，图挖掘技术能够高效处理大规模数据集，克服传统数据库查询的性能瓶颈，提升监测工作的整体效率。

（3）与传统的反洗钱数据监测系统相比，图挖掘技术革新下的反洗钱数据监测系统有什么优势？

建设银行合规科技部门成功部署图挖掘技术，将复杂的客户资金交易转化为直观的可视化链路图，显著提升了识别洗钱活动的精确度。这一创新不仅有效揭示了潜在的洗钱风险，还大幅减轻了人工审核负担，降低了合规成本，实现了反洗钱工作的智能化转型。面对分行在可疑交易筛查中面临的工具不足、证据匮乏挑战，该技术提供了强有力的解决方案。图挖掘技术革新下的监测反洗钱数据的优点如图6所示。

第一，排查范围扩大。图挖掘技术通过构建知识图谱，显著增强了监测系统的功能，使其不再局限于对单一可疑个体的监控，而是能够深入剖析并揭示出错综复杂的交易网络结构，广泛覆盖所有相关联且多层次的交易参与者。这一重要转变极大地扩展了反洗钱监管的覆盖范围，使客户信息更全面，为监管部门提供了更有力的工具，以高效揭露并有

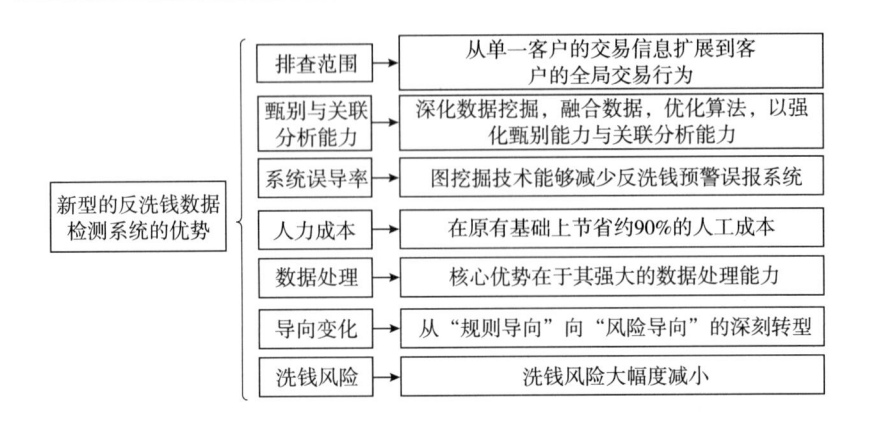

| 新型的反洗钱数据检测系统的优势 | 排查范围 | 从单一客户的交易信息扩展到客户的全局交易行为 |
|---|---|---|
| | 甄别与关联分析能力 | 深化数据挖掘，融合数据，优化算法，以强化甄别能力与关联分析能力 |
| | 系统误导率 | 图挖掘技术能减少反洗钱预警误报系统 |
| | 人力成本 | 在原有基础上节省约90%的人工成本 |
| | 数据处理 | 核心优势在于其强大的数据处理能力 |
| | 导向变化 | 从"规则导向"向"风险导向"的深刻转型 |
| | 洗钱风险 | 洗钱风险大幅度减小 |

**图6 图挖掘技术革新下的监测反洗钱数据的优点**

效遏制虚构交易、伪装投资、地下钱庄活动及网络平台洗钱等多样且隐蔽的洗钱行为。

第二，甄别与关联分析能力提高。建设银行优化图挖掘技术的运用，特别是增强SNA算法与社区发现算法的精度与鲁棒性。通过引入更精细化的特征工程，深入挖掘交易数据中的隐含信息，如交易时间、金额、频率及账户间关系等，构建多维度、多层次的关联图谱。同时，利用机器学习模型自动识别异常交易模式，结合专家规则与算法智能，实现精准甄别。此外，加强跨领域数据融合，如结合外部征信数据，丰富账户画像，提高关联分析的全面性与准确性。最后，持续优化可视化交互工具，提升用户体验，便于监测人员直观理解复杂交易网络，从而作出更快速、准确的决策。

第三，系统的误报率大幅度下降。通过运用图挖掘技术深度剖析客户交易数据，系统误导率实现了显著下降，由原先的95%以上大幅降至5%以下。该技术能够构建清晰的上中下游洗钱路径图，精准追踪犯罪团伙的资金流动轨迹，进而更有效地识别全局性的洗钱模式与团伙活动，从而大幅度降低误报率。

第四，人力成本减少。通过深度整合图挖掘技术与复杂网络算法，实现交易数据的自动化、智能化分析，精准定位高风险交易及团伙。此举不仅能有效减少传统数据库查询导致的性能瓶颈，还能降低人工筛查的烦琐与耗时，显著节约人力资源。

第五，数据处理能力加强。图挖掘技术的核心优势在于其强大的数据处理能力，能够无缝整合来自多个渠道的数据资源，深入剖析交易背后的实体关系，构建起高度互联的交易信息网络。借助风险传播算法，该技术能够实时评估新发生的交易，精准捕捉异常模式，从而实现对洗钱风险的早期预警和有效防控。

第六，反洗钱监管以风险为本。自2008年起，中国反洗钱监管框架经历了从"规则导向"向"风险导向"的深刻转型，强调金融机构应遵循"风险为本、合理质疑、审慎平衡"的核心原则开展工作，如表2所示。鉴于这一政策导向，建设银行积极响应，将先进的图挖掘技术融入反洗钱监测体系，以顺应时代发展趋势，提升监管效能。

表2　　　　　　　　　　中国反洗钱监管原则

| 时期 | 2003年以前 | 2003—2007年 | 2008—2013年 | 2014年至今 |
| --- | --- | --- | --- | --- |
| 原则 | 探索阶段 | 规则为本 | 风险为本 | 风险为本<br>法人监管 |

注：上述材料参考韩光林（2010）的论文及中国人民银行公布的各年度反洗钱报告。

第七，洗钱风险减小。建设银行的反洗钱工作流程通常涵盖风险识别、风险评估、风险控制及风险监测四大环节。将图挖掘技术深度融入这些环节，能够显著提升识别洗钱活动的精确度，并有效降低因洗钱风险而引发的金融风险。

（4）采用图挖掘技术来优化反洗钱识别和监测方法将面临哪些具体的机遇与挑战？

在全球化和数字化的浪潮中，金融犯罪手段日益复杂，传统反洗钱策略显得力不从心。图挖掘技术在此背景下异军突起，成为反洗钱监测的新利器，为金融稳定与高质量发展注入强大动力。具体来说：一是高精度与强适应性并存的监测体系。图挖掘技术以其独特的网络分析能力，精准捕捉交易网络中的异常模式，显著提升监测准确性。其动态学习机制则确保系统能紧跟洗钱手法变化，持续优化检测逻辑，保持高效监测能力。二是复杂关系的深度透视与解析。面对错综复杂的洗钱网络，图挖掘技术通过构建知识图谱，直观展示账户、交易与参与者之间的深层关系，使洗钱路径无所遁形，为监管机构提供清晰视野。三是实时监测与快速响应的革新。传统的事后分析模式难以满足现代金融交易的实时性需求。图挖掘技术引入动态监测机制，实时分析数据流，即时捕捉异常交易，缩短响应时间，有效遏制金融犯罪风险。四是数据融合与跨界协作的新范式。图挖掘技术打破数据孤岛，整合金融交易、社交网络等多源信息，构建综合监测体系。同时，促进跨行业信息共享，增强协同作战能力，共同应对洗钱威胁。五是人工智能与机器学习驱动的智能化升级。随着人工智能与机器学习技术的融入，图挖掘技术在反洗钱领域实现智能化飞跃。通过高级算法训练，系统能精准识别新兴洗钱模式，实现风险预测与识别的双重提升，为应对新兴金融技术挑战提供有力保障。

不过图挖掘技术虽在反洗钱监测中潜力无限，但其广泛应用仍面临多重严峻挑战：一是数据挑战。数据的复杂性与多样性是首要障碍。海量金融交易数据源自多元渠道，格式与结构各异，加剧了数据清洗与整合的难度。标准化缺失及数据质量问题直接影响了图挖掘技术的精准度和效率，限制了其反洗钱检测效能的发挥。二是隐私保护难题。数据收集与使用的合规性要求严格，既要确保客户隐私，又要满足监测需求。这一平衡点的把握不仅增加了数据获取难度，还可能因数据不足而削弱监测效果。同时，深度数据挖掘带来的隐私泄漏风险不容忽视，需严格防控。三是技术与系统兼容性瓶颈。高维数据处理与动态监测需求考验着算法设计与系统整合能力。复杂图结构的识别与分析对算法性能提出了更高要求，而传统系统与新兴图挖掘技术的兼容难题阻碍了技术的快速部署与应用。四是误判与不确定性风险。数据质量波动与洗钱手法的快速演变，导致图挖掘分析面临误判挑战。大量报警信息的准确性难以保证，不仅浪费资源，还可能削弱系统信任度，影响整体监测效果。五是行业标准与人才短缺。行业标准的缺失导致技术实施路径不一，影响整体效率与效果。同时，专业人才短缺限制了技术创新与应用深度，需加强行业合作与人才培养，以推动图挖掘技术在反洗钱监测中的标准化、专业化发展。

## 6. 背景信息

中国人民银行发布的《中国反洗钱报告（2018）》深入剖析了中国反洗钱工作的现状，揭示了 2018 年中国在反洗钱领域取得的进展与挑战。报告指出，该年度内，中国人民银行各分支机构共识别并接收了 13467 份重点可疑交易线索，较上一年度增长 31.19%，随后经过严格筛选，针对 1086 份线索进行了 7564 次反洗钱调查，这两个数据较上一年分别增长了 34.24% 和 13.27%，可见反洗钱调查工作的力度加大。报告强调，中国人民银行向侦查机关移送了 3648 件可疑线索，同比增长 36.78%，侦查机关据此立案调查了 419 起案件，立案数同比增长 44.98%。此外，全国金融系统积极履行社会责任，广泛参与反洗钱工作，大力协助执法部门对 2663 宗案件进行了共计 22334 次反洗钱调查。年度内，案件数量与调查频次分别实现了 48.77% 和 7.96% 的显著增长。这些案件广泛涉及恐怖融资、腐败行为、毒品交易、非法金融活动、集资诈骗及金融欺诈等多个犯罪领域，标志着反洗钱行动在广度和深度上的不断拓展与深化（刘宏华等，2020）。值得一提的是，全国金融系统全年共协助破获了 540 起涉嫌洗钱等案件，同比增长率高达 49.17%，这一成就不仅彰显了金融系统在反洗钱工作中的重要作用，也反映了中国反洗钱体系的有效性与执行力。该报告的数据深刻剖析了当前反洗钱工作所处的复杂国内外环境，揭示了国际反洗钱标准持续强化的趋势。在这样的背景下，深化金融业双向开放战略，强化金融风险防控机制，将反洗钱与反恐怖融资工作置于风险管理体系核心，成为金融监管体系中必不可少的关键环节。因此，持续加强反洗钱监管力度，提升监管效能，对维护国家金融安全、促进经济健康发展具有重要意义。

## 7. 关键要点

### 7.1 案例关键

本案例的核心在于深入剖析洗钱活动的主要渠道及其特征，利用图挖掘技术的优势来优化现有的反洗钱识别与监测体系。旨在构建客户资金交易的可视化链路图，以此实现洗钱活动的精准识别与挖掘，有效应对传统方法的局限性。为此，首先需要深入理解当前反洗钱识别与监管的基本原理和逻辑，并分析传统反洗钱数据监管模式所存在的不足之处。接着，熟悉并掌握图挖掘技术在反洗钱监管领域的具体应用，进而对比传统数据监测方法的缺陷与图挖掘技术革新所带来的优势。这一过程不仅凸显了图挖掘技术在提升反洗钱效率与精准度方面的关键作用，也强调了其在现代金融监管体系中不可或缺的重要性。

### 7.2 关键知识点

本案例涉及的知识点主要有反洗钱、金融风险管理、信息不对称理论、社会网络分析理论、图挖掘技术。

### 7.3 关键能力点

本案例涉及的能力点主要有逻辑思维能力、抽象归纳能力、分析与综合能力及理论联系实际能力。

## 8. 建议课堂计划

此案例极为适宜作为案例研讨课程的素材，以下是一个建议的时间安排与课堂规划概览，旨在高效利用课堂时间，确保讨论深入且充实，整体时长建议维持在90分钟以内，以供参考。

### 8.1 课前准备

教师可预先发布案例的核心内容，鼓励学生提前阅读并围绕主题搜集相关资料，深化理解。同时，教师可设计一系列启发性问题，引导学生在课前进行独立思考与初步探索。随后，教师将学生进行分组，每组人数控制在3—5人，旨在促进小组讨论的深入与多样性。

### 8.2 课中计划

教师以精练的开篇，概述当前反洗钱领域的核心特征，并剖析传统数据监测方法面临的挑战，强调反洗钱手段革新的迫切性与重要性。随后，简要提及建设银行如何巧妙运用图挖掘技术，开创性地优化反洗钱监测系统，展现了技术创新在金融行业的应用价值。

学生随后深入研读案例，各小组围绕关键议题展开热烈讨论，凝聚智慧，提炼观点，精心准备发言材料。在限定时间内，各小组代表轮流上台，通过精练的口头陈述或辅以幻灯片展示，分享本组的见解与发现，同时提出讨论中未解的疑惑，每组发言时间严格控制在5分钟以内，确保整体环节紧凑高效，总时长维持在30分钟上下。

教师随后扮演引导者的角色，针对各小组的展示内容，进行细致点评与答疑，不仅解答了学生的疑问，还围绕预设的启发思考题，提供了深入的分析视角与参考思路。教师总结本次讨论的核心要点,展望反洗钱领域未来可能的发展趋势与技术创新方向。

8.3 课后作业

教师布置课后作业,要求学生关注反洗钱的最新动态,选取时效性强的国内外案例,参考本案例分析思路,撰写一篇不少于 1000 字的案例分析报告,阐述个人思考与体会。

### 9. 参考文献

韩光林:《中国反洗钱监管制度变迁的路径锁定及对策》,《国际金融研究》2010 年第 11 期。

江静:《商业银行反洗钱工作难点及对策分析》,《市场周刊》(理论研究)2016 年第 2 期。

刘宏华等:《对"洗钱罪"判决难问题的思考》,《中国金融》2020 年第 18 期。

闫明路等:《图计算在反洗钱领域的应用》,《金融会计》2023 年第 10 期。

渊亭科技:《央行连续开千万级洗钱罚单!高压下,渊亭科技助金融机构利用人工智能反洗钱》,2020 年 3 月 5 日,搜狐网,https://www.sohu.com/a/377776923_120573763。

中科金审:《图数据库立足全局视角助力发现反洗钱漏报误报》,2021 年 9 月 17 日,百家号·百度,https://baijiahao.baidu.com/s?id=1711076698945901558&wfr=spider&for=pc。

张宇等:《图计算体系结构和系统软件关键技术综述》,《计算机研究与发展》2024 年第 1 期。

Cheng D. et al., "Anti-Money Laundering by Group-Aware Deep Graph Learning", *IEEE Transactions on Knowledge and Data Engineering*, Vol. 35, No. 12, 2023, pp. 12444-12457.

Jullum M. et al., "Detecting Money Laundering Transactions with Machine Learning", *Journal of Money Laundering Control*, Vol. 23, No. 1, 2020, pp. 173-186.

Karim R. et al., "Scalable Semi-Supervised Graph Learning Techniques for Anti Money Laundering", *IEEE Access*, 2024.

Richardson B. et al., *Network Analytics and the Fight Against Money Laundering*, McKinsey & Company, 2019.

Sun, L., "Implementation of Organization and End-User Computing-Anti-Money Laundering Monitoring and Analysis System Security Control", *PLoS One*, Vol. 16, No. 12, 2021, p. e0258627.

# 案例六 "荒漠"变"绿洲"？滴灌通以数字生态系统滴灌小微企业融资[①]

## ➢ 案例正文

**摘要**：小微企业在稳就业、保民生和促发展等方面发挥了重要作用，但长期存在融资难的问题。与以往一次性资本投资不同，滴灌通运用数字技术构建了数字生态系统，通过每日收入分成合约连接全球资本与中国小微门店，有效缓解了小微门店的融资难题，而投资者也能了解投入资金动向，并根据自身收益和流动性需求进行结构化分层投资。基于此，本案例聚焦滴灌通解决小微门店的融资痛点问题，梳理滴灌通的数字生态系统，并分析滴灌通服务小微门店的路径与模式，以及其面临的机遇与挑战。本案例能够为金融产品与模式创新及金融业数字化转型提供参考，对解决小微企业融资问题及促进经济高质量发展有重要作用。

**关键词**：数字技术；小微企业融资；数字生态系统；数字金融

---

① 本案例由曾燕（中山大学岭南学院）、杨佳慧（中山大学岭南学院）、符君懿（中山大学国际金融学院）、罗愉童［香港中文大学（深圳）经管学院］、马阳（中山大学岭南学院）、王昊坤（中山大学岭南学院）撰写，作者拥有著作权中的署名权、修改权、改编权。

## 一　引言

小微企业是中国经济发展中最活跃的力量，对稳就业、保民生和促发展都起到了重要作用，但其融资难的问题在中国乃至世界都存在已久。中国人民银行一组数据曾显示，中国小微企业个数占市场主体的90%以上，为中国贡献了80%的就业、70%左右的专利发明权、60%的GDP及50%以上的税收。[①] 小微企业在中国经济增长过程中发挥了重要作用。但是小微企业在中国占据的经济地位和享受的金融服务仍存在较大不匹配，特别是在中国现阶段面临经济增速放缓、就业压力增大和内需不足等问题，解决小微企业融资问题刻不容缓。在融资难、融资贵等问题方面，小微门店[②]是具有代表性和典型性的小微企业。

与金融机构通过资产负债表和利润表数据为小微企业发放信贷资金不同，滴灌通依托人工智能等数字技术构建了数字生态系统，通过小微门店每日现金流制定每日收入分成合约（Daily Revenue Contract，DRC）连接全球资本和小微门店，有效缓解小微门店的融资难题。同时，投资者也能了解投入资金的动向，并根据自身收益和流动性需求进行结构化分层投资。那么，滴灌通的数字生态系统是什么？滴灌通服务小微门店的路径与模式如何？滴灌通面临哪些机遇与挑战？下文将一一介绍。

## 二　滴灌通简介

滴灌通是一家运用数字技术使全球分散的资本能够直接投资中国小微门店的投资型企业，于2021年成立。与传统债股融资、民间关系借贷等方式不同，该企业提出了一种基于现金流量表的新型投融资方式，

---

[①] 该组数据来源于中国人民银行行长易纲在第十届陆家嘴论坛（2018）上的演讲。资料来源：《金融高官齐聚上海陆家嘴讲了啥？信息量很大》，2024年2月24日，新华网，https://baijiahao.baidu.com/s?id=1603292132504020653&wfr=spider&for=pc。

[②] 与个体商户不同，小微门店是指在特定地点开设的、规模较小的实体商铺，一般是法人组织且需要营业执照，主要用于销售商品和提供服务，属小微企业。

案例六 "荒漠"变"绿洲"？滴灌通以数字生态系统滴灌小微企业融资　181

即依托小微门店的收入与现金流制定投融资双方的每日收入分成合约。同时，滴灌通运用了人工智能、区块链等数字技术构建了高度数字化的交易平台和管理系统，不仅能够缓解小微门店的融资难题，帮助小微门店规避债券融资的限制性和股权融资的不稳定性，也能及时且准确地了解小微门店每日营业收入，以保障投资者权益。此外，滴灌通还以全国连锁品牌商、金融机构、SaaS 公司①为合作节点，搭建了一对多的投资网络，并通过投资海量小微门店进一步分散投资风险。现阶段，滴灌通在中国已合作 500 个连锁品牌和技术或软件服务提供商，已支持国内 31 个省份中 10000 多家小微门店与创业者，覆盖了零售、餐饮、服务、文体行业中的 100 多个生态场景，投资金额超过 20 亿元。

## 三　滴灌通的数字金融生态系统

滴灌通的数字金融生态系统主要包括数字金融市场参与主体和数字金融基础设施。其中，数字金融市场参与主体包括资金需求方、资金供给方和资金供需对接方，数字金融基础设施包括数字金融信息基础设施、数字金融融合基础设施和数字金融制度基础设施。② 滴灌通的数字金融生态系统具体如图 1 所示。

### （一）数字金融市场参与主体

滴灌通是该数字金融生态系统的资金供需对接方，通过提供金融产品和服务撮合资产与资金匹配，同时也开发数据资源并释放数据价值。一方面，滴灌通充分运用数字技术搭建数字化交易平台并签订每日收入分成合约，为资产与资金匹配创造良好的条件，保障相关交易健康可持续发展。具体来看，滴灌通通过提供滴灌基金、滴灌包等金融产品，满

---

① SaaS 公司是指托管应用程序并通过互联网等渠道向客户提供托管应用程序服务的企业。SaaS，英文全称为 Software as a Service，即软件即服务，是云计算的其中一种服务模式。

② 已有的数字金融基础设施为滴灌通数字金融生态系统稳定运行提供保障。数字金融创新基础设施主要是指支撑科学研究、技术开发的具有公益属性的基础设施，包括重大科技基础设施、科教基础设施等。滴灌通数字金融生态系统内不包括数字金融创新基础设施。详见国家发展改革委《"十四五"新型基础设施建设专家谈之二：发展创新基础设施　支撑创新型国家建设》，中华人民共和国国家发展和改革委员会官网，2021 年 12 月 17 日，https：//www.ndrc.gov.cn/fggz/fgzy/xmtjol/202112/t20211217_1308433_net.html？sid_for_share=99125_30。

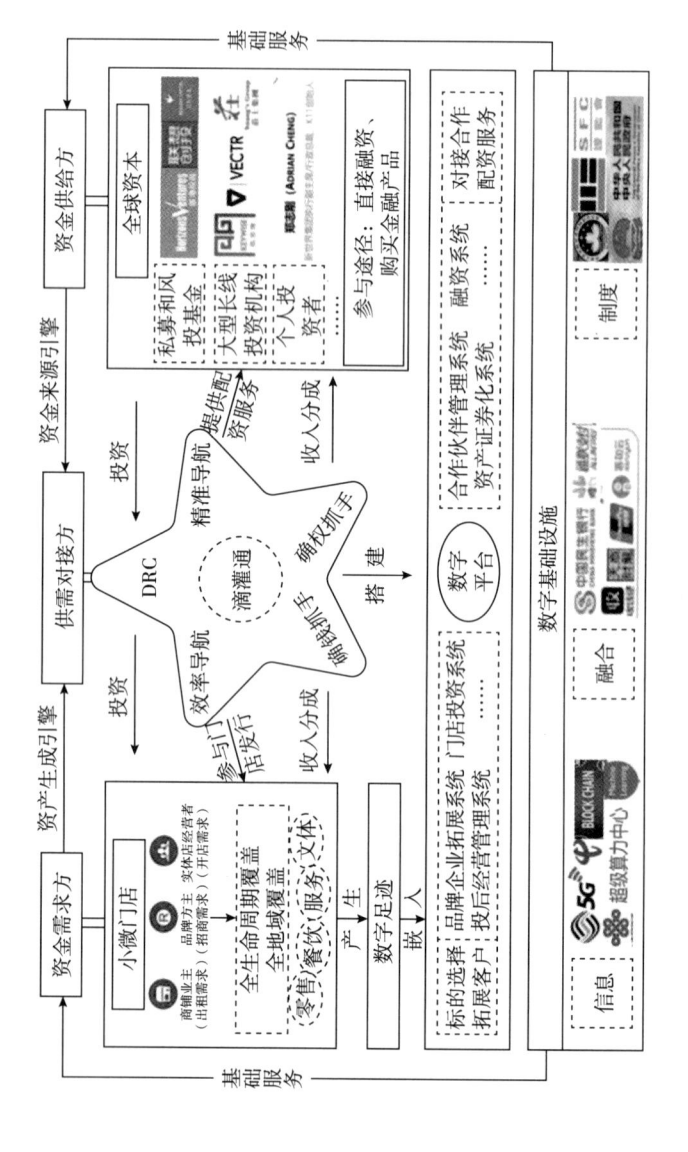

图 1 滴灌通的数字金融生态系统

资料来源：笔者根据相关资料整理。

足全球投资者的投资需求。同时，滴灌通通过每日收入分成合约帮助小微门店多渠道融资，与小微门店共担风险和收益，实现资金精准"滴灌"到有融资需求的消费类小微门店，从而连接和匹配投资者资金和小微门店资产。另一方面，滴灌通还是数据开发者，能够挖掘并有效利用小微门店生产经营中沉淀的数据资源，据此开展投资评级、精准定价和动态风控，进而充分释放小微门店历史沉淀数据的价值。"滴灌通"交易模式如图2所示。

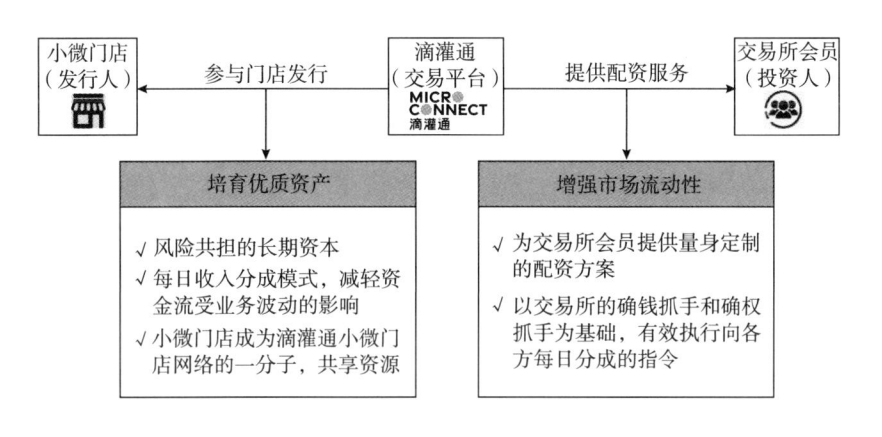

**图2 "滴灌通"交易模式**

资料来源：笔者根据相关资料整理。

小微门店是滴灌通数字金融生态系统的资金需求者和数据生产者，也是促进滴灌通数字金融生态系统健康发展的推动者。商铺业主、品牌方、实体店经营者等的小微门店，需要借助金融服务提升自身生存能力与发展效率。小微门店通过滴灌通获得的资金可以用于门店前期运营、人员培训、品牌推广等方面，很大程度上减轻了小微门店的资金周转压力，助力其扩大产品市场。同时，小微门店的生产经营过程产生海量数据，可以为滴灌通的数字金融生态系统奠定数据基础。小微门店的发展规模与质量决定了滴灌通的市场空间和风险承担水平，因此健康的小微门店能夯实滴灌通数字金融生态系统的发展基础。

全球投资者是滴灌通的数字金融生态系统的资金供给方，其类型包括私募和风投资金、大型长线投资机构、个人投资者、互联网平台、零售消费集团等。全球投资者通过直接提供资金、购买滴灌基金或滴灌包等金融产品的方式为滴灌通企业提供资金，进一步为小微门店注入资金，解决其融资需求。具体来说，一是全球投资者可以直接提供风险投资资金。滴灌通 A、B、C 轮分别融资 5000 万美元、7000 万美元、4.58 亿美元，投资者来自欧美、中东、东南亚、中国等国家或地区。二是全球投资者可以购买滴灌基金。2022 年 2 月，滴灌基金面向全球专业投资者发行。三是全球投资者可以通过滴灌通澳门交易所进行资产流转。滴灌通将 DRC 标准化并打包组合形成份额，并将份额出售给全球专业投资者，全球投资者每日获得滴灌包中的门店分账回报。

（二）数字金融基础设施

数字金融基础设施指为保证滴灌通数字金融生态系统内的数字金融活动正常运行的相关软硬件设施与制度安排，主要包括数字金融信息基础设施、数字金融融合基础设施和数字金融制度基础设施。

滴灌通的数字金融信息基础设施主要指以数据和算力为中心，以运用数字技术和通信技术充分挖掘数据价值为目标设立的新型基础设施，包括国家设立的金融数据中心、金融算力中心等。滴灌通的数字金融生态系统内的数字金融活动正常运行，离不开数据和人工智能等数字技术的支持，而人工智能等数字技术的发展又离不开算力的支撑。例如，滴灌通借助国家建立的金融数据中心与金融算力中心的数据和技术优势，搭建了品牌企业拓展系统、门店投资系统等智能系统。其中，门店投资系统通过使用机器学习技术和利用大量跨行业和跨地域的实时数据，将资本有效地部署到大量的小微门店。交易清算层面，基于区块链技术的"确钱抓手"（Repayment ARM）和"确权抓手"（Rights ARM）系统能够自动化地采集信息和抓取现金，确保每一笔收入流的可追踪性和不可篡改性。

滴灌通的数字金融融合基础设施指通过统一管理平台管理滴灌通的数字金融的基础服务器、网络和存储组件等，并根据滴灌通需求提供整体硬件与信息技术解决方案，包括国家现代化支付清算系统，中国银联、网联等卡基或第三方支付公司提供的清算系统等。例如，滴灌通与交通银行深圳分行签约，搭建交易平台支付体系"交 e 保"，实现每日收入分账、反洗钱、税务监管等，确保资金跨境安全。除了与银行系统对接，滴灌通还与第三方 SaaS 公司对接，旨在实时监控小微门店的营业数据并预测其经营风险。

滴灌通的数字金融制度基础设施指保障滴灌通数字金融生态系统稳定规范发展的制度环境，包括相关政策法规、标准体系等。滴灌通目前受到四个不同司法管辖区的监管，这些地区包括中国及香港特别行政区、澳门特别行政区以及海外一些国家和地区。滴灌通澳交所依据澳门特别行政区行政长官公布的第 47/2022 号行政命令于澳门设立，并受澳门金融管理局依法监督。滴灌通在香港的子公司持有香港证监会颁发的资产管理相关牌照，受香港证监会监管。在中国大陆地区，滴灌通的每日收入分成合约受到《中华人民共和国民法典》中合同法规定的合伙经营法的约束。

## 四　滴灌通服务小微门店的路径与模式

本节将介绍滴灌通服务小微门店的路径，包括寻找优质小微门店、向小微门店投入资金和分成小微门店每日收入。在此基础上，本节将从具体操作情况与底层逻辑进一步详细阐述滴灌通服务小微门店的模式。

### （一）滴灌通服务小微门店的路径

国际资本流入滴灌通后，滴灌通首先通过效率导航系统和精准导航系统锁定优质的小微门店，然后与优质小微门店签订 DRC 并直接投放资金，最后通过"确钱抓手"和"确权抓手"精准分成小微门店的每日收入。

1. 寻找优质小微门店：效率导航和精准导航

如图 3 所示，滴灌通的效率导航系统包括合作伙伴管理系统、门店投资系统和投后经营管理系统，分别负责投资前期、投资中期和投资后期的工作，高效率寻找大量优质的小微门店。合作伙伴管理系统负责投资前期的工作，像一个 360 度旋转、无死角搜寻的探头，寻找"荒漠"中需要"滴灌"的小微门店。合作伙伴管理系统与滴灌通系统的合作网络连接，包括 SaaS 公司、金融机构、支付公司、商业地产和咨询顾问等，源源不断地向滴灌通系统输送符合要求的优质门店的信息。门店投资系统负责投资中期的工作，不仅能够自动生成投资方案和协定，还能实时追踪和显示各个投资节点，实现投资进程高度可视化，是滴灌通高效投资小微门店的核心。投后经营管理系统负责投资后期的工作，像一个智能监视器，监测收到"滴灌"的小微门店"树苗"生长情况。经营管理系统连通了滴灌通已投小微门店的经营管理系统及自动分账系统，能够自动获取每个已投小微门店每日的营业数据并进行实时分析，动态调整小微门店投资组合。比如，对于经营情况良好的小微门店，滴灌通会继续"加码"，继续投资其所属品牌或商圈的其他门店。而对于经营情况不好的小微门店，滴灌通会及时止损，考虑暂停投资其所属品牌或商圈的其他门店。

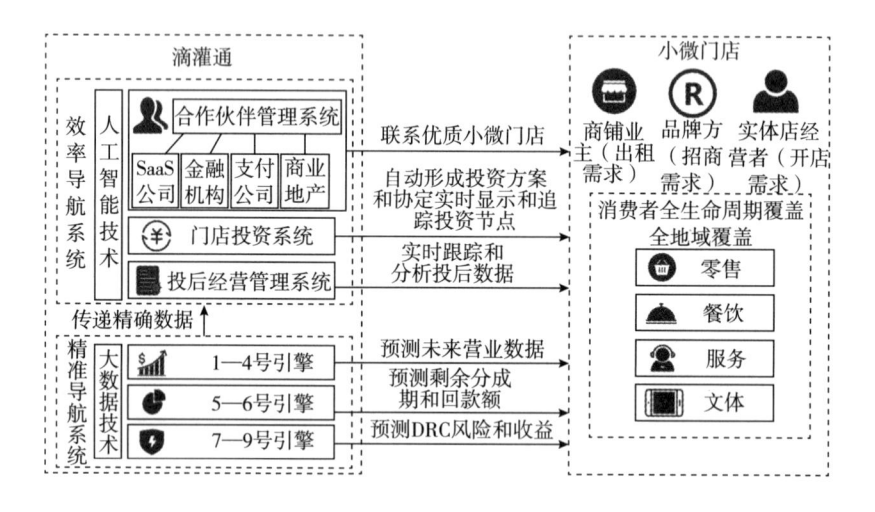

**图 3　滴灌通的效率导航系统和精准导航系统**

注：这个特定编码是由非对称加密算法生成的一对密钥，公钥用于加密数据，私钥用于解密。

资料来源：笔者根据相关资料整理。

滴灌通的精准导航系统包括 8 个智慧引擎，能够运用大数据精准预测每个小微门店的未来营业额、剩余分成期、剩余回款额和 DRC 风险价值等关键数据，提高了滴灌通寻找小微门店的质量。精准导航系统是一个神奇的"预言家"，可以基于大量数据科学预测小微门店的未来营业情况等。其中，1—4 号引擎运用小微门店的截面数据和时间序列数据来预测小微门店的未来营业情况，截面数据包括该小微门店所属行业、所属地区、店长所属类型,时序数据包括该小微门店的历史营业数据。5—6号引擎运用小微门店的租约期限、DRC合约期限及预测生存期来预测小微门店的剩余分成期,再结合营业额预测数据来预测剩余回款额。7—8号引擎结合以上数据来预测与该小微门店签订DRC的风险和收益。效率导航系统把这些预测的关键数据输送给精准导航系统,能够保障滴灌通寻找到高质量的小微门店。

2. 直接投放资金:签订DRC

如图4所示,定位到优质小微门店后,滴灌通会与小微门店签订DRC,根据双方具体情况来约定投资额、分成时间和分成比例,并把资金直接投放给小微门店。首先,滴灌通会参照滴灌通自身的资产组合需要来确定投资额。其次,双方将依据预估的小微门店回本期与持续运营时间进行深入沟通,共同确定分成时间。进而,结合通过数据分析得出的投资额占比及小微门店的盈利能力指标,双方将综合考量具体的分成周期与预期回款额度,共同商讨并确定一个公平合理的收益分配比例。签订合约后,滴灌通会把约定好的资金直接投放到小微门店中。小微门店再全权决定如何运用这笔资金到其生产经营的各个流程中,比如门店扩张或内部提升。

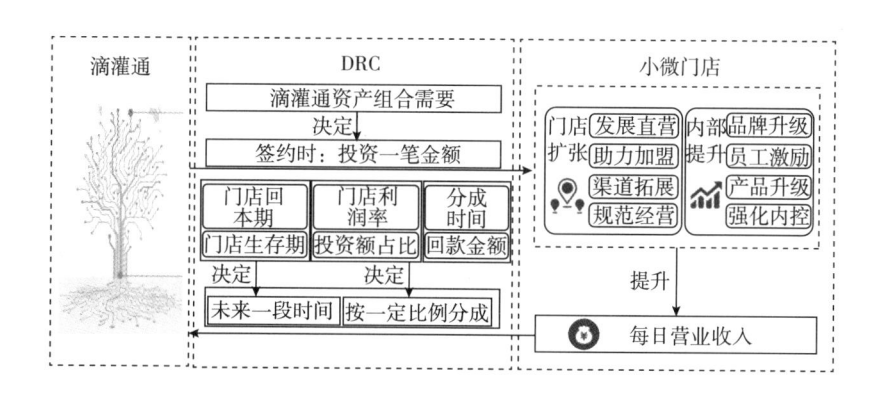

**图4 滴灌通与小微门店签订DRC**

资料来源:笔者根据相关资料整理。

### 3. 分成小微门店每日收入：确钱抓手和确权抓手

如图5所示，滴灌通能把小微门店的每日经营收入精准地分配给投资者，主要依赖"确钱抓手"和"确权抓手"两大系统。"确钱抓手"的核心是信息系统和资金系统，准确采集小微门店的每日经营数据并划扣约定比例的资金，实现每日收入的自动化分成。信息系统是"跑腿的"。滴灌通不仅自研开发了四大行业的业务中台与财务系统，并且接入了全国范围数十家各行业主流SaaS公司的系统，比如订单系统和财务系统。信息系统能够随时随地获取小微门店营业收入数据，并同步到资金系统中。资金系统是"收钱的"，接入了国内主流收单机构、银行和清算机构，根据收入信息和DRC约定的分成比例从小微门店的每日收入中抓取对应金额。"确权抓手"的核心是权益确认系统，能够把每日回收的资金精准分配给滴灌通的投资者。权益确认系统是"分钱的"，利用区块链技术给每一元的收入赋予一个不可篡改的特定编码，把每一元资金精准分配给每个投资者。如此一来，投资者每日回收的金额又可重新投资滴灌基金、滴灌包等，再通过DRC流向其他小微门店，实现了资金在各个小微门店中的高效流通。

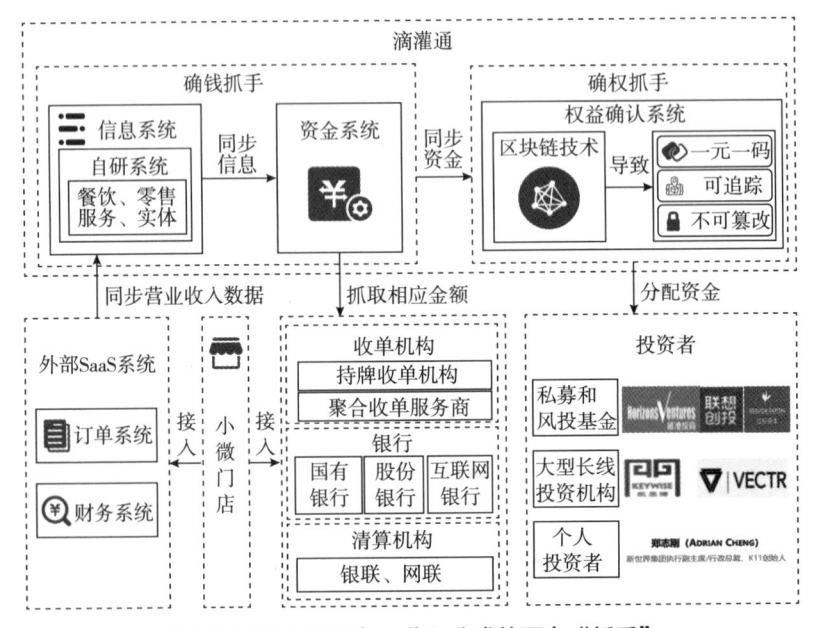

图5 滴灌通实现每日收入分成的两个"抓手"

资料来源：笔者根据相关资料整理。

## （二）滴灌通服务小微门店的模式

滴灌通服务小微门店的模式是基于 DRC 形成的"类股"融资模式：滴灌通向小微门店投放一笔资金，约定在合作期内滴灌通按比例分成小微门店每日收入，合作期结束后分成停止。与股权融资类似，滴灌通与小微门店同甘共苦，不同之处在于它是有期限的。一般而言，投资额在小微门店的资本中占比越大、小微门店利润率越高，则每日分成比例越高，反之亦然。随着分成时间流逝、回款金额累计到一定程度，每日分成比例将会阶梯式下降，最终降至 0。

下面用一个具体的例子来阐释滴灌通服务小微门店的具体操作。如图 6 所示，假设某小微门店需要筹集 100 万元的资本，滴灌通出资 50 万元（通常不超过所需资本的 50%[①]），投资合作期限为 36 个月。假设该小微门店的月均营业额是 35 万元，滴灌通投资后，以约定的比例分成小微门店的每日营业额，通常按照"前 18 个月回本、后 18 个月赚取收益"的规则来设计投资方案。按照前述假设和滴灌通 18 个月回本的诉求，滴灌通回本前的分成比例需设置为 8%（50 万元/18 个月/35 万元）。如果滴灌通 18 个月回本，则从第 19 个月开始，分成比例降一半至 4%。那么，如果实际经营中，小微门店月营业额一直是 35 万元，则滴灌通前 18 个月收回了 50 万元本金，后 18 个月赚取了本金的 50%的收益（25 万元）。但是实际上，小微门店的月营业额是波动的，可能高于或低于 35 万元。所以 DRC 中还约定了滴灌通若早于或晚于 18 个月回本时，收入分成比例也会有所调整。即如果滴灌通 16 个月就已经回本，则从第 17 个月开始分成比例降至 3%；如果滴灌通 12 个月就已经回本，则从第 13 个月开始分成比例降至 2%。以此类推，小微门店越早让滴灌通回本，回本后的次月开始分成的比例会降得越多。当然，如果滴灌通没能在 18 个月按时回本，那么在实际回本后，次月开始分成的比例的下降幅度就会小一些，即高于 4%。每晚一个月，降幅都会更少一些。不过，即使滴灌通 36 个月都没有回本，小微门店也不需要足额归还滴灌通企业投资的本金。约定好的分成时间结束后，滴灌通停止分成。若是小微门店因持续亏损等决定闭店清算，滴灌通则按照出资比例

---

[①] 保证小微门店自身是第一大股东。

收回清算所得资金。

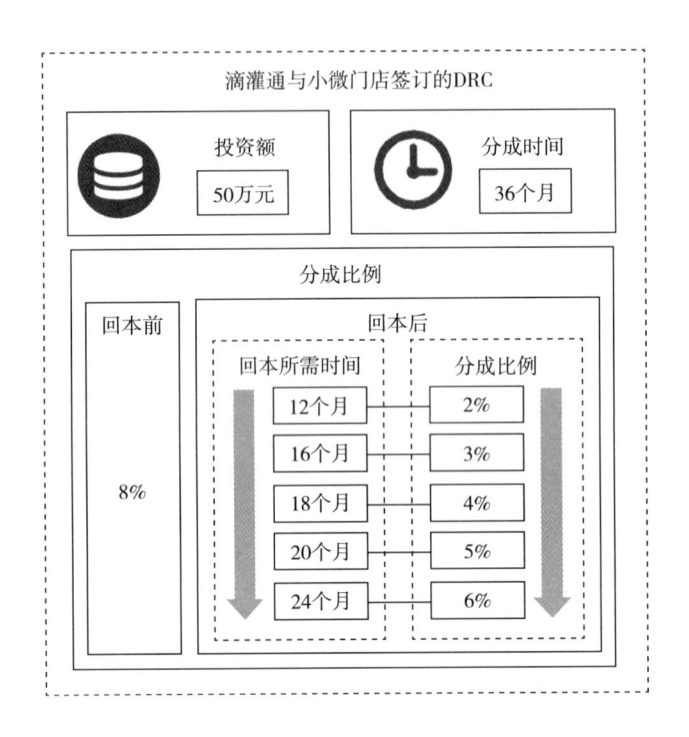

```
滴灌通与小微门店签订的DRC
┌─────────────────────┬─────────────────────┐
│  投资额             │  分成时间           │
│  50万元             │  36个月             │
└─────────────────────┴─────────────────────┘

               分成比例
┌────────┬────────────────────────────────┐
│ 回本前 │           回本后               │
│        │  回本所需时间  │  分成比例     │
│        │   12个月  ───→   2%           │
│        │   16个月  ───→   3%           │
│  8%    │   18个月  ───→   4%           │
│        │   20个月  ───→   5%           │
│        │   24个月  ───→   6%           │
└────────┴────────────────────────────────┘
```

**图6 滴灌通与某小微门店签订的 DRC**

资料来源：笔者根据相关资料整理。

　　滴灌通服务小微门店的每日收入分成模式的核心逻辑构建于一种灵活的"类股权"框架上，这种框架确保了投资是阶段性参与的，既非施加长期束缚的永久性股权结构，也非带来即时偿债压力的传统债权形式。滴灌通创始人曾在2022年底接受记者专访时解释道："滴灌通的每一笔合同来自小微门店未来三四年的收入分成安排——小微门店在前期没有收入时，不用给钱；什么时候有收入了就给，一直给到约定的分成时间结束为止。合作期结束后滴灌通即可退出，小微门店如果在这期间倒闭了也不用还钱。"在他看来，DRC不仅是"一个门店生意短期现金流的折现融资"，也是"阶段性递减的股权"。这样的模式能够更好地摆脱股权融资和债权融资对小微门店的束缚，缓解小微融资的融资难、融资贵等问题。如表1所示，与股权融资相比，小微门店的股权不会被分散，经营决策不会受影响，且时间有限；投资者每日可获得收入，实现有效投资退出和风险管控。与债权融资相比，小微门店即使经营失败亏损也不需要偿还本金；投资者的回报不受利率上限的限制，可获得超额回报。

表 1　　　　　　　　　三种融资产品对比

| 股权融资、债权融资和DRC三者的对比 ||||
|---|---|---|---|
| 比较维度 || 股权融资 | 债权融资 | DRC |
| 基本概念 | 形式 | 出售股权获得资金 | 通过借款获得资金 | 未来一定时间以一定比例的收入换取资金 |
| 基本概念 | 性质 | 投资者是股东，与小微门店共享风险和收益 | 形成债务关系，需要偿还本金和支付利息 | 联合经营，联营方提供资金，通过收入分配收益 |
| 资金需求方角度 | 资金偿还 | 不需要 | 需要 | 不需要 |
| 资金需求方角度 | 控制权 | 投资者与小微门店共享 | 小微门店 | 小微门店 |
| 资金需求方角度 | 经营权 | 投资者与小微门店共享 | 小微门店 | 小微门店 |
| 资金供给方角度 | 回报方式 | 到期分配股息和资本收益 | 到期偿还利息 | 每日收入分成 |
| 资金供给方角度 | 回报时间 | 无限 | 有限 | 有限 |
| 资金供给方角度 | 风险高低 | 高风险 | 低风险 | 中风险 |

资料来源：笔者根据相关资料整理。

## 五　滴灌通面临的机遇与挑战

本部分介绍滴灌通未来会面临的机遇，包括全面数字化时代、小微企业投资蓝海和澳门特别行政区政府支持。在此基础上，本部分进一步阐述滴灌通面临的挑战，包括DRC模式局限性、滴灌通受到信息欺诈可能性和未来监管不确定性。

### （一）滴灌通面临的机遇

在未来的全面数字化时代，滴灌通能获取小微门店更加透明详细的经营信息，增强投资者信心，获得更多投资。滴灌通的创始人张高波在采访中提到："滴灌通未来发展的信心，是数字化时代给的。"未来将进入全面数字化时代，小微门店将从根基上连在一起，更多地使用数字化的支付管理系统，采用无现金支付。在数字化系统的帮助下，滴灌通能够准确获取所有投资的小微门店的经营收入信息，及时整理成投资后期报告呈现给投资者，打破信息壁垒，给予投资者更充足的信心。如此一来，滴灌通融资难度将会大幅降低，从而获得更多国际资本。

随着中国新型城镇化的持续推进，国民收入的持续提升，新消费增长潜力较大，小微企业发展潜力也较大且融资需求持续增长，滴灌通将会拥有逐渐增长的投资蓝海。一是当前中国的城镇化水平持续提高，意味着越来越多的人口聚集在城市中。随着城镇化推进，会有很多原本空着的地方变成可用的商业空间。这种趋势将为线下业态，特别是将为小微门店发展提供机会，这已经在欧美等成熟市场得到了验证。二是在社会消费品零售总额方面，如图7所示，通过之前5年数据可以发现，疫情波动难以撼动中国消费持续向上的发展动力，消费领域非常具有韧性，未来的大波动对其影响较小。未来小微门店将稳定持续发展，滴灌通的投资市场较为稳定。

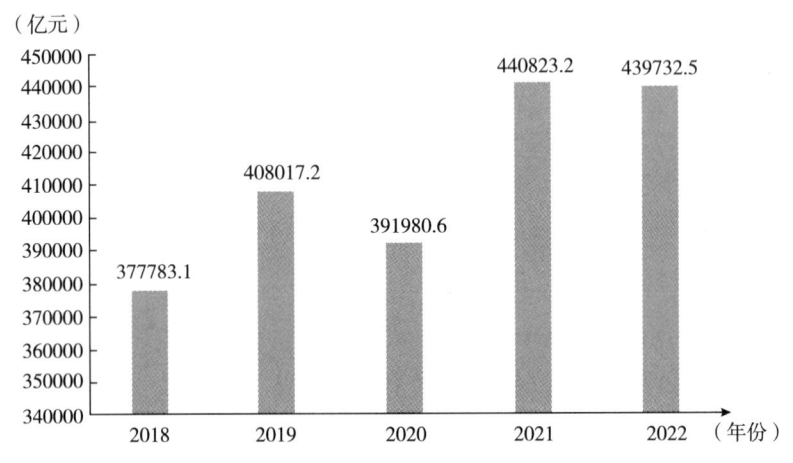

图7 近五年社会消费品零售总额

| 年份 | 社会消费品零售总额（亿元） |
| --- | --- |
| 2018 | 377783.1 |
| 2019 | 408017.2 |
| 2020 | 391980.6 |
| 2021 | 440823.2 |
| 2022 | 439732.5 |

资料来源：笔者根据相关资料整理。

澳门特别行政区政府支持为滴灌通的未来发展奠定了坚实的基础。澳门金融管理局（以下简称"金管局"）行政管理委员会主席陈守信在滴灌通澳交所试营运启动典礼的致辞中表示，金管局积极部署现代金融业的发展，利用澳门高度开放的金融体系，引进不同类型的金融机构落户澳门（海外网新闻，2023）。澳门金管局期望在未来，滴灌通不仅能够逐步理顺业务模式，建立坚实的风险防范机制；还应充分把握机遇，立足澳门双循环"交汇处"的区位优势，引入国际资金助力中国小微企业的发展，并为澳门经济适度多元贡献力量。

### （二）滴灌通面临的挑战

DRC 并不适合与所有小微门店签订，滴灌通必须投资盈利能力较强的小微门店。一是滴灌通称投资期结束后，不管是回本、盈利还是亏损，小微门店都不需要偿还投资款，说明分成的比例非常高，也就是要求小微门店有极强的盈利能力。二是小微门店本身没有比"与滴灌通签订 DRC"更好的融资渠道。这两个条件同时满足合作才能成功。依据北京清律律师事务所的深入剖析，符合特定条件的两类小微门店：一是那些已拥有成熟产品与服务，并步入稳定增长轨道的门店，尽管它们可能难以在短期内提供股权投资机构所偏好的快速退出途径。二是短期内订单量激增但订单持续性不强，或是存在显著淡旺季差异的小微门店，这类门店的传统融资需求往往难以契合传统股权投资机构的评估标准。

滴灌通既不直接参加小微门店的经营管理，又全面采取数字化系统工作，可能会遭到不法分子的攻击，受到信息欺诈。一是由于 DRC 并不是股权交易，滴灌通既不能影响小微门店决策、经营，又不能直接派人去监管小微门店。即使小微门店经营不佳，濒临破产，滴灌通也无权过问，这就使小微门店的发展变得难以掌控。二是滴灌通的"确钱抓手"采取全自动模式，每日自动同步小微门店的营业收入数据并自动抓取约定分成比例的收入金额。在数据极易造假的时代，主业务系统的后台数据可能被恶意篡改，滴灌通较难通过电子支付数据及经营系统的监控防范商业欺诈。无论是投资前期的调查，还是投资后期的跟踪管理，滴灌通都面临比较大的监管压力。

未来监管不确定性可能引发滴灌通与小微企业签订 DRC 等业务

的不确定性。一是当前在中国，以 DRC 为基础的"类股权"融资模式尚处于初步发展阶段，尚未形成显著的市场规模，因此受到监管机构的直接关注较为有限，同时，针对此模式的专项法律法规体系也尚待完善与健全。未来中国可能会对此建立新的法律法规，滴灌通需要及时调整业务经营以符合监管要求。二是滴灌通澳交所的运营环境面临多重且复杂的监管挑战。其业务横跨四个不同的司法区域，包括中国及香港特别行政区、澳门特别行政区及海外多个国家和地区，这要求滴灌通必须遵循多样化的法律框架与监管标准。在中国大陆，滴灌通的 DRC 业务受到《中华人民共和国民法典》中合同法相关条款及联合经营法律规定的约束；而在澳门，作为法定交易所的滴灌通澳交所直接受澳门金融监管条例的严格监管；在香港，滴灌通需遵守香港证监会的全面监管规定；在其他国家和地区，投资者认购滴灌通澳交所发行的产品则需遵循英国法的相关条款。在未来，比如国内法律可能会对小微门店的信息披露作出更严格的要求，这将导致滴灌通签约小微门店难度加大；外汇管制、跨境资本流动限制等也可能会导致滴灌通获取国际资本难度加大。

## ➢ 案例使用说明

### 1. 教学目的与用途

#### 1.1 适用课程

本案例适用于公司金融、金融市场与金融机构、金融机构经营管理、金融机构风险管理、金融科技等课程。

#### 1.2 适用对象

本案例适用对象为金融学、经济学等专业的本科生与硕士生。

#### 1.3 教学目标

本案例重点介绍滴灌通的数字金融生态系统和其服务小微门店的路径和模式，并分析了其面临的机遇和挑战。教学目标是带领学生深入了解数字金融赋能小微门店融资的一个实例，并讨论滴灌通赋能小微门店发展的方法。具体教学目标如下：

（1）梳理国内小微企业的特点与发展情况，并了解小微企业存在融资贵、融资难的问题。

（2）深入了解滴灌通的数字金融生态系统，滴灌通服务小微门店的路径和模式，理解滴灌通是如何吸收国际资本，并赋能小微门店发展。

（3）理解并学习滴灌通在鉴别小微门店优劣等环节所采用的风险管理方法。

（4）了解数字技术的应用情况和应用场景，掌握在特定场景中选择并使用适当数字技术的技能。

**2. 启发思考题**

本案例的启发思考题立足中国实情，探讨传统融资模式在小微企业融资上展现出来的弊端，并深入分析滴灌通服务小微门店融资的新方式。思考题整体呈现了先破再立、由浅及深的特点，引导学生逐步了解并分析案例。为了确保教学质量，案例编写组建议教师让学生尽量在课前查阅小微企业发展现状等信息，并熟悉相关知识点。除此之外，教师在案例讨论前需要安排学生阅读教学案例中涉及的数字金融、小微企业融资、风险控制等相关知识。同时，教师可以引导学生通过互联网等渠道了解传统融资模式下小微企业的融资流程，以及数字技术在金融领域的最新应用等相关知识点。本案例的启发思考题如下。

（1）请阐述中国小微企业的特点及整体发展情况，并回答在传统融资模式下，小微企业融资存在哪些问题。为什么会出现这些融资问题？

（2）请描述滴灌通帮助小微门店融资的路径和模式，并将其与传统融资模式（股权融资和债权融资为主）进行比较，分析它们的不同之处。

（3）鉴于小微门店经营风险较高，滴灌通在投资这些实体门店时，采取了哪些措施来降低投资风险？

（4）滴灌通应用数字技术解决了哪些问题？

**3. 分析思路**

教师可以根据上述的教学目标灵活地使用本案例，基于启发思考题，分析思路如图8所示。

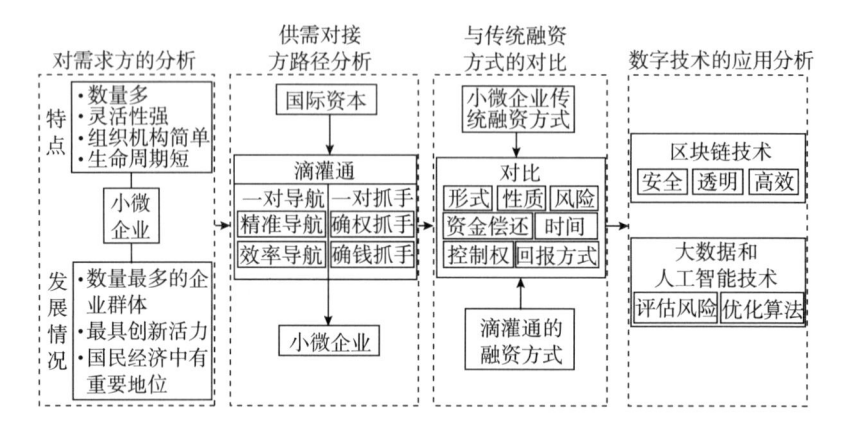

**图 8　分析思路**

（1）学生需要从企业个体和企业群体的角度全面认识中国的小微企业。从企业个体角度，可以探讨中国小微企业在数量、生产规模、组织机构等方面的发展特点；从企业群体角度，可以了解中国小微企业的地位和发展情况。在此基础上，结合金融机构的特点，引出之前的金融机构不能很好地服务小微企业融资的这一问题。

（2）介绍滴灌通的数字生态系统，让学生能够对滴灌通数字金融生态系统中资金供给方、资金需求方、数字金融基础设施等有一个初步的认识。同时，要让学生深入理解滴灌通赋能小微门店发展的路径和模式，厘清国际资本如何通过滴灌通流入小微门店，滴灌通又如何从小微门店收取一定比例的门店每日收入。

（3）深入理解股权融资、债权融资与滴灌通下的融资方式的差异。从融资资质要求、企业自主权、利益分配的角度对比三种不同的融资方式，并在此基础上辨明三者之间的区别。

（4）引导学生分析滴灌通如何运用数字技术进行投资和风险控制，从而突破传统融资体系的局限，构建新型融资平台。同时，拓展分析数字技术能高效解决哪些传统技术不能解决的问题。

### 4. 理论依据与分析

#### 4.1　相关理论

（1）信息不对称理论（Information Asymmetry）和麦克米伦缺口

(Macmillan Gap)。信息不对称理论指在市场经济活动中,各交易主体掌握的信息不同,部分主体拥有其他主体无法拥有的信息。由于市场垄断、各主体拥有的资源和技术存在差异等,市场主体之间拥有不对称的信息。信息不对称会导致交易双方处于不平等的地位,信息优势方可能利用信息差异来获取更多利益,从而使信息劣势方在交易中处于不利地位。这种信息不对称会破坏各主体间交易的效率和公平性,导致市场资源无法被最有效地分配。

麦克米伦缺口指中小企业融资贵、融资难的问题(Stamp,1931)。20世纪30年代,英国金融产业委员会发布了《麦克米伦报告》并提出这一概念。金融机构愿意提供的资金数额低于小微企业对资金的需求数额,导致小微企业发展存在资金缺口。信息不对称是导致麦克米伦缺口的重要原因。小微企业通常缺乏充分的财务状况、信用历史等信息,这使银行等金融机构认为投资小微企业的信用风险过大,不愿意将资金贷给小微企业,导致小微企业从传统融资渠道获得贷款的可得性不高(Berger et al.,1998)。小微企业作为中国市场经济的重要主体,在促进国民经济增长、改善经济结构、拉动社会就业、增加财政收入及保持社会稳定等方面发挥了不可替代的作用,但是小微企业的信贷融资约束成为制约其进一步发展的主要障碍(何韧等,2012)。

(2)融资约束理论(Financing Constraint)。融资约束理论指在信息不完美的资本市场中,企业外部融资成本往往高于其内部融资成本。企业融资约束程度(内外部融资成本差异)与信息不对称程度正相关。由于企业与投资者、金融机构之间存在信息不对称,投资者和金融机构无法充分了解企业的经营情况以判断投资风险,会要求企业提供更多的营收状况等信息。企业要披露这些信息,需要承担大量审计、报告等费用,会导致其运营成本增加。同时,投资者和金融机构也会要求企业用更高的回报率来补偿潜在风险。因此,企业若想从外部进行融资,就要付出更高的融资成本。

企业融资约束程度的影响因素还包括财务状况、企业规模及商业信用。首先,有持续的盈利能力、充裕的现金流量和低负债率的企业更容易获得投资者与金融机构的信任,有更低的外部融资成本。其次,规模较大的企业有更健全的内部控制体系和更稳固的市场地位，具备更强的市场竞争力和更广泛的客户基础。这些特征能提高投资者和金融机构对其盈利能力的信心，使大型企业在金融市场中更具吸引力，更容易获得外部资金。最后，信用记录反映企业过去的财务行为和偿债能力，是评估企业财务健康和信用风险的关键指标。良好的信用记录能向投资者和金融机构发出积极的信号，表明企业有能力并愿意按时偿还债务。这种信任的建立能提高企业获取信贷资源的可能性，缓解企业的融资约束。

（3）RBF 融资（Revenue-Based Financing）。RBF 融资是一种根据被投资企业的营业收入提供回报的新型融资方式。投资方和被投资企业事先规定好分成比例，被投资企业需要定期将营业收入按照分成比例作为回报偿还给投资方。与债权融资和股权融资相比，RBF 融资对小微企业具有更大的吸引力。与债权融资相比，RBF 融资中的被投资企业根据当期收入水平支付可变的还款额，而不是固定的还款额。与股权融资相比，RBF 融资不会稀释被投资企业的股权和经营权。RBF 融资既能缓解小微企业资金压力，满足小微企业成立初期经营和扩张的资金需求，也能使小微企业保持独立自主经营。

（4）资产证券化（Securitization）。资产证券化是一个将基础资产在未来所产生的现金流作为偿付支持，通过结构化设计进行信用增级，并在此基础上发行资产支持证券（Asset-Backed Securities，ABS）的过程。以住房抵押贷款为底层资产的住房抵押贷款证券（Mortgage-Backed Securities，MBS）是最常见的资产证券化产品，投资者购买MBS，实际上是获得了对房贷借款人未来支付的本金和利息的收益权。根据投资者不同的风险偏好，基础资产可以通过不同的结构化重组方式形成不同风险和收益层级的资产证券化产品。这种风险分层结构为投资者提供更多样化的选择，允许投资者根据自身的风险承受能力和收益目标选择合适的产品。资产证券化过程把长期的、低流动性的基础资产转化为更具流动性的金融产品，促进金融市场的资金被更有效地分配和利用，激发市场活力。

（5）数字金融概念。数字金融是金融科技企业、金融机构和其他经济主体以数据资源为关键要素，运用大数据、云计算等数字技术对金融业务模式、服务与产品进行颠覆式创新,进而形成的一种新型金融业态(曾燕,2023)。数字金融包含数字信贷、数字理财、数字保险等新型金融业态。数字金融以数据资源为关键要素,运用数字技术对金融的业务模式、产品和服务进行创新(曾燕,2023)。

大数据、人工智能和区块链等数字技术在数字金融中的广泛应用,对金融业产生了深远影响。大数据技术泛指以大数据为分析对象,采用新型计算架构和智能算法处理相关数据,获得有价值的信息的技术。人工智能技术指利用计算机模拟、延伸和扩展人类智能,代替人类实现认知、识别、分析、决策等功能的技术(曾燕,2023)。区块链技术是一种综合应用点对点网络通信、现代密码学、分布式一致性协议等,来实现多个参与方之间数据交换、处理与存储的技术体系(李佩丽等,2018)。这些技术改变了传统金融服务的流程和方式,推动了金融市场的创新和发展(曾燕,2023)。

### 4.2 具体分析

**启发思考题1**:请阐述中国小微企业的特点及整体发展情况。并回答在传统融资模式下,小微企业融资存在哪些问题。为什么会出现这些融资问题?

(1)小微企业的特点如图9所示。

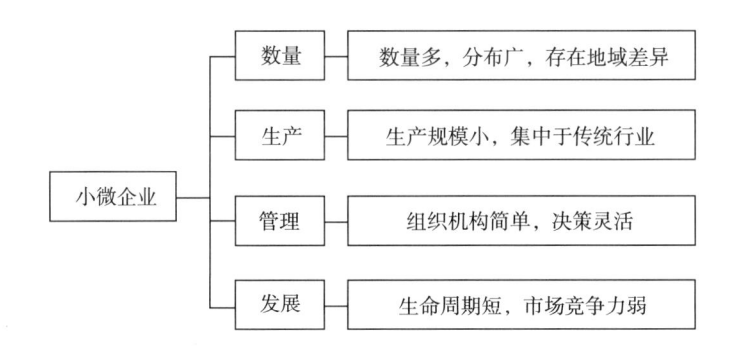

**图9 小微企业的特点**

- 小微企业
  - 数量:数量多,分布广,存在地域差异
  - 生产:生产规模小,集中于传统行业
  - 管理:组织机构简单,决策灵活
  - 发展:生命周期短,市场竞争力弱

小微企业数量多且分布广,呈现出地域差异。中国小微企业数量占市场主体的95%以上(中国政府网,2023),各地区、行业、产业链都存在大量的小微企业。但小微企业的发展存在地域差异，通常只在特定区域有一定市场份额。在地域分布上，东南沿海经济发达地区的小微企业的发展程度整体超过中西部地区（央视网，2024年）。

小微企业的生产规模小，集中于特定的传统行业。与大中型企业相比，小微企业雇员人数少，多为家族式经营与管理。小微企业多集中在小型加工制造、零售贸易、餐饮服务等传统行业，提供的产品和服务种类较单一。

小微企业的组织机构简单，决策机制比较灵活，可以迅速适应市场的动态变化。相较于大型企业，小微企业没有烦琐的组织机构，作出决策不需要经过多个层级的讨论和审批。便捷的决策流程使小微企业能够更加迅速地根据市场的变化进行决策调整。小微企业规模较小，可以更快地实施新决策，包括快速调整服务内容、改变市场策略等。

小微企业生命周期短，市场竞争力弱。小微企业市场覆盖范围比较窄，利润水平较低，自我补充流动资金的能力不足。小微企业通常缺乏足够的初始资本和持续的财务支持，生产稳定性差，持续经营能力弱。因此，一旦遭遇市场波动或其他不可预知的风险，小微企业的资金链容易断裂，难以维持经营。

（2）小微企业整体发展情况。小微企业是中国数量最大、最具创新活力的企业群体，是国民经济的基本细胞。截至2023年9月，中国登记在册小微经营主体1.72亿户，占市场经营主体的95%以上（央视网，2024年）。小微企业加快了在专精特新领域发展的步伐，展现出强大的创新潜能。截至2023年9月，工信部已累计培育专精特新"小巨人"企业1.2万家，营收利润率比规模以上中小企业高5.5个百分点（中国政府网，2023）。专精特新"小巨人"企业拥有超20万项发明专利，户均发明专利约17项（央广网，2024年）。小微企业的健康发展与经济增长和社会稳定息息相关，不仅能为社会提供许多物质产品和服务，也能调节就业情况。

小微企业在经济社会发展全局中发挥着重要作用，但存在融资难、融资贵的历史问题。目前，中国企业的信贷资金来源仍然是商业银行，而银行在放贷时通常会评估企业的风险水平、抵押资质等。小微企业往往缺乏抵押资产和财务状况等信息,因此获得的信贷支持往往不足。

(3) 小微企业存在的融资问题和原因。融资难、融资贵是小微企业面临的重要问题。小微企业缺乏足够的资金支持,银行等金融机构不愿意足额为小微企业提供所需的资金。小微企业出现融资问题的原因如下。

第一,银企信息不对称。银行是中国贷款的主要提供者,小微企业信息披露能力有限,难以取得银行信任。在银行提供贷款时,借款人信息对银行的信贷决策具有重要意义。大中型企业通常具有更完善的财务报告体系和更稳定的信用记录,这些大中型企业的财务状况、历史业绩和市场信誉等信息往往更容易通过公开渠道获得,并且这些信息的可靠性和准确性也更容易得到验证。银行在评估大中型企业的信贷申请时,能够更快速、准确地评估它们的信用风险和贷款还款能力,因此大中型企业更容易获得银行贷款。相比之下,小微企业信息披露和价格发现的程序烦琐、成本较高,缺乏展示自身产品、寻求投资机会的平台。小微企业通常缺乏清晰的财务报告和市场数据等信息,为了向银行自证可投,需要借助专业机构对这些信息进行深入的分析和评估。这一过程不仅耗时,而且涉及高昂的费用,如手续费和结算费用等。专业机构在收集、传递和分析信息的过程中可能会发生时间延迟,导致信息的滞后性。因此,银行难以准确和及时地获得小微企业相关的信息,无法准确预测投资风险,更愿意选择大中型企业进行长期合作,小微企业与银行之间的借贷关系不顺畅。

第二,除信息不对称问题外,小微企业还面临传统债权和股权融资模式的固有局限性。在融资资质要求方面,股权融资和债权融资对小微企业在信用、担保、还款责任等方面提出难以达到的要求。企业进行股权融资和债权融资需要证明本身已有稳定的还款能力及良好的财务状况。由于资产规模有限,小微企业往往难以达到贷款所需的企业规模、财务状况等门槛。同时,债权融资一般有比较高的抵押和担保要求,小微企业通常难以提供足够的抵押和担保。在企业所有权和经营管理权方面,股权融资使小微企业丧失部分自主权。企业通过增资扩股吸引新股东,获取资金支持,会稀释原股东的股权比例,削弱原股东对企业的控制。随着新股东的加入，小微企业的所有权发生变化，创始人可能会因新股东加入而作出不符合企业长期发展的经营决策。例如，新加入的股东可能更注重短期收益，推动小微企业采取高风险的扩张策略，或者要求快速回报，导致企业忽视产品和服务质量。追求短期利益不利于小微企业积累品牌声誉，影响企业的可持续发展。此外，新股东可能会更换管理团队或改变企业文化，这些变化有可能与创始人的初衷或企业原有的发展方向冲突，这进一步提高了企业运营的不确定性。在利益分配方面，传统融资方式给小微企业带来更大的财务压力。小微企业进行债权融资，无论营收状况如何，都要在规定时间内偿还本金与支付利息，或支付担保费用。企业进行股权融资发行股票的成本高于其他权证，且需要与股东永续共享利润，股利从税后利润中扣除，无法抵税。因此，债权融资和股权融资使企业承受较沉重的财务负担。同时，小微企业经营失败的概率高，而进行债权融资的企业向债权人支付的收益是固定的，不会因为企业盈利情况的改善而增加。这导致投资者和金融机构承担的风险和投资收益不匹配，从而不敢将资金投入小微企业。

总体上看，债权和股权融资更适合规模较大的企业，并不适合海量、细小、分散的小微企业。

**启发思考题2**：请描述滴灌通帮助小微门店融资的路径和模式，并将其与传统融资模式（股权融资和债权融资为主）进行比较，分析它们之间的区别。

（1）滴灌通帮助小微门店融资的路径。滴灌通主要通过以下方式获取国际资金：首先，投资者直接提供资金、投资者购买滴灌包（DRP）和滴灌基金（DRF）。其次，国际资金流入滴灌通后，滴灌通通过效率导航和精准导航锁定优质的小微门店，与优质小微门店签订DRC并直接投放资金。最后，通过"确钱抓手"和"确权抓手"分成投资回报。截至2023年9月，滴灌通已经通过A轮、B轮、C轮融资获取全球投资者超5亿美元的资金。除此之外，不同DRC对应的被投资小微门店的未来经营收入现金流被汇集并重新组合，这些组合被称为"每日收入资产包"，简称"滴灌包"（DRP）。投资者可以选择购买滴灌包，直接持有底层DRC，也可以认购以DRC为底层资产的滴灌基金。

滴灌通通过售卖DRC、DRP进一步获取全球资金。滴灌通运用效率导航和精准导航获取大量小微门店的数据，建立风险评估模型预测投资风险，与优质的小微门店签订DRC，将资金投入小微门店，并根据投资后小微门店实际营收情况调整投资策略。被投资小微门店产生经营收入后，"确钱抓手"和"确权抓手"能自动抓取分成金额并精准分配给投资者。

（2）滴灌通帮助小微门店融资的模式。滴灌通帮助小微门店融资的模式是基于DRC形成的"类股"融资模式。滴灌通向小微门店投资，换取小微门店每天一定比例的收入。DRC规定每家被投资门店的投资额、分成比例和联营期限等内容，分成比例由滴灌通和小微门店根据投资额占比、小微门店利润率等指标协商决定，因不同门店营业额、租约期、回本期不同而有差异。总体上，收入分成比例并不高，可以保证门店的后续的正常经营。小微门店收入分成金额的结算周期通常按天计算。与股权融资类似，投资回报与小微门店的营收状况相关性强，在门店当日营收较高时有较高的回报，当日营收较低时获得较低的回报。

（3）滴灌通融资模式和传统融资模式（股权融资和债权融资）的不同之处。融资资质要求方面，滴灌通融资方式降低了对企业信用、担保准入方面的要求。滴灌通融资方式无须抵押与担保，尽职调查要求较低，简化了小微门店尽职调查流程，降低了小微门店融资门槛，提供了获得资金支持的机会。企业自主权方面，滴灌通融资方式不影响小微门店的所有权和经营权。小微门店与投资者共同承担盈亏，不摊薄老股东权益，也不会永久参与收入分成。公司管理层和管理架构不会被影响，企业自主决策不受外部股东的束缚，可以保持对经营方向的更稳定的控制，实施灵活的决策。利益分配方面，滴灌通融资方式缓解了小微门店财务压力，提高了投资者投资回报透明度。滴灌通融资方式不要求企业定期还款，企业根据实际营收情况偿还回报，财务压力较小。投资者可以直接从企业每日收入中获得分成，这有助于投资者实时了解投资情况，调整投资策略，提升资金使用效率。DRC、股权融资与债权融资的对比如表2所示。

表 2　　　　　　　DRC、股权融资与债权融资的对比

| 融资类型 | DRC | 股权融资 | 债权融资 |
| --- | --- | --- | --- |
| 资质要求 | 没有抵押担保 | 无抵押但有担保要求 | 有抵押和担保要求 |
|  | 没有尽职调查要求 | 尽职调查要求高 | 尽职调查要求高 |
| 企业自主权 | 不稀释股权 | 稀释股权 | 不稀释股权 |
|  | 不干预企业经营 | 新股东可干预企业经营 | 不干预企业经营 |
| 利益分配 | 无须还本付息 财务负担较小 | 无须还本付息 财务负担较小 | 定期还本付息 经营不力时存在无法偿付的风险，财务负担较大 |
|  | 投资者承担经营风险 利润分成有期限 | 投资者承担经营风险 利润永续分配 | 回报与企业经营状况弱相关 |

**启发思考题 3**：鉴于小微门店经营风险较高，滴灌通在投资这些实体门店时，采取了哪些措施降低投资风险？

（1）分散化投资：滴灌通投资每一小微门店的金额小、数量大、高度分散。每一份 DRC 对应不同的投资金额、分成比例、分成期限、目标小微门店、行业地区等要素。不同 DRC 之间的相关性很低，部分品牌小微门店的亏损与剩余小微门店的盈利抵销后，仍能保证一定收益。分散化投资可以避免风险集中的情况，获得相对稳定的收益。

（2）风险预测：在作出投资决策前，滴灌通通过数据分析对小微门店进行风险评估，从而降低投资风险。首先，滴灌通采用"顺藤摸瓜"策略，选择连锁品牌的新门店进行投资。滴灌通选取连锁品牌作为目标市场，连锁品牌是"藤"，待投资小微门店是"瓜"。连锁品牌只有在自身门店管理有效、营收可观的前提下才会进一步扩大规模，有助于滴灌通初步筛选出可投资的品牌门店。滴灌通选择"藤"后，判断该小微门店的业务情况和管理水平，并选择未来潜力大和管理水平高的小微门店投放资金。其次，滴灌通采用"先滴后灌"模式，践行全生命周期理念。滴灌通先将资金投入同一品牌的少数小微门店，随着小微门店日度经营数据更新，不断证实或证伪投前的尽职调查判断。如果小微门店有可观的经营数据，则滴灌通再逐渐增加投资金额；反之，则减少对小微门店的后续资金投入。在后期投资时，前期投资已经部分收

回，这让滴灌通把任何一个品牌旗下的小微门店的风险敞口都保持在一个可控的额度之内。最后，滴灌通进行同行跨界预测，既参考同行的经营数据，也参考不同行业但有类似客户群体的小微门店的数据。滴灌通运用各小微门店的截面数据对门店经营进行预测，既用行业品类的逻辑，也用类似可比商圈的逻辑来推断某个门店的未来经营状况。例如，滴灌通要预测某个洗发店 A 的营业额，既用全国洗发同行的营业额来推断（行业品类逻辑），也用有类似消费群体的咖啡店 B 和健身点 C 来推断（可比商圈逻辑）。这使滴灌通可以用更加丰富和全面的数据预测待投资小微门店的经营情况并评估其风险。

**启发思考题 4**：滴灌通应用数字技术解决了哪些问题？

在投资小微门店前，滴灌通应用大数据技术和人工智能技术，精准预测小微门店的信用风险。滴灌通与合作伙伴（包括全国性银行、支付公司、品牌商等）将"确钱抓手"嵌入每一小微门店的数字网络上，获取小微门店的每日收入信息。大数据技术的应用能够从获取的数据中挖掘出有价值的信息，建立风险评估模型，以评估待投资企业的信用风险。同时，机器学习是人工智能技术的核心技术之一，机器学习的应用保证模型的风险预测能力不断提高。随着小微门店实际经营数据不断累积，风险评估模型不断检验预测的准确性，优化预测算法，降低预测误差。

被投资小微门店的收入分成金额需要精准归属于投资者，滴灌通应用区块链技术，使交易和清算更安全、更透明和更高效。区块链技术具有去中心化、公开透明、不可篡改等特点，可保障安全并提高清算效率。一是区块链技术提供了更加安全的清算环境。由于区块链技术的去中心化特点，每个小微门店的收入数据将被分布式地存储在多个节点上，使黑客攻击变得更加困难。二是区块链技术可以使清算更加透明。任何一家被投资小微门店、任何一天的投资回报都被记录在区块链上，降低了部分小微门店为减少分成金额，私自篡改收入数据等不当行为带来的风险。投资者可以实时查看小微门店经营收入数据，实时跟踪和验证投资情况，从而提高清算的透明度。三是区块链技术可以提供更加高效的清算服务。区块链的智能合约技术可以自动化地执行支付过程，提高支付效率。区块链技术让投资者精准确权，平滑对接被投资小微门店。

## 5. 背景信息

**5.1 滴水灌金融，荒漠变绿洲——滴灌通（澳门）金融资产交易所的创立**

2023年8月3日，滴灌通（澳门）金融资产交易所在澳门举办正式营运启动仪式。作为全球首个收入分成产品金融市场，滴灌通澳交所希望用数字金融的方式，连接全球资本和中国小微门店，如图10所示。

**图 10 滴灌通澳交所成功连接的各主体示意**

资料来源：笔者根据公开资料整理。

在赋能小微门店方面，滴灌通澳交所运用数字技术缓解了小微门店融资压力，大批小微企业如雨后春笋般被"唤醒"。截至2023年8月5日，滴灌通澳交所的ARM①系统，已经连通11家清分银行和支付机构、33家SaaS公司、454家品牌企业、9486家小微门店。自2023年3月25日试运营起，滴灌通澳交所已投资6303家小微门店，总投资超过了16亿元（澎湃新闻网，2023）。滴灌通澳交所用实际行动带动了

---

① ARM是Automated Repayment Mechanism的缩写，中文为自动资金回收。滴灌通澳交所的ARM系统能够安全、精准地执行投资和自动抓取小微门店每日实时的现金流。

中国小微门店的发展。除此之外，在金融基础设施和科技创新方面，滴灌通澳交所也将为澳门搭建金融基础设施，发展科技创新产业，助力澳门产业升级与经济多元化发展。

### 5.2 滴灌通——构筑新市场之梦

随着滴灌通被越来越多人所熟知，质疑的声音也接踵而来。据测算，滴灌通模式中的利息收入应不低于20%，较接近受法律保护的最高年利率（24%的年利率）。因此，部分人以这一问题质疑滴灌通，认为其只是升级版的P2P。对此，滴灌通创始人作出了回应。

他认为，滴灌通的愿景是建立一个新市场而不是一个简单的投资机构。滴灌通使用大数据、人工智能、区块链等数字技术收集并分析了中国小微门店的信息，确保能安全和有保障地将资金流入小微门店及抓取门店的收入，进而保证了国际大资本和中国小微门店的资金安全，而这是传统金融做不到的。同时，他也强调了彰显DRC特点的"三盏灯"：投资行为在每日可以发生、不需要其他多余的成本、以合同形式进行。除此之外，DRC与"贷"不同，对于选用DRC融资的小微门店而言，经营失败是没有还款义务的，因此，DRC目前完全脱离了传统意义上的金融，与P2P有本质区别。

## 6. 关键要点

### 6.1 案例关键

本案例的关键在于基于信息不对称理论、融资约束理论等理论基础，指导学生了解小微企业融资难、融资贵的问题及其成因，传统融资方式（以债权融资和股权融资为主）对小微企业融资的局限性。结合数字金融概念，引导学生掌握滴灌通的数字生态系统、滴灌通帮助小微门店融资的路径和模式，以及数字技术在融资过程中的应用。使学生理解与债权融资和股权融资相比，滴灌通帮助小微门店融资的方式如何缓解小微门店融资问题。

### 6.2 关键知识点

本案例涉及的知识点主要有企业融资、信息不对称理论和麦克米伦缺口、融资约束理论、资产证券化、数字金融。

## 6.3 关键能力点

本案例涉及的能力点主要有逻辑思维能力、抽象归纳能力、分析与综合能力及理论联系实际能力。

## 7. 建议课堂计划

### 7.1 课前准备

在上课前，教师应向学生布置思考题，并提醒他们在阅读案例全文时需特别注意这些问题。除此之外，教师还应激励学生积极从案例中提炼知识要点，以深化对案例的理解和掌握。同时，教师可以给出一些提示，比如指出关键段落或词汇，帮助学生快速找到并分析案例的核心内容。

### 7.2 课程介绍（15分钟）

当课程开始之际，教师首先应对课程进行简单介绍，这样能向学生阐明课程的组织结构和流程，以便他们了解整个授课过程的安排和目标。此外，教师需简要介绍案例的背景，包括目前中国小微企业发展现状和特点、传统融资模式下小微企业融资的路径等。

### 7.3 分组展示与讨论（45分钟）

在这个部分，教师应组织学生按照提供的指引和问题，分成小组展开讨论。在课程开始之前，学生应当做好充分准备，包括阅读案例并思考相关问题的答案。在课堂上，他们需要主动与组员分享自己的分析过程和思考答案。教师应在这个过程中给予指导，带领学生深入讨论，激发他们提出富有洞见的问题，并促进组内成员的互动与合作。此外，教师可以定期查看各小组的讨论情况，解答他们的疑问并提供反馈。

### 7.4 学生代表回答问题（50分钟）

在分组讨论结束后，每个小组派出代表回答问题中的关键要点，并阐明他们的理解和分析。这是一个学生展示和表达自己观点的机会，也是其他学生提问和评论的机会。教师可以引导学生进行更深入的分析和思考，并鼓励他们就不同观点展开辩论和讨论。教师在这个过程中起到引导和指导的作用，应确保学生讨论保持积极，并促进学生之间的互相学习和启发。

### 7.5 提供标准答案（10分钟）

在学生代表回答完问题后，教师应提供思考题的标准答案，并阐释各个答案的理由。为了帮助学生更加清晰地理解和记忆相关的概念与流程，教师可以借助多媒体素材、图表或示意图。此外，教师还可以引入一些实际案例或实证研究的成果，以加深学生对课题的了解和对实际应用方面的认识。

### 7.6 总结与结束（10分钟）

在课程的尾声，教师应对课堂内容做出总结，回顾讨论的关键点和学生提出的观点。教师应特别强调课程中的重要概念，并与学生一同梳理案例所蕴含的经验教训和其在现实中的应用价值。同时，教师还应鼓励学生思考案例的未来的发展趋势。若有必要，教师则可以提供额外的资源和参考材料，供学生进一步研究。

此外，教师可以利用板书来辅助讲解，图11所示为板书示例，展示滴灌通服务小微门店融资的路径。通过逐步绘制板书，教师可以帮助学生直观地理解相关概念和步骤。此外，教师还可以结合多媒体技术、案例分析、小组讨论等多样化的教学方法，使课堂更加生动、有趣且具有实践性。

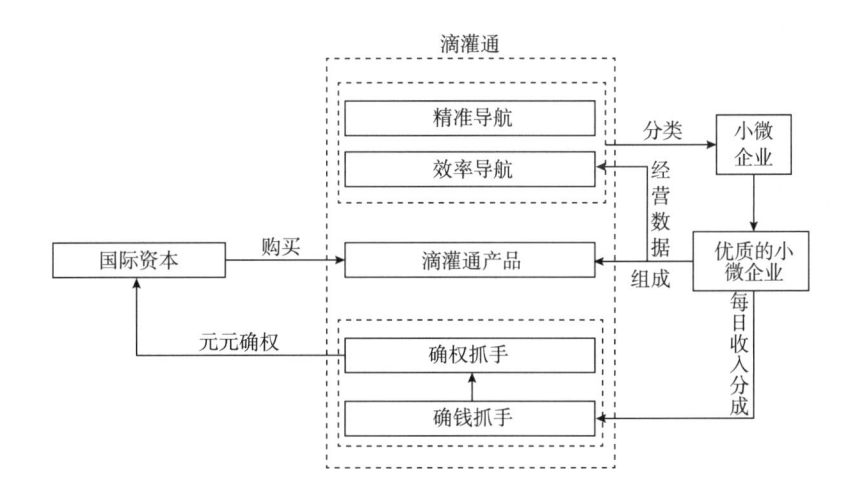

**图11　滴灌通服务小微门店融资路径**

注：元元确权指"确权抓手"能够回收投资者在任何一家门店、任何一天、任何一元的投资回报。

需要注意的是，具体的课程时间分配应根据课堂时长和学习目标的要求进行调整。本案例使用说明虽然提供了一个时间分配的参考方案，但教师应当根据实际情况和学生的反馈对时间进行适当的调整和重新分配。

**8. 相关附件**

滴灌通官网：https：//microconnect.com/zh-hans/。滴灌通的合作品牌（部分）如图12所示，滴灌通的品牌生态（部分）如图13所示。

图12　滴灌通的合作品牌（部分）

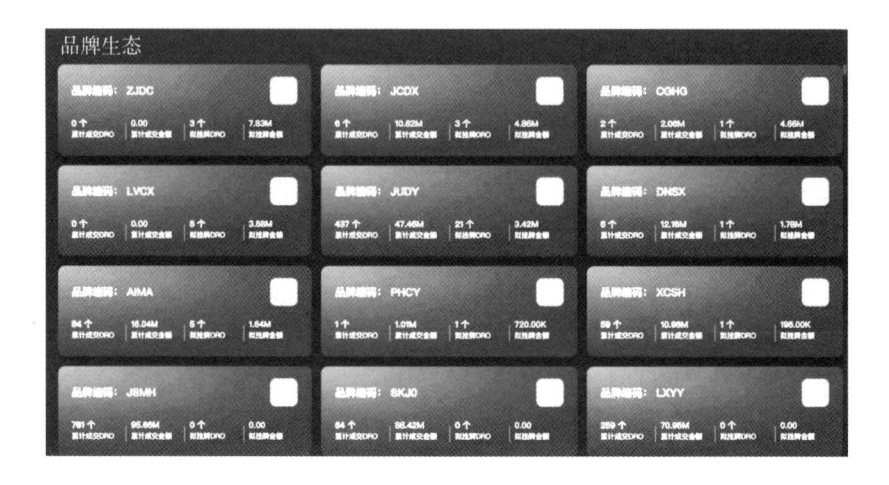

图13　滴灌通的品牌生态（部分）

### 9. 其他教学支持

（1）数字金融与保险在线课程（主讲教师：曾燕），https：//mooc1.chaoxing.com/mooc-ans/course/240723145.html。

（2）《滴灌通白皮书》，https：//microconnect.com/zh-hans/white-paper/。

### 10. 参考文献

《2024年1月中国中小企业发展指数为89.2再次回升》，2024年2月14日，央视网，https：//news.cctv.com/2024/02/14/ARTI2L2RRYFaAmdgvHdP98qQ240214.shtml。

《滴灌通澳门金融资产交易所启动试营运》，2023年3月25日，海外网，https：//baijiahao.baidu.com/s?id=1761328645142008359&wfr=spider&for=pc。

《国务院新闻办举行发布会介绍推动民营经济高质量发展有关情况》，2023年9月4日，中国政府网，https：//www.gov.cn/lianbo/fabu/202309/content_6901978.htm。

何韧等：《银企关系、制度环境与中小微企业信贷可得性》，《金融研究》2012年第11期。

《李小加的滴灌通澳交所正式营运：希望打造超级"朋友圈"把国际资本引到小微企业》，2023年8月6日，澎湃新闻，https：//www.thepaper.cn/newsDetail_forward_24135867。

李佩丽等：《可更改区块链技术研究》，《密码学报》2018年第5期。

《前三季度我国经营主体活力持续增强》，2023年11月7日，中国政府网，https：//www.gov.cn/lianbo/bumen/202311/content_6914496.htm。

唐松等：《数字金融与企业技术创新——结构特征、机制识别与金融监管下的效应差异》，《管理世界》2020年第5期。

《中国的稳与进｜"小巨人"撑起"大创新"加速形成新质生产力》，2024年1月8日，央广网，https：//baijiahao.baidu.com/s?id=1787492478719165068&wfr=spider&for=pc。

曾燕主编：《数字金融导论》，北京大学出版社2024年版。

Berger A. N. et al., "The Effects of Bank Mergers and Acquisitions on Small Business Lending", *Journal of Financial Economics*, Vol. 50, 1998, pp. 187-229.

Stamp J. C., "The Report of the Macmillan Committee", *Economic Journal*, Vol. 41, No. 163, 1931, pp. 424-435.

# 案例七　百融云创：智慧供应链金融赋能小微企业融资[①]

> **案例正文**

**摘要**：传统供应链金融模式已难以有效解决小微企业[②]的融资问题。随着大数据和云计算等新兴技术的发展，传统的供应链金融模式升级为"金融科技+供应链金融平台"的智慧供应链金融模式。在此模式中，金融科技公司作为其中的"桥梁"打通了供应链的产业端和资金端，弥补了传统供应链金融的不足。百融云创科技股份有限公司（以下简称"百融云创"）是一家在国内处于领先地位的金融科技公司，其服务平台模式与独特的风控解决方案，具有较强的代表性。本案例主要阐述百融云创服务平台运行模式的底层架构、运作流程及其作用机制，介绍此模式下的风控解决方案，并将此模式与传统模式进行对比发现其优势之处。本案例旨在为供应链金融模式创新及产业领域的数字化转型升级提供参考，促进小微企业的可持续发展。

**关键词**：智慧化；供应链金融；小微企业；融资

---

[①] 本案例由徐晓光（深圳大学经济学院）、张晓雯（深圳大学经济学院）和孙野（企业方）撰写，作者拥有著作权中的署名权、修改权、改编权，该案例已入选全国金融专业学位研究生教育指导委员会中国金融专业学位教学案例中心案例库。

[②] 本案例的小微企业是指单户授信在1000万元以下的小微企业。

## 一　引言

　　作为中国国民经济和社会发展的主力军，小微企业在税收贡献、促进经济增长和吸纳就业等方面扮演着重要角色。根据艾瑞咨询发布的《中国小微企业融资发展报告》，2022 年小微企业占中国市场主体的 96.5%，贡献 GDP 60%，就业 80%。然而，小微企业面临融资渠道窄和融资成本高两大难题。据世界银行发布的数据，中国小微企业的潜在融资需求高达 4.4 万亿美元，融资供给仅为 2.5 万亿美元，导致融资缺口高达 1.9 万亿美元。传统供应链金融虽然在解决小微企业的融资问题上取得了一定的效果，如拓展了小微企业的融资渠道、提高了小微企业的融资效率和降低了小微企业的融资成本，但也暴露出了产业和融资的结合不紧密、高度依赖核心企业以及对新兴科技应用能力不足等问题。随着供应链从传统单一链条向注重各个主体之间的互动关系转变，供应链参与主体数量的增加、各个主体之间的流程关联性逐渐加强、供应链上的数据交换量剧增，导致供应链金融的业务场景变得更为多样和复杂。在供应链金融业务场景中，一方面，核心企业会占有更多的资金，从而使议价能力较弱的小微企业的财务压力会加剧；另一方面，供应链中的风险会增加，使商业银行在贷前信用评估和贷后管理方面面临更大的挑战。同时，现代信息通信技术的发展虽然加快了信息的获取速度，但也产生了信息过载的问题，这增加了金融机构在处理大量非结构化数据时的困难，特别是传统金融机构受技术能力限制，难以有效控制小微企业信贷风险。

　　在此背景下，政策层面对利用金融科技和供应链金融来解决小微企业融资难题的深切关注。中国人民银行 2022 年 1 月发布的《金融科技发展规划（2022—2025 年）》中提出，在供应链金融领域中，银行等金融机构应通过数字技术和多方互信机制提升金融服务的精准度和效率，形成金融科技与供应链场景结合的新模式，将供应链金融风险管理从针对单个授信企业的管理模式转向覆盖整个产业链的全面风险管理。在新兴技术发展和政策支持等多重因素影响下，结合金融业务和信息技术的金融科技公司[①]开始进入供应链金融领域，创新供应链金融模式。

百融云创就是一家国内处于行业领先地位的金融科技公司，其以创新的技术和卓越的服务在市场中占据了重要位置。百融云创致力通过前沿的科技手段为金融机构提供高效、安全的解决方案，逐步建立起在业内的声誉与影响力，成为推动金融科技发展的关键力量之一。自 2017 年初以来，百融云创开始应用隐私计算、区块链和云计算等新兴技术，帮助金融机构在风险管理、企业征信、营销获客等多个场景中成功实现了技术的深度落地，进一步提升了这些机构的运营效率和竞争力。目前，百融云创已经发展为国内服务持牌金融机构数量最多且应用场景最广泛的金融科技公司之一。在与产业平台合作的过程中，百融云创打通了供应链的产业端和资金端，创立了自己的服务平台，帮助小微企业融资。该服务平台通过全面分析和评估小微企业所在供应链各环节的交易数据，有效控制了由信息不对称等因素导致的信贷风险。这不仅为小微企业提供了基于运营数据的精准信用评级，还为解决其融资问题提供了定制化的风控方案，从而降低了融资成本，提升了融资可得性。那么百融云创的服务平台运行模式及其风控解决方案具体是如何帮助小微企业融资呢？其未来的前景又将如何？下文将逐一进行介绍。

## 二　百融云创简介

百融云创是一家提供独立的金融大数据解决方案的金融科技公司，于 2014 年成立，并于 2021 年在香港联交所上市。自成立以来，百融云创始终以科技驱动为核心理念，持续探索并将隐私计算、区块链和云计算等前沿技术用于金融领域，尤其注重基于供应链、贸易链和产业链的金融服务创新，为改善小微企业融资需求提供了更有力的支持。截至 2023 年 12 月末，百融云创已累计为中国 7000 家以上的

---

① 根据金融稳定委员会的定义，金融科技公司是指基于技术解决方案提供金融产品和服务的科技公司，其通常以平台化模式运营，并利用数字技术为产业企业和金融机构提供更快捷、成本更低的供应链金融解决方案。

金融机构提供服务，其中核心金融服务供应商客户达到227家，客户留存率提升至97%。其客户涵盖六大国有银行、12家股份制银行、1000家以上的区域性银行、各大保险公司及其他多家持牌金融服务供应商。

## 三　百融云创服务平台模式介绍

百融云创在智慧供应链金融中扮演着"桥梁"的角色[①]，与产业平台合作连通产业端和资金端，打通供应链融资脉络，打造"产业+科技+金融"生态圈。百融云创小微金融的负责人曾表示，"产业+科技+金融"这一生态圈能够打破"数据孤岛"，获得"1+1+1>3"的效果。百融云创利用依托隐私计算、区块链、云计算等新兴技术与多元化数智能力搭建服务平台，将供应链上的数据转化为金融资产，并构建一整套完整的风险控制体系，降低供应链的融资风险。该服务平台底层架构如图1所示。本节将介绍百融云创服务平台的底层架构和技术运用，并对其运行模式的作用机制进行分析，随后对其运行模式的风险管理进行进一步介绍，展示百融云创的风控特色。

### （一）百融云创服务平台的底层架构

完整的底层架构是支撑百融云创服务平台运行的基本框架，百融云创的底层架构分为两个层次——数据共享基础设施和智能风控基础设施。其中，数据共享基础设施是指百融云创的数据池，智能风控基础设施包括云平台、智能风控中台、大数据平台、核心系统和次核心系统。

1. 数据共享基础设施

百融云创的数据池由两个部分组成——内部数据和外部数据，其中内部数据包括百融信贷管理系统、交易系统和财务系统等数据，外部数据包括百融云端数据、上下游合作方数据、合作银行征信数据等。该数据池采用区块链的特写，如加密算法、分布式账本等，建立了企业之间

---

① 智慧供应链金融业务的开展通常涉及四类主体，包括供应链（核心企业+上下游供应商）、供应链金融服务方提供方（银行、保理公司等）、仓储物流/供应链管理提供方和专业第三方服务提供商（金融科技公司）。百融云创属于专业第三方服务提供商。

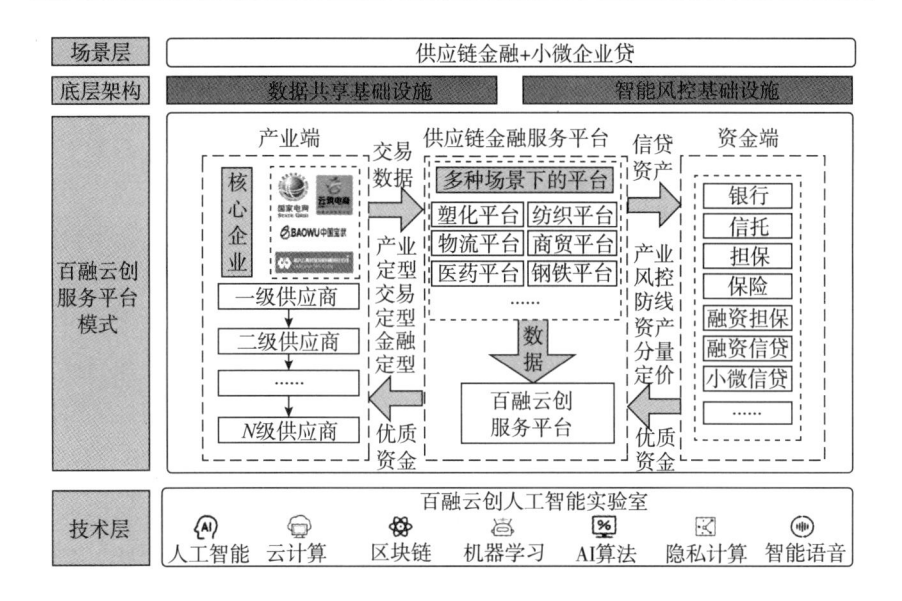

案例七　百融云创：智慧供应链金融赋能小微企业融资　217

**图 1　百融云创服务平台底层架构**

资料来源：笔者根据百融云创相关资料整理。

的共享数据系统，使企业信息可以线上流通和存储，形成了一个可信、可控、可溯源且可扩展的数据交换网络，如图 2 所示。

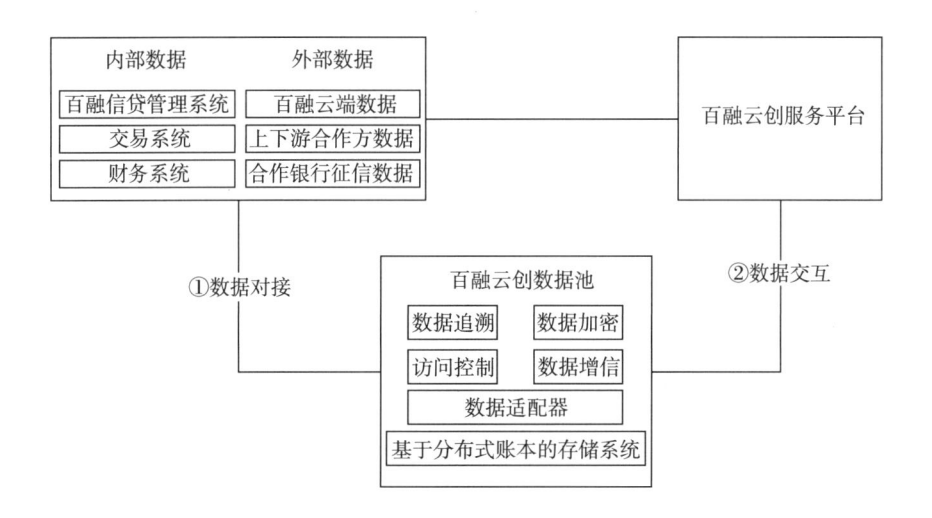

**图 2　百融云创数据交换网络**

资料来源：笔者根据相关资料整理。

## 2. 智能风控基础设施

百融云创的智能风控基础设施是基于其多年风控建模经验，围绕贷前、贷中、贷后风控闭环设计的。该基础设施包括应用中台和数据中台两个主要的平台，满足反欺诈、信用评估、风险预警和贷后管理等多场景的风险防控需求。其具体技术架构包括以下四个方面：一是云平台技术基础架构。百融云创利用云平台的技术基础架构，能够高效处理来自金融机构的大量数据调用请求。其基于分布式架构的百融云引擎可以毫秒级实时分析，双数据中心系统的云平台就能降低时延，这样能够提高百融云创服务平台的数据分析处理能力。二是智能风控中台架构。百融云创的智能风控中台架构涉及多个层面，包括策略管理、模型管理、业务架构等。三是核心系统和次核心系统。百融云创的智能风控的核心系统包括决策引擎、指标管理、接口管理和风险管理等系统。次核心系统则包括贷中监控、贷后管理、平台管理等系统。四是大数据平台。大数据智能风控引擎业务架构由大数据平台、风控决策引擎、模型、管理平台及数据交换五大模块组成，这些模块共同支撑交易反欺诈、申请反欺诈等多种业务场景。

### （二）百融云创服务平台的技术介绍

百融云创服务平台应用的关键技术如表 1 所示，区块链技术增强金融服务的安全性和透明度，大数据提升自动化审批率和风险管理效率，人工智能对企业的信用风险进行精准评估，边缘计算对靠近设备端数据进行降噪和降维，物联网实时传输数据和跟踪交易资产。

表 1　　　　　　　百融云创服务平台关键技术的应用

| 典型技术 | 主要应用 |
| --- | --- |
| 区块链 | 利用智能合约，平台可以自动执行预设的交易条件，简化融资流程，减少人为干预，从而降低操作风险和交易成本 |
| 大数据 | 构建了大数据信用风险评分模型，将海量变量纳入模型，并针对数据可得性和数据质量控制制定了完善的改进措施。通过云+本地化部署的方式，百融云创能够为客户提供全流程数智化服务，显著提升自动化审批率和风险管理效率 |
| 人工智能 | 通过决策式 AI 和生成式 AI 两种相辅相成的技术方案，为金融机构提供智能获客、智能分析、智能信贷决策等服务 |

案例七　百融云创：智慧供应链金融赋能小微企业融资　　219

续表

| 典型技术 | 主要应用 |
| --- | --- |
| 云计算 | 建立了PB[①]级的云基础设施架构，具有出色的运算能力、水平缩放技术和高效的搜索引擎。通过云+本地化部署的方式，百融云创能够为客户提供全流程数智化服务，显著提升自动化审批率和风险管理效率 |
| 隐私计算 | 运用的隐私计算平台是Indra[②]，结合了密码学领域的理论和技术，特别是隐私集合求交集，从根本上提高了数据处理的安全性。Indra还通过了ISO 27001信息安全管理体系认证，这表明其在信息安全和网络安全方面达到了国际水准 |
| 物联网 | 利用物联网技术传输供应链环节的实时数据，并实时跟踪供应链中的资产和交易，监控信用风险，优化融资决策 |

注：①PB是Petabyte（佰字节）的缩写，1PB等于1024TB，1TB等于1024GB。PB级的云基础设施架构表示其可存储的数据量非常大，一般用于大型企业或机构需要处理和存储大量数据的场景。

②百融云创隐私计算平台Indra是一个保障数据安全、促进数据合作与价值流转的平台。该平台支持多方数据集合求交集，通过数据确权实现数据价值流转，并利用区块链提供公平、透明、合理的激励分配机制，调动合作方提供高质量数据、诚实参与计算的积极性。

资料来源：笔者根据相关资料整理。

以上技术在百融云创服务平台服务周期的运用示意如图3所示。

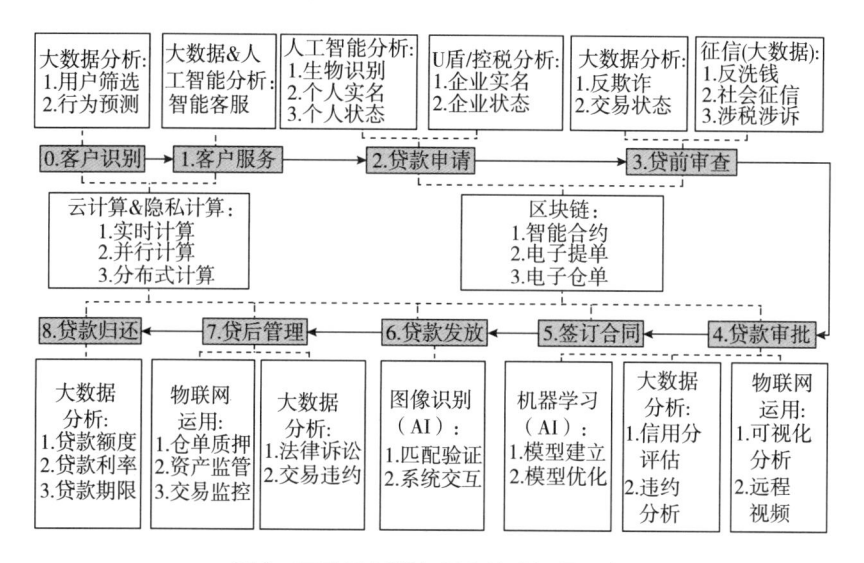

**图3　百融云创服务平台技术运用示意**

资料来源：笔者根据宋华的《智慧供应链金融》、艾瑞咨询研究院相关资料整理。

将百融云创服务平台技术运行示意的具体流程进行解析，如表 2 所示。

表 2　　百融云创服务平台技术运行示意具体流程

| 序号 | 智慧供应链周期 | 百融云创服务平台技术运用 |
| --- | --- | --- |
| 0 | 客户识别 | 利用大数据技术分析客户的历史数据和市场趋势，识别出有融资需求且信用良好的小微企业，并预测其行为模式 |
| 1 | 客户服务 | 利用大数据和人工智能创建一个智能客服系统，提供即时的客户服务，确保用户体验的高效和便捷 |
| 2 | 贷款申请 | 利用人工智能和 U 盾对企业及其企业主进行实名认证，确保所有信息的真实性和准确性 |
| 3 | 贷前审查 | 利用大数据和企业征信数据综合评估企业的交易状况、财务状况和信用记录，以预防欺诈、洗钱等潜在风险 |
| 4 | 贷款审批 | 利用机器学习建立信用评估模型、利用大数据分析技术对企业的信用状况进行量化评估、利用物联网对企业还款能力进行可视化分析 |
| 5 | 签订合同 | 审批成功后，系统自动与企业签订电子合同，确保流程的合规性和透明度 |
| 6 | 贷款发放 | 利用图像识别匹配验证企业信息，将匹配结果传输给金融机构或产业平台，金融机构或产业平台收到信息后为目标客户发放贷款 |
| 7 | 贷后管理 | 利用物联网进行仓单质押、资产监管和交易监控；利用大数据分析监控交易活动，处理法律诉讼和交易违约 |
| 8 | 贷款归还 | 利用大数据计算贷款还款额度并提醒客户归还贷款 |

## 四　百融云创服务平台运行模式研究

百融云创服务平台将供应链中的所有相关企业视为一个整体，根据供应链中的交易链条和各个行业不同的特点设计融资模式，为供应链中的小微企业提供量身定制的金融产品和服务。其将符合条件的小微企业信贷资产推荐给银行等金融机构，建立了金融机构与广大小微企业及企业主之间的直接联系，从而在供应链体系与金融生态建立一个信用枢纽。通过这种方式，百融云创可以引导低成本的银行资金流向这些小微企业，有效降低其融资成本。

## （一）百融云创服务平台运行模式介绍

百融云创服务平台提供从资信申请、企业尽职调查到风险预警跟踪管理和科学决策等全生命周期服务。下面以百融云创服务塑化小微企业为例，对该平台的运行模式进行介绍。由于塑化供应链中的核心企业有绝对的议价权，塑化小微企业在与核心企业合作时通常是"先货后款"，形成账龄较长的应收账款。同时，塑化小微企业需要资金继续采购原材料、支付员工工资及其他日常运营费，用于维持运转。因此，塑化行业中的很多小微企业存在各种的融资需求。然而，由于缺乏稳定的现金流、订单不稳定性、贷款金额差异等，这些企业很难从银行获得贷款。基于此，百融云创服务平台通过数据池中塑化小微企业的基本面、经营情况和运营情况等数据进行建模分析，生成塑化行业企业的信用分，为小微企业获取银行等金融机构的贷款提供依据。具体运行模式如图4所示。

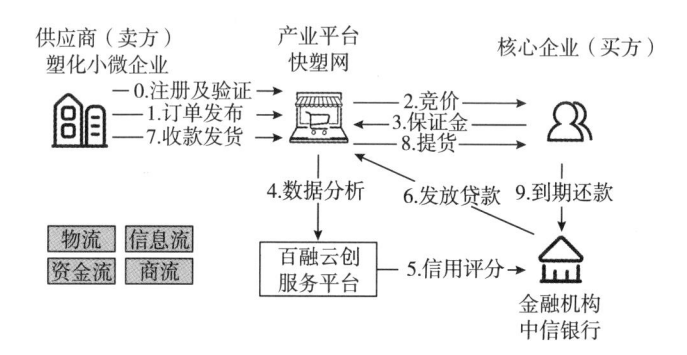

**图 4　百融云创服务平台运行模式**

资料来源：笔者根据相关资料整理。

对运行模式图的具体流程进行解析，如表3所示。

表3　　　　　　　　百融云创服务平台运行模式流程

| 序号 | 流程名称 | 具体内容 |
|---|---|---|
| 0 | 注册及验证 | 塑化供应商需要在网站对应的窗口上传其法人代表身份信息和营业执照，随后快塑网对其进行在线的审核和认证，审核认证通过后，快塑网会为其创建账号 |

续表

| 序号 | 流程名称 | 具体内容 |
|---|---|---|
| 1 | 订单发布 | 塑化供应商在快塑网上发布销售货物订单 |
| 2 | 竞价 | 核心企业在快塑网进行竞价 |
| 3 | 保证金 | 核心企业向快塑网提交保证金 |
| 4 | 数据分析 | 百融云创服务平台将企业经营信息、运营情况和订单数据等通过模型进行分析 |
| 5 | 信用评分 | 百融云创服务平台将数据分析的结论形成信用评分分享给中信银行 |
| 6 | 发放贷款 | 金融机构在系统上确认供应商的信用后，向快塑网发放贷款 |
| 7 | 收款发货 | 快塑网将金融机构的贷款资金给供应商，供应商收到货款给快塑网发货 |
| 8 | 提货 | 核心企业通过快塑网买到货物 |
| 9 | 到期还款 | 待应收账款到期还款日时，核心企业会向中信银行支付应收账款 |

资料来源：笔者根据相关资料整理。

### （二）百融云创服务平台作用机制分析

百融云创利用其服务平台，一方面，通过整合和自动化各环节操作，实现全流程的信息化，从而提高业务效率、降低交易成本，并显著减少小微企业的融资成本；另一方面，借助区块链技术解决了传统供应链中的信息不对称的问题，其中包括信息孤岛、信用穿透不足和信息壁垒，降低了小微企业的融资难度，如表4所示。

表4    百融云创服务平台作用机制

| | 存在问题 | 导致因素 | 解决方案 | 直接效果 |
|---|---|---|---|---|
| 融资成本高 | 贷前调查成本高 | 人工操作时间长，流程烦琐，信用风险，逆向选择和道德风险 | 利用决策式AI（如机器学习、深度学习）和生成式AI（如OCR和NLP等）技术，为金融机构提供全流程数智化服务 | 缩减业务流程，减少人工成本，降低风险 |
| | 贷中审核成本高 | | | 节省人工成本，99%以上准确率 |
| | 贷后管理成本高 | 升级维护监控系统 | 智能集成化系统，满足金融机构精细化贷后管理 | 统一管理，数据直接流转，节省成本 |

续表

| 存在问题 | | 导致因素 | 解决方案 | 直接效果 |
|---|---|---|---|---|
| 信息不对称 | 信息孤岛 | 系统数据不兼容，信息分享的意愿和机制不足 | 通过区块链技术，构建金融信息共享系统的基本模型 | 系统中的数据进行统一管理和整合，实现真正的信息交互共享 |
| | 信息穿透不足 | 缺乏足够的技术能力来支持数据的无缝传输和集成 | | 提高信息共享的透明度 |
| | 信息壁垒 | 不同部门、系统或组织之间隔阂 | | 实现供应链上各主体的平权关系，打破核心企业信息垄断 |

资料来源：笔者根据相关资料整理。

1. 解决供应链金融的痛点问题：交易成本过高

在贷前、贷中和贷后的不同流程中，百融云创针对调查、审核及管理成本高问题主要通过以下方案进行解决。

在贷前调查阶段，百融云创服务平台不仅根据供应商所提供的资料进行验证，还会通过高精度的人脸比对，确保提供的法人代表身份信息与实际身份一致。平台还会将供应商的信息与多个第三方数据库中的数据进行比对，以确认其身份的真实性和准确性。在验证通过后，供应商才能成功注册账户，进入平台进行进一步的操作。为了全面评估供应商的信用状况，平台还利用智能信用评估模型生成详细的信用报告。该模型结合了供应商的历史交易记录、财务状况及其他相关数据，通过先进的算法分析，提供精准的信用评分和信用风险评估。这些信息不仅帮助平台了解供应商的信用风险，也为供应商提供了清晰的信用状态报告，助力其优化融资策略和业务决策。自动化和线上化的流程显著减少了调查成本并降低了潜在风险，进而降低了供应商的融资成本。

在贷中审核阶段，百融云创利用OCR（光学字符识别）技术自动识别、采集和核验合同、发票及订单等信息，同时运用NLP（自然语言处理）技术进行多轮自动对话，确保语音识别准确率超过99%，从而大幅节省了人工成本。百融云创将传统的人工操作完成程序所需要的1—2周时间减少至数分钟，既保证了审核的正确性，也实现了审核的高效和自动化效果，提高了供应商融资效率，降低了供应商的融资成本。

针对贷后管理成本高的问题，百融云创服务平台通过智能集成化系统进行解决。该系统将数据方案、智能外呼、智能质检、人工拨打和数据产品模块整合至同一平台，方便数据流转和统一管理。同时，该系统与行业内数据系统对接，实现数据直接流转，减少了大量人工重复作业。此外，该系统通过不同维度的用户权限设置，满足金融机构精细化贷后管理的需求。

2. 解决供应链金融的痛点问题：信息不对称程度较高

面对信息孤岛问题，百融云创服务平台将分散在各个ERP（企业资源计划）系统中的数据进行统一管理和整合，使信息资源得到高效利用，并通过数据治理和云ERP方案，对企业的数据进行标准化处理，提升数据质量，并通过云平台实现数据的集中管理和共享。同时，百融云创利用区块链的不可篡改、透明特性和共识机制等，将所有收集到的数据存储在区块链上，确保了数据的完整性、安全性、准确性和可靠性。这使供应链中的所有参与者可以在同一平台上获得实时、透明的信息，打破了传统"信息孤岛"现象的壁垒，从而显著降低了小微企业的融资成本。

针对信息穿透不足的问题，百融云创服务平台利用区块链技术构建了供应商、核心企业和金融机构之间的直接连接关系，各方能够实时共享和获取关键的业务数据，从而提高了信息的透明度和准确性。同时，平台动态收集企业经营数据，使金融机构能够实时了解企业状况，提升决策敏捷性，并促进金融机构、核心企业及上下游小微企业之间的信息流动，增强信息透明度和流动性。

针对信息壁垒问题，百融云创服务平台通过区块链技术建立了供应链各方的平等关系，打破了核心企业的信息垄断，实现了供应链内的信息互通和双向交流。百融云创服务平台还深入分析了供应链中的交易数据，识别这些数据的潜在风险，并提供智能决策支持，从而构建便捷高效的供应链协作和融资在线全流程，实现贷前、贷中到贷后的底层资产的透明化。

## 案例七　百融云创：智慧供应链金融赋能小微企业融资

### 3. 百融云创服务平台运行模式的风控解决方案

百融云创服务平台运行模式整合了一套完整的智慧风控解决方案，其中包括贷前智能反欺诈、智能筛选和智能决策，贷中的实时预警，以及贷后的大数据催收，如图5所示，该方案可以为小微企业等信贷业务提供全生命周期的服务。百融云创充分认识到小微企业具有企业和企业主双重属性，因此开发了"C+B"（企业+企业主）线上小微企业全息风险画像来完整评估其风险情况。与一般小微信贷业务不同，该画像通过深入分析小微企业、企业主和关联方的行为，提供了全面的风险画像。百融云创结合了企业主的信用评估与企业实体的信息，运用人工智能算法进行信用评估，构建了"C+B"金融科技云平台。该平台在线上有效解决了获客、数据、技术和运营等问题，同时在线下体现了交易和服务的本质，从而提升了对小微企业等群体的信贷决策的准确性和授信审批效率。

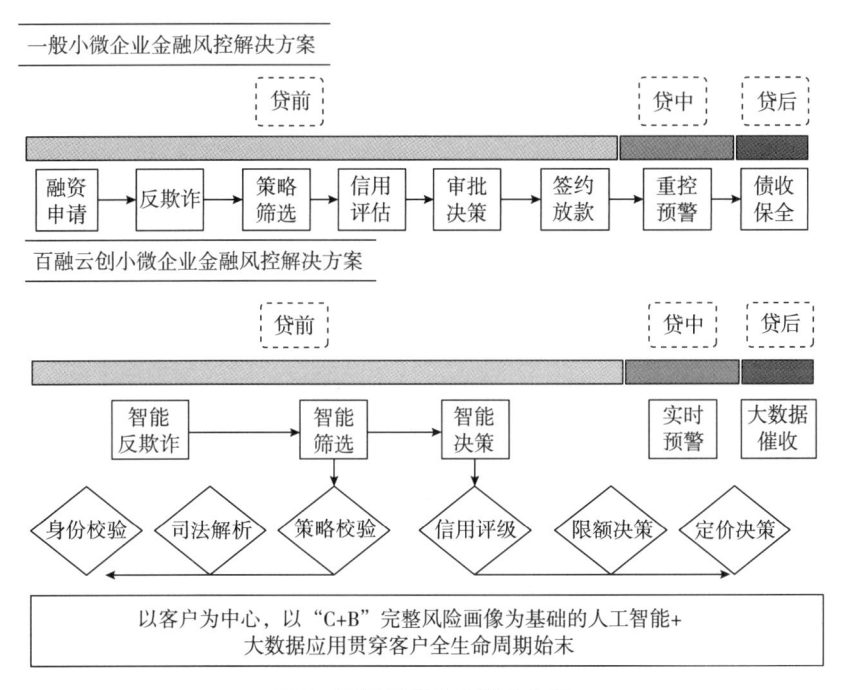

**图5　百融云创风险解决方案**

资料来源：百融云创、百融行研中心。

百融云创智慧供应链金融方案实施了多层次的策略，包括贷前反欺诈、智能筛选和决策、贷中实时动态预警，以及贷后的 AI 和大数据驱动的催收策略。该方案采取的多层次策略具体内容如下。

（1）贷前反欺诈。百融云创将具体的欺诈风险归类为四大风险板块，分别是虚假身份、虚假信息、历史欺诈和团伙欺诈，如图 6 所示。针对风险板块，百融云创从五个维度进行了全面评估，以确保对贷前风险的全面把控。一是在"谛听"设备的反欺诈方面，百融云创评估了设备环境风险、行为画像、实名关联、应用偏好、群体风险及特殊名

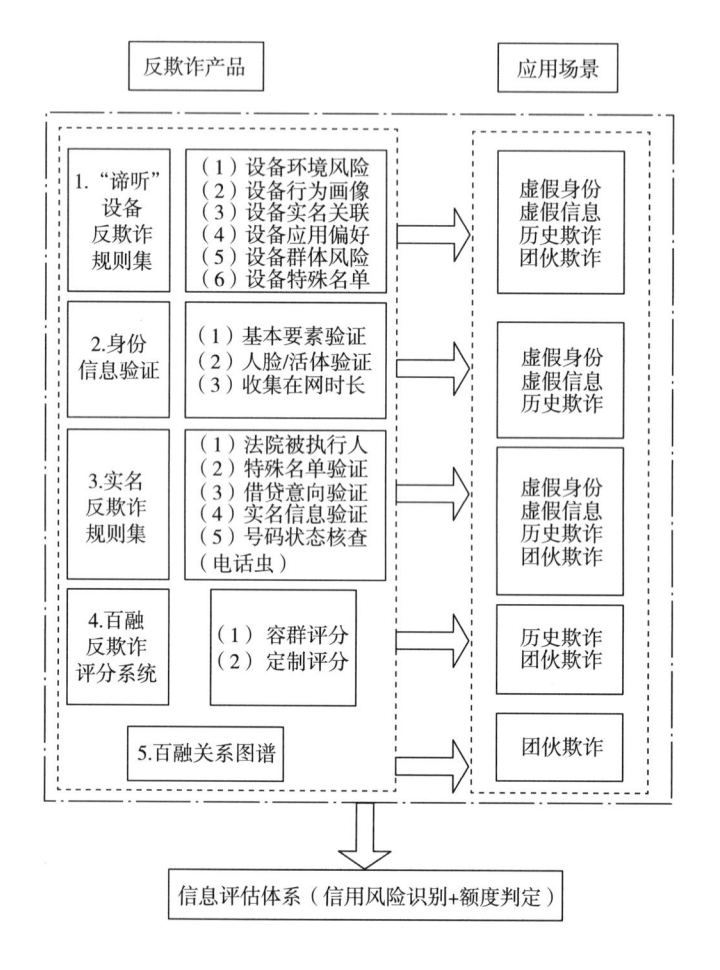

图 6　百融云创智能反欺诈决策体系

资料来源：百融行研中心。

单。这些因素通过单一规则或群体规则进行欺诈风险判别，帮助识别潜在的欺诈行为。二是百融云创对身份信息进行了严格验证，主要关注身份信息的一致性，确保用户提供的身份信息与实际情况相符，减少伪造或虚假信息的风险。三是百融云创运用了实名反欺诈技术，通过检查实名信息是否与黑名单中的记录相符，及评估申请人的中高风险历史行为，进一步评估其欺诈风险。这一过程帮助识别与已知风险有关的申请人，从而提高风险预警能力。四是百融云创采用了百融反欺诈评分系统，这一系统综合考虑了多个维度来评判申请人未来可能进行欺诈的风险。这一评分系统为金融机构提供了客观的数据支持，帮助他们作出更加精准的决策。五是百融云创构建了团伙欺诈的核心产品——百融关系图谱。这一图谱通过分析团伙内部的关系和活动模式，揭示团伙欺诈的潜在风险，帮助金融机构识别并防范复杂的欺诈网络。百融云创将贷前反欺诈产品体系与大数据风控相结合，建立了一个智能反欺诈风控体系。该体系不仅提高了对申请人欺诈风险的预防能力，还确保了风险控制的有效性，帮助相关机构更好地管理和控制金融风险。

（2）贷前智能筛选和智能决策。百融云创结合线上实时计算的风险因子、资金成本和营运成本，根据客户贡献度动态调整产品利率和额度，实现自动化智能评级和定价，从而提高信贷审批效率。这一方案不仅提升了信贷审批的速度和准确性，还具备多种先进的学习能力，包括多维度学习、行为学习和自主学习。其中，多维度学习能够在传统银行信贷数据的基础上，整合司法、工商、房产、税务等政府数据，以及场景数据，多维度、多层次刻画小微企业风险；行为学习能够通过经营行为大数据，还原企业成长性、经营规模、经营稳定性、营利性等，通过企业行为数据深度学习还原企业经营行为；自我学习能够在丰富对风险的认知经验基础上，快速自主优化模型，建立新的风险关联关系。

（3）贷中实时动态预警。在传统金融机构贷中数据的基础上，百融云创不仅整合了政府数据来源，还结合企业征信信息对企业贷中经营的财务数据、经营状况和风险动态实行监控。通过这种数据整合和综合分析，百融云创能够实时关注企业的经营异常行为和风险变化，及时发现潜在问题。这种方案不仅能及时识别出潜在的经营异常，还能预测企业可能面临的风险，从而使金融机构能够迅速采取相应的措施，降低信贷风险，增强贷款管理的有效性。通过实时监控和智能预警，金融机构能够更好地管理贷中风险，确保贷款业务的安全性和稳定性。

（4）贷后智能催收。百融云创利用大数据和人工智能技术，依托多维度画像数据，对逾期客户从还款意愿和还款能力两方面进行量化分析和分层，以提供全面的客户综合评价。通过规则设定和计量模型，该策略为不同风险等级的客户设计了针对性的催收策略。这种方法不仅有效降低了催收管理成本，还提升了催收效率，并能够更有效地利用社会资源，从而优化催收管理，提升催收效果。

4. 百融云创服务平台运行模式对比分析

百融云创服务平台运行模式与传统供应链金融模式的不同之处如表5所示，具有以下五个显著的不同之处：一是技术融合。百融云创服务平台运行模式利用区块链、隐私计算和云计算等新兴互联网技术。而传统供应链金融模式主要依赖传统信息技术，如ERP系统和数据库来处理供应链中的数据流。这些系统通常以核心企业为中心，信息的传递和处理效率较低，且数据容易分散在各个环节中，缺乏整体的可视性和可追溯性。二是业务流程。百融云创服务平台运行模式通过互联网平台，从申请贷款到放款都在线上完成，实现业务流程的线上化、标准化和透明化，提高效率。而传统供应链金融模式通常需要线下操作，流程较为复杂，且流程效率较低，容易导致审批时间长、响应速度慢。三是风控模式和管理创新。百融云创服务平台运行模式利用技术手段进行风险评估和控制，采用多维度、多需求点的方式实现供应链环节中的风险管理及规则运行。而传统供应链金融模式更多依赖人工审核、质押物的监控及核心企业的信用和担保。四是服务模式。百融云创服务平台的运行模式提供了丰富多样的金融服务产品，能够深入更加细分的市场。它将信贷产品做到更为碎片化和定制化，满足小额、高频、紧急的资金需求，扩展了服务的覆盖范围。相比之下，传统的供应链金融模式的产品和服务则相对单一，主要集中在传统的信贷业务上，难以满足多样化的市场需求。百融云创通过其创新的服务平台，能够提供更灵活、更广泛的金融解决方案，覆盖更广泛的客户群体。五是参与主体。在百融云创服务平台运行模式下，参与主体除传统的银行和核心企业外，还包括电商平台、第三方服务平台等更多参与主体，形成更加丰富的生态系统。六是资金来源。在百融云创服务平台运行模式下，小微企业的贷款资金来源不仅限于传统的商业银行，还涵盖了融资租赁公司、商业保理公司、担保公司等多种机构。这种多元化的资金来源方式，为小微企业提供了更多的融资渠道，使其能够拥有更加灵活和广泛的融资选择，提升了其融资的可及性和灵活性。

表5　智慧供应链金融与传统供应链金融对比分析

百融云创服务平台模式 VS 传统供应链金融模式

| 类型 | 百融云创模式 | 传统模式 |
| --- | --- | --- |
| 技术融合 | 区块链、隐私计算、云计算等新兴互联网技术 | 传统信息技术，如ERP（企业资源计划）系统和数据库 |
| 业务流程 | 线上化、标准化和透明化 | 线下操作，流程较为复杂 |
| 风控模式和管理创新 | 多维度、多需求点 | 依赖人工审核、质押物的监控及核心企业的信用和担保 |
| 服务模式 | 多样化、碎片化、定制化 | 相对单一 |
| 参与主体 | 银行、核心企业、电商平台、第三方服务平台等 | 传统的银行和核心企业 |
| 资金来源 | 商业银行、融资租赁公司、商业保理公司、担保公司等 | 商业银行 |

## 五　机遇与挑战

百融云创通过服务平台进行数据整合和风险评估、定制化融资和供应链优化，并提供了智慧化的风控解决方案，成功地应用到供应链中的小微企业融资服务中，提供更准确、定制化、便捷的金融服务，帮助供应链中的小微企业实现可持续发展。本部分介绍了百融云创未来在行业、技术和商业模式、政策方面面临的机遇，以及在数据安全、监管合规和市场竞争方面迎来的挑战。

### (一)百融云创面临的机遇

随着中国经济的持续增长和数字化转型的推进,供应链金融市场规模不断扩大,为百融云创提供了巨大的发展空间。中国供应链金融市场在过去几年中经历了快速增长,从2019年的23.1万亿元增加至2023年的37.3万亿元,年复合增长率达12.8%。预计到2028年,中国供应链金融市场规模将高达59.5万亿元,2023—2028年的年复合增长率为9.8%。如图7所示。与此同时,中国供应链金融科技解决方案的市场规模也在迅速增长。2019—2023年,中国供应链金融科技解决方案的交易额从4.4万亿元增加到9.9万亿元,年复合增长率达22.4%。预计这一增长势头将持续,到2028年该交易额将达到23.6万亿元,年复合增长率为19.1%。如图8所示。这一增长势头表明,随着市场的成熟和数字化转型的深入,供应链金融将继续在中国经济中扮演重要角色,推动企业提升竞争力并促进经济的可持续发展。百融云创作为领先的金融科技平台,将拥有广阔的发展舞台。

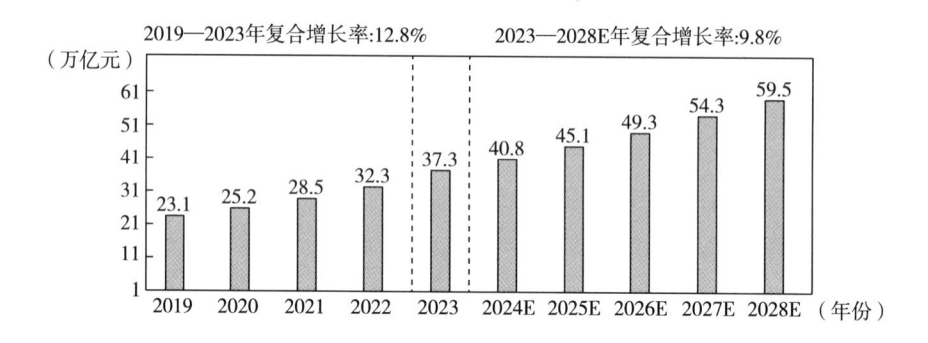

**图7 中国供应链金融行业余额规模**

资料来源:灼识咨询。

百融云创在数字时代不仅可以提高技术创新,还能拥有更多的商业机会。百融云创可以与政府和更多的产业平台深度合作,拥有更多企业和个人的征信信息,不断完善其数据池,巩固和扩大数据优势。同时,百融云创可以加大对大模型、区块链、模型优化和复杂神经网络的投

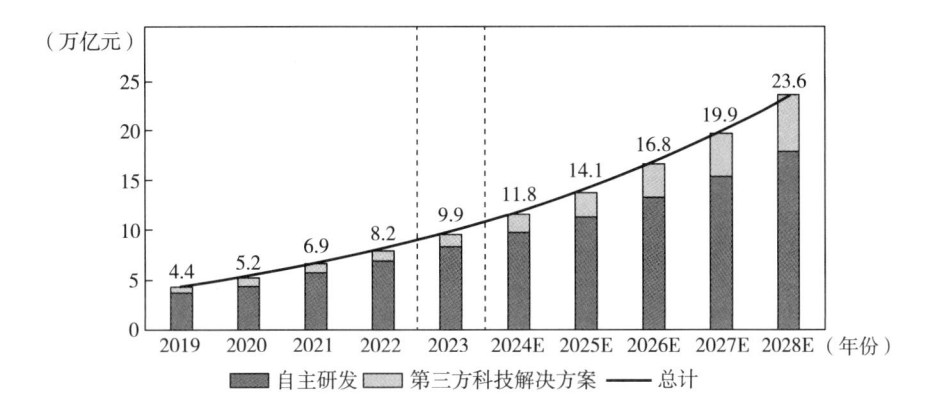

案例七 百融云创：智慧供应链金融赋能小微企业融资

图8 中国供应链金融科技解决方案市场规模

资料来源：灼识咨询。

资，同时深入研究和应用NLP、智能语音产品（Chatbot）、自动机器学习（AutoML）、深度学习和隐私计算等技术，形成更高的技术壁垒和行业护城河。另外，百融云创可以通过"模型+应用"的价值闭环与商业机构形成利益共同体，拥有更多宝贵的商业机会。正如百融云创CEO张韶峰所言，百融云创的核心竞争优势不在于"兜售"模型本身，而是基于对行业的理解，其将模型与应用深度结合，通过人工智能产品和解决方案帮助垂直行业降本增效，以陪伴式服务赋能用户，为自身创造新的业务增长点。

国家和地方层面的多项政策鼓励供应链金融的发展，为百融云创提供了良好的发展环境，还为其创新服务模式和提升小微融资能力提供了有力支持。例如，中国人民银行印发的《关于深入开展中小微企业金融服务能力提升工程的通知》明确表示，要大力推动供应链金融服务。党的二十届三中全会公报中提出了14项重点改革任务，其中提出要健全因地制宜发展新质生产力体制机制，健全促进实体经济和数字经济深度融合制度，完善推动新一代信息技术、人工智能等战略性产业发展政策和治理体系，引导新兴产业健康有序发展。在国家和地方政府的政策支持下，百融云创在供应链金融领域迎来了前所未有的发展机遇。通过科技创新和模式创新，百融云创不仅提升了自身的服务能力，也为中小微企业提供了更加高效、便捷的融资解决方案，从而推动整个供应链金融行业的高质量发展。

### （二）百融云创面临的挑战

尽管百融云创在多个领域作出了积极的努力，但在数据安全、监管合规和市场竞争方面迎来了新的挑战。

在数据安全方面，随着数字经济的深入发展，与之相伴的数据安全风险也与日俱增，数据安全问题对传统治理方式提出了新的挑战。百融云创一直非常重视数据安全，已经获得了多项认证，包括"信息安全管理体系认证ISO 27001""质量管理体系认证ISO9001""公安部国家信息安全等级保护三级认证"等。此外，公司还推出了隐私计算平台Indra，以应对大模型应用中的数据安全和模型风险等新挑战。然而，尽管有这些努力，数据泄露、滥用和篡改等威胁事件仍然层出不穷，金融数据安全面临巨大的风险挑战。

在监管合规方面，百融云创积极遵循监管要求，重视合规经营，并已获得中国人民银行首批企业征信备案。公司法务部持续强化组织协同，牢牢把握合规管理的关键，组织开展法律法规宣传活动。然而，监管环境越来越严，合规压力也越来越大。例如，高管涉嫌职务侵占被抓事件使公司的合规性受到质疑。此外，公司在合规审核过程中面临多种挑战，如未完全遵守《中华人民共和国个人信息保护法》可能引发法律诉讼或监管行动。

在市场竞争方面，百融云创在持牌机构中具有一定的优势，因为其数据合规性和安全性较高，这有助于其市场占有率逆势上行。然而，市场竞争依然激烈，独立和非独立金融大数据分析解决方案供应商都在不断对百融云创构成挑战。金融科技监管的挑战也在不断加剧。监管机构对公平竞争、防范风险和保护消费者权益的要求越来越严格。金融科技公司需要适应这些不断变化的法规要求，以确保其业务的合规性和可持续发展。这些监管挑战不仅要求百融云创在技术和服务上保持领先，还要求在合规性和风险管理方面做到严格把控。

## 案例使用说明

**1. 教学目的和用途**

1.1 适用课程

本案例适用金融科技、公司金融、金融市场与金融机构、金融服务营销、供应链管理和金融机构风险管理等课程。

1.2 适用对象

本案例主要为金融硕士（MF）开发，同时适用于金融、经济学、金融科技、数字经济、会计学和市场营销学等相关专业本科生和硕士生，以及从事相关工作的金融科技公司产品开发经理等社会人士。

1.3 教学目的

中国供应链金融的发展取得了显著的成就，但仍存在一些挑战，如信息不对称、风险管控等问题。在科技进步的背景下，供应链金融迎来了智慧化的4.0时代。本案例主要阐述了百融云创服务平台运作模式底层架构、运作流程及其作用机制，介绍此模式下的风控解决方案，并将此模式与传统模式进行对比发现其优势之处。未来，随着经济增长、技术创新和政策支持的持续推动，国内供应链金融相关科技公司有望进一步提升服务水平，为小微企业和其他供应链参与方提供更加便捷、高效的金融支持。该案例可以帮助学生：

（1）了解智慧供应链金融的定义，理解其与传统供应链金融相比的优势所在。

（2）了解在供应链金融发展的背景下小微企业更为复杂化的融资问题及这些问题产生的原因。

（3）理解并学习百融云创的服务平台模式及其帮助小微企业实现融资的流程。

（4）理解并学习百融云创的智慧风控解决方案。

（5）思考并探讨金融科技公司迎接未来的挑战，更好地帮助供应链中的小微企业融资。

**2. 启发思考题**

（1）请结合交易成本理论和委托代理理论分析，在传统供应链金融模式下，小微企业融资仍然存在哪些问题，为什么会出现这些融资问题。

（2）请结合协同效应理论，阐述百融云创服务平台模式帮助小微企业融资的作用机制，并将其与传统的供应链金融进行比较，分析两者的不同之处。

（3）请结合信息处理理论和供应链风险管理理论，阐述百融云创服务平台在帮助小微企业融资过程中采取的风控措施有哪些。

（4）请从数据安全、监管合规和市场竞争三个方面思考，金融科技公司如何应对未来新的挑战。

**3. 分析思路**

教师可以根据上文的教学目标灵活运用该案例，基于启发思考题，案例分析框架如图9所示。

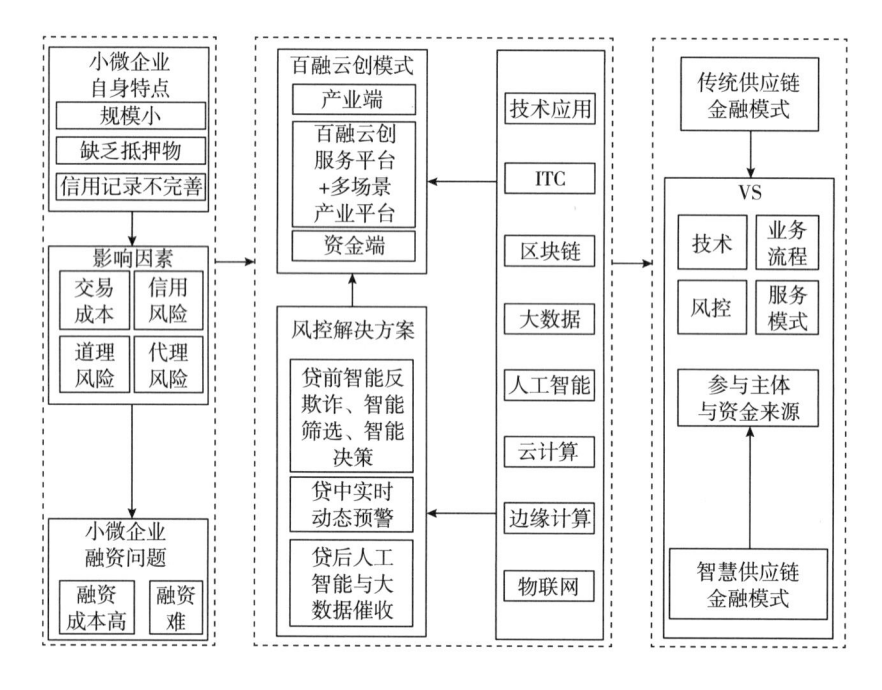

图 9 案例分析框架

（1）教师可以介绍传统供应链金融背景下，小微企业由自身的规模小、抵押品不足和信用记录不完善等特点导致的融资问题，结合供应链交易成本理论和委托代理理论分析小微企业融资问题产生的原因。

（2）教师可以通过以百融云创为分析对象，详细介绍其服务平台模式的底层架构、技术运用、平台运作模式及作用机制、智慧风控解决方案。教师可以结合协同效应理论，引导学生思考百融云创服务平台模式帮助小微企业融资的作用机制。

（3）教师可以引导学生思考引入金融科技公司的智慧供应链金融与传统供应链金融之间的区别。

（4）教师可以结合信息处理理论和风险管理理论与学生一起探讨百融云创服务平台在帮助小微企业融资过程中所采取的风控措施。

（5）教师可以启发学生思考金融科技公司在智慧供应链市场面临的机遇及新的挑战，并组织学生相互之间讨论金融科技公司如何做才能抓住机遇并迎接挑战。

**4. 理论依据**

（1）交易成本理论。交易成本理论即交易费用理论，是经济学家罗纳德·哈利·科斯在20世纪30年代提出的。该理论认为要关注企业内部与外部之间的交易成本，强调通过降低交易成本来提高企业的效率。由于经济体系中企业的专业分工和市场价格机制的运作，产生了与专业分工和市场交易相关的成本，这些成本被称为交易成本。根据交易成本理论，交易具有三种基本特征：特殊性、不确定性和频率。特殊性指的是交易前产品尚未流通，缺乏流动性，一旦交易结束，投入在产品上的成本很难回收用于其他用途。不确定性则意味着风险无法完全预测和规避，加上信息不对称，双方需要通过谈判和契约等手段来保护自身利益。通常，不确定性越高，规避风险的成本就越高，交易成本也就越高。交易频率与交易成本成正比。交易越频繁即频率越大，双方在管理和议价等方面投入的时间和精力越多，成本也越高。交易成本理论认为，通过设计有效的交易机制，减少人性偏差和信息不对称，降低管理和议价的时间和精力投入，可以显著降低交易成本。在供应链中，这一理论的应用非常重要。供应链是由各个参与方协同合作形成的复杂网络，其中涉及众多的交易和合作关系。这些交易涉及物流、采购、销售、金融等方面的活动。供应链中的交易成本包括搜寻供应商和买家的成本、谈判和协商的成本、签订合同的成本、履行合同和监督的成本，以及处理违约和纠纷的成本等。

(2) 供应链委托代理理论。供应链委托代理理论主要探讨在供应链管理中，由于信息不对称导致的委托人（通常是供应链中的核心企业）与代理人（如供应商）之间的关系和问题。在这种关系中，委托人无法完全观测到代理人的行为，从而可能产生道德风险和逆向选择等问题（张爱等，2003）。逆向选择是指在交易过程中，信息不对称可能导致低质量的供应商被选中，而高质量的供应商因为无法证明自己的能力而不被采纳。道德风险则指的是在合同签订后，代理人可能采取对委托人不利的行为，如隐瞒行动或懈怠工作。

(3) 协同效应理论。德国物理学家赫尔曼·哈肯于1971年提出了"协同"这一概念，并在1976年对协同理论进行了系统论述。他认为，环境中的不同系统之间不仅存在相互影响，还存在相互合作的关系。哈肯的理论指出，系统的整体效益往往大于各独立组成部分效益的总和，这种现象通常用"1+1>2"来描述，指系统的协同效应能够显著超越其个别部分的简单加和。协同效应理论主要研究的是在多个实体或系统之间通过合作或整合产生的整体效益大于各部分单独效益之和的现象。在供应链管理中，协同效应体现为企业之间通过信息共享、库存共享等方式，优化整个供应链的运作效率，减少浪费，提高响应速度，提升客户满意度（陆杉，2008）。供应链金融的高效运作依赖供应链中各个经济主体之间的紧密合作和相互依赖。这些主体在金融服务、物流、信息流等方面的协作和支持，不仅促进了各方的共同发展，还产生了显著的协同效应（白军利，2015）。

(4) 信息处理理论（Information Processing Theory）。信息处理理论认为，公司作为信息处理系统，需要增强组织能力以应对环境的不确定性（Tushman and Nadler，1978）。在供应链融资中，信息处理能力对降低风险和协调成本至关重要。通过有效的信息处理，可以更好地识别有利的交易结构和监控资金回流，从而降低风险并提高业务绩效（黄秋萍，2017）。在供应链风险扩大化的背景下，金融机构的信息获取和处理面临巨大挑战。金融机构依赖传统的征信手段和信息处理能力难以满足供应链金融中的信息处理需求，因此需要通过与金融科技公司合作来提高信息处理能力（宋华等，2024）。

(5) 供应链风险管理理论（SCRM）。供应链风险管理是一种系统化的科学方法，旨在识别、评估并有效控制供应链中的风险。通过综合手段，该方法以最经济合理的方式处理这些风险，同时建立监控和反馈机制，其目标分为损失前和损失后两个方面：损失前的目标是避免或减少损失，损失后的目标是尽快恢复到损失前的状态，这两方面结合起来，构成了供应链风险管理的整体目标（王燕、刘永胜，2008）。供应链风险管理的主要内容包括风险识别与评估、风险处理、风险监控与应对，这个过程旨在通过识别可能影响供应链的风险类型，提出相应的风险缓解策略，以及根据风险的概率和影响选择适当的风险处理行动（Fan and Stevenson，2018）。①风险识别与评估。通过对供应链中各个环节的调查和分析，确定可能存在的风险，并对其进行评估，确定其影响程度和概率。②风险处理。在面对风险时，企业可以采取不同的风险应对策略。常见的风险应对策略包括风险规避、风险转移、风险减少、风险共享、风险缓解、风险接受、风险评估与监控。企业需要根据具体的情况选择最合适的风险应对策略。③风险监测与应对。供应链风险是一个动态的过程，需要企业持续监测和调整应对策略。企业可以通过建立风险监测系统，定期评估供应链的风险状况，并及时采取相应的措施应对新出现的风险。

(6) 智慧供应链金融。智慧供应链金融是一种结合了现代信息技术和金融服务的创新模式，旨在通过智能化手段优化供应链中的资金流动和管理。这种模式利用区块链等多种新兴技术，提高供应链管理效率和金融服务质量。其是在传统供应链金融的基础上发展而来的，旨在通过数字化和智能化手段，实现供应链的全面优化和转型（宋华、杨雨东，2019）。如图10所示，智慧供应链金融的核心是利用科技手段深化供应链金融服务平台整合信息流、商流、物流和资金流，将资产端和资金端有机结合，为供应链中的各个参与方提供金融服务和支持，以提升供应链的透明度、可靠性和效率，同时为供应链各方提供更加灵活、高效和个性化的金融服务。其参与方不仅包括传统供应链中的主体如金融机构、核心企业和上下游企业，还包括物流公司、科技金融公司等关联企业。在新的模式中，数字化服务平台能够基于特定的技术手段和供应链各方数据对企业贸易背景真实性进行风险评估，并利用其在信息网中的中心位置进行风险控制，为金融机构提供借方真实、透明、可追溯的实时信息（宋华等，2024）。数字化服务平台将取代核心企业的角色，为供应链上下游更广大的小微企业提供信用支撑，是小微企业进行贷款的个性化定制。同时，数字化服务平台可以简化小微企业贷款流程、提高小微企业贷款效率，并通过风险评估模型和监控系统，对供应链各环节的风险进行预警和管理，实现供应链各个环节的智能化协同和风险控制。

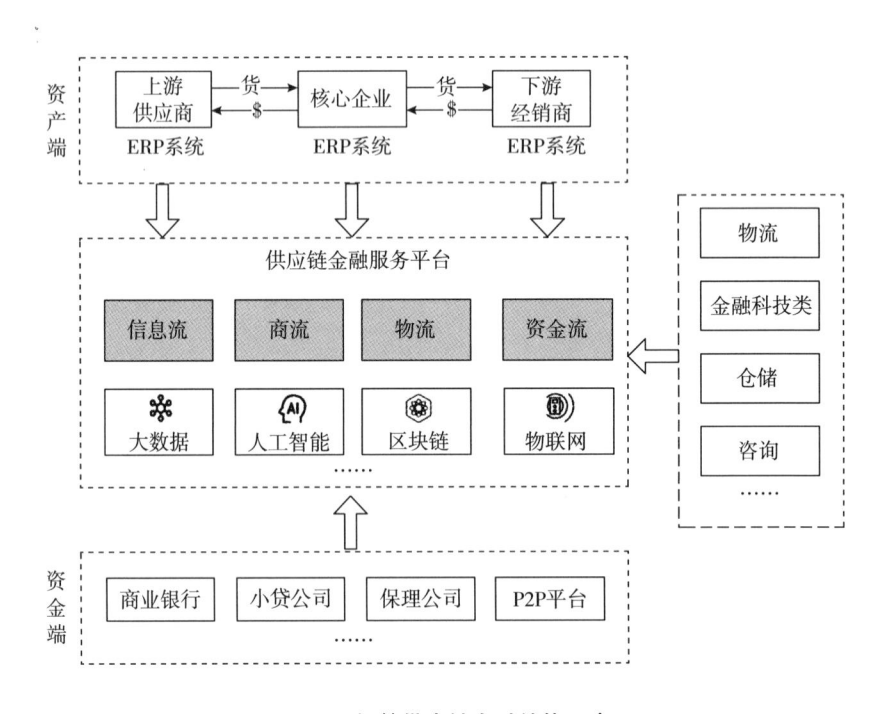

**图10　智慧供应链金融结构示意**

资料来源：笔者根据相关资料整理。

## 5. 具体分析

5.1　请结合交易成本理论和委托代理理论分析，在传统供应链金融模式下，小微企业融资仍然存在哪些问题，为什么会出现这些融资问题。

传统供应链金融模式相对于其他融资模式来说更具优势。其通过优化贷款流程、增强信息透明度、分散风险等方式，降低了小微企业的融资成本，提高了小微企业融资可得性和便利性。但是，随着供应链金融的业务场景越来越复杂，传统供应链金融仍然无法解决小微企业融资成本高和融资难的问题。

从交易成本理论的角度来看，小微企业的融资难题主要源于高交易成本。小微企业在进行融资时，因其规模较小、缺乏抵押物和完善的信用记录，导致金融机构的成本增加，金融机构需要通过提高利率来覆盖这些额外的运营费用，从而导致小微企业的融资成本高。这包括：①在贷前，为审核小微企业的资质，金融机构需要投入更多资源对小微企业进行尽职调查，增加了交易成本。②在贷中，小微企业和金融机构之间的信息不对称性增加了金融机构评估小微企业信用的复杂性，尤其是当供应链结构复杂、数据来源多样时，传统的评估方法难以准确衡量小微企业的信用风险。同时，在传统的供应链金融中，金融机构由于技术整合不足和内部流程未完全优化，其信贷流程时间较长且效率低下，信息处理和审核过程变得缓慢。金融机构复杂且漫长的评估程序增加了其交易成本。③在贷后，金融机构不仅需要持续投入资源来升级和维护监控系统，以处理大量数据并适应不断变化的市场条件，还需要迅速响应各种异常情况，及时进行风险干预。这不仅增加了其操作的复杂性，也提高了其运营成本。

从委托代理理论的角度来看，小微企业与金融机构之间存在典型的委托代理关系，其中小微企业作为代理人，而金融机构是委托人。由于信息不对称，小微企业可能会采取一些不利于金融机构的行为，如隐瞒真实财务状况或过度投资于高风险项目，以追求自身利益最大化。这种行为不仅增加了金融机构的道德风险和代理风险，也使金融机构对小微企业的贷款更加谨慎，从而限制了小微企业的融资渠道。

结合上述分析，可以看出，在传统供应链金融模式下，小微企业融资面临的主要问题包括高交易成本、信息不对称、信用风险及委托代理关系中的道德风险和代理风险。这些问题的存在，一方面，源于小微企业的自身特点，如规模小、信息不透明等；另一方面，与现有的金融体系和市场环境有关，如金融机构的风险规避态度、法律法规的不完善等。

5.2 请结合协同效应理论，阐述百融云创服务平台模式帮助小微企业融资的作用机制，并将其与传统的供应链金融进行比较，分析两者的不同之处。

协同效应理论主张，多个实体通过合作可以产生比各自独立行动更大的综合效益。百融云创服务平台利用这种协同效应，通过数据整合和技术创新为小微企业提供更有效的融资解决方案。

（1）百融云创服务平台模式帮助小微企业融资的作用机制。

第一，数据整合与信息共享。百融云创利用区块链等新兴技术，整合了物流、商流、信息流和资金流，实现"多流合一"，打破"数据孤岛"。协同效应理论强调，在信息共享的基础上，不同主体能够更好地协调和整合资源，降低信息不对称问题。在百融云创服务平台模式下，区块链技术和隐私计算等技术的应用使不同供应链环节中的参与者能够共享关键数据。这种数据的整合和透明化管理，减少了信息不对称问题，帮助金融机构更准确地评估小微企业的信用风险。协同效应的体现使各方能够更好地分担风险，同时提升了整个供应链的运作效率。

第二，信任建立。在传统融资模式下，信息不对称导致信任缺失，使金融机构对小微企业的风险评估较为保守。协同效应理论认为，通过可信数据的共享，供应链上的各方可以逐渐建立起更高的信任基础，这对融资决策至关重要。百融云创服务平台通过数据上链、隐私计算等技术，确保数据的真实性和不可篡改性。通过百融云创服务平台，各参与方可以共同分担和管理小微企业的信用风险。这种协同管理方式降低了单个企业的风险溢价，减少了小微企业的融资成本。平台的信用背书机制也增强了小微企业在供应链中的信用，使其更容易获得融资。

第三，合作与协调。百融云创服务平台通过提供一个统一的协作环境，使供应链各方能够更好地协调其行为。传统的融资模式通常依赖核心企业的信用，而百融云创服务平台通过整合各方的数据和信用，使整个供应链中的小微企业也能从合作中获益。协同效应在此处体现在平台能够调动多方积极性，共同分担风险，从而降低融资成本。

第四，协同创新。百融云创服务平台不仅是一个数据交换的平台，还能鼓励不同主体之间的协同创新。通过整合数据、优化流程，平台能够开发出更多创新的金融产品，满足小微企业的多样化需求。协同效应理论强调，创新往往源于多方的合作与互动，百融云创平台通过提供这样的环境，促进了供应链金融服务的创新。

百融云创服务平台通过信息共享、信任建立、合作与协调及协同创新，有效利用了协同效应理论，为小微企业提供了更有效的融资支持。这一模式不仅降低了信息不对称和交易成本，还推动了供应链整体的效率提升和创新发展。相比传统的供应链金融模式，百融云创的服务平台模式更能适应小微企业的需求，增强其在市场中的竞争力。

（2）百融云创服务平台模式与传统的供应链金融的不同之处主要体现在五大方面。

第一，技术应用。百融云创利用区块链等前沿科技，创新推出了MaaS（模型即服务）和BaaS（业务即服务）两种模式。这些技术的应用使百融云创能够实现精细化主题驱动建模和精准化风险控制，从而提高金融服务的智能化水平和决策质量。而传统供应链金融更多依赖核心企业的信用背书、人工操作和线下流程，技术应用相对较为落后。

第二，业务流程。百融云创的供应链金融服务注重全流程的数字化管理和智能化运营。公司通过建立多个关键服务体系，包括合规服务体系、信息服务体系和企业信用体系等，推动供应链金融的数字化和智能化发展。这些体系的建设旨在提升整体服务的效率和透明度，同时确保合规性和数据的准确性。百融云创的数字化协同发展涉及五个主要领域，包括数据管理、风险控制、流程优化、信息共享和客户服务。通过这些领域的协同工作，百融云创致力构建一个更加高效、灵活和智能的供应链金融系统。而传统供应链金融更注重借后操作的风险控制，强调对仓储、物流等方面的全流程控制。其业务流程通常围绕核心企业展开，流程复杂且人工参与程度高，涉及多个步骤如信用评估、风险审核、审批放款等，且流程效率较低，容易导致审批时间长、响应速度慢。

第三，风控。百融云创服务平台通过区块链的透明性和不可篡改性，结合大数据分析和AI技术，构建了动态、实时的风险控制机制。多方参与的数据共享使风控更加精细化和全面化，能更有效地评估和管理风险，降低整体风险水平。而传统供应链金融风险控制主要依赖核心企业的信用评估和历史交易数据，风险管理模式较为单一。由于信息不对称，金融机构在风险评估时往往较为保守，导致小微企业的融资成本高，且风险难以有效分散。

第四，服务模式。百融云创采用了"产业＋科技＋金融"的生态模式，通过构建数字化服务平台，将金融机构和产业互联网连接起来，提供更加灵活和高效的金融服务。这种模式不仅解决了中小微企业缺乏传统抵押物的问题，还有效提升了融资效率。相比之下，传统供应链金融主要依赖核心企业的信用担保和上下游企业的紧密合作，其服务内容有限，主要集中在标准化的金融产品，如保理、应收账款融资等。由于依赖核心企业，小微企业在金融服务上选择余地较少，且个性化服务不足。

第五，参与主体与资金来源。百融云创服务平台引入了更多的参与方，包括各类金融机构、投资者和数据提供方，形成了更为复杂和灵活的资金供给网络。在百融云创服务平台下，小微企业的资金来源不仅限于传统的银行信贷，还可以通过平台的多方合作和创新金融产品（如供应链资产证券化），实现多元化的融资。

### 5.3 请结合信息处理理论和供应链风险管理理论，阐述百融云创服务平台在帮助小微企业融资过程中采取的风控措施有哪些。

从信息处理理论角度来看，百融云创服务平台提高自身的信息处理能力，使信息能够有效传递。具体来说，其采取的风控措施主要有以下三个。

（1）信息透明化与共享：百融云创平台利用区块链技术和大数据分析，实现了供应链中各参与方的信息透明化和实时共享。通过区块链的不可篡改特性，平台可以确保数据的真实性和完整性，减轻由信息不对称引发的信用风险。

（2）动态数据监控：平台实时收集和分析供应链中的交易数据、物流信息及企业的经营数据。通过人工智能和大数据技术，平台可以及时识别和预警可能的风险，从而在早期采取应对措施，降低风险发生的可能性。

（3）多维度信用评估：通过整合多方数据资源，平台可以进行更为全面和多维度的信用评估。除传统的财务数据外，平台还考虑了供应链上下游的交易数据、企业的市场表现等因素，使信用评估更加准确和全面，降低了由信息不对称导致的错误判断风险。

从供应链风险管理理论角度来看，百融云创将风险管理融入企业的所有业务流程中，强调风险与价值之间的关系，侧重创造、保持和实现价值。通过构建综合数据框架、风险评价、制定风险管控策略等步骤，百融云创实现了对小微企业融资风险的全面管理。百融云创在帮助小微企业融资过程中，通过科技赋能和创新风控模式，有效进行风险管理。以下是结合供应链风险管理理论的具体措施。

百融云创设计了从贷前、贷中到贷后全生命周期的风控流程。在贷前阶段，百融云创利用人工智能技术，如机器学习、设备指纹和知识图谱，帮助金融机构识别欺诈风险。同时，百融云创通过风险预估模型对小微企业的信用记录进行筛查，并在必要时会辅以人工的精细化审批。在融资申请阶段，百融云创通过光学字符识别技术对经营性材料进行核验，并在标准化合同基础上对合同要素（如金额和服务内容等），从而提升审核效率并降低人为错误风险。在贷中阶段，百融云创通过金融机构、核心企业和上下游供应商等多方数据建模来构建智慧供应链金融模式。这一模式不仅提高了风控准确性，还增强了对小微企业经营行为和关联市场主体的全面分析能力。百融云创还采用了"B+C"模式对企业主和企业主体进行信用审核，以还原业务和资产的真实性，全面反映企业的实际运营状况。这种模式结合了个人信贷和企业信贷的两种思路，从而提升了风控的有效性。百融云创采用"B+C"模式对企业主和企业主体信用进行审核，进一步还原业务和资产的真实性，全面反映企业的实际运营状况。这种模式结合了个人信贷和企业信贷两种思路，提升了风控的有效性。在贷后阶段，百融云创运用AI技术，智能跟踪企业贷后风险状况，及时进行风险预警，确保贷款用途与回款周期的一致性。这种智能跟踪系统有助于及时发现并处理潜在风险，保障贷款的安全。

5.4 请从数据安全、监管合规和市场竞争三个方面思考，金融科技公司如何应对未来新的挑战。

（1）金融科技企业应该强化数据治理制度和技术保障，确保数据在采集、存储、传输和使用过程中的安全性。例如，利用多方安全计算和联邦学习等先进技术，在不泄露原始数据的情况下实现数据共享，从而提高数据利用效率。同时，金融科技企业应建立全生命周期的数据保护机制，采用匿名化和去标识化等措施来防止数据的误用和滥用。另外，金融科技企业应定期开展员工培训，增强其对数据安全的认识和操作技能，以减少人为错误带来的安全隐患。

（2）金融科技企业应密切关注监管政策的变化，及时调整业务布局和发展策略，确保符合最新的监管要求。金融科技公司必须开发能够快速适应新法规的动态合规系统。这包括利用监管科技解决方案来自动执行合规任务、监控监管变化并确保所有流程符合现行法律。金融科技企业也应定期与监管机构、行业组织和其他利益相关方合作，以平衡创新与消费者保护的方式塑造未来的监管。金融科技企业还可以通过内部机构审计和外部专业评估，确保金融创新不突破法律法规的红线要求，严防以创新为名进行违规操作。

（3）金融科技企业应通过不断创新，提升产品和服务的竞争力。金融科技企业可以通过引入新技术、改进现有产品及提供更个性化、便捷的服务来进行创新。同时，金融科技企业也可以通过与传统金融机构的合作，发挥各自的优势，共同应对竞争挑战。传统金融机构在客户资源和行业经验方面具有独特优势，而科技企业能够提供创新的解决方案，双方合作可以实现优势互补。提升品牌形象和市场认知度是增强竞争力的重要手段。另外，金融科技企业应注重品牌宣传和市场营销，吸引更多的客户和投资者，从而增强市场地位。

**6. 参考文献**

白军利：《供应链金融的协同效应分析和风险转移机制创新》，《华北金融》2015年第1期。

黄秋萍：《信息处理能力与供应链整合对供应链融资决策的影响机理研究》，博士学位论文，华南理工大学，2017年。

陆杉：《论供应链知识协同》，《现代管理科学》2008年第9期。

宋华、杨雨东：《现代ICT赋能的智慧供应链金融创新与发展》，《中国流通经济》2019年第12期。

宋华等：《数字化金融科技平台赋能的供应链金融模式——基于信息处理视角的双案例研究》，《管理评论》2024年第1期。

王燕、刘永胜：《供应链风险管理概述》，《物流技术》2008年第

8期。

张爱等：《供应链企业委托代理问题的研究》，《工业工程与管理》2003年第3期。

Fan Y., Stevenson M., "A Review of Supply Chain Risk Management: Definition, Theory, and Research Agenda", *International Journal of Physical Distribution & Logistics Management*, Vol. 48, No. 3, 2018, pp. 205-230.

Tushman M. L., Nadler D. A., "Information Processing as an Integrating Concept in Organizational Design", *Academy of Management Review*, Vol. 3, No. 3, 1978, pp. 613-624.

## 7. 关键要点

### 7.1 关键点

本案例关键点在于指导学生了解供应链中的小微企业融资问题及其成因，掌握百融云创服务平台的底层架构和技术运用、百融云创服务平台运作模式和作用机制及其风控解决方案，本案例教学关键点包括：

（1）传统供应链上的小微企业融资难、融资贵的原因。

（2）百融云创服务平台的底层架构和技术、运作模式及作用机制、风控解决方案是如何缓解供应链上的小微企业的融资问题，这种服务平台的运作模式与传统的供应链金融模式相比优势有哪些。

（3）未来，百融云创这类金融科技企业将遇到怎样的机会和挑战，如何才能抓住机会战胜挑战，更好地服务小微企业。

### 7.2 关键知识点

（1）交易成本理论、委托代理理论、协同效应理论、信息处理理论、供应链风险管理理论和智慧供应链金融的定义。

（2）大数据、区块链和人工智能等新兴技术的定义及作用。

（3）金融科技公司服务平台的底层架构、技术运用、运行模式及作用机制、风控措施。

### 7.3 能力点

（1）分析小微企业面临的融资难题及成因，利用案例内容，提出金融科技公司帮助小微企业缓解融资问题的解决方案，形成问题解决能力。

（2）理解大数据、物联网和区块链等新兴技术的运用原理及其发挥的作用，形成跨学科的能力。

（3）掌握智慧供应链金融的定义，并能将其与金融科技公司的实践相结合，形成综合思考和综合应用的能力。

**8. 建议课堂计划**

本案例适合用作专门的案例分析课程。以下是根据课程的时间进度制定的课堂计划建议，仅供参考。

整个案例分析课的课堂时间预计控制在80—90分钟。

8.1 课前计划

将学生按五人为一组划分，可自由组队。提出几个启发性的思考题，要求学生课前预习案例资料并完成这些问题的初步思考。

8.2 课中计划

（1）分组汇报：各组按事前角色合理分配，就讨论得出的主要结论进行交流汇报，每组时间不超过15分钟。

（2）讨论交流：各组按角色进行提问，在讨论过程中，教师要注意围绕教学思路，结合讨论题适时地推进讨论过程，引发学生更深入地思考。

（3）总结点评：讨论结束，教师要结合讨论题，有侧重地对讨论的情况，特别是学生的争论集中点进行总结和点评。

8.3 课后总结归纳

（1）结合课前准备和课堂讨论，教师可以让学生就分析金融科技公司服务平台模式如何解决小微企业融资问题，探讨金融科技公司服务平台模式如何运用大数据和AI等技术来解决信息不对称和风控问题。

（2）分析对比金融科技公司服务平台模式与传统的供应链金融的优势之处。

（3）教师可以引导学生思考未来金融科技公司在供应链金融领域的机遇与挑战。

# 案例八　新零售赋能农村普惠金融促进农业产业创新

## ——基于"新零售+新金融"的案例研究[①]

### ➢ 案例正文

**摘要**：农村普惠金融是"三农"工作中重要的一环，但现阶段的农村普惠金融仍面临存在可持续性不足、对实体经济服务不充分的问题。这归根结底与农业的产业结构相关，因此农村普惠金融服务需要促进农业产业创新与转型。百融云创"新零售+新金融"项目利用新零售模式切入农业产业链，并接入普惠金融服务，将资金注入农业产业，促进农村经济发展。基于此，本案例基于"新零售+新金融"项目的创新模式，聚焦该项目如何解决目前农村普惠金融的发展难题，并通过梳理该项目背后的模式和作用机制，以及其面临的机遇与挑战。本案例能够为农村普惠金融产品与模式创新及农村产业数字化转型提供参考，对解决涉农融资问题及促进乡村振兴具有重要作用。

**关键词**：百融云创；农村普惠金融；新零售；金融科技；乡村振兴

---

[①] 本案例由深圳大学经济学院和百融云创科技有限公司联合开发撰写，作者朱福敏、郑尊信、黄敏君及百融云创方拥有著作权中的署名权、修改权、改编权。该案例已入选全国金融专业学位研究生教育指导委员会中国金融专业学位教学案例中心案例库。

## 一 引言

在中国农村居民是一个庞大的群体，截至 2023 年底，中国农村常住人口约为 4.77 亿人，占全国总人口的 33.8%（王萍萍，2024），这意味着全国有 1/3 的人口生活在金融服务密度较低的农村地区。但是，金融服务因为地理位置偏远和创新服务不足等限制，也很难触达这部分对象。为此，越来越多的金融机构推出普惠金融服务，截至 2024 年一季度末，全国普惠型涉农贷款余额 13.69 万亿元，同比增长 19.43%，超过各项贷款平均增速 10.26 个百分点（光明网，2024）。然而，当前的农村普惠金融服务依然存在一些问题。具体来看，一是农村普惠金融服务可持续发展能力不足，这个问题与农村地区经济发展结构和经营能力挂钩，在根本上影响了金融服务在农村地区的营利性和创新性（康淑珊、李楠楠，2023）；二是农村居民金融素养相对于城镇居民较低[①]，对金融服务认知不足，这种自我排斥会让普惠金融服务更难触达到农村居民自身。

为了突破农村普惠金融发展瓶颈，金融科技手段被应用到普惠金融服务中。百融云创顺应乡村振兴的背景提出了"新零售+新金融"项目，一方面，利用金融科学技术，撬动金融资本往农村地区流动；另一方面，结合数商兴农[②]的政策，重构农业产业结构，从根源上提升农村普惠金融服务的可持续性。该项目提升了目前普惠金融服务在农村地区的覆盖率、可得性、满意度。那么，"新零售+新金融"项目究竟是什么？该项目又是如何运作呢？它又面临哪些机遇和挑战呢？下文将一一介绍。

---

[①]《消费者金融素养调查分析报告（2021）》中提到中国消费者金融素养，从城乡维度来看，城镇地区平均得分为 68.06 分，农村地区消费者金融素养得分比城镇地区低 3.45 分。

[②] 2023 年中央一号文件强调深入实施"数商兴农"和"互联网+"农产品出村进城工程，鼓励发展农产品电商直采、定制生产等模式，建设农副产品直播电商基地。

## 二 百融云创公司简介

百融云创是国内一家智能数据分析与决策机构，致力于通过科技创新推动金融服务的普及与深化。截至2024年一季度，百融云创已经为超过5700家金融机构提供全生命周期的数字普惠金融产品与服务设计，涵盖精准营销、贷前审批、贷中控制及贷后管理。近年来，百融云创积极响应乡村振兴政策，深入农村地区，利用金融科技赋能农村普惠金融，解决农民农户的融资难题，帮助金融机构提升在农村地区的贷款效率和金融服务的商业可持续性。

百融云创主要是利用数字技术构建金融服务风控体系，并搭建智能决策贷款流程，定制计划设计普惠金融产品。随着涉农贷款的增加，农民农户的个人信息、资金流动数据呈几何级数增长。数据信息是一把双刃剑，管理好可以缓解信息不对称现象、提高借贷资金效率，管理不好会衍生严重的信息安全风险。所以，百融云创在严格风控合规的框架下，运用农户的数据信息，定制涉农金融全生命周期的智能风控管理系统。其运用人工智能和大数据技术对农业数据进行深度挖掘和分析，以及对农业经营主体的数据进行多维度的信息整合，刻画农村普惠金融服务对象的群体画像，从而有效地筛选出农村普惠金融服务的目标客户群，大幅度提升农村普惠金融服务的效率和精准度。同时，通过决策引擎的实时风险评估，为金融机构的涉农贷款建立了标准化的审批流程，将审批时间缩短至7天，旨在最快完成全面的风险评估。此风控体系根据不同产业制定个性化的风控策略，有效地帮助涉农金融机构预防贷前欺诈和监控资金流向。

近年来，百融云创更是积极响应乡村振兴的政策，利用先进数字技术赋能金融机构，对农业数据进行深度挖掘和分析，提升"三农"金融服务的效率和精准度，推动金融行业的数字化转型，为乡村振兴贡献力量。

## 三 "新零售+新金融"项目介绍

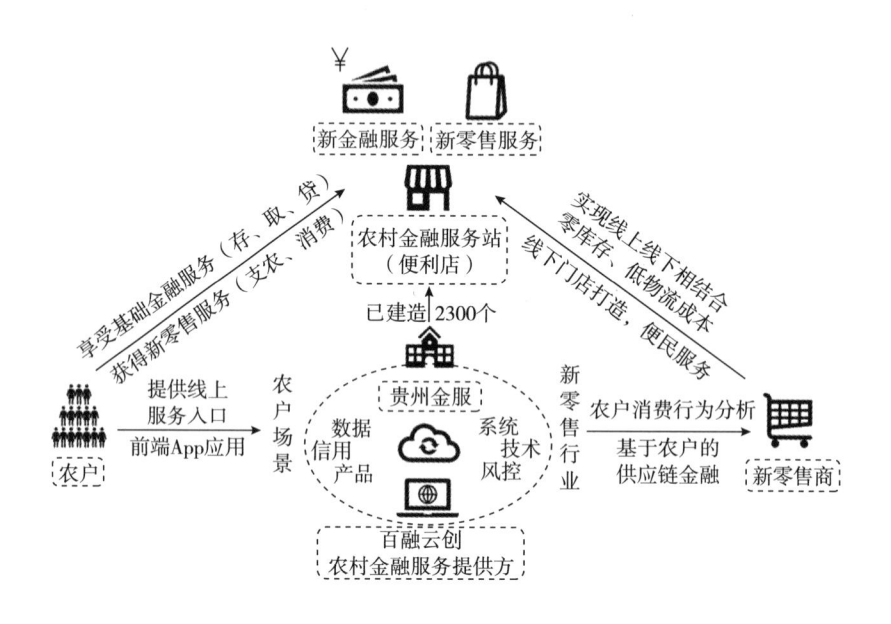

### (一)"新零售+新金融"项目简介

"新零售+新金融"项目(见图1),由百融云创提出并联合当地金融服务公司共同推进,旨在通过新零售模式赋能农村普惠金融,目前在贵州开展试点工作。该项目通过整合农村普惠金融服务站、当地金融机构及新零售业务,构建了一套共享系统,实现数据流、资金流和物流的资源共享,提升农村地区的金融服务普惠程度,并重建农业金融供应链,进一步提升普惠金融服务的可持续性。

**图1 "新零售+新金融"项目**

资料来源:百融云创方。

在该项目中,农村金融服务点将引入新零售业务①,助力新零售商

---

① 新零售指的是利用大数据、人工智能等数字技术,通过数据手段,打通"商品—平台—物流—消费者"的产业链上下游,衔接线上流量与线下门店,以消费者为中心的全新零售模式。

进驻农村市场。新零售业务依托数据平台，指导商家进行精准的个性化营销，满足农村消费者的升级需求。农村居民可通过线上平台下单，选择就近的金融服务站自提或享受统一物流配送，提升购物便捷性和多样性。其间产生的消费数据，将与金融服务公司共享。另外，农民的农产品也会被新零售商按照统一标准采购，由新零售商销往城镇，一方面促进农业产业结构的数字化转型，另一方面提升涉农贷款资金的循环效率。

新金融业务则结合新零售模式特点，在农村金融服务站提供"线上+线下"的存取金融服务，并基于消费者为中心的原则进行精准营销。贵州当地金融服务公司利用百融云创的大数据分析系统，结合新零售平台订单信息，为农户画像，分析其金融服务需求，提供个性化贷款定制和营销。同时，运用风险定价机制评估信贷风险，降低涉农贷款坏账率。此外，通过线上支付手段实现收付便捷化，构建农户数字资产，搭建向银行贷款的桥梁，并通过金融服务机构直接划拨款项，减少赊销对农户资金占用的影响。

新零售与新金融业务相辅相成，相互赋能。金融服务为新零售平台填补农产品供应链中的金融服务缺失注入资金，加快农产品流通效率，提升新零售业务效益。新零售业务则通过强大的渗透能力，培养农村消费者使用金融服务的习惯，将平台流量引至金融服务平台。

（二）"新零售+新金融"参与方介绍

"新零售+新金融"项目的成功实施，依赖百融云创、贵州金服与新零售商的紧密协作，共同推进项目发展。贵州金服负责建设农村普惠金融服务站，搭建线下金融服务与新零售服务平台，并提供基本便民服务。新零售商则需在金融服务站内设立线下门店，并建立线上商城，为村民提供便捷的网络购物体验，实现线上线下的无缝对接。百融云创则承担搭建金融系统和风控平台的任务，确保数字普惠金融服务与新零售业务间的数据流通，实现数据共享。

1. 百融云创——金融科学技术提供方

百融云创在"新零售+新金融"项目中扮演着至关重要的角色，其作用主要体现在以下三个方面。

（1）数据采集。百融云创在项目初期便开始了对农户数据的深入采集工作。通过与相关部门的紧密合作，并到贵州当地进行实地考察，确保了数据的有效性和可获得性。数据采集的范围广泛，包括通过普惠金融服务移动端 App 采集的贷款申请信息、身份信息、通讯录信息、交易行为信息、终端设备信息及终端操作信息六大重点数据，为构建农户画像提供了真实可靠的基础。

（2）整合数据。在数据采集的基础上，百融云创进行了数据整合工作。首先，对获取的农户数据样本进行了加工和清洗，确保了数据的规范性和标准性。其次，利用先进的数据分析技术，通过机器学习构建了农户画像，并建立了大数据模型，打造了农户信用档案。这一过程不仅为当地政府、金服机构提供了数据共享的信用构建基础，而且为农户构建了征信体系，有效地甄别了农户的信用，为农村金融服务奠定了坚实的基础。

（3）拓宽农户金融场景。百融云创根据不同地区的农村特色产业和农户的个性化需求，打造多元化的金融产品，拓展农户金融场景。通过因地制宜、因人制宜的方式，针对改善个人生活、改良农机设备、采购生产原料等不同需求场景，进行个性化定制，提升了普惠金融服务的可得性、产品多元化和服务满意度。在试点地区惠水县，百融云创根据当地农村经济发展及农户诉求，打造了农户消费贷、农户抵押贷和农户经营贷三款场景化贷款产品，其中"超 e 惠农贷"作为国内首款面向农户的线上化、大数据风控的智能金融产品，极大地满足了农户的经营周转需求（见表1）。

表1　百融云创为"新零售+新金融"设计的普惠金融信贷产品

| 场景化产品 | 诉求问题 | 贷款额度 | 贷款期限 | 贷款持续性 |
| --- | --- | --- | --- | --- |
| 农户消费贷 | 解决短期资金周转或改善个人生活 | 小 | 短 | 容易产生循环额度 |
| 农户抵押贷 | 改良农机设备或增加农机设备 | 大 | 长 | 不易产生循环额度 |
| 农户经营贷 | 采购生产原料 | 小 | 根据农作物的生长周期设定 | 容易产生循环额度 |

资料来源：百融云创方。

## 2. 贵州金服——农村金融服务站建设者

贵州金服[①]积极响应国家普惠金融政策的号召,大力推进农村金融服务站的建设。这些服务站不仅为农村居民提供了便捷的金融服务,如存取款、转账、缴费等基本便民服务,还成为新零售业务的重要线下平台。通过这些"村村通"服务站,可以缓解单一数字普惠金融在农村地区的数字鸿沟问题,联动线上和线下金融服务平台,进一步扩大了金融服务的覆盖范围,提高了农村金融服务的可获得性和便捷性。截至2024年一季度,贵州金服已建立了2300多个金融服务点,基本实现了对本区域的全覆盖,极大地提升了农村金融服务的普及率。

为了进一步提高农村金融服务的质量和效率,贵州金服不断完善普惠金融基础设施。这包括提升服务站的技术装备,引入先进的金融科技,以及加强服务人员的培训,确保他们能够提供专业、高效的金融服务。此外,贵州金服还计划继续打造1000个农村普惠金融助农服务点,进一步加大科技金融的投放力度,重点支持战略性新兴产业的发展,如5G技术、人工智能等,以此推动农村经济的转型升级。

贵州金服不仅在基础设施建设上下功夫,还不断深化金融服务创新。其与贵阳银行、贵阳农商行等金融机构合作,提供线上App平台,便于新金融、新零售业务的上线,利用原有的流量和农民用户基础,加速金融服务数字化转型。

## 3. 新零售商——农业B2B2C产业链重构者

新零售商在农村金融服务点增加新零售业务,消费者通过线上下单,新零售平台统一配送到邻近便利店或金融服务点。农户在新零售业务链条中,可以有两个角色。第一个角色是C端新零售业务的消费者,农户作为线上商城的使用者,大数据系统可以根据农户的画像对其进行精准营销,农户可以购买到更多元化的商品。另外,线下服务点解决了配送"最后一公里"的问题,让村民获得更便捷的购物体验。第二个角色是B端新零售业务农产品的供应商。新零售商会按照标准化的采购流程、严格的收购标准,收购农户的农产品,再将农产品或者加工后

---

[①] 贵州金服是由省地方金融监管局牵头,联合人民银行贵州省分行、省发展改革委、省大数据局等单位重点打造的公益性金融服务信息化平台。

的农副产品上线到新零售商城，销往产地以外的地方。比如，在全国有名的金钱橘产地——贵州黔南惠水县，新零售商对金钱橘进行大批量采购后，不仅加快农产品的流通速度，提升了当地农业产业的盈利能力，还通过统一的采购标准倒逼农业供应链提高生产质量。

在"新零售+新金融"项目的系统下，新金融业务渗透进农业生产链条的每一个环节中，提升了普惠金融服务的可得性。在项目中，大数据系统会为农民农户画像，新金融服务会精准营销普惠金融产品给他们，比如农户经营贷，农户可以用该项贷款资金，在新零售商城上购买生产原料。农产品进行生产后，售卖给新零售商，新零售商再将农产品销往城镇。其间，资金的流通都可以通过新金融业务进行，加快资金的周转效率。金融服务可以渗透到农产品从生产到售卖的每一阶段，实现金融服务实体经济、促进乡村振兴的愿景（见图2）。

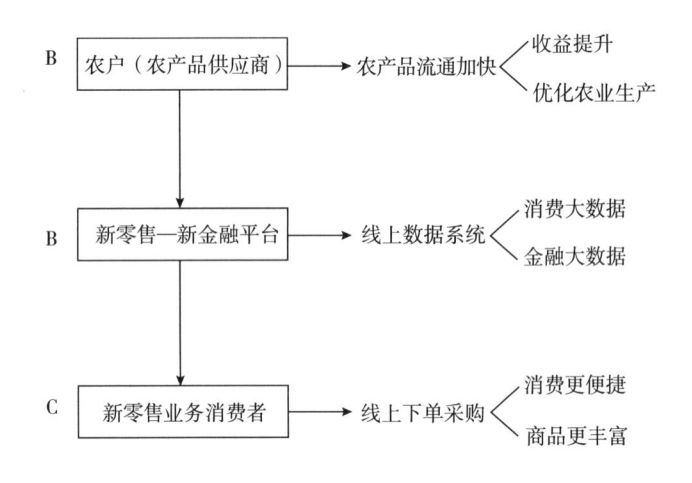

图2　新零售业务的 B2B2C 产业链

## 四　"新零售+新金融"项目背后的模式及机制

### （一）"新零售+新金融"项目背后的模式

"新零售+新金融"项目巧妙地融合了新零售与数字普惠金融，构建了一种新的普惠金融模式。该模式在数字普惠金融的基础上，引入了新零售的物流、信息流和资金流，与数字普惠金融平台实现共享。从而使普惠金融服务更有效地支持农村实体经济，更好地实现普惠金融的商业可持续性。该模式还能有效地缓解单一数字普惠金融服务分配不均的问题。再利用农村熟人经济的商业模式，降低农村居民对金融服务的自我排斥。

（1）数字普惠金融模式凭借其固有的数字化优势，有效缓解了农村金融市场中的信息不对称、服务"最后一公里"及信贷监控等难题。首先，通过建立一个包含详尽农户信息的系统，其降低了金融服务机构的借贷风险成本。其次，借助 AI 人工智能、云计算和区块链等先进技术，构建了智能决策框架，实现了智能贷前审批，简化了审批流程，提高了贷款审批效率。这些技术手段还提升了贷款风险识别和定价的准确性，进一步完善了农村金融贷款的风险分担机制，缓解了农民因缺乏抵押资产而面临的融资难题。数字化的普惠金融服务通过线上渠道，使基础金融业务能够通过移动端便捷操作，提高普惠金融的覆盖率。

（2）新零售的融入为数字普惠金融带来了双重赋能。一方面，它提供了更丰富的数据信息，增强了信息数据库的完整性，使大数据分析更为精准，能够描绘出更真实的用户画像。另一方面，新零售通过"熟人经济"的商业模式，加速了业务的渗透，有效缓解了农村存在的金融排斥问题。新零售业务如同连接农村消费市场与农业产业端的桥梁，成为金融普惠化的重要接口。此外，该平台还能拓展农民的金融场景，将数字资源深入农业产业链，助力农业实现产业化与现代化，从而缓解了农村普惠金融"脱实向虚"的问题。

2. 新零售赋能农村普惠金融模式运行机制

（1）创造数字信息闭环，缓解信息不对称。新零售赋能农村普惠金融模式通过对物流、资金流、信息流进行收集并整合，打造了一套可循环升级的数据信息系统。新零售赋能农村普惠金融模式的核心是大数据系统。首先，构建农民农户数据系统。调取官方的征信数据的同时，通过 AI 算法可以自动搜索并获取金融服务机构、新零售平台的其他数据，包括新零售平台的交易评级、订单的换退货率、产品成交量等，建立数据分析模型并进行用户画像，显示授信额度、授信期限等个性化资金需求结果。所有的信贷客户都是在整个模式系统中的主体，由于平台的数据流、资金流、商流是共享的，所以信贷客户拿到的资金仍在系统内流动，平台的后台监控持续更新着资金流动数据、物流变化及业务往来。整个资金的使用过程是完全透明的，可以实时掌控信贷资金运转、监督信贷人经营状况。其次，建立动态风险防控机制。数据后台相应的算法会准确评估风险点，及时发现数据敏感变动并触发风控警报程序。这使信贷资金时时刻刻都处在监控的范围并将进一步反馈给大数据系统。所以农户申请资金时就可以摒弃传统的抵押和担保制度了，解决了融资难的问题。最后，定制化普惠信贷产品。通过大数据分析，可以挖掘农村居民潜在的资金需求和还款实力，并设计个性化、差异化、多元化的信贷产品。精准设计包括信贷形式、授信条件、信贷额度、还款周期等信贷元素。随着新零售业务的发展，平台交易规模逐渐扩大，覆盖的行业、企业稳步上升，沉淀的数据信息呈几何增长，又反过来反馈给数据系统，对业务的处理能力也呈几何攀升。数字信息闭环的形成有效缓解了农村地区信息不对称的问题。

（2）缓解金融排斥，提升金融服务普惠程度。新零售模式保留了线下的渠道，一方面，可以利用线下服务站缓解农村地区存在的数字鸿沟①；另一方面，可以利用零售业务的"亲民"特点，降低弱势群体的排斥心理，再利用乡村地区的"熟人经济"模式和村民自治管理金融服务站管理模式的助推，加速普惠金融服务向底层渗透。因为将农业产业链接入新零售业务中，农村普惠金融服务有效地下沉至乡村地区，培养农村居民对金融服务的认知，从根源缓解金融排斥，提升金融服务的普惠化。

（3）优化农业经营模式，提升普惠金融的可持续性。新零售赋能农村普惠金融模式，从直接效应上看，能够显著正向促进农产品供应链整合；从间接效应上看，强化了数字普惠金融对农产品供应链整合的正向促进作用（李照青等，2024）。另外，为了提高业务

---

① 这里的数字鸿沟指的是农村居民在信息技术使用方面存在困难，仍有部分群体无法获得数字技术带来的便利，因此数字普惠金融无法触达所有的农村居民。

案例八 新零售赋能农村普惠金融促进农业产业创新 257

的效益,无论是金融机构还是新零售商都不断升级服务类型,对消费者进行个性化的精准营销,深挖消费者的潜在价值,帮助实现产品的增值,助推农业产业、金融服务业的不断优化和发展。在大数据系统的作用下,普惠金融服务更贴合消费者的金融诉求,既提升了消费者的服务体验和对普惠金融服务的满意度,又提高了企业或相关机构的商业可持续性。除此之外,还将农产品引入新零售平台可以有效地提高农民农户的盈利,帮助乡村经济增长,又会再次反哺乡村的金融发展,实现商业的可循环性(李照青等,2024)。新零售赋能农村普惠金融的机制示意如图3所示。

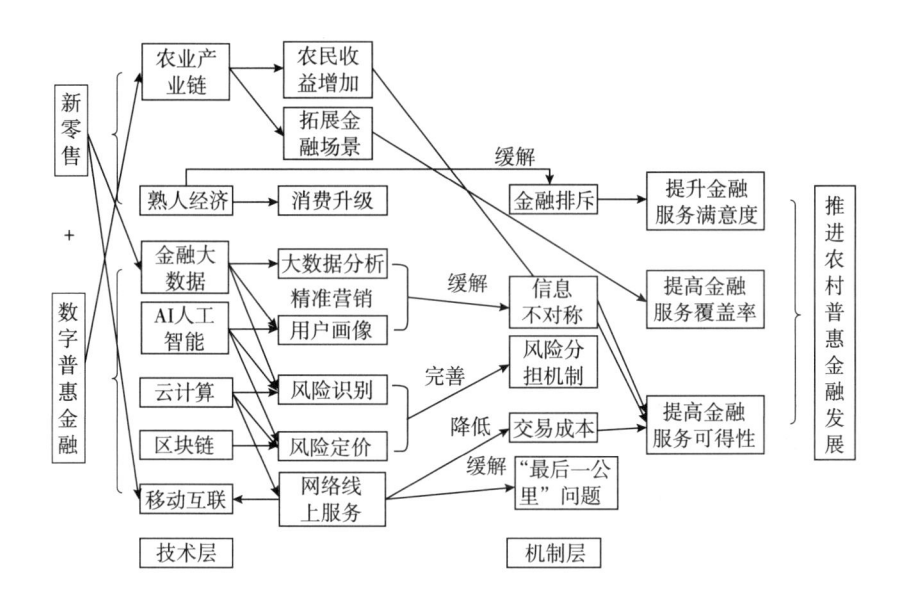

**图 3　新零售赋能农村普惠金融的机制示意**

## 五　"新零售+新金融"面临的机遇与挑战

本部分运用了 PEST 模型,从政策、经济、社会、技术四方面分析了"新零售+新金融"项目的发展环境,进一步发现"新零售+新金融"项目在宏观、中观、微观三个层面面临的机遇与挑战。

## （一）"新零售+新金融"面临的机遇

### 1. 政策背景

中央一号文件①提出要依靠金融科技推动农村普惠金融发展，加快农业产业创新转型，落实乡村振兴。乡村振兴离不开乡村经济振兴，农村产业振兴。将农产品引入新零售的业务中，可以促进农业现代化、产业化，加快第一产业的结构优化和转型，以及有效推进供给侧结构性改革。新零售这种以消费者为核心，将供应链紧密结合的新型零售模式特别适用于农产品，可以打通村里产、城里销的路径，加快农村产业与城镇市场的有效衔接，这也是乡村振兴战略的要求。"新零售+新金融"项目贴合乡村振兴战略，利用新零售平台，重塑农业产业链，促进农业产业数字化转型。另外，其中的数字普惠金融渗透进农业产业链的每一个环节，为农业产业注入资金，促进乡村经济发展。从政策的角度来看，"新零售+新金融"项目充满机遇，且具有发展可持续性。

### 2. 经济环境

近五年，中国农村居民的人均可支配收入和人均消费支出呈逐年上升趋势，而且每年的增速都比城镇地区快。2023年农村居民人均可支配收入比上年同期增长7.6%，人均消费支出更是增长9.6%。即使在新冠疫情期间，农村地区的消费支出依然保持正增长，而城镇地区在2020年消费支出同比减少3.8%。根据国家统计局的数据，2023年乡村消费品零售额达到了64005亿元，相比2022年增长了8.0%。这反映了农村消费市场的活跃度和扩张趋势。此外，从更长期的角度来看，农村消费市场自2013年以来一直保持较快增长，年均增长速度快于城市消费市场，显示出农村地区极具韧性的消费潜力。由此可见，从经济环境角度来看，新零售和新金融业务具有下沉到乡村市场的可能性，并且在这样的收入、消费支出的增长下，一定伴随着金融业务的需求的正向增长（见图4）。

---

① 2022年，中央一号文件指出，要"大力推进数字乡村建设，拓展农村数字技术应用场景，健全农村数字普惠金融体系，以数字金融赋能乡村产业创新转型"。

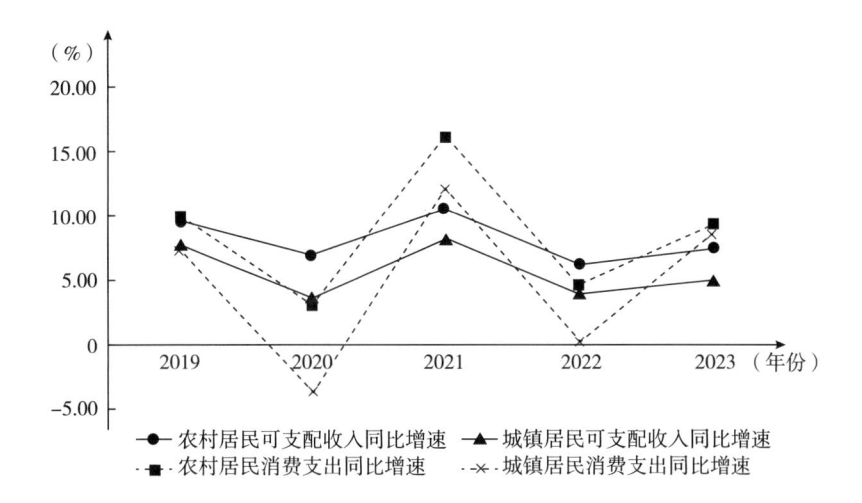

图 4　2019—2023 年居民可支配收入与消费支出情况

资料来源：国家统计局。

3. 社会环境

第七次人口普查的结果显示，乡村 60 岁、65 岁及以上老人的比重分别为 23.81%、17.72%，比城镇分别高出 7.99 个、6.61 个百分点。与第六次人口普查的数据比较，农村 60 岁以上老年人口占比上升约 8%。由此可见，城乡老龄化差距正在不断拉大，乡村老龄化程度更高、更严重，同时伴随着人口的外流和居住分散的现象，这些特点对实施乡村振兴战略构成了挑战。

农村的人口年龄结构、文化背景等导致以往的数字普惠金融服务难以触达农村地区的一部分人，比如老人，他们不会上网，对金融服务认知也不足，不是数字资源的倾斜对象。"新零售+新金融"项目保留了线下的渠道，以及运用农村地区"熟人经济"的特点，提高农村普惠金融服务的覆盖率。另外，将金融服务接入农业产业链，有效提升了农村普惠金融服务的可得性。从社会环境来看，"新零售+新金融"项目在农村市场有不可替代的社会意义，且可以突破目前农村地区普惠金融服务发展的困境，具有发展可持续性。

4. 技术环境

从图 5 可以看出，农村地区的互联网覆盖率逐年上升，但是较城镇的互联网覆盖率仍有一定的差距。截至2023年，农村互联网覆盖率仅达66.50%，城镇互联网覆盖率是83.30%，这说明农村互联网普及水平仍有待提高。而新零售赋能农村普惠金融模式离不开互联网，互联网覆盖程度不高会成为该模式目前无法在农村地区完全铺开的原因。但是，中国"十三五"规划要求对农村地区的互联网覆盖率进行针对性的提高，在贫困村即普惠金融的重点服务区域优先铺设光纤，加大贫困地区网络的基础建设。另外，正是因为互联网的覆盖程度不足，所以才需要线下的农村金融服务站帮助普惠金融服务触达农村居民。所以从技术环境来看，"新零售+新金融"项目有实施的必要性和可持续性，但是前期需要依赖农村地区的网络环境的建设。

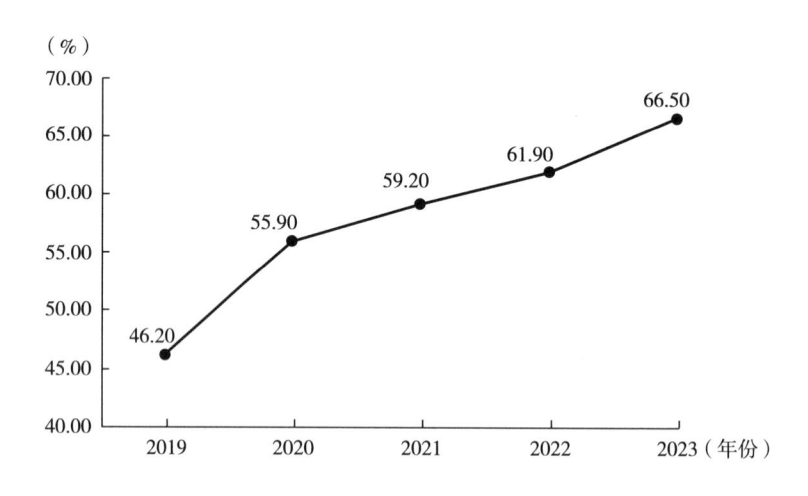

图5 2019—2023年农村地区互联网普及率

资料来源：中国互联网络信息中心。

### （二）"新零售+新金融"面临的挑战

1. 宏观：农民征信体系不健全

目前，"三农"的信用体系并未完善，中国的征信系统也处于初级发展阶段，以中国人民银行的基础金融数据为主、市场征信系统为辅，这种征信机制在一定程度上会降低征信成本。然而，在目前的社会背景下，如何将公安、人民法院、税务等部门的数据信息进行有效的整合，以获取更加完整的信用信息，仍然是一个迫切需要解决的问题。

"新零售+新金融"项目的运作依托涵盖农民信息、消费数据、金融数据的一套大数据系统,数据系统的信息要求丰富完备,项目才得以有效运转。而中国目前的农民征信体系仍未健全,许多数据官方尚且难以获取,数据显示,截至2019年底,通过农户信用信息系统登记在册的农户信用档案已累计1.86亿人,但是这部分人数仅占农村人口数量的36.47%,第三方想要进行读取和有效的数据分析更是难上加难。这说明新零售赋能农村普惠金融模式在宏观层面面临着农民数据收集不完备,难以建立数据信息库以及征信体系不健全的不足。

2. 中观:线下物理网点边际成本高

"新零售+新金融"项目在前期需要进行的基础建设分别有线下物理网点、新零售业务配套的物流及配送体系、仓储等。线下物理网点是贵州省政府及金服共同建立的农村金融服务站,因此新零售业务的线下配送点的建立成本得以降低。但是新零售业务配套的物流体系及线上商城的打造,在项目发展的初期需要投入大量的成本进行建设,且项目前期还需要一部分的广告宣传费打开市场,整体的边际成本较高,需要项目成熟才能收回成本,对小型的新零售企业是一种挑战。

"新零售+新金融"项目通过线下物理网点,将农村普惠金融服务触达至数字资源匮乏的人群,提高了普惠金融服务的覆盖率。但是这也会存在保留线下服务的缺点,比如建设成本高等。

3. 微观:消费者金融素养不高,收入增长效应不足

根据中国人民银行金融消费权益保护局发布的《消费者金融素养调查分析报告(2021)》,全国消费者金融素养指数为66.81,农村地区消费者金融素养指数为63.36,低于全国水平,其中金融知识方面的差异最大。低学历、低收入、非就业、老少人群等普惠金融重点服务群体在金融知识、技能和行为等方面的表现与高学历、高收入、就业、年轻群体之间依然有较大的差距。这也反映了中国普惠金融重点服务群体的金融素养依然有待提升,农村居民对金融服务尤其是数字金融服务存在自我排斥的现象。在"新零售+新金融"的项目中,并没有利用线下的渠道给村民普及金融知识,这可能会成为项目推广的阻碍。

## 案例使用说明

### 1. 教学目的和用途

**1.1 适用课程**

数字金融、金融科技、金融产品设计与开发、金融政策与理论、供应链管理与金融。

**1.2 适用对象**

本案例主要为金融硕士（MF）开发，也适用于相关专业硕士和高年级金融学本科生，以及有一定工作经验的金融科技公司、金融服务公司管理者。

**1.3 本案例的教学目的**

本案例重点介绍"新零售+新金融"项目背后的模式和该创新模式的作用机制，分析了其面临的机遇和挑战。教学目的是带领学生深入了解新零售模式赋能农村普惠金融的一个实例，并讨论新零售促进农业产业结构创新与转型的方法。具体教学目标如下。

（1）梳理中国农村普惠金融的发展情况与面临的困境，进一步分析和探讨"新零售+新金融"项目解决的问题。

（2）深入了解"新零售+新金融"项目的设计，及其作用路径和背后的模式，理解新零售模式如何赋能农村普惠金融服务及反馈农业产业链。

（3）结合金融排斥理论和普惠金融指标考核的标准，理解并学习普惠金融服务的创新模式设计。

（4）了解数字技术的应用情况和应用场景，掌握在特定场景中选择并使用适当数字技术的技能。

### 2. 启发思考题

本案例的启发思考题立足中国实情，纵观新零售赋能农村普惠金融的模式，深入讨论该模式的可行性，引发学生对于农村普惠金融未来的思考。思考题整体呈现了先破再立、由浅及深的特点。为了确保教学质量，案例编写组建议教师让学生尽量在课前查阅农村普惠金融发展的资料和信息，并熟悉相关知识点。除此之外，教师在案例讨论前需要安排学生阅读教学案例中涉及的信息不对称、金融排斥等相关知识。同时，教师可以引导学生通过互联网等渠道了解传统的农村普惠金融的模式，以及新零售在金融领域的最新应用等相关知识点。

（1）请阐述中国农村普惠金融的发展情况，并回答目前农村普惠金融存在哪些问题，为什么会出现这些问题。

（2）请根据央行对于普惠金融指标考核的标准（金融服务覆盖率、金融服务可得性及金融服务满意度）①，分析"新零售＋新金融"项目能否突破农村普惠金融当前的发展困境。

（3）请将"新零售＋新金融"项目与同为"农业价值链＋电商平台"模式的京农贷项目进行对比分析。

（4）请根据正文提到的"新零售＋新金融"项目遇到的挑战，以及上述问题的分析结果，提出"新零售＋新金融"项目的优化建议。

**3. 分析思路**

第一，引导学生了解普惠金融的发展历史及普惠金融目前的发展阶段，提炼普惠金融每一阶段的特点和不足。进一步探讨农村普惠金融目前面临的困境和亟待解决的问题。并了解中国农村普惠金融现有的产品，剖析目前农村普惠金融产品设计的局限性。

第二，详细介绍"新零售＋新金融"项目的提出背景、项目的全流程设计，并根据金融理论结合目前的政策背景，研究其背后蕴含的作用机制和普惠金融模式。使用金融研究法分析项目的可持续性，并结合普惠金融的指标分析项目的效益。探讨"新零售＋新金融"是否能解决农村普惠金融目前面临的问题。

第三，引导学生分析"新零售＋新金融"如何运用数字技术赋能农村普惠金融，从而突破传统普惠金融体系的局限，构建一个新型普惠金融模式。同时，得出项目存在的价值及痛点、难点，验证模式存在的优势和不足，为项目的优化提出建议。教学分析思路如图6所示。

---

① 《推进普惠金融发展规划（2016—2020年）》提出，建立与全面建成小康社会相适应的普惠金融服务和保障体系，有效提高金融服务覆盖率、可得性、满意度，满足人民群众日益增长的金融服务需求。

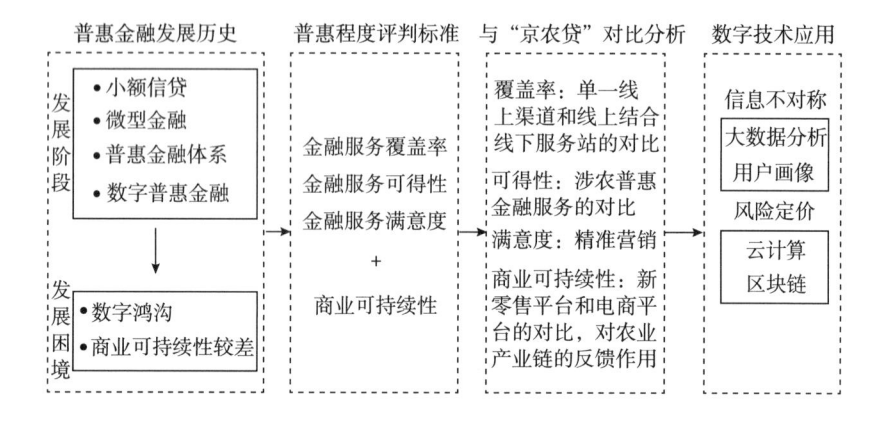

**图 6　教学分析思路**

**4. 理论依据**

（1）金融排斥（Finance Exclusion）。金融排斥指的是社会中的部分群体由于各种原因无法进入金融体系，从而无法以恰当的方式获取金融服务，早在 1993 年被 Leyshon 和 Thrift 提出。在此基础上，Kempson 和 Whyley 提出了金融排斥的六个维度：地理排斥维度、评估排斥维度、条件排斥维度、价格排斥维度、营销排斥维度和自我排斥维度。发展中国家的农村地区大多落后、贫困，普惠金融概念的提出正是为了解决这些地区的金融排斥问题、提高金融服务的包容性。

本部分从六个维度解释农村市场的金融排斥现象，探索如何通过降低金融排斥现象，促进农村普惠金融服务的发展。

第一，地理排斥（Physical Access Exclusion）。由于地理位置偏远或金融服务网点不足，某些地区的人口难以接触金融机构和服务。农村地区地广人稀，交通与通信等基础设施落后于城市，县级以下的金融机构网点密度低、数量少，在地理排斥维度上体现了农村地区的金融排斥。数字普惠金融模式下金融服务实现线上化，打破物理网点的限制，缓解金融服务"最后一公里"的问题，可以在地理维度上缓解金融排斥，提高金融服务的覆盖率。

第二，评估排斥（Assessing Exclusion）。金融机构对个人或企业的信用评估标准过于严格，使信用评分较低的群体被排斥在正规金融服务之外。由于农产品估值难和农业生产不稳定的特点，农民借贷的风险难以评估，评估排斥加深农村地区的金融排斥。在缺少抵押资产和收入不稳定的前提下，金融机构在审批农村居民的贷款时，往往难以评估农村居民的信贷风险，本着降低风险的原则，这群有资金需求的农民则被排斥于金融服务之外。互联网飞速发展背景下的农村普惠金融模式可以利用大数据、云计算等科技手段，完善风险评估机制，准确计算出农民农户信贷的风险，降低评估排斥，以提高金融服务的可得性。

第三，条件排斥（Condition Exclusion）。某些金融服务设有严格的条件限制，如存款最低要求等，这些条件可能阻碍部分人群获得服务。营销排斥（Marketing Exclusion）：金融机构在营销和服务推广方面的不足，使某些群体不了解或无法获得金融服务信息。农村地区居民的金融需求的特点是单笔金额小、数量多，金融机构交易成本较高，收益较少，所以出于价值最大化的目标考虑，金融机构在进行金融产品、服务营销时，会将某些地区或群体忽视，甚至设置非市场条件将其排斥。新零售赋能农村普惠金融模式利用新零售的特点，对普惠金融服务受众人群进行用户画像，实现精准营销，降低营销排斥和条件排斥，从提高金融服务可得性的角度促进金融服务的普惠率。

第四，自身排斥（Self-exclusion）。由于文化、教育或个人认知等原因，一些人群可能主动选择不使用某些金融服务，从而形成自我排斥。从农村居民自身来看，大多数农村居民教育程度较低，金融意识薄弱，对金融服务不了解，对金融服务产生自身的排斥心理。农村"熟人经济"的商业模式，使新零售业务得以快速下沉。在下沉的过程中，金融服务也会加速渗透，利用零售业的"亲民"特点，有效降低农村居民对金融服务的自身排斥。

第五，价格排斥（Price Exclusion）。金融服务的成本，如贷款利息、信用卡年费等，对于低收入群体来说可能过高，导致他们无法负担而被迫排除在外。农村地区的贷款者具有额度小、抵押品和担保不足、收入不稳定、农产品难以评估的特点，所以传统金融机构贷款时考虑到以上的授信风险，出于合规和风控要求，这些贷款的审批的手续往往繁杂且审批时间长，这就增加了贷款的交易成本。利用金融科技手段，简化审批流程、降低人工成本，能够有效缓解价格排斥。

（2）信息不对称（Asymmetric Information）。信息不对称是指在市场活动中交易双方所知晓的信息不尽相同，拥有信息较多的一方在交易中会更有利，相反拥有信息较少的一方在交易活动中将处于不利地位（叶维武，2012）。信息不对称状态下的交易活动，容易使交易双方面临道德风险问题。因为农村金融市场信息不对称的现象，金服机构贷款给农村居民时，需要面临巨大的道德风险问题，包括借款人私自改变资金用途、隐瞒投资收益等不利于贷款回收的问题。

农村信贷市场的信息不对称问题体现在两个方面，一方面是客户造成的信息不对称，另一方面是银行造成的信息不对称。客户由于自身贷款资质不足，可能会将贷款的需求托付给其他方，以实现顺利批款。加上每个客户对信息的摄取能力不同，导致银行的信贷信息不一定都能被每一个资金需求者获取，出现了信息不对称现象。银行方则是因为农民数据繁多而冗杂，目前无论是征信数据还是金融数据，均未实现系统化管理，导致银行对农民群体的信息获取不全面。另外，近年来，农村地区经济发展增速明显，产业不再局限于第一产业，在农村企业的蓬勃发展下，农村自有资金必然满足不了日益增长的资金需求，信贷需求的增长导致信贷市场的供需不平衡。在此情况下，由于农村市场的信息不对称，金服机构可能会"惜贷"，进一步加剧了农村地区的贷款难题。

解决农村地区信息不对称的问题，需要建立起农户大数据系统及健全的农户征信体系，利用这些数据筑起完善的风险防控系统，实现风险识别和风险定价。这样一来，金融机构可以减少道德风险问题，也可以打破抵押信贷限制，满足农村地区的贷款者的资金需求。

(3) 新零售概念。随着社会内需增长放缓，消费者对质量的要求提升，传统电商平台出现了"增长瓶颈"，网购投诉率不断激增。无论是传统电商模式的内生因素，还是经济发展带来的外生因素，都共同推动了零售行业的转型和升级。一种名为"新零售"的新型零售模式在2015年应运而生，这是利用大数据、人工智能等数字技术，通过数据手段，打通"商品—平台—物流—消费者"的产业链上下游，衔接线上流量与线下门店，以消费者为中心的全新零售模式（王金石，2021）。

目前，对于新零售的概念还没有统一的定义，马云在2016年云栖大会上说：新零售是线上、线下门店与物流结合之后所产生的新型零售模式,线下的企业走到线上,线上的企业走向线下(徐琴,2018)。赵树梅和徐晓红(2017)认为,新零售是以供应链和物流为基础,实现线上和线下、多个领域的融合发展的新模式。杜睿云和蒋侃(2017)认为,新零售是依靠互联网,通过大数据和人工智能等先进技术手段,生产、流通和销售商品。

案例中提到的新零售,不仅仅是指新零售业务,而是新零售的模式,是大数据系统围绕消费者,运用大数据分析及用户画像等技术,对消费者进行精准画像、风险定价,帮助其可以有效获得适配的金融服务、购物服务的模式。

(4)数字普惠金融概念。数字普惠金融的概念在2016年G20杭州峰会《G20数字普惠金融高级原则》中被正式提出,是指"一切通过使用数字金融服务以促进普惠金融的活动"。

数字普惠金融与以往的任何一种普惠金融都不同,具有以下优势:一是打破地理界限。在中国,农村地区因为地理环境复杂、地广人稀,所以金融机构网点铺设密度不足,普惠金融的覆盖面不够广,"最后一公里"问题一直没有得到有效的解决。普惠金融的数字化使农民"足不出户"即可获得基本的金融服务,解决了"最后一公里"问题(王田田,2021)。二是降低金融服务的交易成本。利用智慧决策、人工AI等技术可以实现机器代替人工,大大降低人力成本、简化审批流程,特别是对于小额信贷,利用数字技术可以有效快速地处理,大大提高了普惠金融贷款的流转效率,并且可以有效降低信贷的交易成本(付琼、郭嘉禹,2021)。三是有利于风险定价。在云计算技术、大数据系统的帮助下,金融机构可以更准确地计算出农村居民的信贷风险,完善风险承担机制,降低信贷的风险成本。另外,在农民农户缺少抵押品和担保的情况下,数字技术的应用可以帮助他们获得贷款,简化贷款流程(谢琳,2020)。四是精准的用户画像。在大数据分析下,数字普惠金融能给农户提供精准金融服务,也能帮助金融机构有效地完成营销工作。在提高金融机构拓客、活客效率的同时,也能提高客户对金融服务的满意度(宋珏遐,2021)。

## 5. 具体分析

**5.1 请阐述中国农村普惠金融的发展情况，并回答目前农村普惠金融存在哪些问题，为什么会出现这些问题。**

通过查阅相关文献和资料，我们发现中国农村普惠金融进入数字普惠金融阶段，目前的发展情况主要体现在以下几个方面：①从宏观层面来看，农村普惠金融的发展得到了政策的大力支持，鼓励资源和资金向农业农村倾斜，监管法律体系也不断完善。②从中观层面来看，数字普惠金融的网络基础设施覆盖率不断提升，金融服务数字化、移动化特征开始凸显。③从微观层面来看，乡村振兴背景下的"普惠金融+"模式围绕"支农+"贷款、农村便民展开，在一定程度上缓解了普惠金融服务"最后一公里"的问题；丰富涉农贷款的品种，为农业发展提供了周转资金贷款；拓展了金融场景，金融服务从移动支付、信贷、网购等方面向农村居民渗透。

但是农村普惠金融的发展也存在一些亟待解决的问题。

（1）普惠金融的商业可持续性有待提升。普惠金融不是"慈善金融"，是带有商业可持续性的普惠金融服务模式。然而农村普惠金融发展至今仍未有一个良好的商业可持续性，没有形成一个"有利可图"的金融服务模式，更多的是政策扶持下，对涉农贷款进行优惠条款的设置。由于农村地区信用体系不完善，金融机构难以准确评估农村客户的信用状况，导致信贷风险增加。这种信息不对称使金融机构在农村地区提供金融服务的意愿降低，从供给端就降低了对农村普惠金融服务的创新性。其根本原因在于农村地区的产业结构自身的经营能力和营利性不足。

所以，除了要保证普惠金融服务提供方的商业可持续性，还应该以乡村振兴战略为指导，利用普惠金融服务为乡村经济发展带来资金，促进农业的产业结构转型，帮助打通农产品流通的渠道，加快农村资金的回笼速度。乡村经济的振兴也会促进金融服务机构提供普惠金融服务的商业营利性，进一步提高农村普惠金融发展的可持续性。这个问题的关键点在于普惠金融服务有脱离农村实体经济的趋势，所以要结合农业流通产业协同发展，缓解"脱实向虚"的问题。

（2）数字资源倾斜对象与普惠金融服务对象相悖。数字普惠金融在理论上可以有效地降低金融服务机构的人力、时间成本,也在一定程度上解决了农村普惠金融存在的"最后一公里"问题。但是传统线下渠道的消失,会导致数字鸿沟问题,即每个人手上的数字信息和资源相差悬殊。根据"二八定律",数字资源更倾向集中在农村居民中经济实力更好、受教育程度更高、接触互联网程度更深的20%的居民的手上(陈晓洁等,2022)。但是普惠金融的初衷是帮助难以触达金融服务的人群,这部分人往往受教育程度较低,金融素养不高,甚至可能不会上网,这与数字资源倾斜的方向恰恰相反。从网民的年龄结构可以看出,接触互联网的人群中年龄在50岁以上的仅占26.3%,而这部分的中老年人群正是普惠金融的服务对象(见图7)。

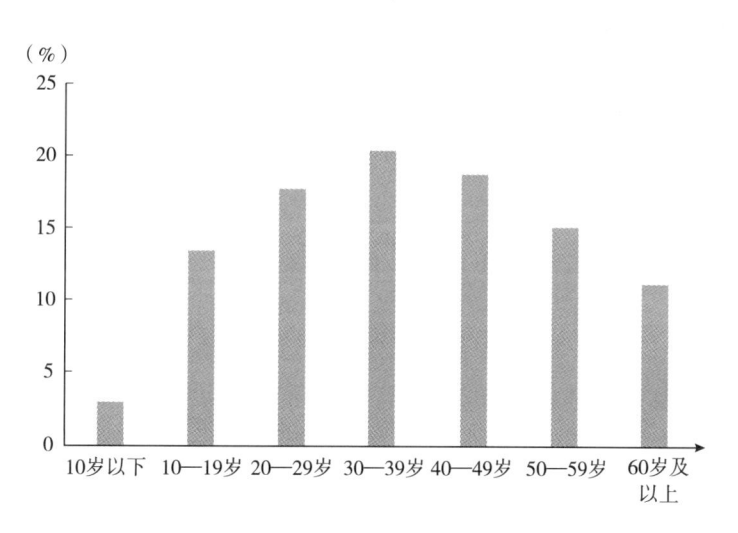

图7 2020年网民年龄结构

5.2 请根据央行对于普惠金融指标考核的标准(金融服务覆盖率、金融服务可得性及金融服务满意度)分析"新零售+新金融"项目能否突破农村普惠金融当前的发展困境。

(1)金融服务覆盖率。"新零售+新金融"项目具有贵阳银行App和贵阳农商行App的线上渠道,两个线上App的活跃用户量均达到百万级别。线上渠道可以缓解农村金融服务"最后一公里"的问题即地理排斥,实现线上办理基础的存取贷业务。网银App的发展已经相对成熟,已被证明确实能够提高金融服务的覆盖率。

"新零售+新金融"项目除线上渠道外,还保留了线下金融服务站。由于农村地区存在数字鸿沟的问题,许多普惠金融服务的受众对象没办法享受数字普惠金融服务(见图8),所以保留了线下渠道,帮助村民"足不出村"办理金融服务。

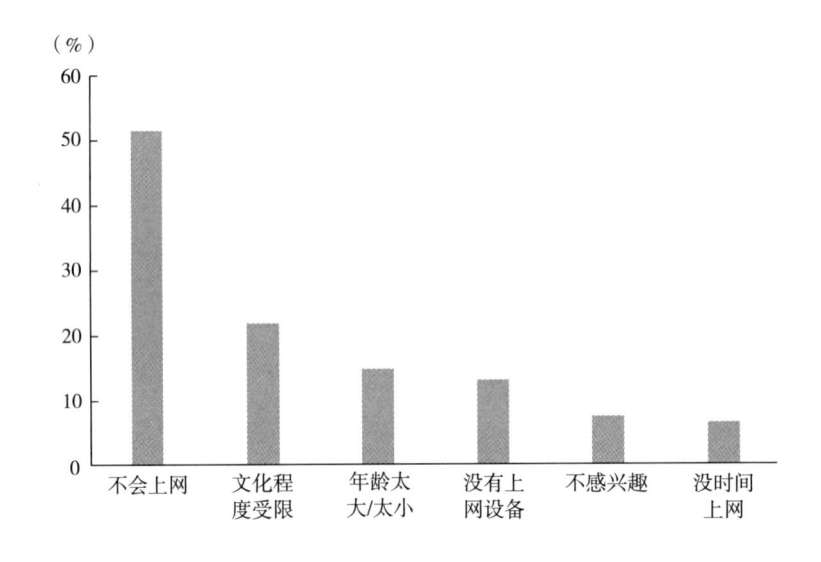

**图8　2020年非网民不上网原因**

资料来源:中国互联网络信息中心、《第47次中国互联网络发展状况统计报告》。

目前,在项目其中一个试点区域——惠水县,已建立起100余个金融服务站。根据人口普查数据,第七次人口普查时,惠水县的人口大约39万人,每万人拥有金融服务站0.4个左右。从央行发布的数据可知,中国乡镇平均每万人拥有银行网点1.59个,这里的银行网点的口径是指所有的银行。由于线上渠道的联动,并不需要大量铺设物理网点,所以目前看来,"新零售+新金融"项目在惠水县的金融服务覆盖率良好,但仍有上升空间,未来需要加大金融服务站的铺设力度,以及推广App宣传,提高金融服务覆盖率。

(2)金融服务可得性。以下将从"新零售+新金融"项目的贷款产品的基本情况及金融服务应用场景两方面来分析"新零售+新金融"项目的金融服务可得性。百融云创为贵州省当地居民设计了"超e惠农贷"这款信贷产品,涵盖了种植贷、养殖贷、经营贷、信用卡,提供了丰富的信贷产品。这些涉农信贷产品都是根据农民的需求进行定制化的,所以在条件和营销两个维度上,有效缓解金融排斥,提高金融服务的可得性。目前,超 e 惠农贷的贷款主体数量约 50 万户,贷款余额超 100 亿元,平均每户可获贷款约 2 万元,大多数还是小额为主,主要是为了解决农民的生产经营需求。

另外,农民可以在线上进行小额信贷审批、发放,金融机构利用已经搭建起的农户数据信息库进行数据分析,有效进行农民的风险定价,一方面降低评估排斥以提高普惠金融服务的可得性,另一方面缓解信息不对称以提高普惠金融服务的商业可持续性。贵州当地居民可以在线上进行小额信贷的申请,贷款的审批靠智能决策框架,简化了审批流程,并且无须抵押和烦琐的手续,大大提高了金融服务的可得性。

除了信贷产品涉及了金融服务,还可以利用新零售业务向农产品流通链条渗透金融业务。贵州省的试点之一的惠水县,作为中国的金钱橘之乡,目前金钱橘种植面积约 1.5 万亩,年产量在 2.2 万吨左右。将金钱橘产品引入新零售平台,或将标准化的农产品递交给统一的食品加工企业,将加工后的产品上架新零售平台,能够有效提高金钱橘的销量,提升农民的收入。其他的金钱橘需求者通过线上平台下单,新零售商进行统一配送,加快了农产品零售的流通效率,也提高农户种植的计划性,降低库存和仓储成本。其间预收的货款可以直接通过平台拨到农户的金融账户中,有效地利用金融服务来提高农民在农业生产中的资金周转效率。

(3) 金融服务满意度。农村居民是"新零售+新金融"项目的受众群体,也是金融服务的消费者,以下将从农民农户的收益点,分析"新零售+新金融"项目中金融服务的满意度。首先,"新零售+新金融"项目在农村金融服务站引入新零售、新金融业务,业务可以通过大数据分析,对当地村民进行用户画像,在线上平台对村民进行精准营销,满足农村居民的物质、资金需求。从购物体验来看,村民可以在线上下单,选择到附近的农村金融服务站自提,也可以由新零售商做统一的物流配送,购物更方便、更快捷。从金融服务体验来看,线上 App 和农村金融服务站可以满足农村居民日常存、取、支、查的基础金融服务，保证线上线下渠道的用户都能满足自己的基础金融需求。除基础金融服务外，超e惠农贷也为了农民农户设计个性化贷款，满足生产种植的日常需求。所以，大数据分析、用户画像、人工AI智能等技术赋能的金融服务，能通过提高金融服务效率、简化手续和流程、精准营销等方面，有效提升金融服务的满意度。

除了从获取的服务中受益，"新零售+新金融"项目试点当地的农村居民还能从农村服务站的管理方面获益。金融服务站推行"村民合伙人"的机制，发动村民主动管理站点，这个机制可以做到管理上的因地制宜，提高管理效率，避免村外人员在管理上的水土不服，同时也能提升村民对金融服务的满意度。而且在此机制下，村民合伙人能拿到相应的提成，调查显示，收益最好的站点每月给村民结算几万元，极大地调动了村民的积极性（见图9）。

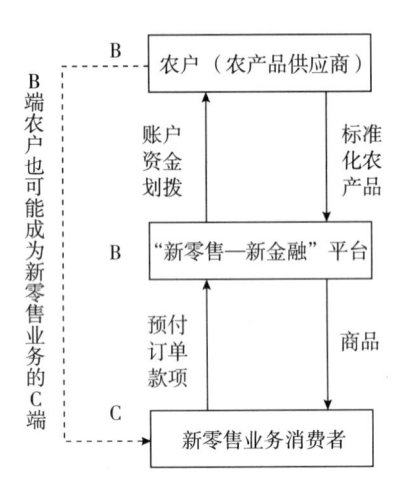

图9 "新零售+新金融"项目下的农业产业链

（4）商业可持续性。除了央行的三项考核标准，还可以从商业可持续性探究该项目对当前农村普惠金融问题的解决方案。从金融机构的盈利性和新零售业务的盈利性两方面来分析"新零售+新金融"项目的商业可持续性。该项目的普惠金融贷款业务依托数据系统，完善了信贷的风险承担机制和信贷的智能决策框架。贷前由百融云创创建标准化审批流程，利用人工AI智能进行信贷审批，简化了信贷流程，节约了人工、时间成本。贷中数据分析出信贷的风险，区块链聚焦信贷的款项流向，完善了农村地区信贷的风控管理，降低了风险成本。这些金融科技手段都提高了金服机构放贷的回款率，超e惠农贷的回款率高达98%以上，促进了金融机构的商业营利性。这个水平高于普惠金融涉农贷款的平均回款率，但是市面上最好的回款率高于99%，而超e惠农贷仍未达到高水平的回款率。其中原因可能在于，项目处于发展初期，在贷款余额和主体数量不及商业银行的十分之一规模的情况下，数据量相对较小，影响了大数据分析的效果，大数据分析和用户画像的机制是数据越多，结果越准确，所以回款率的提升，在项目成熟阶段效果才会特别明显。

"新零售+新金融"的新零售业务，通过农户大数据分析进行个性化营销、柔性生产、拉动销售，实现新零售企业和农户的共同获益。新零售方获得的价值：一是下沉更多客户，获得更多收益。乡村市场作为极具潜力的尾部市场，是待开发的蓝海，新零售抢先下沉乡村市场，可以提高市场占有率，进一步扩大平台的影响力。二是新零售商入驻农村金融服务站点，就相当于把店开在各个村的便利店中，因为农村地广人稀，需要强大物流网的支撑，而这个项目的模式，可以减少新零售的物流点，节约建设成本，提高商业营利性。经济学认为拉动经济增长有三驾马车，其中一驾马车便是"消费"，新零售业务能拉动乡村地区的消费，就能促进当地经济的发展，只有经济发展，金融业务才能得到发展，金融业务的发展也将拉动经济的发展，形成资金流转闭环。从结论来看，该项目是具有一定商业可持续性的，但是在项目前期商业效益不明显。

5.3 请将"新零售+新金融"项目与同为"农业价值链+电商平台"模式的京农贷项目进行对比分析。

（1）京农贷的融资模式。京农贷的运行模式实际是"农业价值链+电商平台"模式。其运行机制分为两种，一种是平台模式的融资方式，另一种是自营模式的融资方式。京农贷运用的平台模式是指电商作为农业生产者和消费者的中介，协助完成农产品交易的订单。农业生产者完成农产品的生产、加工、销售活动后，电商平台提供大数据技术，利用人工智能手段，协助订单完成工作。这时农业生产者和消费者之间的合约交易成为资金链上的担保，电商平台利用数据分析手段，对农业生产者进行授信考核，考核通过后，银行提供线下低息贷款给农业生产者。同时，再由电商企业通过平台订单数据信息，监督贷款的流向，保证其向农业活动的方向流动，形成农业资金流的闭环，促进农业产业的蓬勃发展。这种模式减缓了传统信贷授信难的问题，利用电商平台的优势，促进农产品订单的增长，在保证农业生产者效益的情况下，联合银行给予农业生产者扩大业务的资金，帮助其疏通融资的渠道，同时也推动了电商平台的发展（见图10）。

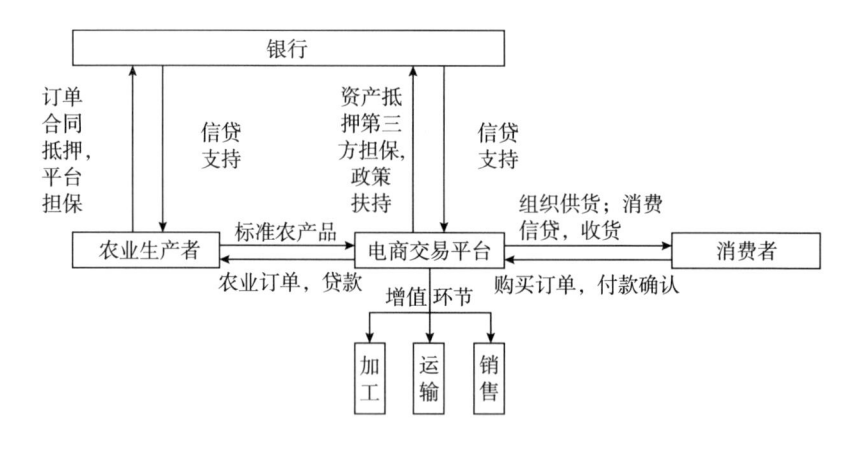

**图 10 "农业价值链+电商平台"的平台模式融资机制**

资料来源：胡燕清：《"农业价值链+电商平台"融资模式创新研究》，博士学位论文，江西师范大学，2019年。

通过梳理京农贷的融资模式，总结得出：京农贷是以京东的电商平台的订单为农业生产者还款可靠性的担保，金服公司作为资金来源的支持。相较于传统的贷款模式，该项目解决农业生产者授信困难，缺少担保资产的问题。其优点在于，一是在电商平台的数据系统下，形成了信息闭环，缓解了农村市场信息不对称的问题。二是以大数据平台作为风控的核心力量，重塑信贷流程以提升授信效率。三是利用电商平台的交易数据，解决了农户借贷缺少硬资产和抵押资产的问题。

（2）"新零售+新金融"的融资模式。在"新零售+新金融"的项目中，信贷流程依赖大数据系统，重塑并简化了整个审批流程，提升农民农户贷款的授信效率。首先，百融云创采集相关数据，经过复杂的模型，形成大数据库；其次，利用大数据分析、用户画像等技术分析农民农户的贷款需求，并对其进行个性化的贷款设计；最后，利用人工AI智能完成贷前智能审批。贷中数据系统会对贷款进行资金流向进行监控保证贷后的贷款回收。因为大数据平台的风控作为核心力量，农户不再需要抵押物就能获得资金。这在另一种程度上也说明了风控达到了很好的效果。互联网的快速发展直接省去了贷款的众多成本，从网上申请贷款快速而便捷，这些都重塑了整个信贷流程，有助于农户获取更好的金融服务。由此可看出，"新零售+新金融"的信贷流程打破了抵押的限制，降低了农民农户贷款的门槛，更精准识别并满足其资金需求，也帮助金服机构提升了授信的效率（见图11）。

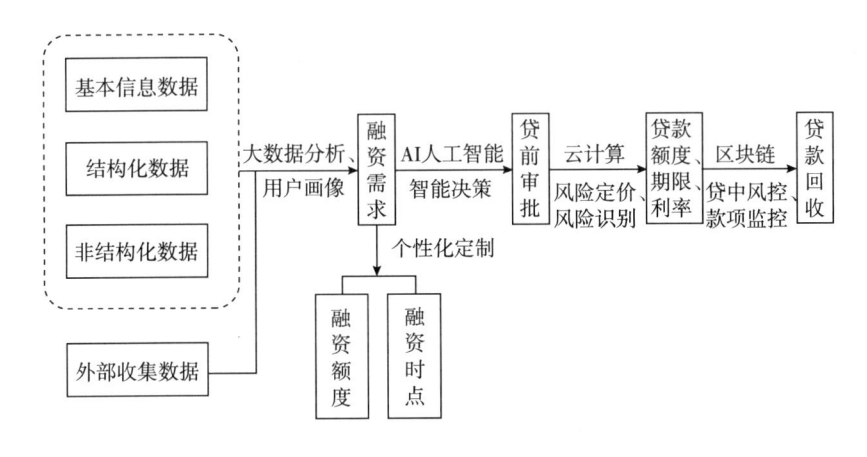

**图11 "新零售+新金融"项目的融资模式**

（3）对比分析结论。以下将从金融服务可得性、金融服务的覆盖率及商业可持续性三个维度来比较"新零售+新金融"项目和京农贷的优劣。

第一，金融服务可得性。京农贷的信贷产品较为单一，针对农户购买生产资料的资金需求进行设计，而百融云创为"新零售+新金融"项目除经营贷外，还设计了消费贷、抵押贷，拓展了普惠金融服务的应用场景。从贷款的受众人群来看，京农贷中种植农作物的农民是信贷的唯一申请人，但在"新零售+新金融"项目中，受众人群除了农业生产者还有其他的农村居民。从项目的主要产品或者涉及的业务来看，京农贷涉及的业务主要是贷款，而"新零售+新金融"项目涉及的金融业务包括贷款业务、基础的存取金融服务、移动支付，以及农产品流通链条上所需的金融服务。所以，"新零售+新金融"项目可以使更多的人群触达金融服务，参与的金融服务也更多元化，对提高普惠金融服务的可得性的效果更佳。

第二，金融服务的覆盖率。无论是"新零售+新金融"项目还是京农贷项目，都利用了线上的渠道，缓解了由于物理网点限制而存在的"最后一公里"问题。但是农村地区存在严重的数字鸿沟问题，数字资源分配不均，导致数字普惠金融服务渗透不足。而往往最需要普惠金融服务的人群，正是难以获取数字资源的人群，所以央行在2022年初发布的报告中指出，应保留一部分的线下渠道，以缓解由数字鸿沟问题带来的数字普惠金融悖论现象。"新零售+新金融"项目保留了线下的金融服务站的同时，还利用乡村的"熟人经济"模式，通过新零售业务作为桥梁链接金融服务与底层人民，进一步渗透金融服务到更底层、更边缘的人群中。这是新零售赋能特有的优势，利用新零售、新金融的线下互动提高金融服务边缘人群对于金融服务的排斥心理，线上数据分析加线下切身互动者结合将金融服务进一步普惠化。

商业可持续性。业务缺乏商业可持续性是目前农村普惠金融亟待解决的问题，可以从两个项目的效益点进行分析比较。从金服机构金融业务的营利性来看，京农贷仅提高了银行审批贷款的效率和农民农户贷款授信问题，对金服机构的营利性考虑不足。在"新零售+新金融"项目下，金融机构不仅运用智能决策、风险定价等手段保证批款的效率和授信问题，还利用数据分析对农民农户进行用户画像，对其进行金融服务的精准营销，提高金服机构的盈利。从零售端的营利性来看，二者都具有商业可持续性，但京农贷要更胜一筹，因为京东是国内成熟的电商平台，拥有庞大的客群流量，而新零售平台并没有实现超传统电商的流量，所以在零售端的商业可持续性是不足的。另外，新零售平台的打造需要的前期成本高于电商平台，尤其是京东这种早已布局下沉市场的电商龙头。所以"新零售+新金融"中业务的商业可持续性有待加强。

综上，新零售赋能农村普惠金融模式下的融资模式总的来说优于京农贷的电商平台融资模式。原因在于，新零售赋能农村普惠金融模式能针对更多的金融场景，设计更多元化的金融产品，普惠金融服务可得性更高；模式保留了线下获取金融服务的渠道，提高了普惠金融服务的覆盖率；模式利用金融科技手段，提高了普惠金融服务的商业可持续性，考虑了金融机构的营利性，但是零售业端的收益不如电商平台融资模式。

**5.4 请根据正文提到的"新零售+新金融"项目遇到的挑战，以及上述问题的分析结果，提出"新零售+新金融"项目的优化建议**

根据"新零售+新金融"项目面临的征信体系不完善、数据风险严峻、消费者金融素养不高的挑战，下文从宏观、中观、微观层面对项目提出优化建议。

（1）宏观层面——金融科技助力信用体系的建立。"新零售+新金融"项目依靠农户大数据系统的建成，农户的数据信息中，信用数据是重要的组成部分，所以模式的发展受限于数据系统的完善程度。虽然，近年来中国农村地区的征信数据库涵盖的农民农户数量稳步增加，以多维度数据集成、共享为特征的信用体系建设取得明显成效。但是，仍有大部分的农民农户未被登记在册，信用体系的完善仍需地方政府、金服机构等部门集体推进。

"新零售+新金融"项目的顺利开展，要求在宏观上有健全的信用体系作为底层的支撑。金融机构可以利用大数据系统，为农村地区搭建数字信用平台，建立良好农村征信生态，保证农村金融市场基本面的健康，促进金融市场稳健发展。通过数据系统，建立金融、消费、农民相关联的机制，借助智能化手段区分个体差异、不同资金需求及消费需求，以完善数字信用体系，对农村居民的金融需求进行分类，以促进贷款审批的有效性。利用线下渠道，及时采集农户的有关信息，上传到网络平台进行网络查询、共享，形成信息流连通，彻底解决了农户信用系统中的"空白"问题。

（2）中观层面——加强网络设施建设，规避数据风险问题。

第一，加强农村地区的基础设施。农村地区互联网发展水平与城市相比悬殊，仍未达到全国平均水平，城市地区的互联网普及率远高于农村地区，这表明城市地区的互联网覆盖范围及传播力度明显高于农村地区，农村地区的互联网发展水平还有很大的提升空间。"新零售+新金融"项目的开展主要借助互联网这个媒介，农村地区目前的互联网普及情况阻碍了其业务的开展。

因此，一方面，要加快建设农村金融服务站，对现有的配套设施进行更新和更换。同时，也要加大对农村5G网络、通信、信息技术等基础设施的建设力度，加大对普惠金融的支持力度。另外，还要加强金融科技企业与其他农村金融机构的合作，构建区域金融生态体系，把金融服务半径扩展到农村居民日常消费、生产和经营活动中。另一方面，新零售平台要与农资龙头企业携手共进，推动新零售业务发展，将普惠金融服务渗透进农产品流通链条中，进一步拓展普惠金融应用场景。基础设施的支出，需要当地财政预算的支持，所以在未来发展农村普惠金融的过程中，利用金融服务振兴农业产业，拉动当地经济发展是非常有必要的。

第二，规避数据风险问题。新零售和新金融都依托数据信息，面对如此庞大的农户数据信息，百融云创及相关合作机构应该考虑的问题在于数据信息的保密和数据信息使用的合规性。基于规避风险的考量，可以采取如下措施。一是为了防止信息安全问题对农村普惠金融的发展造成连锁效应，各金融机构必须加强数字平台和数据信息的保护。二是积极配合监管部门的监管，将数据信息系统给予政府监管部门的管理权限，让监管部门对数据从采集到分析到使用的全流程进行可视化监控。三是应该对农村地区的用户进行个人信息隐私保护的安全教育和宣传，增强自我保护意识和防范隐私泄露意识。

（3）微观层面——提高农村居民的金融素养和收入水平。政企联动普及金融知识，提高农村居民金融素养。在微观层面，可以通过加强普惠金融的普及，重视农村地区金融教育，提升农村居民的金融意识。"新零售+新金融"项目保留了线下渠道，金融机构可以对农村金融服务站的管理人员进行金融知识培训，政府给予相应的宣传补贴给机构和工作人员，以点对面的形式，将金融知识从金融服务站辐射至全村。宣传可以通过农村金融小讲堂、金融知识手册发放、多元化内容的视频宣传等形式进行开展。一方面能提高农村居民的金融素养,降低农村居民对金融服务的自我排斥;另一方面,能宣传金融服务机构的普惠金融产品,促进商业可持续性发展,从而为普惠金融在农村的发展夯实基础。

综上所述,从宏观、中观、微观层面提出了新零售背景下农村普惠金融创新模式在建立和发展时,进行优化和调整的可操作性建议——宏观层面依托金融科技力量完善信用征信体系;中观层面借助通信企业、政府、科技企业加强网络设施及数据风险防火墙的建立;微观层面借助金融企业的人员对农民进行金融教育。模式的发展需要各方的力量来推动,包括政府、金融机构企业、新零售平台企业等。

**6. 参考文献**

杜睿云、蒋侃:《新零售:内涵·发展动因与关键问题》,《价格理论与实践》2017年第2期。

付琼、郭嘉禹:《金融科技助力农村普惠金融发展的内在机理与现实困境》,《管理学刊》2021年第3期。

黄敏君:《新零售背景下农村普惠金融创新模式研究——以百融云创的"新零售+新金融"项目为例》,硕士学位论文,深圳大学,2022年。

康淑珊、李楠楠:《农村普惠金融发展困境及对策分析》,《智慧农业导刊》2023年第16期。

李照青、杨建春:《"电商兴农"背景下数字普惠金融对农产品供应链整合的影响》,《商业经济研究》2024年第13期。

宋珏遐:《加强农业信息化建设 打通流通体系堵点》,《金融时报》2021年2月25日第9版。

王金石:《"新金融"的历史逻辑和现实路径》,《海南金融》2021年第S1期。

王萍萍:《人口总量有所下降人口高质量发展取得成效》,2024年1月18日,国家统计局,https://www.stats.gov.cn/xxgk/jd/sjjd2020/202401/t20240118_1946711.html。

徐琴:《新零售出现的动因及关键因素分析》,《商业经济》2018年第6期。

《一季度末全国涉农贷款余额同比增长13.5%》,2024年5月6日,光明网，https：//m.gmw.cn/2024-05/06/content_1303730214.html。

谢琳：《数字农业农村发展下农村数字普惠金融创新模式分析》，《农业经济》2020年第11期。

燕翔：《探析乡村振兴的战略关键点及其路径》，《农村实用技术》2021年第3期。

叶维武：《不对称信息下的农户信贷问题研究》，《农村金融研究》2012年第8期。

赵树梅、徐晓红：《"新零售"的含义？模式及发展路径》，《中国流通经济》2017年第5期。

周利等：《数字普惠金融与城乡收入差距："数字红利"还是"数字鸿沟"》，《经济学家》2020年第5期。

Kempson E. et al., *In or Out? Financial Exclusion: A Literature and Research Review*, London: Financial Services Authority, 2001, pp.35-56.

Leyshon A., Thrift N., "The Restructuring of the UK Financial Services Industry in the 1990s: A Reversal of Fortune?", *Journal of Rural Studies*, Vol.9, No.3, 1993, pp.223-241.

**7. 本案例教学关键点**

本案例教学关键点在于指导学生了解数字普惠金融在农村地区的发展瓶颈，掌握"新零售+新金融"项目背后的新零售赋能农村普惠金融的模式，分析"新零售+新金融"项目能解决农村普惠金融的哪一些问题，以及存在的不足之处，进一步探讨农村普惠金融未来的发展方向。

（1）农村普惠金融的发展历史、当前的发展进程，目前存在哪些农村普惠金融服务模式和创新产品。当前数字普惠金融在农村地区的发展瓶颈及亟待解决的问题。

（2）"新零售+新金融"项目背后的新零售赋能农村普惠金融的模式，与传统农村普惠金融模式及市面上其他的数字农村普惠金融产品相比，该模式如何缓解农村普惠金融当前遇到的问题。

（3）"新零售+新金融"项目能解决农村普惠金融的优缺点，为该项目的发展提供优化建议，并进一步探讨农村普惠金融未来的发展方向。

# 案例九　蚂蚁集团对金融行业的"鲇鱼效应"[①]

> ## 案例正文

**摘要：**作为金融业与科技业融合的产物，数字金融凭借其普惠性、包容性特征，极大地拓展了金融服务边界并以更广的覆盖面、更加公平的服务及更强的可得性，给传统金融业带来了深刻的影响。由于不断地开拓进取和创新，数字金融得到了迅猛发展，也倒逼传统金融行业改革及创新，"鲇鱼效应"显著。作为数字金融的典型代表，蚂蚁集团已逐步发展成为综合性金融服务平台，其发展历程和业务板块的服务为金融科技平台服务用户提供了一个范例，也是数字金融对传统金融业发挥"鲇鱼效应"的代表。本案例通过全面梳理蚂蚁集团四大业务板块产生的背景、业务策略，剖析蚂蚁集团对金融行业的"鲇鱼效应"，即如何刺激传统银行改革创新，最终带来整个金融行业服务实体经济的效率提升，并为传统金融行业在数字化转型中探索新的发展路径和策略提供参考。

**关键词：**数字金融；蚂蚁集团；"鲇鱼效应"

---

[①] 该案例由广东工业大学团队岳鹄（广东工业大学经济学院）、邱海平（广东工业大学经济学院）、李玥炜（广东工业大学经济学院）联合撰写，作者拥有著作权中的署名权、修改权、改编权。

## 一 引言

2013年末，余额宝竟带出了中国规模最大的公募基金！据天弘基金2013年三季度的报告，与余额宝对接的"天弘增利宝"货币基金以556.53亿元的规模超过470.24亿元的华夏现金货币基金，成为中国市场上最大的公募基金和货币基金（贾璇，2013）。仅当年的7—9月，"天弘增利宝"货币基金就实现了利润约3.6亿元，相当于平均每天进账400万元。此前，阿里巴巴方面也曾透露，余额宝开户数已超1600万户，货币基金累计申购已超过1300亿元（人民网，2013）。一时间市场中议论纷纷，余额宝的出现与爆红让人们将目光都转向了其背后的阿里巴巴，互联网抢滩金融或生"鲇鱼效应"的声音此起彼伏，这不仅预示着传统金融行业即将迎来深刻的变革，更是金融科技的蓬勃兴起的鲜明信号。2014年，蚂蚁金服（现蚂蚁集团）在这种金融科技的浪潮中应运而生，而后一路高歌猛进，马不停蹄拿下各大核心金融牌照，发展迅猛。2017年，蚂蚁金服旗下余额宝以1.43万亿元的规模超过第五大行也是吸储能力最强的股份制银行招商银行，2020年蚂蚁集团旗下平台促成的资产管理规模已达4.1万亿元，集齐7大金融牌照，成为数字金融领跑者。它也犹如一条"鲇鱼"，搅动着中国金融业的一池春水。

数字金融已成为倒逼传统金融改革的"鲇鱼"，蚂蚁集团作为其中一条巨大的"鲇鱼"，激发了整个金融业的活力。那么蚂蚁集团的业务都有哪些？蚂蚁集团对传统金融行业是如何发挥"鲇鱼效应"的？下文将详细介绍。

## 二 蚂蚁集团简介

蚂蚁集团起步于2004年成立的支付宝，十多年来在数字金融领域不断深耕布局，现已构建数字支付体系及"微贷科技、理财科技、保险科技"三大平台。2004年支付宝成立，开始作为阿里巴巴集团旗下的支付工具，解决线上交易中的信任问题。从2011年起，蚂蚁金服开始独立运营，逐步发展成为综合性的金融服务平台。2014年6月公司法律主体更名为"浙江蚂蚁小微金融服务集团有限公司"，并逐步扩展业务范围。2016年12月再度更名设立为股份公司，更名为"浙江蚂蚁小微金融服务集团股份有限公司"。2020年7月为了强化公司"科技"定位，更名为"蚂蚁科技集团股份有限公司"，并同步推进上交所科创板和港交所主板的上市计划。2024年3月，蚂蚁集团宣布新一轮组织架构升级，蚂蚁国际、OceanBase和蚂蚁数科分别成立董事会，独立面向市场。其发展历程如图1所示。

| 2004年 | 2011年 | 2013年 | 2014年 | 2015年 | 2020年 |
| --- | --- | --- | --- | --- | --- |
| 支付宝成立 | 二维码支付 | 推出余额宝 | 推出花呗 | 推出借呗 | 更名蚂蚁集团 |

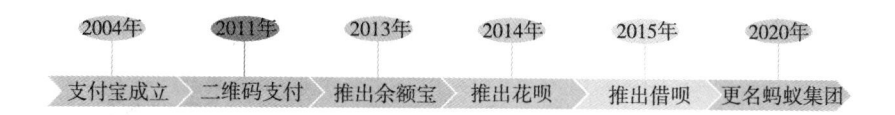

**图1 蚂蚁集团发展历程**

资料来源：笔者根据相关资料整理。

作为中国领先的数字支付提供商和数字金融平台，蚂蚁集团主要致力于以科技和创新推动金融服务业的数字化升级，为消费者和小微企业提供普惠便捷的数字生活及数字金融服务。在支付业务的基础上，蚂蚁集团的能力主要应用于数字金融的三个领域：服务消费信贷及小微经营者信贷需求的微贷科技平台、服务理财需求的理财科技平台、服务保险需求的保险科技平台。三大平台相对应的业务为借贷业务、财富管理业务和保险业务。在借贷业务中，微贷科技平台通过精准的风险评估和信贷服务，为小微企业和个人提供了便捷的融资渠道；在财富管理业务中，理财科技平台利用大数据和智能算法，为用户提供个性化的财富管理方案；在保险业务中，保险科技平台则通过科技手段优化了保险产品的设计与销售，提高了保险服务的覆盖面和便捷性。蚂蚁集团以支付业务为商业版图的基石，以三大平台的技术创新推动了集团借贷业务、财富管理业务、保险业务的发展，为金融科技平台服务用户提供了一个范例。

## 三 支付业务：超级流量入口，多元化金融体系的支点

支付业务在蚂蚁集团的战略布局中占据核心地位，不仅是其构建多元化金融体系的关键支点，更是引领金融服务业数字化转型的先锋力量。蚂蚁集团通过支付宝这一超级流量入口，巧妙解决了传统支付领域的痛点，实现了支付效率与用户体验的双重飞跃。支付业务的高频特性为蚂蚁集团汇聚了庞大的用户基础与海量交易数据，进而为后续的借贷、理财、保险等多元化金融服务提供了坚实的支撑与广阔的想象空间。蚂蚁集团支付板块的双向并行策略，即消费端与企业端的协同发展，不仅深刻改变了个人用户的支付习惯，也极大地拓展了商业支付的应用场景，共同编织出一张庞大而紧密的数字金融生态网络。

### （一）产生背景

2004年，随着互联网的普及和电子商务的快速发展，网上购物开始在中国流行起来。随即，商业银行拥有的解决方案与快速增长的在线交易需求的不匹配问题接踵而来。其中在线交易的信任问题成为制约电子商务发展的主要瓶颈，买卖双方难以建立信任，买家担心付款后收不到货物，而卖家担心发货后收不到款项。另外，网上购物的支付方式主要依赖银行转账，过程烦琐且不够便捷，无法满足快速增长的在线交易需求。总的来说，当时中国商业银行的业务模式和客户服务方式还相对传统，主要特点如下。

（1）依赖实体网点。商业银行的业务主要通过实体网点进行，客户需要亲自前往银行办理业务，如存款、取款、转账等。

（2）排队时间长。由于业务高度依赖人工操作，客户在银行网点经常需要排队等待，尤其是在高峰时段，平均等待时间可达到85分钟（经济观察网，2007）。

（3）服务时间限制。绝大部分客户在银行营业时间工作日上午9点至下午5点的时段也同时忙于工作，分身乏术。

（4）交易处理效率低。银行的交易处理流程较为烦琐，客户需要

填写多份表格，且很多流程需要人工审核，导致交易处理速度较慢。

（5）技术应用有限。虽然一些银行已经开始使用计算机系统进行业务处理，但整体上技术应用还不够广泛，尤其是移动互联网和在线银行服务不够成熟。

（6）交易成本较高。使用商业银行进行转账或支付时，用户可能需要支付一定的手续费作为交易费用，具体收费标准如表1所示，而支付宝能使交易成本大幅下降甚至为零。

表1　　　　　　　2004年商业银行转账手续费收费标准

| 项目 | 收费 |
| --- | --- |
| 手续费比例 | 银行可能会根据转账金额设定一个百分比的手续费，如0.1%—1.0% |
| 最低手续费 | 即使转账金额很小，银行也会设定一个最低手续费，比如5元或10元 |
| 最高手续费 | 对于大额转账，银行可能会设定一个最高手续费限额，超过这个限额的部分不再收费 |
| 跨行转账 | 如果转账是在不同银行之间进行，可能会有额外的跨行手续费，通常在0.1%—1.0% |

资料来源：笔者根据相关资料整理。

在此背景下，蚂蚁集团的前身支付宝在2004年成立，通过提供担保交易服务，解决了买卖双方的信任问题。支付宝和多家银行合作，通过接入银行网银，为消费者和商家提供交易平台接口，为消费者提供了一种新的支付方式，允许用户通过互联网进行快速、便捷的支付和资金转移，无须前往银行网点。这种合作方式不仅提高了支付效率，也为用户提供了更多的便利，逐渐改变了人们的支付习惯，推动了金融服务业的数字化转型。支付宝与商业银行支付业务的比较如表2所示。

表2　　　　　　支付宝与商业银行支付业务的比较

| 特点/服务 | 支付宝（2004年） | 商业银行（2004年） |
| --- | --- | --- |
| 支付效率 | 高效，即时到账 | 较低，需人工审核和银行处理时间 |

续表

| 特点/服务 | 支付宝（2004 年） | 商业银行（2004 年） |
| --- | --- | --- |
| 服务时间 | 24 小时在线服务 | 银行营业时间内 |
| 排队等待 | 无须排队 | 可能需要在银行网点排队 |
| 技术应用 | 创新，使用统一支付接口技术 | 相对保守，技术应用有限 |
| 用户体验 | 简单易用，专为在线交易设计 | 可能较为复杂，需要填写多份表格 |
| 创新服务 | 提供担保交易服务 | 创新服务较少 |
| 交易成本 | 低或免费 | 可能收取手续费 |
| 电子商务支持 | 专为电商设计，提供担保交易 | 支持不足，缺乏专门服务 |
| 支付方式 | 支持多种在线支付方式 | 主要依赖银行转账和现金 |
| 用户群体 | 主要面向个人和小型商家 | 面向所有银行客户，包括企业和个人 |

资料来源：笔者根据相关资料整理。

## （二）蚂蚁集团支付业务板块

支付业务是蚂蚁集团的基础及核心，其他所有业务都建立在支付业务的基础上。支付业务具有高频的特点，这种高频刚需带来了超级流量入口，通过叠加高频场景，蚂蚁集团以支付为支点实现广泛连接，以场景、数据、技术、运营为支撑，建造了涵盖借贷、理财、保险的金融生态圈。根据蚂蚁集团招股书披露，截至 2020 年 6 月，支付宝年度活跃用户达 9.87 亿户，支付宝数字金融年度活跃用户达[①] 7.29 亿户，月度活跃商家超过 8000 万家，数字支付的总交易规模达到 118 万亿元。支付宝依托庞大的用户规模为蚂蚁集团提供了强大的客户基础，通过支付宝，蚂蚁集团实现了数字金融"点线面"布局。以国内互联网支付和第三方移动支付的领先者支付宝为支点，超级流量持续为数据沉淀和业务引流提供支撑，挖掘长尾用户，拓展应用场景，为蚂蚁集团各业务提供底层建设支持，助力蚂蚁搭建数字支付及数字金融平台，形成多元化数字金融体系，如图 2 所示。

---

① 指在支付宝平台上使用过至少一种数字金融服务并完成过交易的用户。

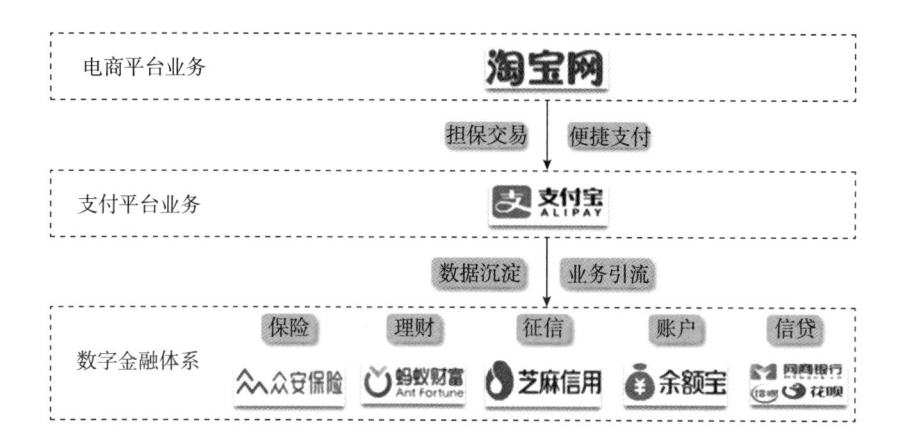

图 2　支付宝功能定位

资料来源：蚂蚁集团官网、天风证券研究所。

蚂蚁集团支付板块的策略是双向并行，消费端和企业端协同发展，打造一个完整的支付生态系统：消费端打造易于使用的个人数字钱包，满足消费者日常支付需求，还能集中管理账户并提供财富管理平台；企业端通过服务各类商户，不断扩大支付宝应用场景。

蚂蚁集团在消费端为个人用户提供了实用性高的数字钱包，这个钱包不仅是支付工具，还集合了账户管理功能；不但能满足个人转账、缴费及各种场景的支付需求，还能成为个人账户管理和财富管理的平台。具体来说：

第一，蚂蚁通过不断强化支付功能让用户体验更加便捷。无论是在网上支付、用手机 App 支付，还是日常生活中的扫码支付，支付宝 App 的设计都始终将支付功能置于首页，非常容易找到和使用。

第二，蚂蚁集团通过提供更多服务和加入社交功能增强客户黏性。在支付功能之外，蚂蚁通过增加电商、新零售和本地生活服务等功能，让用户在使用支付宝时能够享受到更多服务，从而增加了用户使用支付宝的频率和时长。同时，通过推出蚂蚁森林这样的社交功能，不仅让用户参与到环保公益中，通过这种小游戏社交互动的设计还增加了客户使用频率，提高用户对支付宝的使用兴趣、增强客户黏性。

第三，蚂蚁集团通过支付服务的数字钱包账户体系，为用户提供了一站式的金融服务，包括账户管理和投资理财。从简单的现金管理产品开始，逐步提供了多样化的理财产品，满足不同用户对资产配置的需求，让支付宝成为一个综合的理财平台。蚂蚁集团通过深入理解消费者的需求和利用自身的数据优势，构建了一个全面覆盖理财、借贷、保险的金融生态系统。蚂蚁通过支付连接的金融生态如图3所示。

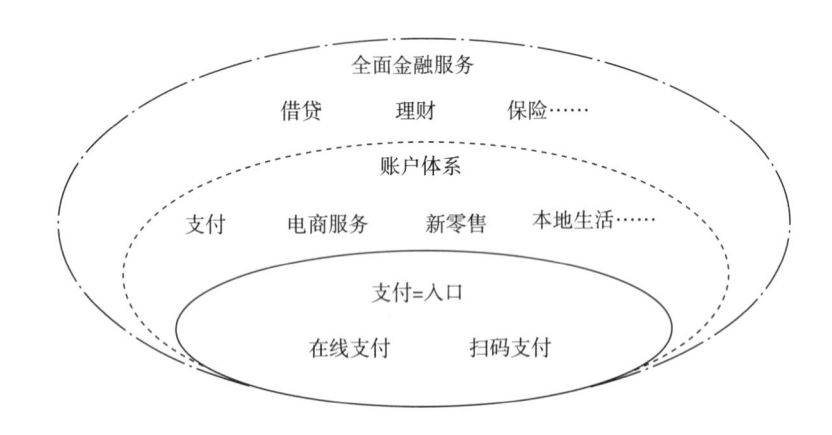

**图3 蚂蚁集团支付连接金融服务**

资料来源：中泰证券研究所、公开资料。

在企业端，蚂蚁集团通过扩大服务范围，满足各行各业商家的特定需求，并向商户提供增值服务，协助商户的数字化转型。蚂蚁集团确保商家可以通过支付宝接收顾客的付款，不仅包括基本的支付处理，还有收银、账目管理和优惠券使用等高级功能。针对不同行业的商家，蚂蚁集团提供定制化的支付解决方案，以适应不同的业务场景。支付宝还提供一系列数字化工具，帮助商家迅速适应线上业务，并通过共享流量和数据分析，提高商家的营销效率和客户管理能力，从而加强商家与支付宝的合作关系。更重要的是，蚂蚁集团利用真实的交易数据，为商家提供个性化的融资服务。这意味着根据每个商家的具体情况，提供灵活的贷款选项，帮助小微企业在风险可控的前提下，以较低的成本获得所需的资金支持。通过这种方式，蚂蚁集团不仅帮助商家简化了支付流程，还为他们提供了更广泛的商业发展支持。

蚂蚁集团通过消费端和企业端的打通形成业务闭环，实现正向反馈。具体来说，一是扩展支付场景，吸引并留住消费者。蚂蚁集团不断拓展新的支付应用场景,不仅吸引了大量新用户,还让现有用户的忠诚度得到提升。随着消费者数量的增加,更多的商家看到了机会,纷纷加入这个平台中,形成了一个良性的增长循环,进一步扩大了蚂蚁集团的商业版图。二是通过海量的数据提升服务和风控。通过大量的交易活动,蚂蚁集团积累了丰富的数据资源。这些数据不仅帮助蚂蚁集团更深入地了解消费者和企业的需求,还为精准营销和风险控制提供了强有力的支持。无论是在借贷业务中评估信用风险,还是在财富管理中识别用户的风险偏好,抑或是在商家服务中实现精准营销,海量的交易数据都为蚂蚁集团提供了决策支撑(见图4)。

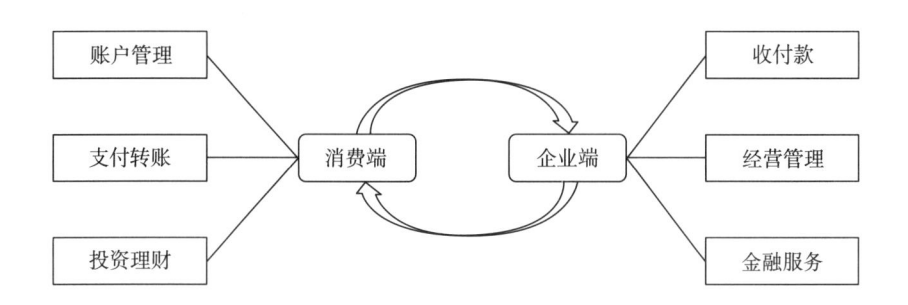

图 4 蚂蚁集团支付业务布局

资料来源:中泰证券。

支付业务的收入模式则是以企业端的商户收费为主,具体收入由支付交易规模和支付费率决定。支付宝作为国内领先的第三方支付平台,其交易量在行业中优势明显,它吸引和维持用户增长的秘诀在于不断扩展新的支付场景,让用户的数字钱包更加活跃。目前,支付宝对个人用户之间的转账不收费,但当涉及银行账户的资金清算或商业支付时,就会收取一定的费用。对于商户商业支付费用的收取费率通常在0.6%—1.2%。个人用户在使用支付宝进行取现或还信用卡时,如果超出了免费额度,则会按照0.1%的比例收取一定的费用;资金转入基本上是免费的(见表3)。

表3　　　　　　　　支付宝商家支付业务收费标准

| 场景 | 服务 | 收费标准 |
| --- | --- | --- |
| 线上第三方支付 | 电脑网站支付 | 标准费率为 0.60% |
|  | 手机网站支付 | 标准费率为 0.6%—1.2% |
|  | App 支付 | 标准费率为 0.6%—1.2% |
| 线下支付 | 当面付 | 标准费率为 0.60% |
|  | 收钱码 | 借记渠道：免费 |
|  |  | 贷记渠道：0.8% |

资料来源：支付宝官网、天风证券研究所。

## 四　借贷业务：支付流量变现的利润中心

蚂蚁集团的借贷业务，是蚂蚁集团的核心业务板块之一。依托淘宝、天猫等电商平台的繁荣，以及对传统银行信贷服务局限性的精准洞察，蚂蚁集团旗下的"花呗"与"借呗"等借贷产品迅速崛起，成为连接消费者与小微企业资金需求的重要桥梁。

### (一) 产生背景

第一，消费主义的兴起和数字技术的发展是蚂蚁借贷业务发展的沃土。随着互联网经济的快速发展和电子商务的蓬勃兴起，消费主义观念逐渐在中国年轻一代消费者中流行开来。年轻人追求时尚、追求个性化，愿意为提升生活品质和满足个人兴趣付费。这种消费观念的变化为"花呗"和"借呗"等信贷产品的出现提供了土壤，其提供的超前消费服务，如免息分期等，满足了年轻人即时购物的需求。淘宝、天猫等电商平台的快速发展，使消费者能够更加方便地进行网上购物。"花呗"和"借呗"的出现，为这些消费者提供了一种"先享后付"的分期付款方式。

第二，传统银行对小微企业信贷控制及抵押品的需求是蚂蚁借贷业务蓬勃发展的契机。小微企业因资金需求具有短期性、高频次和紧迫性的特征，而银行贷款流程冗长、手续复杂，难以迅速响应，迫使部分企业转而寻求民间借贷途径以解燃眉之急。此外，传统银行机构受限于内部管理制度、不良贷款率考核压力及社会信用体系建设的不足，尚难以构建一套高效便捷的风险评估机制，使小微企业的贷款流程无法实质性简化。加之，银行信贷审批人员对小微企业跨行业的经营特性认知有限，难以精准评估贷款风险，不得不依赖繁复的内部审批流程与外部评估、审计服务来把控风险。再者，传统银行在贷款产品创新上步伐迟缓，缺乏针对小微企业多样化、行业特性鲜明的融资解决方案，未能充分满足小微企业的特色化融资需求。部分银行对小微企业的贷款支持仍主要集中于传统的抵押贷款模式，忽视了针对不同行业特性、地域差异及企业规模量身定制的贷款产品的重要性，从而限制了小微企业获取融资的灵活性和有效性。

**表4　　商业银行与支付宝对小微企业的借贷要求的区别**

| 借贷要求/特点 | 商业银行 | 支付宝 |
| --- | --- | --- |
| 信用评估方式 | 依赖传统的信用报告和财务报表 | 利用大数据分析和在线交易行为评估 |
| 审批流程 | 较为烦琐，可能需要人工审核 | 自动化审批，流程简化 |
| 贷款门槛 | 对企业的注册资本、经营年限、资产规模等有较高要求 | 门槛相对较低，特别是对于在阿里巴巴平台有交易记录的小微企业，即使没有传统信用记录也有机会获得贷款 |
| 抵押和担保要求 | 通常要求抵押物或担保人 | 由于采用数据驱动的信用评估，可能不需要企业提供抵押物或担保 |
| 利率和费用 | 根据市场利率、企业信用等级等因素确定，费用结构可能较为复杂 | 通常更加透明，且可能提供更优惠的条件，以吸引小微企业使用其服务 |
| 服务渠道和便利性 | 主要通过线下网点 | 全线上服务，随时随地可申请 |

资料来源：笔者根据相关资料整理。

**（二）蚂蚁集团借贷业务板块**

蚂蚁集团的借贷业务主要分为面向企业和个人消费者两种模式，以面向企业的阿里小贷起步，在面向消费者的花呗和借呗消费金融产品上实现跨越式发展。

面向个人消费者的产品，定位是面向年轻客群的纯线上信用贷，核心产品是蚂蚁花呗和蚂蚁借呗。蚂蚁花呗是一款分期产品，本质是赊账支付工具，促进销售和培养用户习惯是主要目标。开通申请成功后，用户将被授予 500—50000 元的消费信用额度。这一额度允许用户在消费场景中使用蚂蚁花呗提供的资金，享受"先消费，后付款"的购物体验。免息期最高可达 41 天。消费者可以分 3 个、6 个、9 个、12 个月进行还款。根据不同的分期期数，收取手续费，费率在 2.3%—7.5%。如果逾期不还，每天将收取万分之五的逾期费。蚂蚁借呗是一款现金贷产品，赚取利息收入是主要目标，定价高，营利性强。当前的申请资格标准设定为芝麻信用分不低于 600 分。基于信用分数的差异，用户所能获取的贷款额度也有所不同，在 1000—3000 元。借呗提供的还款期限最长可达 12 个月，其平均日利率设定为 0.045%，支持灵活还款方式，即用户可根据自身需求随时借款并随时偿还。

在企业端，网商银行为小微和"三农"提供普惠金融服务，强调构建"小银行、大生态"。与通常需要抵押物和互保的传统小微金融服务不同，网商银行依靠技术和数据分析来推动业务，让金融服务更加场景化，改善了信贷模式，提升用户体验。自 2015 年成立以来，网商银行作为蚂蚁集团的一部分，接管了阿里小贷的业务，专注服务那些传统金融服务覆盖不到的领域。利用阿里巴巴和蚂蚁集团庞大的线上线下交易和支付网络，网商银行通过大数据信用评估，为小微商户提供了信贷和其他金融服务。首创基于大数据的"310 信贷模式"，即 3 分钟申请，1 秒放贷，0 人工干预，大幅提升用户体验。截至 2019 年底，累计服务小微企业及小微企业主 2087 万户，户均余额仅为 3.1 万元。

蚂蚁集团借贷业务板块的收入来源是现金贷产品（花呗、借呗）的利息收入。根据 Wind 全球企业库数据，2016 年、2017 年、2018 年蚂蚁小微小贷（花呗）的营业收入分别为 1.3 亿元、65.96 亿元和 23.09 亿元，归母净利润分别为 -2.77 亿元、34.16 亿元和 3.67 亿元。2016 年、2017 年、2018 年蚂蚁商城小贷（借呗）的营业收入为 38.34 亿元、112.04 亿元和 118.47 亿元，归母净利润分别为 18.38 亿元、60.5 亿元和 35.42 亿元。借贷业务也是蚂蚁集团的主要盈利来源，截至招股书披露的 2020 年 6 月营业收入占比为 39.41%，是蚂蚁集团第一大收入来源。

## 五 财富管理：一站式理财平台

随着中国经济的快速发展和居民财富的不断积累，财富管理业务逐渐成为金融领域的重要组成部分，2011—2015 年财富管理业务实现了规模的飞跃，但繁荣景象的背后，也暴露出诸如业务分割、产品同质化严重、难以满足客户多元化需求等问题。在此背景下，蚂蚁集团凭借其独特的业务模式和技术优势，在财富管理领域异军突起，通过构建一站式理财平台，不仅有效解决了传统财富管理业务的痛点，还开创了智能投顾的新篇章，为中国财富管理行业的发展注入了新的活力。

### （一）产生背景

在中国，涉足财富管理业务领域的金融机构广泛，涵盖了银行、证券、保险及信托等多个类别。自 2011 年起，财富管理业务起步初期规模便达到 17.89 万亿元。2012—2013 年其增势略显平缓，然而到了 2014 年，资产规模实现了飞跃，增至 58.83 万亿元，至 2015 年更是突破了 88.7 万亿元，此间复合增长率逼近 50%，显示出强劲的增长势头。尽管市场参与者众多，但银行、保险、信托、基金及证券等金融机构在该领域内占据主导地位，呈现市场集中度较高的特征。截至 2013 年二季度末，理财产品市场依然保持高速增长态势，累计有 122 家商业银行发行了共计 20473 款理财产品，同比增幅达 24.65%。财富管理业务虽然在快速增长，但也存在不少问题。

第一，财富管理业务各自为政，难以形成统一平台。个人金融服务的有效实施，关键在于前后台部门之间的紧密协作。在中国商业银行的组织架构下，尽管此类服务的管理职责常被划归至业务部，但实际上，它广泛涵盖了资产、负债及中间业务。这些业务领域分散管理，由多个独立部门各自负责，不可避免地造成了前后台之间的业务隔离，进而阻碍了客户享受一体化、无缝衔接的一站式服务。银行、证券公司、基金公司和保险公司等金融机构也各自独立运营，它们在产品开发、风险控制、客户服务等方面各自为政，缺乏有效的信息共享和资源整合。银行主要侧重固定收益类理财产品，而证券公司和基金公司更多地涉足资本市场相关的投资产品。这种分散化的服务模式使客户在进行资产配置时，需要在多个机构之间进行切换，增加了操作的复杂性和时间成本。

第二，财富管理产品跟不上客户实际需求。个人财富的积累速度加快，客户对财富管理的需求日益多元化和个性化。然而，传统银行提供的财富管理产品往往较为单一，主要集中在存款、基本理财产品和保险等，难以满足客户对于资产增值、风险分散和定制化服务的复杂需求。2013年以前，银行理财产品的同质化现象严重，大多数产品以固定收益类为主，收益率普遍较低，难以跟上通货膨胀和客户期望的收益水平。此外，银行在产品设计和服务模式上缺乏创新，难以提供跨资产类别、跨市场和个性化定制的综合财富管理解决方案。

## （二）蚂蚁集团财富管理业务板块

蚂蚁集团的财富管理板块是从支付工具到线上财富管理平台，打造一站式理财平台。蚂蚁集团的理财业务的发展路径：支付宝—余额宝—蚂蚁财富—买方投顾（见表5）。

表5　　　　　　　　　蚂蚁集团理财业务发展路径

| 时间 | 产品/平台 | 简介 |
| --- | --- | --- |
| 2013年6月 | 余额宝 | 理财1.0：<br>高流动性、货币基金产品 |
| 2014年4月 | 招财宝 | 理财2.0：<br>固收类产品，增信机构提供本息兑付增信措施，类"保本保息" |
| 2015年8月 | 蚂蚁聚宝 | 金融理财场景化：<br>一站式、低门槛智能化、社区型理财平台，拥有招财宝定期、基金和股票三种理财类型 |
| 2016年9月 | 轻松投 | 理财3.0：<br>定投产品，每日自动投资 |
| 2017年6月 | 蚂蚁财富 | 一站式综合理财应用：<br>正式上线"财富号"，向银行、基金等金融机构开放，同时开放最新的AI技术 |
| 2020年4月 | 帮你投 | 买方投顾服务：<br>与先锋基金合作智能投顾，800元起投，管理费0.5%/年 |

资料来源：公开资料、中泰证券研究所。

第一，现金管理阶段。蚂蚁在支付和借贷领域积累庞大的客户流量及客户画像数据，支付宝账户本身不能给用户带来利息收入，作为短期结算类资金，与之对应的理财产品就是流动性最强的货币基金。2013 年 6 月，蚂蚁推出余额宝，借助市场环境优势，快速完成短期结算资金资产规模积累。

第二，一站式综合理财阶段。随着理财客户规模的增长及更多资金的流入，产品范围不断扩大，蚂蚁逐步推出固定收益类招财宝、理财超市蚂蚁聚宝，收购数米股权后升级至蚂蚁财富，理财产品覆盖货币基金、定期理财、公募基金和黄金等。

第三，买方投顾阶段。在蚂蚁财富代销产品的同时，向金融机构提供 AI 支持，以财富号为载体协助基金公司的运营及客户管理，引导主动营销，2019 年获得买方投顾牌照，2020 年 4 月与先锋基金合作推出"帮你投"。

在个人消费端，蚂蚁集团以余额宝为重点推广各类普惠性理财产品，并携手诸多机构引入各类理财产品，逐步形成了极具竞争力的面向消费者的线上理财平台。

第一，通过稳定的客户来源，蚂蚁可以实现潜在客户的高转化率。截至 2020 年 8 月，支付宝 App 年度活跃用户超 10 亿户，数字金融月活跃用户 7.11 亿户，而提供同类服务的京东金融 2019 年月活跃用户仅 3225 万户，蚂蚁集团自有客户群体在市场上呈绝对优势。根据蚂蚁集团投资者日的数据，如图 5 所示，2019 年支付宝活跃用户中每 10 位用户中便有 4 位用户使用蚂蚁集团所有类别的服务，该类别近三年呈快速提升趋势，预计蚂蚁集团的理财业务的市场也会随之扩大。

第二，蚂蚁集团平衡收益及流动性的自有理财产品，精准抓住了市场需求。根据 QuestMobile 数据，2019 年有 49% 的理财者偏好货币基金理财方式，在资产配置偏好中排名第 1；在投资期限方面，将近 87% 的理财者偏好一年内的投资周期，并有 15.6% 的投资者偏好 "T+0" 投资方式；在投资金额方面，有超过半数的投资者理财金额在 10000 元以

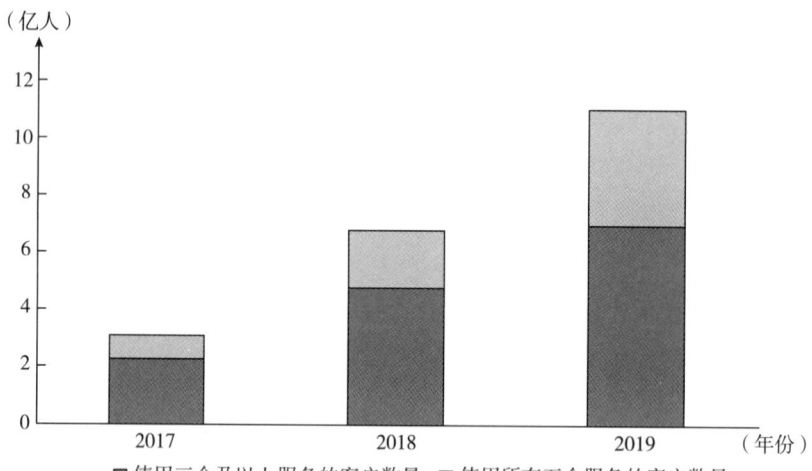

图 5　客户使用蚂蚁服务情况

资料来源：蚂蚁集团投资者日资料、天风证券研究所。

下，如图 6、图 7 所示。而余额宝作为一款面向个人用户的低门槛低风险的货币市场基金，不仅可以按日获得收益，随时被用于在生活中各类场景进行消费，还具备实时赎回功能。余额宝提供的数字理财服务具有简单、方便、低门槛、透明、随时随地的独特优势。

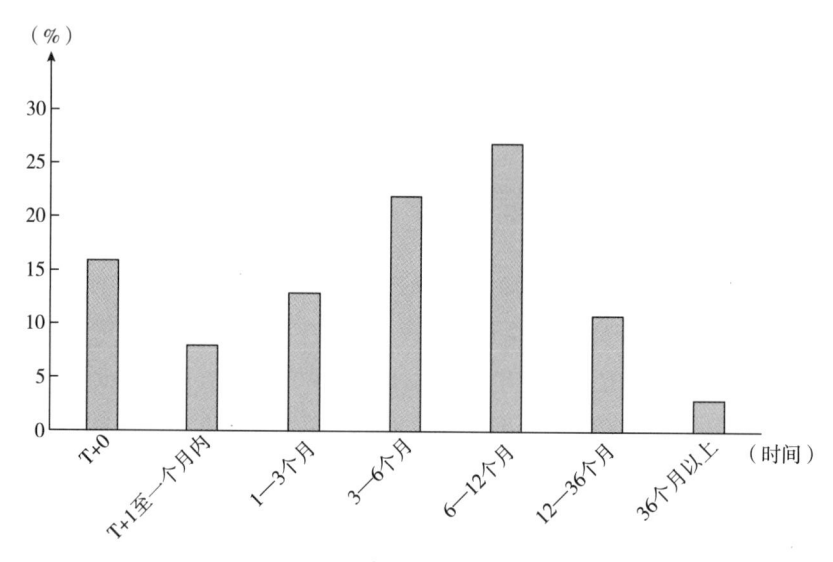

图 6　理财人群投资周期偏好

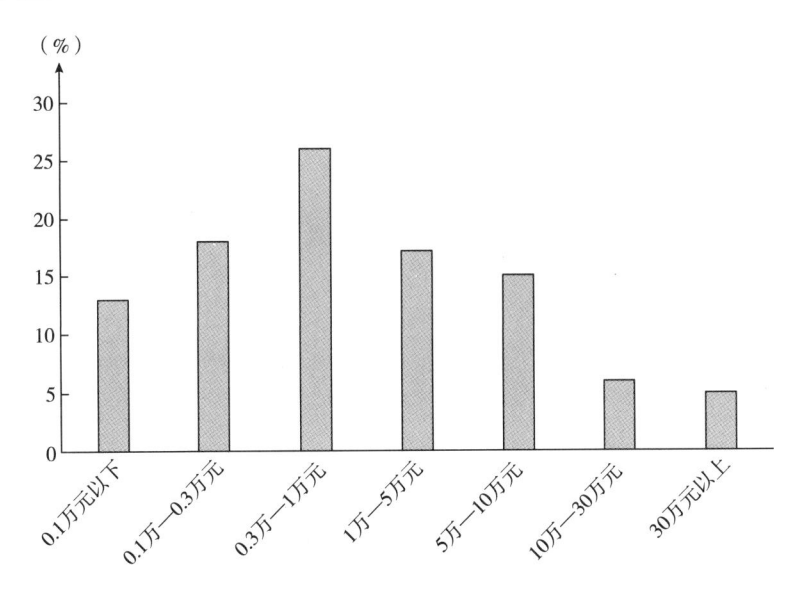

图 7　理财人群投资金额偏好

资料来源：蚂蚁集团投资者日资料、天风证券研究所。

第三，蚂蚁集团的平台合作机构众多，产品标准化程度高。截至2020年6月，蚂蚁集团累计与2000多家金融机构达成合作伙伴关系，其中约有170家资产管理公司，业务范围涵盖证券、基金、股票及保险。在蚂蚁集团"财富号"功能的推广下，各类资产管理机构累计向客户提供近6000多种产品，累计管理资产总额达40986亿元。

第四，蚂蚁集团推出的产品可实现智能化匹配，平台的科技水平较高。以"帮你投"为例，这是蚂蚁集团于2020年推出的基于人工智能技术的定制化投资产品，能在6000多只公募基金中快速寻找优化投资组合推荐给理财需求者，并以此收取一定的服务费用。该产品成功实现了将面向高净值客户的定制化财富管理解决方案低成本地应用于广大消费者群体，上线100天已获得22亿元的投资额。

在企业端，蚂蚁集团以余利宝助力小微企业经营发展。余利宝是蚂蚁集团依托子公司天弘基金并携手其他第三方公募基金管理公司，向小微经营者推出的一站式现金管理服务产品，投资门槛低，可实现实时投资与赎回、免费转账和快速存取，具有高流动性。目前，余利宝企业账户最大申购限额是5000万元，余利宝个人账户最大申购限额是1000万元。

蚂蚁集团理财业务的收入来源主要是管理费、渠道收入加上技术服务费。一是基金管理费和投顾业务管理费，收入来源是天弘基金管理费和买方投顾管理费。蚂蚁集团拥有天弘基金51%的股份，根据天弘基金2019年年报，实现营业收入72.4亿元，净利润22.1亿元。而蚂蚁2020年推出的买方投顾"帮你投"，目前管理费率0.5%/年，根据《中国证券报》报道，截至2020年7月20日，"帮你投"产品已有客户20万人，合计管理规模约22亿元。二是渠道收入，蚂蚁集团通过代销货币基金和其他基金产品获得收入。余额宝平台开放后28只货币基金代销费用预计计入网商银行，根据网商银行2019年年报，手续费及佣金净收入为13.93亿元。另外，蚂蚁集团持有蚂蚁（杭州）基金销售有限公司68.83%的股份，根据蚂蚁基金销售2019年年报，营业收入18.8亿元，净利润3849万元。三是技术服务收入，蚂蚁对金融机构开放平台和技术，根据服务内容收取服务费。预计随着蚂蚁财富业务的不断丰富，将更多地把技术能力赋予到投研、交易、风控、合规、安全等方面，技术类收入有望进一步提升。

## 六　保险业务：保险科技推动业务创新及合作

蚂蚁集团的保险业务板块，作为其数字金融生态中的重要一环，正逐步成为推动行业创新与变革的关键力量。依托其庞大的用户基础、丰富的数据资源及前沿的科技能力，蚂蚁集团不仅成功搭建了国内领先的线上保险服务平台，还通过深度参与保险产品的设计与创新，引领了保险行业的数字化转型。

### （一）产生背景

2004年是中国保险资金运用发展史上的里程碑，该年国务院批准允许保险资金直接投资股票市场，比例为公司上年末总资产规模的5%以内。由此开启了第二次放开的阶段。2006—2008年，保险资金获取了间接投资基础设施项目和商业银行股权的许可；2009—2011年，其投资范围进一步扩大，涵盖了未上市企业股权和不动产。2012年下半年，随着"大连投资改革会议"的召开，以及紧接着推出的"投资新政13条"，保险资金市场化改革大幕正式拉开，秉持着"放开前端、管住后端"的方针，保险资金的运用进入全面放开的新阶段。2004—2013年，中国保险市场经历了快速增长。2013年，保险行业总资产超过7.9万亿元，净资产达到8441亿元，且保险业务收入显著增长，2013年原保险保费收入达到17222.24亿元，同比增长11.2%。寿险费率市场化改革也于2013年启动，结束了长达14年的2.5%预定利率上限，对传统人身险费率产生重大影响。虽然保险市场在快速发展，但依然面临不少挑战，具体如下。

第一，偿付能力不足，行业形象的重塑困难。一些保险公司面临偿付能力不足的风险，导致无法有效应对赔付需求，对保险市场的长期健康发展构成威胁。如2013年，合众人寿、长城人寿、幸福人寿和昆仑健康保险等公司因偿付能力不足被监管层采取了限制措施。这就导致保险业的声誉不佳、销售误导和理赔难等问题未能得到较好解决，消费者对行业的信任度不高。

第二，销售渠道的规范性、专业性及监管存在不足。在蚂蚁保险业务发展之前，中国保险业的销售渠道包括团险渠道、个人代理渠道和银行保险渠道。虽然这些渠道在满足不同客户需求方面发挥了作用，但也存在一些问题。例如，个人代理渠道虽然服务个性化，但营销员的素质参差不齐，导致销售误导等问题。且监管层面对于销售误导行为的认定、保险产品与投保人适配的规定也较为笼统，这也导致了销售人员可以利用监管漏洞进行误导性销售，损害了消费者权益。

(二) 蚂蚁集团保险业务板块

蚂蚁集团保险业务板块以保险科技推动保险业务创新及合作。因保险的低频属性和互联网保险监管政策收紧等因素，蚂蚁集团涉足保险业务虽并不晚，但相比支付、借贷、理财等业务发展较慢。从牌照布局来看，蚂蚁集团已经控股或参股了寿险公司、财险公司和保险代理公司。蚂蚁集团保险业务发展过程如表6所示。

表6　　　　　　　　蚂蚁集团保险业务发展过程

| 时间 | 事件 |
| --- | --- |
| 2013年 | 与腾讯、中国平安共同发起成立了国内第一家互联网保险公司众安保险 |

续表

| 时间 | 事件 |
|---|---|
| 2015 年 | 整合了淘宝和支付宝上的保险业务，正式成立了保险事业部 |
| 2016 年 | 保险事业部升级为保险事业群，控股了国泰财险，成立了蚂蚁宝保险代理 |
| 2017 年 | 发起设立信美人寿相互保险社，推出了车险分、定损宝产品 |
| 2018 年 | 推出了相互宝产品 |

资料来源：笔者根据相关资料整理。

蚂蚁借助自身的流量与科技优势，通过参与保险设计，支持保险机构产品销售及服务。在招股书中，蚂蚁集团称"保险科技平台，为服务保险需求的平台：我们助力保险公司合作伙伴提供品种广泛、创新定制化、易于获得的保险产品，覆盖寿险、健康险及财险产品"，集团是中国最大的线上保险服务平台，截至 2020 年 6 月 30 日，蚂蚁已与约 90 家中国保险机构合作开展业务。

一方面，蚂蚁为传统的保险产品开发和创新迭代提供数据支持。2017 年至今，蚂蚁已经涉足车险、健康险、寿险、养老险、意外险、互助保险等领域，与众安保险、平安保险、人保健康、国华人寿、太平人寿等推出定制保险产品，消费者可以选择超过 2000 种产品，起投金额为 3—1000 元，运用大数据分析、AI 模拟、区块链等技术帮助保险机构提高审核、理赔效率。另一方面，结合自身场景需求，蚂蚁还开发了创新保险产品，推出基于电商场景的退货运费险、基于资金安全保障的账户安全险等特色产品（见表 7）。

表 7　　　　　　　　　蚂蚁集团部分保险产品

| 类型 | 产品 | 简介 |
|---|---|---|
| 寿险 | 全民保 | 2018 年公司与人保寿险合作推出的养老保险产品 |
| 健康险 | 健康金 | 向支付宝用户赠送额度上限为 2 万元的免费健康保障福利 |
| | 好医保·长期医疗 | 长期健康险，覆盖近 100 种重疾 |
| 互助项目 | 相互宝 | 向用户提供 100 多种重大疾病的健康保障 |
| 财险 | 退货运费险 | 在淘宝平台推出的中国第一个线上场景险 |

资料来源：蚂蚁集团招股书、公开资料。

蚂蚁集团保险业务的主要收入包括保险销售渠道收入和技术服务费。其他收入还有并表保险公司的收入，蚂蚁集团持有国泰财险51%的股份和信美人寿相互保险34.5%的股份，但目前这两家公司尚未盈利。而保险销售渠道收入主要来源于蚂蚁保险，蚂蚁保险一端连接消费者，一端连接各保险公司，充当代销角色，从保险产品成交额中抽取佣金。2017年，蚂蚁保险促成保费规模为92亿元；2018年为145亿元，同比增长57.6%；2019年达到348亿元，同比增长140.11%。

## 七　总　结

蚂蚁集团的诞生与发展，标志着金融科技在现代金融服务领域的一次深刻变革。蚂蚁集团的崛起，则是从某种程度上是对传统金融体系中存在痛点的直接响应，立足传统金融体系的诸多痛点，蚂蚁集团以其创新的商业模式和科技应用，为解决小微企业融资难、消费者理财渠道有限等问题提供了有效的解决方案。其发展历程对传统金融模式不仅是补充和完善，更是一次重要革新。

在传统金融模式下，金融服务的覆盖面、效率和成本效益等方面存在局限，特别是对小微企业和普通消费者的金融服务需求未能得到充分满足。蚂蚁集团以其创新的金融模式，凭借其在数字技术和大数据分析方面的优势，通过构建开放的平台和生态系统，有效降低了金融服务的门槛，提高了服务的可达性和便捷性，突破了这些局限，提供了更为普惠、便捷、高效的金融服务，推动了金融行业的整体进步。在这一过程中，蚂蚁集团与传统金融机构并非简单的竞争关系，而是一种相互促进、共同成长的伙伴关系。蚂蚁集团的创新实践，不仅推动了自身的快速发展，也对传统金融业产生了积极的"鲇鱼效应"。传统金融机构在蚂蚁集团的激励下，积极探索数字化转型，加快了自身的数字化转型步伐，提升服务效率和客户体验。

蚂蚁集团的成功，展示了金融科技在提升金融服务质量、拓展服务范围方面的潜力。它证明了通过技术创新和模式创新，可以有效解决传统金融服务中的一些瓶颈，为更广泛的用户提供更加个性化、差异化的金融产品和金融服务。其中种种创新和实践成果，为传统金融行业提供了宝贵的经验和启示，成为促进传统金融改革的"鲶鱼"，助力构建一个更加开放、多元、充满活力的金融生态系统。

## ➢ 案例使用说明

### 1. 教学目的与用途

#### 1.1 适用课程

本案例主要适用于金融市场与金融机构、公司金融、财富管理、金融服务营销、金融监管、金融机构经营管理、金融机构风险管理等课程。

#### 1.2 适用对象

本案例适用对象为金融专业硕士、MBA、高年级经管类本科生。

#### 1.3 教学目的

随着数字技术的发展和应用，中国的数字金融迅速发展，并快速融入了人们的日常生活，为用户提供了全新的金融服务体验。数字金融的发展及其所代表的新兴商业模式、服务业态和创新精神，不仅吸引了大量客户，还像一条"鲶鱼"一样对传统金融体系产生了巨大冲击，改变了长期稳定的金融生态环境。这种冲击不仅为传统金融行业带来了挑战，也带来了新的发展机遇，促使其开展深刻的改革，从而焕发出新的生机。

本案例重点介绍数字金融的典型代表——蚂蚁集团，详细梳理其各业务板块的商业模式，并与传统商业银行进行对比，分析其对传统金融行业所产生的"鲶鱼效应"及其给传统金融监管体系带来的挑战。通过本案例的学习，旨在带领学生深入了解以蚂蚁集团为代表的数字金融对传统金融行业的深远影响，并探讨传统金融行业应如何应对这些变化，以及监管体系应如何与时俱进，确保行业的健康发展。具体教学目标如下。

（1）引导学生分析数字金融的兴起，特别是蚂蚁集团等公司的出现，对中国传统金融行业带来的冲击与挑战。

（2）通过梳理蚂蚁集团的概况，引导学生深入剖析蚂蚁集团的核心业务逻辑，并理解蚂蚁集团如何构筑竞争优势。

（3）通过蚂蚁集团的业务与同期传统金融行业的相应业务的对比，深入探讨二者的主要差异。

（4）引导学生深入思考传统金融行业在面对蚂蚁集团所带来的"鲶鱼效应"时，应采取哪些措施，以提升自身的核心竞争力。

（5）引导学生认识蚂蚁集团在推动传统金融行业革新的过程中，给监管体系带来了哪些诸多挑战。鼓励学生从正反两方面思考问题，探讨监管政策应如何与时俱进，以更好地维持金融稳定。

**2. 启发思考题**

（1）根据"鲶鱼效应"理论，结合数字金融的兴起，特别是以蚂蚁集团等公司的发展为例，思考其给传统金融行业所带来的"鲶鱼效应"。

（2）结合案例正文，解构蚂蚁集团的业务逻辑，并分析其如何构筑对传统金融行业的竞争优势。

（3）运用长尾理论，结合案例正文中蚂蚁集团业务板块的介绍，将其与传统金融行业进行比较，分析它们的不同之处。

（4）面对蚂蚁集团所带来的"鲶鱼效应"时，传统金融行业应该如何应对？

（5）根据金融监管相关知识，解析蚂蚁集团在推动金融行业变革的同时，给金融监管体系带来了哪些挑战，监管政策又应如何与时俱进，从而在鼓励创新的同时维护金融稳定。

**3. 分析思路**

（1）帮助学生理解数字金融兴起的背景，并熟悉其典型代表企业，如蚂蚁集团等公司的出现，从而全面掌握中国数字金融的发展状况。在此基础上，结合数字金融的特点，探讨其对中国传统金融行业所产生的"鲶鱼效应"。

（2）结合案例正文对蚂蚁集团的整体介绍，深入解构蚂蚁集团的底层业务逻辑，使学生初步认识蚂蚁集团与传统金融行业在客户与产品处理逻辑上的差异。在此基础上，进一步分析蚂蚁集团如何构筑其对传统金融行业的竞争优势。

（3）结合案例正文对蚂蚁集团四大业务板块的介绍，从支付业务、借贷业务、财富管理和保险业务四个方面，与传统金融行业进行对比分析，并在此基础上辨明它们之间的差异。

（4）结合上述三个问题的分析，引导学生思考传统金融行业在面对蚂蚁集团带来的冲击时，应如何借鉴蚂蚁集团的优点和模式，并不断创新现有模式。

（5）指引学生认识到蚂蚁集团在推动金融变革的同时，也对传统金融行业的监管体系带来了前所未有的挑战。在此基础上，引导学生深入探讨如何完善中国的金融监管体系，以维护金融稳定。

**4. 理论依据**

（1）数字金融（Digital Finance）。数字金融是金融科技企业、金融机构和其他经济主体以数据资源为关键要素，运用大数据、云计算等数字技术对金融业务模式、服务与产品进行颠覆式创新，进而形成的一种新型金融业态（曾燕，2024）。数字金融包含数字信贷、数字理财、数字保险等新型金融业态。数字金融以数据资源为关键要素，运用数字技术对金融的业务模式、产品和服务进行创新（曾燕，2024）。

（2）"鲇鱼效应"（Catfish Effect）。"鲇鱼效应"原指鲇鱼在搅动小鱼生存环境的同时，也激发了小鱼的求生能力（朱容鑫，2018）。这一概念被扩展到通过引入新的竞争元素，有效打破原有的僵化状态，激发群体或个体的潜力，从而提升整体绩效和效率。

依据"鲇鱼效应"理论，数字金融对传统金融行业的作用，可比喻为一条激活市场的"鲇鱼"。凭借其超低的边际成本与服务便捷性，数字金融渗透至传统商业银行市场，但这不应被视作对银行体系的颠覆性变革。更为合理的视角是，将其视为一种促使传统银行业寻求突破与创新的驱动力。数字金融的兴起，实际上能够助推商业银行的改革创新进程，进而提升其效率水平（方岚，2018）。

（3）长尾理论（The Long Tail Effect）。长尾理论指的是在某些市场中，虽然畅销产品的需求量很大，但数量众多的小众产品（长尾部分）的总需求量可以与畅销产品相当甚至超过它们。随着存储、分销和生产成本的降低，小众产品变得更具商业价值。长尾理论由克里斯·安德森（Chris Anderson）在2004年提出，主要探讨数字经济时代下市场需求和销售模式的变化。该理论的核心观点是由于互联网和数字技术的发展，企业不仅可以从畅销产品中获利，还可以通过销售大量小众或冷门产品获得可观的收益。

（4）金融监管。金融监管（Financial Regulation）是政府通过监管机构对金融交易行为主体作的某种限制或规定。本质上是一种具有特定内涵和特征的政府规制行为（黄桂良，2009）。金融监管可分为广义金融监管和狭义金融监管，狭义的金融监管是指中央银行或其他金融监管当局依据国家法律规定对整个金融业实施的监督管理（童阳和曾勋，2011）；广义的金融监管在上述含义之外，还包括了金融机构的内部控制和稽核、同业自律性组织的监管、社会中介组织的监管等内容（刘高硕，2011）。

**5. 具体分析**

5.1 根据"鲶鱼效应"理论，结合数字金融的兴起，特别是以蚂蚁集团等公司的发展为例，思考其给传统金融行业所带来的"鲶鱼效应"。

【引导】通过阅读案例正文和课前资料搜集，要求学生对该问题进行要点的归纳总结。以下要点仅作参考。

自2010年以来，中国的数字金融发展以社交网络和电子商务的迅猛扩展为起点，进入了全新的发展阶段。相较于早期的数字金融形式，这一轮浪潮不仅扩展范围更广，涉及领域更为多元，而且内容也变得更加丰富多彩，涵盖了从支付、借贷到财富管理等多个方面。金融科技的快速进步在金融行业引起了广泛的关注，特别是在金融服务的效率和便捷性方面。这种新兴的金融模式，即数字金融，是现代社会对金融活动追求更高效率和更易用性需求的直接产物。尽管数字金融的核心功能——如资金的储蓄、借贷和支付——并未改变，但它通过技术手段提升了这些功能的效率与可达性，从而在市场上形成了对传统金融业的挑战。尤其是在商业银行领域，数字金融的崛起迫使传统银行业重新审视自身的业务模式与市场定位。"鲶鱼效应"是市场竞争中的一种负激励机制，促使传统金融机构在面临生存威胁时主动进行改革和创新。结合中国金融行业的实际情况，这种效应对推动传统银行业的变革具有重要的现实意义。

（1）基于数字金融的"资源配置"，从而加速传统银行业的"金融脱媒"。传统银行业的核心功能主要体现在"资源配置"方面，其本质活动涵盖动员储蓄与优化投资两个方面，旨在提升资金的配置效率。在传统金融体系框架内，商业银行扮演着至关重要的"桥梁"角色，有效地促进了储蓄向投资过程的顺利转化。相比之下，数字金融在资源配置方面展现出独特特征，即资金借贷双方能够直接通过网络平台实现供求匹配，无须依赖任何金融中介机构。数字金融借助其"加速金融脱媒"的机制，有效地进行了资源配置，并对传统银行业产生了显著的影响。与此同时，这种"脱媒"现象也对银行的资产端和负债端均产生了重要的影响。

对于商业银行而言，负债在本质上等同于"融资"。其主要的负债载体包括银行存款及多样化的理财产品，这些元素共同构成了商业银行的负债结构，体现了其资金来源的多样性。在中国，银行存款利率由监管部门设定，且为确保银行利润，监管部门往往有意调低存款利率。此举在客观上为数字金融与商业银行在"资金来源"方面的竞争提供了有利条件。数字金融工具，作为数字金融的创新产物，不仅显著降低了投资的准入门槛，为中小投资者开辟了更便捷、高效的理财新渠道，而且有效增强了普通民众的金融素养与意识，进一步加速了金融资产管理业务的革新与发展。其深远影响主要体现在，诱导银行负债端发生"脱媒"效应，进而与商业银行在资金来源层面展开竞争，对传统银行业构成了前所未有的显著冲击（李佳，2015）。

资产业务作为商业银行"资金运用"的核心平台，扮演着储蓄向投资转化的重要角色。数字金融的兴起为资金需求方提供了一种与传统间接融资截然不同的新途径。其核心特征在于，资金供求双方无须依赖金融中介进行信息匹配，而是可以直接在网络平台上实现金融交易。这种操作方式不仅便捷，而且成本较低，促使资金需求方具备了绕过商业银行进行直接资金融通的能力，进而引发了商业银行资产端出现的"脱媒"现象，对传统融资模式构成挑战（李佳，2015）。

（2）基于数字金融的"支付结算"，对传统银行业"渠道平台"的冲击。"支付结算"作为传统银行业的重要基础功能，不仅是非利息收入的主要来源之一，还为商业银行提供了构建多元化网络渠道平台的机遇。在这一过程中，商业银行能够积累大量的客户资源，进一步提升其市场竞争力。

随着互联网技术的持续革新与发展，其客户资源的累积速度已显著超越了传统商业银行，这为互联网涉足并深入拓展金融服务领域提供了重要的历史机遇。至今，以支付宝为代表的第三方支付平台，在短时间内经历了市场规模的迅速扩张。这种扩展不仅标志着互联网支付领域的重大进步，还确立了第三方支付作为这一领域的核心模式。值得注意的是，这类平台的发展速度和影响力远远超出了传统金融模式，成为互联网金融领域中最迅猛且具有深远影响的金融形态之一。此外，第三方支付的普及不仅改变了消费者的支付习惯，还推动了整个金融生态的变革，为未来的数字金融奠定了基础。第三方支付平台最初依赖传统银行基础设施，起到了中转枢纽的作用。随着互联网的普及，它们逐步减少对银行的依赖，实现了更高效便捷的支付流程，从而提升了支付效率，改善了用户体验，并扩展至线下支付，展现了其独特的优势和广泛的应用价值。

数字金融的"支付结算"功能，本质上相当于提供了类似传统银行中间业务的服务。然而，与传统银行相比，数字金融在中间业务领域逐渐扩大其影响，显著侵占了银行的市场份额，直接导致其手续费收入受到冲击。与此同时，随着货币市场基金及各种理财产品通过互联网渠道的高效发行和销售，银行在基金销售及相关服务上的费用收入进一步缩减。这种变革性的发展不仅对传统银行的盈利模式构成了威胁，还促使银行业必须重新审视其业务模式，寻找新的增长点和应对策略，以应对数字金融所带来的挑战。

（3）基于数字金融的"信息处理"，带来全新的新型金融信息处理方式。在传统金融模式下，信息主要由客户主动提供，此类信息往往具有较高的准确性和易判断性，并展现出较高的安全性和独享性。尽管如此，这种依赖客户主动提供的信息获取方式，其成本也相对较高。

数字金融依托互联网平台，在信息处理上展现出比传统金融模式更高效且更低成本的特点。具体而言，数字金融通过充分利用社交媒体、搜索引擎等先进技术工具，实现了对信息的深度挖掘、系统化整理及精准筛选，进而达成了信息处理的高效与精确。此外，此机制具备有效甄别非强制性披露信息的能力，同时，凭借大数据系统的强大处理功能，它能够达成高效且精确的信息处理与分析目标。在这一模式下，资金供给者通过互联网平台自主评估需求者，尽管数字金融的信息处理机制表面高效，但由于信息共享和数据甄别难度，其安全风险仍然显著。然而，随着互联网技术与大数据系统的不断演进与完善，数字金融在信息处理领域的安全性有望得到显著提升。这一发展态势不仅预示着金融行业即将迎来一场深刻的变革，也无疑将对传统金融模式的"信息处理"功能带来严峻挑战（李佳，2015）。

（4）数字金融对传统银行业冲击的进一步思考：对传统理念的革新。数字金融对传统银行业造成了显著影响，这种影响不仅体现在对银行业金融功能的模仿上，更深层次地体现了一种理念的转变。具体而言，数字金融在资源配置上展现出"去中介化"的特点，它绕过了传统中介，实现了直接融资模式。因此，融资成本的显著降低不仅为金融市场带来了新的活力，还进一步加速了金融体系由"银行主导型"向"市场主导型"的转型进程。除此之外，传统银行业受到中央银行货币政策的调控影响，旨在实现货币供应量更为精准与有效地控制，但数字金融的网络信贷活动游离于中央银行监控之外，其信用扩张过程也绕过了商业银行体系（李佳，2015）。

5.2 结合案例正文，解构蚂蚁集团的业务逻辑，分析其如何构筑对传统金融行业的竞争优势。

【引导】通过阅读案例正文和课前资料搜集，要求学生对该问题进行要点的归纳总结。以下要点仅作参考。

（1）蚂蚁集团与传统金融机构业务逻辑的差异在于，蚂蚁集团解决金融供给与场景需求脱离难题。

第一，蚂蚁集团在场景中获客，先有客户需求，再创造金融产品。金融业务本身不是出发点，服务阿里巴巴主业是目的（过去的电商、现在拓展到数字经济）。金融业务是从客户的需求出发不断衍生的。以高频的支付获取流量，再向其他金融产品转化（童阳等，2011）。根据客户的需求提供产品，甚至创造产品。未来主要与金融机构合作开发产品。

第二，传统金融机构先有产品，再寻找客户。以金融业务为核心，从各类金融产品服务中获取客户，再对客户进行交叉营销，具有综合金融服务能力。

（2）获客渠道和客户黏性是蚂蚁集团相比传统金融机构的竞争优势。

第一，获客渠道优势。蚂蚁集团只需要激活存量。支付宝的国内用户数超过10亿户，月活用户数达到8.9亿户，蚂蚁集团国内业务的重点不是获取新的客户，而是沉睡客户的激活和存量客户的运营。而传统金融机构仍需获取增量。商业银行仍有获取新客户的需求，工商银行有7.4亿个个人客户，而零售之王招行也仅有1.9亿个个人客户，相比蚂蚁集团仍有较大的差距。传统的商业银行主要依靠网点来获取客户，而移动互联网时代已经改变了用户行为，商业银行的获客渠道也转到了线上，通过自建App或者在其他平台进行获客，都面临较高的获客成本。大部分商业银行需要解决获客的难题，尤其是如何吸引年轻客户（童阳等，2011）。

第二，高用户黏性优势。支付宝作为通用流量平台，App上叠加了各种消费场景和金融服务，用户使用频率高、黏性强。此外，蚂蚁集团有较强的客户运营能力，通过各种方式触达客户，提升用户活跃度。银行App属于金融行业垂直平台，其用户活跃度远低于支付宝，虽然如招商银行业对标互联网平台，在App上增加小程序，叠加高频的支付场景，但整体的用户活跃度难以赶超（童阳等，2011）。支付宝的数据积累、对客户体验的极致追求、技术迭代的速度对商业银行构成较高的竞争优势（见表8）。

表8　　　　　　　　　蚂蚁集团和传统金融机构的对比

| 项目 | 商业银行 | 蚂蚁集团 |
| --- | --- | --- |
| 客户 | 高净值客户多 | 客户基数大 |
| 渠道 | 线上和线下 | 纯线上 |
| 产品和服务 | 种类丰富、综合化 | 标准化 |
| 技术 | 紧跟技术发展 | 引领技术发展 |
| 场景 | 相对较少、正在拓展 | 阿里生态圈、覆盖广 |
| 平台 | 活跃度相对较低 | 活跃度高、黏性强 |

资料来源：中泰证券研究所。

5.3 运用长尾理论，结合案例正文对蚂蚁集团业务板块的介绍，将其与传统金融行业进行比较，分析它们的不同。

【引导】通过阅读案例正文和课前资料搜集，要求学生对该问题进行要点的归纳总结。以下要点仅作参考。

(1) 支付业务的冲击与变革。蚂蚁集团的支付宝自2004年成立以来，凭借其便捷的在线支付服务迅速获得了广大用户的青睐。与传统银行的转账和支付服务相比，支付宝不仅具备更高的便捷性和效率，还通过扫码支付和线上线下结合等创新服务，极大地拓展了支付场景、增加了使用频率。支付宝的崛起不仅改变了消费者的支付习惯，还迫使传统银行重新审视并调整其支付服务。

支付宝的用户黏性强于银行App，交易量高于微信支付。一是支付宝的主要竞争对手是微信支付，交易量保持领先。支付宝的支付场景主要以阿里系电商场景为核心阵地，还包括线下商户、本地生活服务等场景，微信支付的场景主要包括腾讯系社交场景、其他腾讯系互联网公司业务场景及线下小微商户。从支付交易量来看，支付宝高于微信支付，但微信支付在线下长尾市场的渗透率更高，且笔数更多、笔均金额更小。支付宝的支付交易以商业支付为主，微信支付中的社交转账占比更高。二是与银行的手机App相比，支付宝的使用便利性和使用范围更广，数字钱包的客户黏性更强，支付宝相比银行在客户流量及场景拓展上具有优势，并且在互联网运营方面积累了丰富的经验，产品迭代快，传统金融机构较难赶超，目前也主要采取跟随策略。银行手机App的笔均金额明显高于支付宝，支付笔数远低于支付宝。由于监管对账户进行分级管理和支付额度限制，大额支付主要通过银行进行处理。

(2) 借贷业务的颠覆与创新。蚂蚁集团利用大数据风控技术，为个人和小微企业提供便捷的小额贷款服务。这种基于数据和算法的信用评价与风险控制方法，大幅缩短了贷款审批时间并降低了成本，从而提高了贷款的可获得性。蚂蚁集团借贷业务的成功，不仅为许多传统上难以获得贷款的客户开辟了新的融资渠道，也对传统银行的贷款业务构成了重大挑战。

第一，To B：小微金融。

首先，蚂蚁集团小微金融的特点：阿里生态场景和数据驱动、线上化、注重技术创新。

其一，获客及运营：更小额分散，利用线上优势逐步拓展至线下码商。网商银行的客户群体广泛，涵盖了淘系电商卖家、线下的二维码商户及农民等多类群体。最初，这些客户主要集中在阿里巴巴电商生态系统内，通过利用其丰富的客户资源和数据积累，网商银行为电商卖家提供了有力的信贷支持。随着阿里巴巴及蚂蚁集团业务逐步向线下领域渗透，网商银行开始扩大其服务范围，主动向小微企业和农村地区延伸，通过与外部场景的合作，致力于提供更广泛的普惠金融服务。此外，网商银行在多个数字平台上建立了流量入口，如支付宝、微博、微信公众号等，用户可以通过这些平台的快捷入口，使用支付宝、淘宝/天猫、1688、阿里速卖通等账户便捷登录，实现阿里巴巴电商平台的全面联通。

其二，风控能力：基于数据定制最优信贷策略。网商银行风控的目标是在把风险控制在合理水平的同时，为更多的客户提供最合适的授信。传统商业银行的线下小微风控模式通常依赖人工审核和历史信用记录，流程烦琐且效率较低。而网商银行通过数据化风控模式打破了这一限制，其小微金融业务拥有超过10万项风控指标、3000多种风险策略和100多个模型。这一强大的技术支撑，使网商银行能够更加精准、高效地评估风险，提供金融服务。尤其是在线下码商贷款业务中，网商银行依靠超过20个模型和500多种风险策略，显著提升了风险管理的效率与精度。阿里巴巴的电商生态系统为网商银行提供了资金流、物流和信息流的丰富数据，这些数据不仅来自内部交易记录，还包括外部特定行业的数据，经过清洗和整合后，形成了网商银行独特的风险管理流程。此外，网商银行在贷后管理方面也展现出强大的能力，通过多维度数据的实时跟踪，及时发现并控制小微商户的信用风险。这种数据化的风控模式为小微企业提供了更具针对性和灵活性的金融服务，促进了其健康发展。

其次，传统金融机构小微金融模式：线下展业为主+软信息风控。

其一，获客和运营：线下为主，线上更多的是导流功能；客群仍较优质。目前传统金融机构涉足小微金融的方式仍以线下获客为主（通过网点+核心企业供应商大会+政府线下活动），但线上获客的比例在提升。线上获客的模式包括通过自有网站或手机App、通过外部流量平台，或是通过政府门户网站。从目标客群来看，虽然近年监管引导商业银行贷款持续做小做散，但客群仍是较为优质，或是现金流相对稳定的小微企业或个体经营户（常熟银行的户均贷款规模在12万—15万元，网商银行在3万元），并通过借贷产品对其进行后续的综合运营。

其二，风控：贷前侧重软信息的获取，持续的线下贷后跟踪是核心。传统金融机构在小微金融领域采用不同于网商银行的风控策略，提供更高的授信额度，并结合线上和线下数据进行风险评估和贷后跟踪。以常熟银行为例，其"IPC+半信贷工厂"模式通过实地考察和分级审批，从而控制小微金融业务的风险。

第二，To C：消费金融。

首先，蚂蚁集团消费金融的特点：大数据和线上化。

其一，获客和运营：支付端引入流量，聚焦长尾客群。蚂蚁集团利用其核心产品支付宝，凭借其庞大的用户基数和高频使用场景，成功地将用户引入花呗这一消费信贷产品。通过支付宝的超级流量入口和阿里巴巴生态圈的广泛覆盖，蚂蚁集团能够以极低的成本获取大量潜在用户。在用户使用花呗的过程中，蚂蚁集团通过积累大量的信贷数据，持续优化和完善其信用风险模型。这种数据驱动的策略不仅提高了信用风险评估的准确性，也为进一步向借呗引流奠定了基础。通过将用户从高频支付服务逐步引导至低频但更高利润的借贷服务，蚂蚁集团实现了用户价值的最大化，同时也健全了自身的金融服务生态体系。

其二，风控：依托大数据优势构建"智能、立体和闭环"的线上风控体系。一是数据来源主要来自电商平台的消费与支付记录、花呗和借呗的信贷数据，以及其他合作方的数据。二是数据优势不仅体现在获取交易闭环的信息，还包括在真实消费场景中的交易和缴费数据，这些数据能够提供全面而准确的用户画像。这种数据的闭环性确保了金融机构能够全面了解用户的消费行为和财务状况，使借贷、投资理财和保险等金融业务的数据具有高度的相关性和可靠性。此外，通过实时跟踪客户的行为数据，金融机构能够及时识别出潜在的风险信号。例如，当客户的还款行为出现异常时，系统可以迅速发出预警，并采取相应的风险控制措施。这种精准的风险预警机制不仅提高了贷后管理的效率，也降低了金融机构的运营风险。三是数据用途限于传统的借贷业务领域。随着技术的发展,这些数据被广泛应用于各种生活场景中,如共享经济、租赁服务和在线购物等。在这些场景中,数据通过分析用户的信用情况,能够提供免押金的服务,从而显著提升用户的便利性和体验。例如,在共享单车或租赁住房时,用户可以不需要支付押金,这不仅减轻了用户的经济负担,还加快了服务的使用流程。此外,数据的应用还可以增强用户的信任度,使更多的服务提供者愿意为用户提供更灵活的支付和使用方式,从而进一步优化整体用户体验(童阳等,2011)。传统专家风控系统与蚁盾多层风控对比如图8所示。

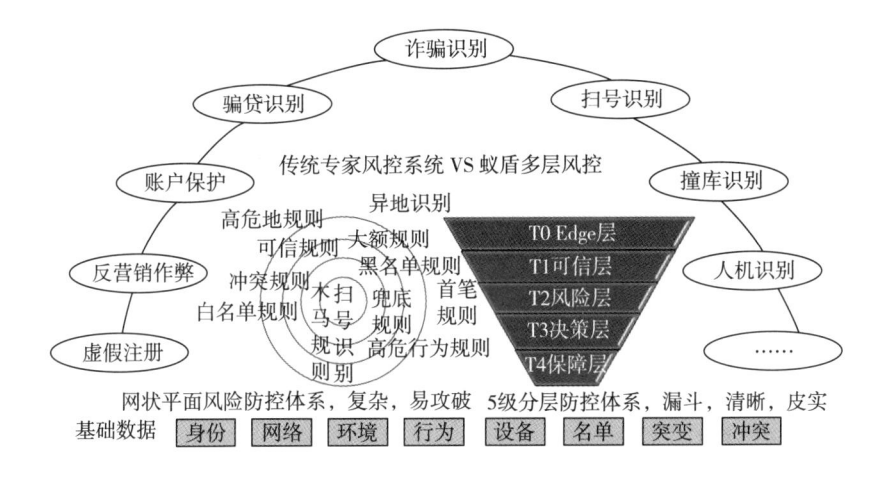

**图8 传统专家风控系统与蚁盾多层风控对比**

资料来源:蚂蚁技术。

其次,传统金融机构零售信贷:依托白名单和线下风控。

其一,获客和运营:围绕优质客群做综合经营。传统银行获客一般采用线下网点展业+线上App自主获客+外部平台导流多种模式。宁波银行白领通通过职业选择锁定优质客户群体,如公务员和企业白领,并通过收入证明和公积金验证其偿付能力。同时,银行通过客户经理的管理,扩大这些客户的资产管理规模(AUM)。

其二,风控:依托线下传统风控和对客户的"软约束"控制风险。宁波银行建立了从贷前独立审批到贷后跟踪的完备的风控体系,同时抓住客户心理,对客户形成"软约束"。白领通的客户常不愿冒着被银行打官司的风险而恶性违约,违约可能会对职业饭碗造成不良影响。

再次，理财和投资领域的变革。

蚂蚁集团旗下的蚂蚁财富通过整合各类理财产品和投资服务，为用户提供了一个便捷的综合性财富管理平台。蚂蚁财富不仅提供多样化的理财产品，还通过智能投顾等技术手段，为用户提供个性化的投资建议。凭借其强大的技术优势和广泛的用户基础，蚂蚁财富迅速吸引了大量投资者，对传统银行的理财业务构成了重大挑战。

最后，蚂蚁集团与传统金融机构的对比：客群差异和路径差异。

其一，客群差异：蚂蚁集团的理财客户从流量平台导入，具有年轻化的特征，资产规模小但成长性强，平台提供的产品以标准化产品为主，谋求利用信息技术革命带来的规模效应和较低的边际成本。而传统金融机构一般根据资产规模对客户进行分层，能提供定制化、差异化、综合化的金融产品及服务，包括为符合投资者适当性要求（投资者资产规模、投资年限等要求）的高净值客户提供信托、私募、定制理财等。

其二，路径差异：传统金融同样布局线上化业务，但是模式路径上存在差别，传统机构更多谋求服务好存量客户，银行、券商通过财富管理转型之路在原有线下实体服务基础上，利用线上模式提升服务的便捷度，而蚂蚁集团理财业务谋求服务更多增量客户，通过提升线上服务覆盖面与渗透度，拓展标准化产品范围，挖掘用户需求，打破平台同质化（见表9）。

表9　　　　　　　　传统机构理财与蚂蚁集团理财

| 项目 | 传统财富管理 | 蚂蚁集团财富管理 |
| --- | --- | --- |
| 获客渠道 | 线下网点、储蓄客户、交易客户转化 | 互联网平台 |
| 获客场景 | 单一 | 电商、社交等多场景 |
| 投资门槛 | 较高，高净值客户需考虑适当性管理 | 较低或无门槛 |
| 服务方式 | 线上+线下，综合成本较高 | 线上+部分人工电话客服，综合成本较低 |
| 服务特点 | 普通零售客户标准化服务<br>高端客户定制性、专业化服务<br>产品导向性较强 | 运用技术手段，深度理解、陪伴客户<br>挖掘用户需求，打破平台同质化 |

资料来源：中泰证券研究所。

(3)保险业务的优化与革新。蚂蚁的保险业务起步比余额宝、花呗更早。从基于场景的线上保险产品出发,之后,通过对外投资和平台合作等方式,蚂蚁逐渐完善其保险版图,形成了场景保险、产品销售和技术赋能三大业务板块。产品覆盖财险、寿险、健康险、相互保险等类别,收入模式则包括并表的保险公司收入、保险销售渠道收入和技术服务费。

区别于传统保险公司先自主设计产品再销售的路径,蚂蚁的保险业务是先发现用户需求,再与保险公司合作设计产品,并提供在线平台对外发售,同时提供数据与技术的支持。

第一,支付宝蚂蚁保险的一大优势是便捷高效的理赔服务。支付宝蚂蚁保险利用先进的科技手段,建立了高度智能化的理赔系统。通过大数据分析和人工智能技术,能够实现快速定损和自动理赔。相比传统保险公司的烦琐流程和长时间等待,支付宝蚂蚁保险的理赔过程更加简单快速,为客户提供了更好的服务体验。

第二,支付宝蚂蚁保险与其他保险公司相比,在产品设计上更加灵活多样。支付宝蚂蚁保险通过深度挖掘客户需求和使用大数据技术进行精细化分析,推出了适合不同人群的保险产品。无论是家庭保障、旅行安全、医疗保险还是汽车保险,支付宝蚂蚁保险都能够提供全面的保障方案,满足客户个性化的需求。

第三,支付宝蚂蚁保险做到了线上线下的全渠道服务。支付宝蚂蚁保险通过线上平台提供自助购买和在线咨询服务,方便客户随时随地进行保险购买和咨询。同时,支付宝蚂蚁保险也在各大城市设立线下服务店,提供面对面的咨询和服务,为客户提供更加全面的保险服务。与其他保险公司相比,支付宝蚂蚁保险的全渠道服务使客户可以选择更加便捷的购买方式,提高了保险的可及性。

5.4 面对蚂蚁集团所带来的"鲇鱼效应",传统金融行业应该如何应对?

【引导】可以要求学生阅读案例正文和课外资料,进行小组讨论,并形成小组意见进行分享。此题为开放题,以下分析仅作参考。

(1)依托比较优势,加快经营战略调整。在经历了一个世纪的演变和发展后,传统银行业已经建立起其独特的经营优势。这些优势不仅体现在其强大的资金实力上，还包括在社会认可度和信赖度方面的深厚积累，以及广泛覆盖的网点布局。相比新兴的数字金融企业，传统银行凭借这些核心优势，在多个关键领域表现出更加稳固的市场地位。同时，其以更为直观且实体的形态，深深地植根并影响着公众的视野与认知。

传统银行不仅提供存贷款业务和支付结算服务，还承担着保障社会经济活动和调节货币流动性的重要职责。在当前阶段，数字金融的发展尚未达到能够完全替代传统银行业的程度。因此，商业银行应积极适应数字金融的发展趋势，及时转变经营理念，调整经营战略，充分利用互联网平台，推动核心业务与互联网深度整合，加快创新进程。通过数字化转型，促进传统领域与新兴技术的融合，实现业务模式的革新与升级，以提升服务质量和业务水平。

在数字化浪潮冲击传统金融业态的背景下，商业银行需审时度势，把握转型契机。通过创新业务模式、优化服务流程和提升风险管理能力，积极应对新兴挑战。同时，注重长远战略布局，致力于实现可持续增长，以适应金融科技时代的竞争格局。

（2）依托科技优势，加快互联网业务创新。数字金融能够迅速发展的关键在于它为用户提供了个性化且便捷的金融服务。目前，传统银行业凭借多年积累的科技优势，在专业软件开发、线上线下数据接口集成和风险控制等领域表现出强大实力。为了维持市场主导地位，传统银行业亟须推动全方位创新。一是应深化体制改革，优化组织结构。二是提升核心竞争力，包括完善风险管理体系和增强数字化运营能力。三是大力发展普惠金融，拓展服务覆盖面。通过提供个性化、多元化的产品组合，满足客户多样化需求，从而巩固市场地位。四是传统金融机构应持续完善线上服务渠道。通过优化移动端和网页端平台功能，提升用户体验。同时，充分利用互联网技术和智能通信设备，拓展业务覆盖范围，实现服务的无缝衔接，以在数字金融迅猛发展的背景下保持竞争力（曾燕，2024）。

（3）依托市场优势，大力发展移动金融业务。在移动金融业务快速发展的背景下，传统银行业需要从多个维度加强其在这一领域的拓展。

第一，应强化行业内外的协作。这不仅包括与电信运营商、移动设备制造商等软硬件行业的深度合作，还需加快统一行业标准的制定，以确保移动金融能够在安全监管和制度规范的框架内实现稳健发展。同时，银行业应加强行业协作，共同研发跨机构、多平台兼容的综合性移动应用。这种合作模式有助于打破当前"单一银行独立客户端"的限制，提升用户体验。通过整合各家银行的优势资源，不仅能简化客户操作流程，还可实现金融服务的无缝对接。

第二，传统银行业需实施差异化的服务策略，以满足不同客户群体的需求。为此，银行业需要转变传统观念，积极推进普惠金融的发展。这意味着根据客户群体的特性提供定制化的金融服务。利用云端运算与海量信息分析能力，银行业能够实现对消费者群体的精准划分。这种基于新兴科技的客户细分方法，为银行业提供了更有效的市场洞察，为中产阶级客户提供更加专业的投资和理财服务；针对年轻群体，则应加强储蓄和便捷消费方面的服务；对于农村群体，应侧重惠农政策的宣传和生产消费信贷的支持。针对年轻人群体，应着重提升储蓄和便捷消费方面的服务，以满足他们在快速消费时代中的需求。与此同时，考虑到农村群体的特殊情况，金融服务的重点应放在惠农政策的宣传和对生产消费信贷的支持上，以促进农村经济的发展和农民生活水平的提高。

第三，传统银行业还需在企业级移动金融市场方面加大拓展力度。未来，企业客户仍将是银行业的重要利润来源。企业的移动金融需求主要集中在财务管理和支付结算方面，因此，银行业应根据不同行业和企业生产经营的不同阶段，提供具有针对性的企业移动金融服务，以满足市场的多样化需求。

（4）积极打造线上一站式投融资平台。传统银行业的主要盈利来源为利息差，其核心业务目标在于不断扩展并增强存贷客户群体。在当前互联网快速发展的背景下，众多金融业务已能通过互联网便捷完成，极大便利了个人用户的储蓄、借贷及投资活动。然而，这一趋势对解决中小型企业融资困境的效果尚不明显。尽管互联网金融带来诸多便利，但在为中小企业提供有效的资金支持方面，仍面临诸多挑战。因此，传统银行业在发展过程中，应敏锐地识别这一潜在的巨大利润增长点，在信用体系构建和股份股权机制发展过程中，抓住这一历史机遇，将互联网技术、大数据分析和云计算等前沿科技手段有机结合，构建面向中小企业的一站式投融资平台，以期有效解决其投融资难题。通过此平台，银行业能够实时掌握中小企业的经营状况与资金需求，为其提供个性化、全面的服务，从而便利中小企业的投融资活动，最终实现互利共赢的局面。

5.5 根据金融监管相关知识，蚂蚁集团在推动金融行业变革的同时，也给传统金融行业的监管体系带来挑战，试分析监管政策应如何调节蚂蚁集团的"鲇鱼效应"以平衡市场竞争、维护金融稳定。

【引导】要求学生课前阅读案例正文和收集课外资料，充分了解中国金融监管的重点方向和进展。以下分析仅作参考。

（1）传统金融监管体系的不足。

第一，金融监管模式存在滞后性。以蚂蚁集团为例，蚂蚁集团自2013年便发行ABS，在随后的五年间ABS发行量暴增，但相应的监管措施直至2017年底才出台。相同的是，蚂蚁集团联合贷款自有资金占比自2017年起一直低于4%，而相应的监管措施在2020年11月2日才正式向社会公开征求意见，蚂蚁集团"二选一"垄断行为已持续多年，但直到2021年才对其正式处罚……这样的现象数不胜数，此现象也揭示出中国金融监管存在的滞后性问题，具体表现为未能及时识别潜在风险并制定相应的监管政策以有效应对。这一问题对金融市场的秩序维护构成了不利影响，容易诱发系统性风险，同时也有损于监管部门专业权威的社会形象之塑造。

第二，金融科技监管未能标准化。为实现科创板上市之目标，蚂蚁集团不断凸显其科技公司的特质，并在此过程中逐步削弱其作为金融公司的属性，但是通过对其内部业务分析来看，蚂蚁集团运用科技服务金融市场，所涉足的业务领域均与金融紧密相关，因此其本质属性更贴近金融公司。这一现象同时也反映出，监管机构对金融科技公司的业务性质尚未达成共识，这一现状引发了多方面的挑战。一是在监管对象分类上存在困难。二是金融科技企业的定义仍显模糊。这些问题不仅影响了监管效率，还可能导致监管真空或重叠。因此，明确金融科技公司的定位和特征，构建适应性监管框架，成为当前亟须解决的课题。

第三，金融科技与安全动态平衡问题。不仅是蚂蚁集团，许多数字金融机构也日益关注客户金融信息的收集与分析。这些机构通过采集和处理用户行为数据，能够洞察客户的消费模式、偏好及付款习惯。此类信息不仅有助于优化产品设计，还能提升风险管理水平，为个性化服务提供基础。经过深入分析，可以构建出包含行为习惯、消费心理、资金实力等多个维度的详尽用户消费"画像"。鉴于此类信息的高度敏感性质，其过度集中可能引发诸多潜在风险。首先，它可能加剧非法使用和盗取的可能性。其次，一旦发生泄露事件，将对用户隐私构成重大威胁。但是中国对于数据安全相关的监管政策仍不完善，有关法律法规还没有正式落实。

第四，有效的监管框架尚未形成。从蚂蚁集团内部业务分析，出现了高度混业经营的现象，金融产品横跨多个行业，威胁着传统金融机构，当然混业经营是未来发展的必然趋势，但是基于多行业交叉特性，产生的金融风险不仅会对单个行业产生不利影响，甚至可能会危及整个金融市场，不利于金融市场稳定。而当前中国依然主张的是分业监管模式，显然已经无法适应当前发展趋势。虽然监管部门一直在不断完善金融科技监管框架，但始终没有形成一个与之相匹配的监管框架，始终滞后于金融科技发展速度。

（2）金融监管未来的发展方向。

第一，不断更新监管理念，运用科技手段，打破传统金融模式中的经验监管、事后监管的理念，制定切实有效的解决方案，不断提高监管技术水平与监管质量，及时发现公司运作中的潜在风险，采取相应的措施防止事态进一步扩大，使监管具有智能化和前瞻性，促进金融市场和谐健康发展。同时也要不断规范网贷平台，营造一个良好的借贷环境，不能为了自己的利益而扰乱市场秩序。

第二，中国金融监管应明确金融科技本质，规范监管标准，明确监管对象，防范出现相关企业因定位模糊出现监管套利行为。在金融与科技深度融合、边界模糊的情况下，可以建立一个独立的金融科技监管机构，专门维护金融科技发展和风险监管之间的平衡。

第三，制定相关法律法规，明确使用数据原则，通过科技手段监管企业对用户数据使用情况，确保可以时刻掌握数据动向，能够在第一时间发现违规操作，及时阻止，同时要加大惩罚力度，对于相关人员要给予相应的处罚。另外，加强消费者维权通道，切实保护消费者利益，让消费者在知道个人信息泄露情况下，能够通过维权通道及时挽救，防止事态进一步扩大。

第四，借鉴国际经验，从金融产品特有的功能出发确定监管规则，解决产品监管归属问题，弥补当前混业经营出现的监管空白。

## 6. 参考文献

陈晓洁等：《数字鸿沟与农户数字信贷行为——基于2019年欠发达地区农村普惠金融调查数据》，《财经论丛》2022年第1期。

戴志锋：《蚂蚁集团：商业模式及竞争壁垒的深度分析（研究报告）》，2020年8月24日，新浪网，https://tech.sina.com.cn/rou/2020-08-24/doc-livhuipp0275231.shtml。

方岚：《互联网金融对商业银行效率影响的研究》，硕士学位论文，浙江工商大学，2018年。

黄桂良：《次贷危机背景下对金融创新和金融监管问题的思考》，《特区经济》2009年第2期。

郝强：《互联网金融的"鲶鱼效应"给传统银行业带来了什么》，《人民论坛》2016年第31期。

姜梦悦：《我国金融科技监管政策研究及建议——以"暂停蚂蚁集团上市"为例》，《商展经济》2021年第5期。

贾璇：《余额宝规模增至556亿元成国内规模最大的基金》，2013年10月25日，经济网，https://www.ceweekly.cn/finance/macro/2013/1025/67246.html。

刘高硕：《我国金融监管发展研究》，《现代经济信息》2011年第17期。

李佳：《互联网金融对传统银行业的冲击与融合——基于功能观的讨论》，《云南财经大学学报》2015年第1期。

童阳、曾勋：《美国金融监管改革及其启示》，《东方企业文化》2011年第10期。

王田田：《数字普惠金融对农村居民消费结构的影响》，《合作经济与科技》2021年第15期。

《余额宝日赚 400 万"反噬"天弘基金互联网抢滩金融或生"鲶鱼效应"》，2013 年 10 月 28 日，人民网，http://media.people.com.cn/n/2013/1028/c40606-23345022.html。

《银行排队现象严重平均等待时间 85 分钟》，2007 年 4 月 2 日，经济观察网，http://www.eeo.com.cn/2007/0402/52588.shtml。

曾燕主编：《数字金融导论》，北京大学出版社 2024 年版。

朱容鑫：《心理效应在初中历史教学中的运用——以〈西欧庄园〉一课为例》，《试题与研究》2018 年第 35 期。

**7. 本案例教学关键点**

本案例的关键在于帮助学生深入了解数字金融，指导学生理解蚂蚁集团与传统金融行业的业务逻辑差异，掌握蚂蚁集团各个业务板块与传统金融行业之间的不同之处，并思考传统金融行业及其监管体系的应对策略。本案例教学的关键点包括：

（1）蚂蚁集团与传统金融行业的业务逻辑差异，以及蚂蚁集团如何构筑自身的竞争优势。

（2）蚂蚁集团各个业务板块与传统金融行业相应板块之间的不同之处。

（3）传统金融行业及其监管体系如何应对蚂蚁集团所带来的"鲶鱼效应"。

**8. 课堂建议**

本案例可用于专门的研讨案例教学课程。授课教师可基于此案例教学使用说明，安排教学计划。为保证教学效果，建议案例教学时间控制在 100 分钟以内，案例教学分组控制在 5—8 个小组（见表 10）。

表 10　　　　　　　　　　教学安排

| 计划 | 具体安排 | 辅助手段 | 时间分配 | 教学目标 |
| --- | --- | --- | --- | --- |
| 课前计划 | 提前发放案例资料，引导学生初步了解案例，做好课前准备 | 案例正文线上资源 | 课前一周 | 课前预习 |

续表

| 计划 | | 具体安排 | 辅助手段 | 时间分配 | 教学目标 |
|---|---|---|---|---|---|
| 课中计划 | 案例引入 | 教师简单介绍此次教学所分析的案例，包括案例主题、教学形式等内容 | PPT | 5分钟 | 引导学习学会分析加深理解 |
| | 案例精讲 | 教师带领学生认真学习案例正文 | PPT、黑板 | 10分钟 | |
| | 小组讨论 | 根据班级人数分成若干小组，引导学生基于课前资料收集和课中案例讲解对思考题进行讨论，并形成小组答案要点 | PPT、黑板 | 30分钟 | |
| | 提问互动 | 教师进行引导式提问和互动，在互动过程中可以穿插讲解相关理论依据和知识点，丰富课堂教学内容 | PPT、黑板 | 45分钟 | |
| | 教师总结 | 归纳总结案例分析要点，并对案例进行延伸性提问，鼓励学生课后思考 | PPT、黑板 | 10分钟 | |
| 课后计划 | | 布置课后延伸阅读，要求学生基于课堂学习和课后阅读独立完成一份案例分析报告 | 线上资源 | 课后一周 | 巩固教学成效 |

# 案例十　硅谷银行服务科创企业的经验[①]

> **案例正文**

**摘要**：对于商业银行而言，存在资金缺口就意味着存在盈利空间。事实上，大多数科创企业都有迫切的融资需求，但商业银行往往会因忌惮科创企业的高风险而不敢轻易涉足。硅谷银行凭借独特的科创金融模式和科学的风险管理方法，不仅成功满足了数以万计科创企业的融资需求，还成为美国风险投资领域中的行业龙头，并一度被誉为金融服务科创企业的典范。鉴于此，本案例以硅谷银行服务科创企业的运作机制为研究对象，深入剖析硅谷银行如何为科创企业提供资金、细化科创企业类型及采取的风险控制手段，并总结其经验和教训，最后基于此提出促进我国商业银行服务科创企业的启示。

**关键词**：硅谷银行；科创金融；科创企业

## 一　引言

与所有科创企业一样，如今的互联网巨头 Facebook（现更名

---

[①] 该案例由广东工业大学团队岳鹄（广东工业大学经济学院）、黄熙（广东工业大学经济学院）、郭子龙（广东工业大学经济学院）联合撰写，作者拥有著作权中的署名权、修改权、改编权。

Meta）在成立初期也同样为庞大的资金缺口发愁。面对巨额的研发投入，Facebook 创始人马克·扎克伯格每天奔走于美国各大银行，并渴望这些金融机构能够给 Facebook 提供资金上的支持。可惜的是，刚成立不久的 Facebook 在各个方面都不满足这些大银行严格的贷款要求，这令扎克伯格每次只能空手而归。

然而，一家来自硅谷的银行注意到了 Facebook 的成长潜力，并向扎克伯格伸出了援手，它就是硅谷银行。除了提供资金支持，硅谷银行还为 Facebook 带来很多先进的经营理念，并提供了丰富的增值服务，帮助 Facebook 一步一步度过了最艰难的时期。事实证明，硅谷银行确实独具慧眼，那个曾经名不见经传的 Facebook，在短短的十几年间成长为了如今的互联网巨头，市值一度超过 1 万亿美元。

那么，硅谷银行究竟有何特别之处，面对风险比普通企业大得多的 Facebook 等一众科创企业，它是如何做到迎难而上并且获得双赢的？基于此，本案例对硅谷银行服务科创企业的运作机制进行了深入分析。本案例首先简要介绍了硅谷银行的成长历程，接着探讨了硅谷银行为服务科创企业做了哪些必要的前期准备，随后全面梳理了硅谷银行服务科创企业的运作机制，最后总结出硅谷银行服务科创企业的启示。本案例旨在为中国商业银行服务科创企业提供有益的借鉴和参考。

## 二 硅谷银行简介

硅谷银行（Silicon Valley Bank，SVB）于 1983 年成立于美国。硅谷银行作为硅谷银行金融集团的子公司，不仅承载了集团的核心业务，更是科创金融领域的典范。

硅谷银行的独特之处在于其"为硅谷服务、为创新和高风险企业提供金融服务"的经营理念。硅谷银行将目光投向处于初创阶段、发展迅速、被传统金融机构视为高风险的科创中小企业，以及为这些企业提供资金支持的股权投资机构。据统计，硅谷银行的客户群体几乎占据了美国股权投资行业的半壁江山（于子墨，2023），这一比例充分展示了其在该领域的领导地位。

多年来，硅谷银行一直高度重视与全球私募股权和风投界公司搭建可靠的合作关系。这种关系不仅基于业务合作，更基于对创新和创业精神的共同认可和支持。硅谷银行通过与这些公司的紧密合作，不仅为科创企业提供了资金支持，还为科创企业提供了战略建议，帮助企业把握市场机遇，实现快速发展。此外，硅谷银行还积极为潜在投资者、科创企业和合作伙伴搭建桥梁，促进资源共享和信息交流，推动整个科创生态系统的繁荣发展。硅谷银行因其对创新和创业的杰出贡献而受到认可，多年来获得了众多奖项和赞誉，其首创的投贷联动模式更是被誉为科创金融的典范。

## 三　硅谷银行服务科创企业的前期准备

### （一）明确服务对象

1993 年，在加州房地产市场崩溃和美国政府空前重视科技发展的双重背景下，硅谷银行敏锐地察觉到了市场动向，并迅速作出了战略调整。硅谷银行明确了其服务对象为科创企业，并提出了"硅谷银行就是为硅谷而服务的银行"的口号，确立了"为硅谷服务、为创新和高风险企业提供金融服务"的经营理念，转而专注服务科创企业。为此，硅谷银行全面向专业化转型，细分目标企业群体，专注服务具有自身优势的特定行业企业。如图 1 所示，硅谷银行的目标行业包括金融科技、清洁技术、硬件与前沿技术、生命科学与医疗、股权投资、软件与互联网，以及 1994 年开始服务的葡萄酒产业等传统行业的细分子行业。

在转型过程中，硅谷银行建立了一套完整的贷款流程。一是硅谷银行采取跟投股权投资机构的策略。企业只有在获得股权投资机构的投资之后，才可能获得一定比例的硅谷银行贷款，以便达到利用股权投资机构筛选目标企业的目的。二是硅谷银行根据科创企业的自身特征而设置不同的贷款条件。具体而言，对于没有收入的科创企业而言，硅谷银行要求企业用知识专利做定性而非定量的抵押。而对于已经开始生产的企业，银行更注重应收账款抵押等更保险的抵押方式。三是硅谷银行鼓励科创企业将资金账户设立于本行内部。此举旨在通过紧密追踪企业的日常资金流动情况，深入洞悉其经营动态。同时，这一安排使硅谷银行能

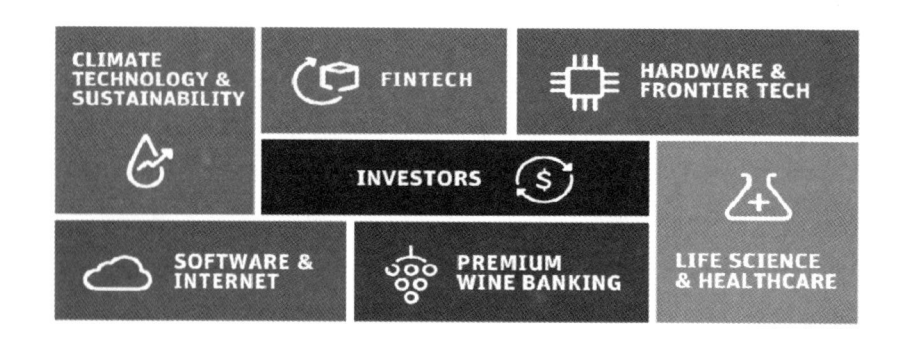

**图 1　硅谷银行服务的目标行业**

资料来源：硅谷银行官网。

够迅速识别出那些面临资金短缺、可能难以偿还贷款的企业，从而提前启动流动性风险管理措施，有效预防潜在的风险并作出及时应对。

通过这一系列精细化的贷款流程，硅谷银行不仅能够有效地识别贷款企业的信用质量、降低信用风险，还成功进入了其他银行不敢轻易涉足的科创企业信贷市场。

**（二）建立投资子公司**

1999 年，美国政府颁布了《金融现代化服务法案》，使银行可以开展包括风险投资、投资银行、私人银行、资产管理在内的其他金融服务，美国银行混业经营的时代就此来临。政策的东风给了硅谷银行大展拳脚的机会，从此硅谷银行逐步向多元化金融服务领域迈进，涉足包括股权投资、投资银行服务及资产管理在内的非传统银行业务范畴，以此拓宽其非利息收入渠道并深化与科创企业及股权投资界的合作。

在混业经营的大背景下，为了更好地对科创企业开展股权投资，硅谷银行专门成立了战略投资者公司作为硅谷银行投资基金的普通合伙人和管理人，以便通过"基金中的基金"（Fund of Funds，FOF）的形式投资多家顶级风投基金，达到分散风险、把握投资机会的目的。硅谷投资基金的投资策略十分明确：选择并投资那些具有高成长潜力的风投基金。通过这种方式，硅谷银行不仅能够分享到这些基金的投资成果，还能够借此深入了解科创领域的最新动态和发展趋势。

除投资基金外，硅谷银行还成立了直投基金——硅谷银行风投（SVB Ventures），并通过该基金直接投资具有创新潜力的科技企业。这

案例十　硅谷银行服务科创企业的经验

种直接投资方式使得硅谷银行能够更加深入地参与到企业的成长过程中，同时也能够更直接地分享到企业成长的收益。随着业务的不断发展和成熟，硅谷银行进一步整合了旗下的股权投资业务，创立了硅谷资本并将所有相关业务统一归入其旗下。

至此，硅谷银行完成了服务科创企业的前期准备，确立了其"为硅谷服务、为创新和高风险企业提供金融服务"的经营理念，明确了其服务对象为科创企业。同时，硅谷银行还成立一系列服务科创企业的子公司，为进一步服务科创企业打下了坚实的基础（见图2）。

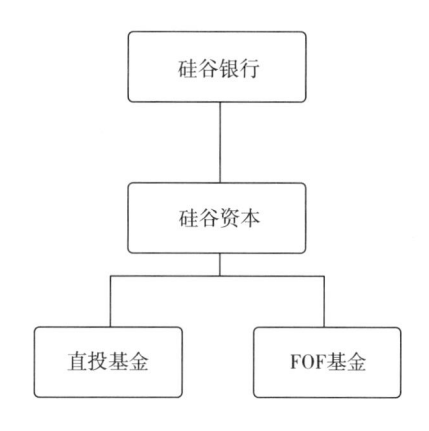

**图 2　硅谷银行的股权投资业务**

资料来源：笔者根据相关资料整理。

## 四　硅谷银行服务科创企业的运作机制

在明确了经营理念和目标对象后，硅谷银行在科创金融领域辛勤耕耘，逐渐形成了一套完整的运作机制。首先，硅谷银行通过投贷联动业务为科创企业提供债权融资及股权融资，以此实现自身盈利。其次，为了让目标科创企业更快成长，硅谷银行还会针对企业自身的发展特点提供差异化的金融服务。最后，面对科创企业天然的高风险，硅谷银行采取了一系列风控手段作为应对措施。通过成熟的运作机制，硅谷银行不仅满足了科创企业的资金需求，还在此过程中获得了不菲的收益。

## （一）为企业注入资金：投贷联动

科创企业的高风险与银行的风险厌恶形成了天然的矛盾。因此，大多数银行在向科创企业贷款时普遍存在风险收益不匹配的问题。为此，硅谷银行首创了投贷联动业务，以"股权+债权"的融资模式对目标企业提供融资，利用股权收益覆盖潜在的贷款损失，以达到风险与收益匹配的目的。该业务主要包括以下三种形式。

### 1. 形式一：贷款并换取企业认股权证

在为科创企业提供贷款的同时，硅谷银行会以此换取贷款企业一定比例的股权或认股权，通常这一比例在企业总股本的1%—2%（范从来、费正晖，2023）。这样一来，当企业成功上市或被并购时，硅谷银行便可以通过股权投资获得资本增值，从而补偿其在贷款过程中承担的较高风险。

通过这种方式，硅谷银行除贷款获得的利息收入外，每年还能获得相当可观的非利息收入。这部分收入主要源于银行行使持有的期权、认股权及出售企业股权等直接投资所带来的增长性收益。通过这种多元化的收入结构，硅谷银行能够在支持科创企业发展的同时，实现自身的盈利增长（见图3）。

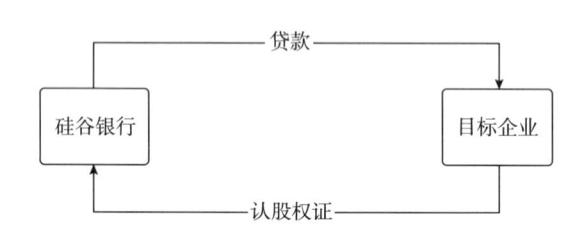

**图3　投贷联动模式之一：贷款+认股权证**

资料来源：笔者根据相关资料整理。

### 2. 形式二：贷款并通过子公司股权投资

在该投贷联动形式下，硅谷银行会通过子公司硅谷资本，直接投资其看好的科创企业，同时会为目标科创企业提供配套的贷款资金（范从来、费正晖，2023）。该形式具体分为以下两种模式。

第一，硅谷银行通过硅谷资本直接参股目标企业，成为企业股东之一。然而，为了平衡风险和回报，硅谷资本的参股比例相较于其他私募股权或风险投资机构的持股比例往往要低一些。这种策略使硅谷资本能够在不控制企业的前提下，为其提供资金支持，并分享企业成长的收益。

第二，硅谷资本还会采用"基金中的基金"模式，通过投资其他私募股权或风险投资机构，间接对目标企业进行投资。这种方式允许硅谷资本分散风险，同时利用其他专业投资机构的专业知识和市场洞察，为科创企业提供更全面的金融支持（见图4）。

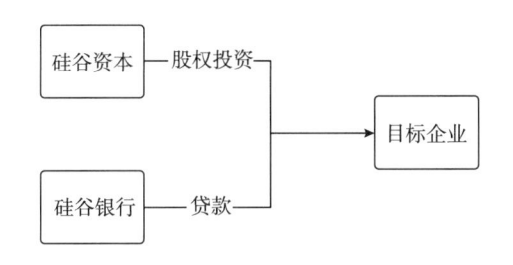

**图4 投贷联动模式之二：通过子公司股权投资**

资料来源：笔者根据相关资料整理。

### 3. 形式三：贷款给第三方股权投资机构

自2012年7月1日起，随着沃尔克规则的实施，美国政府明令禁止了商业银行使用保险存款进行自营交易，以及直接投资对冲基金和私募基金的行为。面对这一监管环境的变化，硅谷银行采取了战略性调整措施，包括逐步减少其在第三方股权资本中的直接权益，并引入了"资本催缴信贷"以增强对投资机构的信贷支持。

从本质上讲，"资本催缴信贷"是一种过渡性的融资工具，其功能类似于过桥贷款。在股权投资结构中，虽然普通合伙人（GP）和有限合伙人（LP）已经承诺了大量资金，但这些资金通常是分期到账而非一次性注入。考虑到股权投资机构需要应对日常运营成本并抓住快速变化的投资机会，许多机构会利用未来GP和LP承诺的资金作为抵押，向银行申请"资本催缴信贷"。这使它们能够在面临紧急资金需求时迅速获得流动资金，从而有效避免短期内的资金流动性问题。通过为股权投资机构提供资本催缴信贷，硅谷银行能够间接参与目标企业的投资，并且有效地将科创企业的经营风险与自身隔离开来（见图5）。

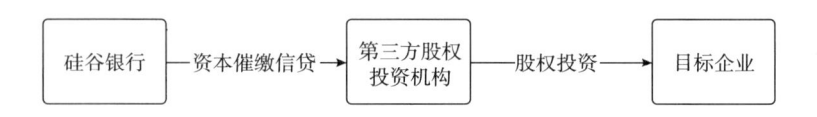

**图5 投贷联动模式之三：间接投贷联动**

资料来源：笔者根据相关资料整理。

通过上述三种投贷联动业务形式，硅谷银行得以为科创企业提供充足的债权和股权资金，有效地缓解了科创企业面临的融资困局，并积累了不小的业务规模。2022年末，硅谷银行贷款给PE和VC机构等第三方股权投资机构的资本催缴信贷（过桥贷款）金额为413亿美元，占所有贷款的比例高达57%，贷款给科创企业的金额为152亿美元，占据全部贷款21%的份额（见图6）。

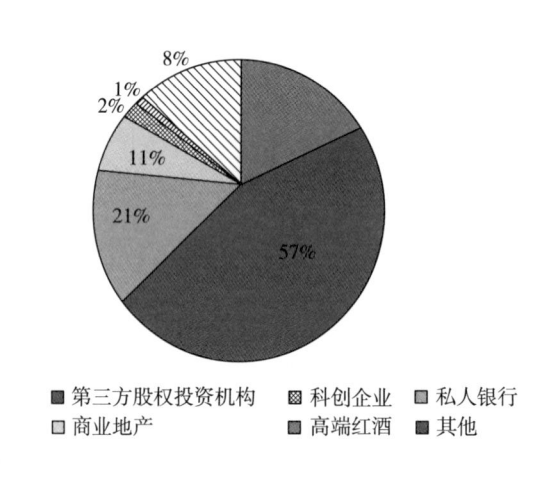

**图6 硅谷银行2022年贷款结构**

资料来源：硅谷银行2022年年报。

## （二）差异化的金融服务：助力科创企业成长

除了提供资金，硅谷银行还会对科创企业进行细化分类，以便对科创企业开展差异化的增值服务和设定贷款要求。一方面，硅谷银行从企业自身因素出发,积极参与到目标企业的"全生命周期"中,针对企业的发展阶段量身定制了不同的服务形式。另一方面,硅谷银行放宽了科创企业贷款的抵押品限制,根据企业的发展情况制定了灵活的贷款方案。

1. 积极参与科创企业"全生命周期"

依据企业生命周期的一般理论框架,企业的发展过程通常会经历种子期、初创期、发展期、成长期直至成熟期五个主要阶段,科技创新型企业同样遵循这一发展模式。为了准确把握科技创新各阶段之间的内在关联,并提高服务的针对性与有效性,硅谷银行致力提供差异化和定制化的增值服务方案,以适应科创企业在不同发展阶段的需求。如表1所示,硅谷银行为各阶段企业精心设计了各具特色的服务方案:针对初创期企业,推出"SVB加速器",旨在催化其快速成长动力;面向成长期企业,则提供"SVB增长",旨在巩固其扩张基础,促进健康增长;至于成熟期企业,硅谷银行通过"SVB企业融资",深度满足其复杂的金融需求与长远的战略规划,助力企业持续繁荣。

表1　　　　　　硅谷银行参与科创企业的"全生命周期"

| 服务形式 | 服务对象 | 服务对象规模 | 主要金融产品 |
| --- | --- | --- | --- |
| SVB加速器 | 初创期公司 | 年收入不足500万美元 | 创业贷款 |
| SVB增长 | 成长期公司 | 年收入介于500万美元和7500万美元之间 | 流动资金贷款、风险投资 |
| SVB企业融资 | 成熟期公司 | 年收入超过7500万美元 | 现金管理、全球投资服务 |

资料来源:笔者根据相关资料整理。

具体来看,SVB加速器会创建企业创业平台,通过早期与创业者的直接接触,硅谷银行能够提供针对性的服务,满足初创企业在不同发展阶段的特定需求。SVB增长会为处于成长期的目标企业提供企业培训与能力提升服务,通过组织企业培训项目,提高创业企业的管理能力。SVB企业融资会为处于成熟期的目标企业提供投资者引荐与股权融资服务,通过广泛的网络资源,向投资机构引荐有潜力的科创企业,帮助企业获得更多的投资机会。

除此以外，硅谷银行在构建贷款产品体系时，依据企业生命周期的阶段性特征，划分为六个差异化的贷款组合。进一步地，这些组合根据具体风险因素的细致剖析，又被细化成涵盖 11 个类别的贷款模式。这一细致分类的举措，使硅谷银行能够运用多样化的评估与监控手段，精准把握信贷质量，从而为后续贷款决策的制定提供更科学、合理的依据。

2. 为企业提供多样的贷款服务

科创企业往往以轻资产为主，然而传统银行在贷款审批中，往往设置了较高的抵押品门槛并伴随严格的条件限制，这使众多科创企业因难以达标而面临融资难问题。相比之下，硅谷银行则采取了更为灵活的策略，适度放宽了对抵押品的要求，根据企业实际情况灵活调整，创新性地推出了多样化贷款服务，包括依托第三方机构的贷款、依赖企业流动性资产的贷款、依赖企业现金流的贷款及利用专利技术作为抵押的新型贷款方式。

处于初创及成长初期的科创企业，由于缺少稳定的盈利模式和可靠的运营记录，往往面临现金流量波动甚至为负的情况。这类企业在寻求贷款时，更倾向选择依赖第三方机构担保的方式。硅谷银行针对这一特点，灵活调整贷款策略，其偿还贷款的方式主要集中在借款企业未来可能通过上市融资，接受风投资本、其他金融机构的股权融资，或是被第三方收购等方式实现的资金回笼。

对于依赖流动性资产进行贷款的科创企业，硅谷银行设定了明确的条件，即企业需持有一定量的流动资产，如充足的现金及现金等价物、应收账款等，以确保贷款的安全性。在此基础上，硅谷银行为科创企业提供了两种主要的贷款选择：应收账款融资与营运资本融资，二者在总贷款额中的占比分别为 1% 和 2%。企业的财务状况与支付能力直接决定了企业对于此类贷款的偿付能力，硅谷银行通过严格监控这些关键指标，确保了贷款风险的可控性。

对于寻求依赖现金流量贷款的科创企业而言，其核心在于拥有足够充裕的现金流，以确保能够全额偿还所有债务。这一贷款要求往往吸引那些已经步入企业生命周期成熟阶段的科创企业。在这一阶段，企业通常已经建立了稳定的业务模式，拥有了可预测且可持续的现金流来源，能够满足贷款条件中的高要求。

专利技术贷款作为一种创新的融资方式，允许科创企业以其持有的专利技术为抵押品来获取资金。在这一机制下，若借款企业因故无法偿还贷款，硅谷银行则会将作为抵押品的专利技术转售给大型科技型企业，以实现资产变现并回收资金。

如表2所示，通过多样的贷款服务，科创企业可以通过依赖第三方、流动性资产、现金流量证明及专利技术获得融资，从而解决其因抵押物不足无法获得贷款的难题。

表2　　　　　　　　　　硅谷银行多样的贷款服务

| 贷款方式 | 贷款原理 |
| --- | --- |
| 依赖第三方机构的贷款 | 贷款偿还主要取决于借款企业能否上市，获得其他股权投资机构的股权融资，或者企业被第三方收购 |
| 依赖流动性资产的贷款 | 要求借款企业拥有足够的流动资产，如现金、应收账款或存货等，偿还取决于第三方机构的财务状况和支付能力 |
| 依赖现金流量的贷款 | 要求借款企业拥有足够的现金流量来偿还所有债务 |
| 专利技术抵押贷款 | 接受企业专利技术作为抵押品，若无法偿还，通过出售专利技术给大型科技型企业来回收资金，降低风险 |

资料来源：笔者根据相关资料整理。

### （三）严格控制风险：保障资金安全

面对风险较大的科创企业，硅谷银行采取了一系列措施来控制风险。一是硅谷银行通过与第三方股权投资机构的深度合作，建立了一套高效的目标企业筛选模式，有效降低了信贷风险。二是硅谷银行通过资产负债表一体化监控资金流向，进一步降低了信息不对称。三是硅谷银行通过子公司硅谷资本构建了"防火墙"，实现了业务和资金的分离。

#### 1. 通过第三方股权投资机构筛选目标企业

因为科创企业的资产专用性和弱排他性，企业的技术研发等专有信息不便为竞争者所知，造成了企业信息透明度低，导致银行与企业之间存在严重的不对称性。为了获取这些企业的详尽信息，硅谷银行和第三方股权投资机构合作，建立了一套筛选目标企业的模式，在贷前就将风险控制在了一个较低的水平。

第一，硅谷银行通过与第三方股权投资机构的紧密合作，从而获取科创企业的详尽信息。由于第三方股权投资机构的高级管理人员不仅是硅谷私人银行的贷款对象，也是信息交流的关键节点，硅谷银行得以通过这些机构的高级管理人员与第三方股权投资机构之间构建了"主体—项目—高管"的多维度、全方面、深层次的合作关系。这种合作关系极大地促进了信息共享机制的建立，使硅谷银行能够全面了解企业的发展状况、市场动态和潜在风险，为硅谷银行作出贷款决策提供了重要依据。

第二，硅谷银行充分利用第三方股权投资机构的专业能力来筛选具有高成长潜力的科技企业。第三方股权投资机构凭借其对市场趋势、技术创新和企业发展潜力的深入理解，为硅谷银行提供了精准的目标企业识别能力。只有获得 A 轮融资的企业才能在硅谷银行获得一定的风险贷款。这一"过滤"机制确保了贷款对象的信息披露较为完善，从而降低了硅谷银行在贷款时面临的不确定性。

通过这种深度合作和信息共享，硅谷银行不仅能够更准确地把握市场动向和企业动态，还能够更有效地管理信贷风险，实现与科创企业共同成长的目标。同时，这种合作模式也为硅谷银行提供了宝贵的市场洞察和投资机会，有助于其在科创金融领域占领先机。

2. 监控资金流向

为了防止贷款企业挪用贷款资金，硅谷银行通过资产负债表一体化实现资金监控。通过这种方式，硅谷银行不仅能降低与科创企业之间的信息不对称，还能监督科创企业的经营状况。

硅谷银行不开设银行柜台，不进行个人储蓄业务，不吸纳公众存款，其资金来源于借款企业及第三方股权投资机构的存款，以确保银行可对其借款企业的资金流向和资金使用情况进行更有效的监控。通过对资金流动的实时监控，硅谷银行能够及时发现科创企业经营中的潜在问题，从而在问题发生之前采取措施，减少信贷风险。此外，硅谷银行的监控能力还有助于银行深入了解目标企业的业务模式和管理状况，并通过对目标企业的财务数据和运营流程的分析，为其提供有价值的管理咨询服务。

如图 7 所示，2022 年末，硅谷银行的存款结构以第三方股权投资机构、科创企业及其管理人员在私人银行的存款为主；同时，结合上文的分析，硅谷银行的贷款业务以第三方股权投资机构的过桥贷款，以及科创企业的贷款为主。如此一来，硅谷银行、第三方股权投资机构及科技创新型企业共同构成的紧密合作体系得以建立，形成了一种资金流动的闭环结构。在这个闭环体系中，第三方股权投资机构居于中心位置，既作为硅谷银行的主要贷款接收方，又间接参与到硅谷银行的信贷决策过程中。通过筛选并推荐潜在的贷款对象，第三方股权投资机构有效地减轻了硅谷银行在贷款发放过程中的不确定性和风险敞口，确保了资金配置的有效性和稳健性。

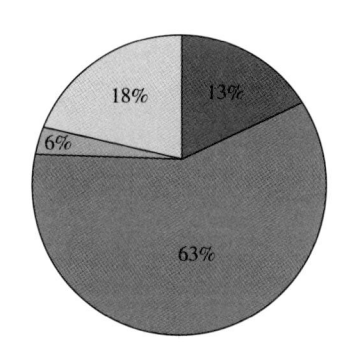

**图 7　硅谷银行 2022 年的存款结构**

资料来源：硅谷银行 2022 年年报。

3. 建立"防火墙"

硅谷银行通过硅谷资本建立了"防火墙"，成功完成了银行与投资业务的分离。这种分离策略不仅确保了投资活动的独立性和专业性，而且也维护了银行业务的稳定性和合规性。通过这种结构，硅谷银行能够在保持其传统银行业务的稳健运营的同时，积极拓展对科创企业的投资，从而在风险和回报之间找到了平衡。

进一步地，硅谷银行对资金运作进行了精细的管理和划分。它明确区分了一般银行业务和科创金融业务的资金来源，确保了不同业务领域的资金独立运作，互不干扰。硅谷银行投资科创企业的资金，主要通过银行的特定渠道和创业投资基金来筹集，这些资金被专门指定用于支持那些在科技创新领域具有高成长潜力的企业。这种划分有助于银行更好地控制风险，同时也提高了资金使用的效率和针对性。

## 五　硅谷银行服务科创企业的成效

至2022年末，硅谷银行已广泛覆盖并资助了超过3万家第三方股权投资机构，尤其在美国生物科技与医疗健康领域展现出显著影响力，其客户基础几乎占据了该领域市场份额的一半。硅谷银行凭借其独特的投贷联动策略及全球化的科创金融服务体系，已稳固建立了与全球范围内600多家风险投资公司及120多家私募股权机构的直接业务联系。硅谷银行及其子公司硅谷资本成功为风险资本及科技创新型企业提供了总额达26亿美元的信贷支持。自成立以来，硅谷银行及硅谷资本已对841家初创及成长型企业进行了后续股权投资，其中325家企业利用并购交易或首次公开募股（IPO）的方式顺利实现了资本退出，彰显了其在促进科技创新与金融融合方面的卓越成就（赵毅等，2023）。

不仅如此，硅谷银行还成功地帮助了一系列全球知名的明星企业，包括Facebook和Twitter这样的社交媒体巨头。这些企业在硅谷银行的金融支持和专业服务下，得以快速成长并最终成为各自领域的佼佼者。除了社交媒体行业，硅谷银行还与Ring、Beyond Meat和Shopify等不同领域的公司建立了合作关系，帮助这些公司成功地扩大市场份额、提升了品牌知名度，并完成了IPO上市。

在服务科创企业的同时，硅谷银行在股权投资上也获得了不菲的收益。尽管硅谷银行将贷款作为基础扩大业务，但其股权投资收益完全没有逊色于美国大型风险投资机构，并且取得了更高的收益率。如表3所示，与全球风险投资代表企业如Accel、Andreessen Horowitz、Sequoia和Tiger Global相比，硅谷银行的股权投资收益率要远高于四者，达到了38.6%（赵毅等，2023）。

发展至今，硅谷银行的市值从1988年底到2022年底翻了700多倍，平均年化收益率超过20%，在科创企业信贷市场的占有率超过50%。硅谷银行的总资产价值约2120亿美元，总存款约1731亿美元，成为美国第 16 大银行，是当之无愧的龙头企业。

表 3　　硅谷银行和大型风险投资企业的股权投资情况对比

| 企业名称 | SVB | Accel | Andreessen Horowitz | Sequoia | Tiger Global |
|---|---|---|---|---|---|
| 后续投资数量（家） | 841 | 1828 | 1225 | 1695 | 1052 |
| 并购及 IPO 案例数（个） | 325 | 352 | 189 | 348 | 127 |
| 股权投资收益率（%） | 38.6 | 19.3 | 15.4 | 20.5 | 12.1 |

资料来源：笔者根据相关资料整理。

## 六　总　结

硅谷银行作为一家专注服务科创企业的金融机构，在长达 40 年的发展历程中，成功地为超过 3 万家科创企业提供了资金支持，在美国科创领域占据了领先地位，并在硅谷这个充满活力的科技创新中心创造了辉煌的业绩，成就了自身。

然而，一帆风顺的硅谷银行也未能避免在风险管理上出现失误。2023 年，硅谷银行由于偏离了核心业务，加之流动性管理上的缺陷，遭遇了挤兑危机，最终因无法满足储户提款需求而宣告破产，从而结束了其在美国科创领域的传奇。

逝者如斯夫，虽然硅谷银行破产的结局令人唏嘘，但我们更应该从中学习其服务科创企业的先进经验。首先，商业银行在向科创企业提供贷款的同时，可以获取企业一定比例的股权，以此与企业构建风险共担、收益共享的合作模式。其次，商业银行可以使用大数据、精准画像等前沿技术，细化目标企业类型，并以此创新金融产品，实现对不同企业的差异化服务。再次，商业银行应主动寻求第三方股权投资机构的合作，实现信息与情报的互换，以此减少与科创企业的信息不对称现象。最后，商业银行应对目标企业开展资产负债表一体化管理，严格监控资金流向。

## ➤ 案例使用说明

### 1. 教学目的和用途

#### 1.1 适用课程
本案例适用于《商业银行经营管理》《金融学》《金融风险与管理》和《公司金融》等课程。

#### 1.2 适用对象
本案例适用对象为金融学、经济学等专业的本科生与硕士生。

#### 1.3 本案例的教学目的
本案例通过全面总结和深入剖析硅谷银行服务科创企业的运作模式，并依此提出该模式对于中国商业银行的可借鉴之处，以期达到以下教学目标。

（1）总结科创企业的特点，并据此分析科创企业难以获得银行贷款的原因。

（2）剖析硅谷银行赋能科创企业的模式，并分析其与普通商业银行的贷款有何不同之处。

（3）分析硅谷银行在服务科创企业时面临的风险及采取的风险管理办法。

（4）探讨科创金融是不是导致硅谷银行破产的因素之一。

（5）总结硅谷银行服务科创企业的经验，并揭示其对国内银行服务科创企业的启示。

### 2. 启发思考题

本案例探讨传统银行贷款在科创企业融资上展现出来的弊端，并深入分析硅谷银行服务科创企业的先进方式。思考题整体呈现了先破再立、由浅及深的特点。为了确保教学质量，案例编写组建议教师让学生尽量在课前查阅科创企业特点等信息，并熟悉相关知识点。除此之外，教师在案例讨论前需要安排学生阅读。

教学案例中涉及的科创金融、科创企业融资、风险控制等相关知识。同时，教师可以引导学生通过互联网等渠道了解传统融资模式下科创企业的融资流程，以及科创金融最新应用等相关知识点。

案例十　硅谷银行服务科创企业的经验　　339

（1）请阐述我国科创企业的特点，并分析为什么科创企业难以获得银行贷款。

（2）请描述硅谷银行赋能科创企业的模式，并分析其与传统的银行贷款有何不同之处。

（3）硅谷银行在为科创企业提供资金时，采取了哪些措施来防范风险？

（4）硅谷银行破产与其服务科创企业有无关联？

（5）对于我国商业银行而言，硅谷银行在服务科创企业方面有哪些可借鉴之处？

**3. 分析思路**

教师可以根据上述的教学目标灵活地使用本案例，基于启发思考题，分析思路如图8所示。

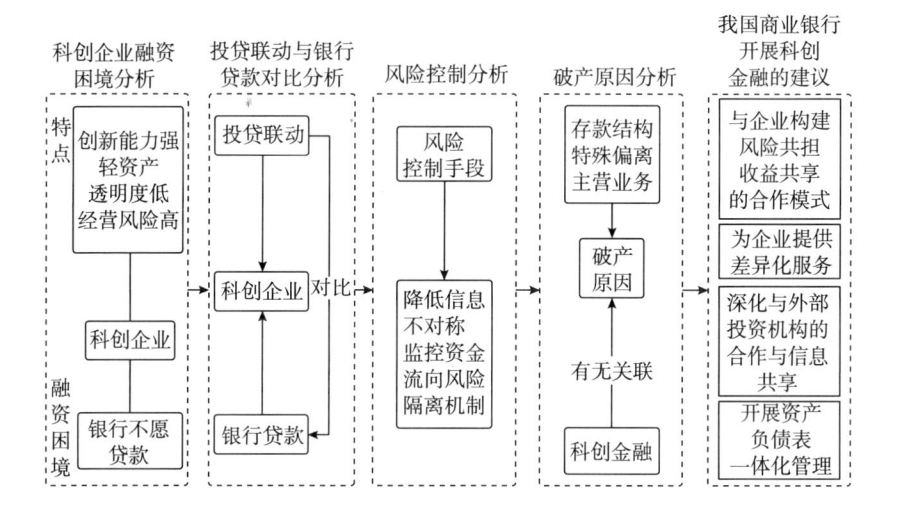

图8　分析思路

（1）学生需要从企业的创新能力、信息透明度、资产结构、经营风险等角度全面了解我国科创企业的特点。在此基础上，引出商业银行不愿为科创企业贷款的原因。

（2）介绍硅谷银行赋能科创企业的主要业务——投贷联动，让学生对投贷联动模式有一个初步的认识。在此基础上，从抵押物要求、企业所有权、企业利益分配等角度深入理解银行贷款与投贷联动的差异。

（3）根据科创企业风险较高的特点，引出硅谷银行对此开展的措施。具体从降低信息不对称、监控资金流向、实现风险隔离三个方面探究硅谷银行在开展科创金融业务时采取的风险控制手段。

（4）从银行自身的角度出发，从存款结构和业务结构两个角度，探讨硅谷银行破产的核心原因。在此基础上，分析硅谷银行破产与其科创金融业务有无联系。

（5）引导学生提炼总结出硅谷银行服务科创企业的模式对于我国商业银行的可借鉴之处。并基于此，提出可供我国商业银行更好地服务科创企业的建议。

**4. 理论依据**

（1）信息不对称理论（Information Asymmetry）和麦克米伦缺口（Macmillan Gap）。信息不对称理论认为，金融市场参与者之间的信息水平存在差异，导致信息不对称。信息不对称会使交易双方处于不平等的地位，信息优势方可能利用信息差异来获取更多利益，从而使信息劣势方在交易中处于不利地位。当处于信息劣势的交易方理性地意识到其劣势而又很难通过合同分配风险时，交易成本就会升高，结果给交易效率带来损失，导致出现市场失灵、投资者不理性决策、不公平的交易行为等问题。科创企业为了保证创新的资产专用性和弱排他性，往往不会将科研信息和财务数据对外披露，使银行等金融机构难以掌握科创企业的真实情况。

麦克米伦缺口是指中小企业在融资过程中遭遇的成本高企和难以获取资金的问题。20世纪30年代，英国金融产业委员会发布的《麦克米伦报告》深刻揭示了所谓的"麦克米伦缺口"这一概念，它准确地描述了中小企业在成长阶段遇到的资金筹集难题。具体而言，中小企业对于债务融资和股权资本的需求规模常常超出当时金融体系所能提供的范围和条件，导致出现明显的"资金供需不匹配"的情况。在这种情况下，资金提供方未能按照中小企业期望的条件提供所需的资金支持，成为中小企业发展道路上的重要障碍。

（2）优序融资理论（Pecking Order Theory）。优序融资理论认为，企业在融资渠道选择过程中会遵循图9的顺序：①企业在融资时首先偏好使用内部融资,理由是内部融资手续简单,成本低并且约束条件少,因而是首选的融资方式。②在内部融资不足以满足需求时,企业会考虑债务融资,低风险债券由于信息不对称成本较低,优先于高风险债券。③由于权益融资会传递企业经营的负面信息,且外部融资成本较高,因此企业通常将其作为最后的选择。对于科创企业而言,仅靠内源融资难以满足其巨大的研发投入,因此外部融资对支持科创企业的发展尤为重要。

内部融资　外部债权融资　外部股权融资

**图9　企业融资渠道选择顺序**

资料来源：笔者根据相关资料绘制。

(3) 企业生命周期理论 (Enterprise Life Cycle Theory)。企业生命周期理论描绘了企业从诞生至成熟,再至可能面临的转型或衰退的完整演进路径。该理论的核心目标在于探索并识别各阶段企业的特征,进而为这些处于不同阶段的企业量身定制最适宜的组织结构与管理模式。具体而言,企业生命周期理论将企业的成长过程划分为几个关键阶段,如初创期的发展探索、成长期的快速扩张、成熟期的稳定运营,以及可能面临的衰退期转型挑战。通过深入理解这些阶段特性,企业可以更加精准地制定发展战略,调整组织结构,优化资源配置,从而确保在各自的生命周期阶段内保持竞争力,实现可持续发展。

(4) 委托代理理论 (Principal-agent Theory)。委托代理关系的起源可以追溯到"专业化分工"的兴起。随着专业化分工的深化,一种特定的关系随之形成,即代理人因其在特定领域的专业知识和能力优势,被授权代表委托人的利益执行相关事务。这一现代意义上的委托代理概念,最早由罗斯进行了阐述:"当一方(代理人)被授权代表另一方(委托人)的利益行使决策权时,就形成了委托代理关系的基础。"依据委托代理理论,在企业开展新的投资项目时,债权人和股东会由于利益冲突产生代理问题。即使面对较高的债务风险,企业所有者也仍会采取债权融资的方式获得资金,而项目失败的损失风险会由债权人承担。

## 5. 具体分析

**5.1 请阐述我国科创企业的特点，并分析为什么普通商业银行不愿向科创企业提供贷款。**

（1）科创企业的特点。科创企业的创新能力强。科创企业不仅是中国经济增长的重要动力，也是科技创新、成果转化、产业培育的重要主体。截至2023年12月，企业有效发明专利数量占全国有效发明专利数量超七成，是推动创新创造的主要力量。进一步来看，国家高新技术企业、科技创新型中小企业拥有有效发明专利213.4万件，同比增长24.2%，占国内企业有效发明专利总量的73.4%，足以见得科创企业的创新能力（中国政府网，2024）。

科创企业的信息透明度低。一方面，科创企业的技术研发等专有信息不便为竞争者所知；否则会影响企业创新的资产专用性和弱排他性，从而影响企业的创新性。另一方面，大部分科创类企业都不公开财务数据，难以提供财务报表等信息。因此，科创企业往往存在着信息披露不充分的问题（张雪春、苏乃芳，2023）。

科创企业的资产构成中往往以专利、知识产权等轻资产为主。科创企业通常以技术创新为核心驱动力，其主要价值来源于研发出的新技术、新产品或新服务，这些往往以知识产权的形式体现，属于轻资产。因此，相对于其他企业，科创企业的资产结构以轻资产为主。

科创企业的经营风险大。在快速变化的技术环境中，科创企业若未能紧跟技术前沿，则其市场竞争力与盈利能力将遭受严峻考验。与大企业相比，科创企业因规模较小、资源有限，往往面临更高的抗风险挑战和发展不确定性。一旦研发团队出现波动，尤其是核心研发人员的流失，将可能会导致项目停滞，甚至威胁到企业的生存基础。

（2）科创企业难以获得银行贷款的原因。第一，科创企业信息披露程度较低，造成银企之间存在严重信息不对称，使企业难以获得银行贷款。一方面，信息不对称会导致银行难以获得科创企业完整或真实的财务报表，从而使银行无法准确地判断科创企业经营的真实情况，令银行在向科创企业贷款时面临的不确定性上升。另一方面，银行出于风险管理的考虑，可能会基于有限的信息对企业的还款能力进行保守评估，设置较低的贷款额度以降低潜在的信贷损失。基于此，银行无法准确预测向科创企业贷款的风险,从而降低了向科创企业发放贷款的积极性,导致科创企业与银行之间的借贷关系不顺畅。

第二,科创企业因其独特的资产结构,常难以契合传统银行贷款的严格标准,进而面临融资难题。商业银行在信贷审批过程中,对抵押品的选择设定了高标准,偏好实体资产如房产等作为贷款的安全垫。然而,科创企业的核心资产多体现为专利、知识产权等无形资产,这类轻资产虽价值显著,却难以直接作为传统意义上的抵押物,从而限制了其从银行获取贷款的能力。

尽管无形资产对于科创企业而言是不可或缺的宝贵财富,但银行出于风险控制的考量,普遍倾向要求贷款附有实体抵押物作为保障,这对于科创企业,特别是中小型科创企业,无疑是个不小的融资障碍。因为科创企业资金大多聚焦科研投入与产品开发,所以难以迅速积累符合银行要求的抵押资产,导致融资需求难以满足。

第三,银行的保守性与科创企业的高风险具有天然的矛盾,造成银行风险与收益之间存在不匹配的现象。一方面,银行在面对新兴的、具有较高不确定性的企业或项目时,往往采取较为保守的态度,更倾向将资金贷给那些已经成熟且风险较低的企业。这种偏向性贷款策略在一定程度上限制了对科创企业的支持力度。另一方面,银行在创新型金融产品方面的供给存在不足。由于传统银行业务模式的制约,银行对科创企业所拥有的知识产权、专利权等无形资产的评估和重视程度不够,这在一定程度上阻碍了科创企业通过贷款等方式获得资金支持。

总的来说,由于科创企业的自身特点使其在获取外部资金时存在诸多困难之处,在中国以银行为主导的金融体系下面临较大的金融抑制。

5.2 请描述硅谷银行赋能科创企业的模式,并分析其与传统的银行贷款有何不同之处。

(1) 硅谷银行赋能科创企业的模式。硅谷银行主要通过投贷联动的模式为科创企业提供资金。投贷联动是指商业银行在与科创企业风险同担、收益共享的基础上,对企业进行"股权+债权"的投资,构成债务融资和权益融资相结合的融资模式。

硅谷银行通过投贷联动,与科创企业建立风险同担、收益共享的合作机制,与传统银行业务的债权债务关系相比,硅谷银行与科创企业要更加亲密。首先，硅谷银行在向科创企业提供贷款时，会根据企业的发展潜力和未来增长前景，协商获得一定比例的认股权证。这些权证赋予银行在未来某个时间点以约定价格购买企业股份的权利。如果企业未来成功上市或被并购，其股份价值将显著提升。其次，银行通过行使其认股权证获得的股份增值，可以作为对高风险贷款的风险补偿。这种机制使银行在承担较高贷款风险的同时，也有机会分享企业成功带来的丰厚回报，从而在一定程度上缓解风险收益不匹配的问题。再次，硅谷银行通过对子公司及目标企业进行股权投资，作为股东参与企业的发展，与企业共同承担成长过程中的风险和收益。企业的成功上市、产品突破或市场扩张等积极成果，都能为银行带来相应的投资回报。最后，硅谷银行向企业注入债权和股权资金，所面临的潜在损失相对较高，因此需要积极参与企业的日常经营，而与企业共同承担经营过程中可能面临各种风险。

硅谷银行通过这种"风险共担、收益共享"的机制，不仅增加了自身和科创企业的盈利潜力，也进一步激励其他银行更加积极地支持科创企业的发展。如图 10 所示，截至 2022 年，硅谷银行于过去的 20 年间累计认股权证收益达 6159 亿美元，其中 2021 年达 560 亿美元，占当年硅谷银行非息收入的 20.45%。

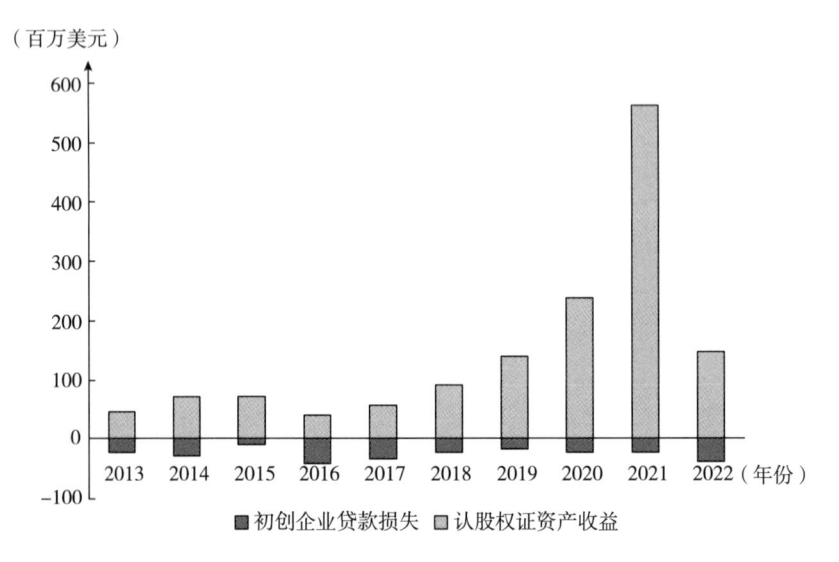

图 10　硅谷银行认证股权收益情况

资料来源：硅谷银行财务年报。

（2）硅谷银行投贷联动与银行贷款的区别。抵押物要求方面，硅谷银行的投贷联动降低了科创企业的抵押贷款的门槛。普通银行贷款对抵押品的要求较高，并且对抵押品的类型有详细规定。然而，科创企业往往无法提供普通银行所能接收的抵押品。硅谷银行放宽了对科创企业抵押品的限制，允许企业以固定的流动资产、专利技术等申请贷款，从而解决其因抵押物不足无法获得贷款的难题（蔡苓，2016）。

企业所有权方面，硅谷银行的投贷联动会拥有企业的小部分股权。普通的银行贷款与企业形成的是债权债务关系，银行不拥有企业的控制权。而硅谷银行的投贷联动中股权投资通常占目标企业总股本的1%—2%，使硅谷银行能够参与企业的经营决策。与此同时，硅谷银行还会积极参与目标企业的全生命周期，提供定制化服务，如企业培训与能力提升服务、投资者引荐与股权融资服务等。

利益分配方面，硅谷银行的科创金融模式使其能够享受债权资金和股权资金带来的多元化收益。硅谷银行投贷联动业务的利益分配机制为金融机构提供了风险和收益的平衡机制。通过股权投资，硅谷银行有机会分享企业成长的超额回报，从而抵消贷款部分的较高风险。同时，固定利息的收取为硅谷银行提供了一定程度的收益保障。

与目标企业的关系方面，硅谷银行通过投贷联动与企业建立风险共担、收益共享关系。硅谷银行通过债权加股权的形式对企业投资，不仅能够享受企业成长带来的股权回报和债务利息，也能够与企业共同承担经营风险，由此建立起比普通债权债务关系和股权投资关系更加紧密的风险共担、收益共享关系。投贷联动和传统融资方式在抵押物要求、企业所有权、利益分配和与企业关系的比较如表4所示。

表4　　　　　　　投贷联动、股权融资与债务融资的对比

| 融资类型 | 投贷联动 | 银行贷款 |
| --- | --- | --- |
| 抵押物要求 | 要求较低，灵活贷款 | 要求较高 |
| 企业所有权 | 拥有企业一定比例的所有权 | 不拥有企业的所有权 |
| 利益分配 | 投资者获得利息收入和股权回报 | 利息收入 |
| 与企业关系 | 风险共担、收益共享的合作关系 | 债权债务关系 |

资料来源：笔者根据相关资料整理。

5.3 硅谷银行在为科创企业提供资金时，采取了哪些措施来防范风险？

（1）通过与第三方股权投资机构的深度合作，降低银企间的信息不对称。首先，硅谷银行贷款的主体是第三方投资机构。它们通常具有专业的投资团队和对行业的深入理解，在投资前会对企业进行详尽的尽职调查。硅谷银行通过与这些机构合作，可以利用它们的专业知识和评估结果，从而减弱自己对企业评估的不确定性。其次，在发放贷款的过程中，硅谷银行的目标企业是由第三方股权投资机构精心挑选的。这一筛选流程确保了只有那些已经成功完成了 A 轮融资的企业才有资格向硅谷银行申请风险贷款。硅谷银行通过这一筛选机制，提高了贷款候选企业的信息披露质量，从而减少了其在提供贷款时面临的不确定性，增强了贷款决策的科学性和稳健性。最后，第三方股权投资机构的高级管理人员也是硅谷私人银行的贷款对象。此举构建了一个涵盖"主体、项目、高管"三个维度的全方位、多层次合作框架。此框架不仅促进了双方信息的深度交流与共享，还为银行开辟了一条更清晰的路径，以洞悉企业成长轨迹、市场趋势及潜在风险点，进而为制定更精准与前瞻的贷款策略提供了坚实支撑。

（2）实现资产负债表一体化，监控资金流向。为了防止目标企业将资金另作他用。贷款企业被要求将资金存入本行，这不仅确保了银行对企业资金的流向和使用有清晰的了解，而且加强了对资金流动的监控能力。这种监控机制使银行及时发现企业的潜在问题，有效降低因信息不对称而产生的信贷风险。此外，通过深入分析企业的资金管理和运营情况，硅谷银行还能为企业提供增值的管理咨询和财务顾问服务，进一步巩固与企业的关系并提升企业价值。

（3）对业务及资金进行分离，建立严格的风险隔离机制。一方面，硅谷银行对银行业务与投资业务进行了充分隔离，这种结构有助于限制投资风险对银行核心业务的潜在影响；另一方面，硅谷银行明确区分了一般银行业务和投资业务的资金运作。科创企业投资的资金主要来源于银行通过特定渠道募集的资金及创业投资基金，这些资金专门用于支持科技创新领域的企业。通过这种分离和独立运作的模式，硅谷银行不仅能够为科创企业提供更加专业和定制化的资金支持，也能够为自身的投资业务带来更高的灵活性和增长潜力。硅谷银行的风控手段及以期达到的风控目标如图 11 所示。

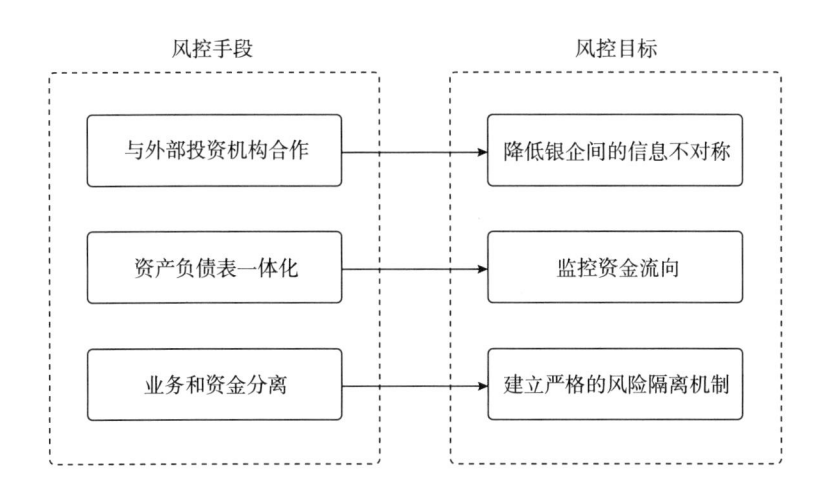

**图 11　硅谷银行的风控手段及风控目标**

资料来源：笔者根据相关资料绘制。

### 5.4　硅谷银行破产与其服务科创企业有无关联？

（1）硅谷银行破产的核心原因。第一，硅谷银行的经营理念导致其负债端行业集中度过高、不稳定性较强，使其先天面临较大的流动性风险。截至 2022 年底，硅谷银行的存款构成显示，高达 87.52% 的存款超过了联邦存款保险公司规定的 25 万美元保障上限，这一比例显著高于美国银行业的平均水平 47.8%。这种存款结构特征一方面加剧了行业内的集中度，并提高了市场的同质性，可能导致银行间行为的一致性，从而对银行的流动性管理带来潜在的风险；另一方面，鉴于美国经济增速放缓导致的需求减弱及科技创新型企业盈利能力下降，这些企业面临着业务增长放缓和业绩压力增加的挑战，经济前景仍然不明朗。在此背景下，科创企业不得不采取裁员措施以应对困境，而裁员过程中往往需提前支付数月薪资作为补偿，这迫使科创企业动用硅谷银行的存款以覆盖此项支出。

第二，在业务战略上，硅谷银行偏离其专长领域，直接导致了流动性风险管理方面的一系列重大错误。新冠疫情防控期间，美联储实行的宽松货币政策促进了美国投资市场的迅速扩张，这促使大量的低成本资金从第三方股权投资实体及科技创新企业流入硅谷银行，导致其资产规模急剧扩大，同时也经历了显著的资产结构转变。如图12所示，硅谷银行的总资产在2018—2022年实现了显著增长，然而，贷款净额的比例有所下降，与此同时，证券投资的比例显著上升，表明银行业务重点已经转向了证券投资。特别是，硅谷银行的主要投资工具聚焦抵押支持债券（MBS），随着利率环境的逆转，居民提前还款意愿减弱，致使MBS的平均持有期限延长至6.2年，加剧了资产负债的期限不匹配问题，为潜在的流动性危机埋下了隐患。

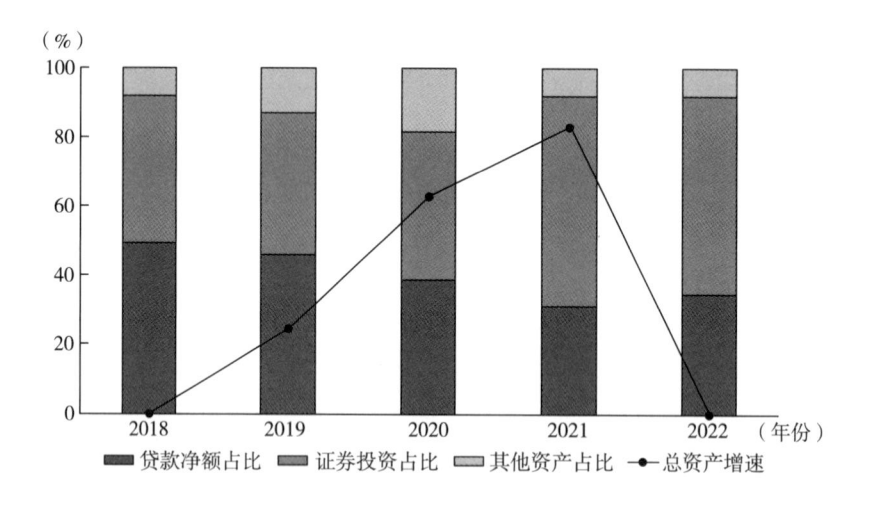

图12 硅谷银行资产增速及结构变化

资料来源：富途牛牛网。

面对负债端资金的持续流失，硅谷银行未能建立有效的风险对冲机制和充足的流动性准备金，不得不采取紧急措施，出售长期资产以应对流动性紧缩。这一举措不仅未能缓解危机，反而将账面上的未实现亏损转化为实际损失，导致资本充足率急剧下降。在此背景下，硅谷银行被迫寻求投资银行的帮助以获得融资。但这一举动意外地向市场发出了强烈的负面信号，迅速引发了储户的恐慌性挤兑行为，最终导致银行被接管。

（2）硅谷银行服务科创企业是不是导致其破产的因素。硅谷银行的科创金融业务并不是导致其破产的因素之一。如表5所示，近年来，硅谷银行不良贷款率呈现下降趋势，并且维持在较低水平。截至2022年末，不良贷款率仅为0.18%。不良贷款主要包括非应计状态的贷款、逾期90天或以上的应计利息贷款及其他滞赎资产。从不同类型的贷款来看，硅谷银行对第三方股权投资机构发放的贷款、用于收购的现金流依赖型贷款不良贷款率较低，基本接近于0。因此，硅谷银行的科创金融业务并未出现大面积信用风险，甚至还有效保障了其资产质量。

表5　　　　　　　　硅谷银行不良贷款情况

| 年份 | 2018 | 2019 | 2020 | 2021 | 2022 |
| --- | --- | --- | --- | --- | --- |
| 不良贷款（百万美元） | 96 | 106 | 104 | 91 | 137 |
| 不良贷款率（%） | 0.34 | 0.32 | 0.23 | 0.13 | 0.18 |

数据来源：硅谷银行年报。

从上文分析可知，2022年末，硅谷银行资产中证券投资占比已高于贷款净额占比。这种变化显示了硅谷银行的业务重心从擅长的服务第三方股权投资机构和科技产业融资需求领域，转向了缺乏优势的证券投资领域。当美联储利率快速上行时，硅谷银行并未进行有效的利率风险管理，是导致遭遇流动性风险的关键因素之一。最终的结果是，硅谷银行在资产质量较优、信用风险较低的情况下，流动性风险爆发导致其被FDIC关闭，最终被第一公民银行收购。因此，硅谷银行破产与其服务科创企业并无关系，更不会涉及投贷联动业务。

5.5　对于中国商业银行而言，硅谷银行在服务科创企业方面有哪些可借鉴之处？

（1）商业银行在向科创企业提供贷款的同时，可以获取企业一定比例的股权，以此与企业构建风险共担、收益共享的合作模式。借鉴硅谷银行通过认股权证等机制与科创企业建立的风险共担、收益共享模式，中国商业银行可以探索股权投资和贷款相结合的方式，分享企业成长的收益，同时分散贷款风险。在这种合作模式下，商业银行可以通过参与股权投资、发行认股权证等方式，与科创企业共同承担成长过程中的风险，并在企业取得成功时共享收益。例如，银行在向科创企业提供贷款的同时，可以根据企业的发展潜力和市场前景，协商获得一定比例的认股权证。这些权证使银行有权在未来以约定的价格购买企业的股份，从而在企业上市或被并购时，能够通过股份增值获得收益，作为对承担高风险贷款的补偿。此外，风险共担与收益共享的合作模式还有助于降低贷款违约风险。当企业面临经营困难时，银行作为合作伙伴，有动力也有能力提供必要的支持和解决方案，帮助企业渡过难关。这种支持不仅帮助企业维持了运营，也保护了银行的贷款资产安全。

（2）商业银行可以积极使用大数据、精准画像等前沿技术，细化目标企业类型，并以此创新金融产品，实现对不同企业的差异化服务。银行可以通过大数据、精准画像等技术对目标进行全面的描述和分析，包括企业信息、资产结构、财务数据等方面的数据。通过构建企业画像，银行可以深入了解企业的需求和特点，从而进一步细分企业的类型。在此基础上，为增强对科创企业的信贷支持，银行需深化金融产品与服务的创新。银行应扩展可接受的抵质押物范围，积极推动以知识产权为质押的贷款产品，并发展供应链融资，以解决科创企业资产轻量化的问题。同时，银行需结合科创企业的资金流动性特点，深入分析企业的资金状况，据此合理确定贷款额度、期限和还款方式，以确保贷款方案与企业实际需求相契合。此外，银行应成立专门的研发机构，专注针对科创企业的金融产品开发，以提升产品研发的效率和市场适应性。通过这些综合性措施，银行能够为科创企业提供更加精准和有效的金融支持，助力企业创新成长。

（3）商业银行应主动寻求第三方股权投资机构的合作，确保信息畅通，以此减少与科创企业的信息不对称现象。结合硅谷银行与第三方股权投资机构的紧密合作关系，中国商业银行应建立与第三方股权投资机构的深度合作关系，共享投资信息和尽职调查结果，降低信贷风险，提高资金使用效率。这种合作不仅能够帮助银行更深入地了解投资项目的风险和收益，而且能够参与到第三方股权投资机构的投资决策过程中，共同开发和分享市场信息，实现资源共享。

（4）商业银行应对目标企业开展资产负债表一体化管理，严格监控资金流向。商业银行应优化资金来源和运用的结构，确保资金的稳定性和流动性，同时提高资金使用效率。通过要求贷款企业将资金存放于银行，商业银行可以有效地监控企业的资金流向和资金使用情况，及时发现企业的潜在问题，减少信贷风险。这种监控能力不仅有助于银行分析企业的管理运行情况，为企业提供管理咨询服务，而且可以形成一个闭环生态系统，使银行、第三方股权投资机构和科创企业的利益紧密相连，共同促进企业的健康发展。

### 6. 参考文献

蔡苓：《破解我国中小企业融资难问题研究——基于商业银行"投贷联动"视角的分析》，《上海经济研究》2016年第3期。

范从来、费正晖：《"硅谷银行事件"与银行服务科创企业的风险防范》，《清华金融评论》2023年第7期。

于子墨：《〈四川省金融科技学会会刊精选〉美国硅谷银行破产背后》，《金融科技前沿（2023年第1季刊）》，2023年5月18日，https://www.163.com/dy/article/I50RR2TK05527GGV.html。

《中国成为首个国内有效发明专利数量突破400万件的国家——知识产权数据映射中国经济活力》，2024年1月17日，中国政府网，https://www.gov.cn/lianbo/bumen/202401/content_6926441.htm。

张雪春、苏乃芳：《我国银行支持科创企业发展的现状、问题和建议》，《武汉金融》2023年第9期。

赵毅等：《金融机构服务科技创新创业的机制研究——以SVB金融集团为例》，《新金融》2023年第8期。

### 7. 本案例教学关键点

本案例旨在指导学生了解科创企业的特点及其面临的融资困境，并掌握硅谷银行服务科创企业的模式，同时学习硅谷银行运用的风险控制手段及硅谷银行破产的核心原因，引导学生从本案例中提炼出可供中国商业银行借鉴的服务科创企业的经验。本案例教学关键点包括：

（1）科创企业的自身特点，以及商业银行不愿向其贷款原因。

（2）硅谷银行投贷联动业务与银行贷款相比有何不同。

（3）硅谷银行在服务科创企业时采取的风险控制手段。

（4）硅谷银行破产事件的核心原因与其科创金融业务有无关联。

（5）硅谷银行服务科创企业的模式对中国商业银行的可参考之处。

## 8. 课堂设计

本案例可以用于独立的案例讨论课，整个课堂讨论时间建议为70—90分钟。教学流程安排如图13所示。

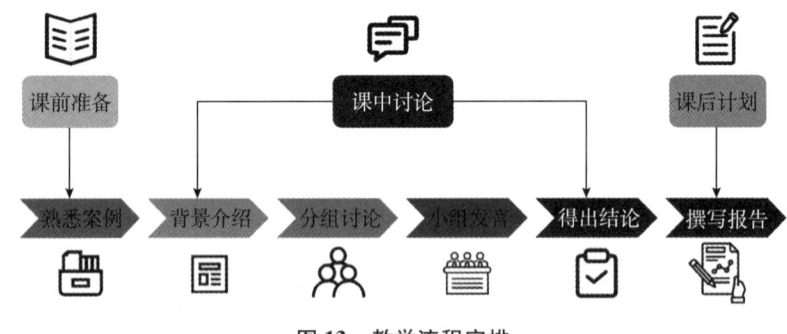

图 13 教学流程安排

（1）课前准备。将案例正文和启发思考题发给学生，让学生形成5—6人的小组。要求学生在课前阅读案例，熟悉锦州银行重组退市事件过程，完成初步思考。

（2）课中讨论。教师简要介绍案例背景，明确切入点后，以小组为单位针对思考题进行讨论；讨论后由小组代表就讨论结果进行汇报，教师进行必要的提示和梳理；最后由教师补充未涉及的要点，回顾整个事件并进行总结归纳。

（3）课后计划。请学生针对本案例分析思路，结合所学知识，选取自己感兴趣的银行进行案例分析，并独立撰写分析报告。

课堂讨论时间建议为70—90分钟，具体时间安排如表6所示。

表 6　　　　　　　　教学时间安排

| 阶段 | 具体内容 | 时间 |
| --- | --- | --- |
| 课前准备 | 熟悉案例 | 课前1周 |
| 课中讨论 | 背景介绍 | 10分钟 |
| | 分组讨论 | 20—30分钟 |
| | 小组发言 | 30—40分钟 |
| | 全班讨论 | 10—20分钟 |
| 课后计划 | 撰写报告 | 课后2周 |

# 数字化教学支持说明

为支持相应的课程教学，我们向采用本书作为教材的教师免费提供教学课件，请授课老师填写以下证明并发送到邮箱：

E-mail：liu-xh@cass.org.cn

咨询电话：010-84083665

---

## 证　明

兹证明_____大学_____系/院开设_____课程，采用中国社会科学出版社出版的《数字金融案例集（2024）》作为本课程教材，授课老师为_____，需要与本教材配套的教学 PPT。

联系人：_____

电　话：_____

邮　箱：_____

（系/院办公室盖章）

_____年_____月_____日